当代世界德育名家译丛
杨晓慧　主编

Thomas Ehrlich
托马斯·欧利希
文集

公民责任与高等教育

Thomas Ehrlich
[美]托马斯·欧利希 | 编

金昕 李力 | 译

生活·讀書·新知 三联书店

Simplified Chinese Copyright © 2024 by SDX Joint Publishing Company.
All Rights Reserved.
本作品简体中文版权由生活·读书·新知三联书店所有。
未经许可,不得翻印。

图书在版编目(CIP)数据

托马斯·欧利希文集／(美)托马斯·欧利希主编;王小林等译. —北京:生活·读书·新知三联书店,2024.7
ISBN 978-7-108-07520-8

Ⅰ.①托⋯　Ⅱ.①托⋯②王⋯　Ⅲ.①社会科学—文集　Ⅳ.①C53

中国版本图书馆 CIP 数据核字(2022)第 182153 号

总　序

一

马克思说:"一个时代的迫切问题,有着和任何在内容上有根据的因而也是合理的问题共同的命运:主要的困难不是答案,而是问题。"比较思想政治教育的兴起既是世界多极化、经济全球化、社会信息化与文化多样化背景下的必然之举,也是学科发展到一定阶段进行观念反思与议题创新的应然选择。

历史从哪里开始,思想进程也应当从哪里开始。和平与发展是当今时代的主题,世界多极化不可逆转,经济全球化深入发展,综合国力竞争日趋激烈。实现中华民族伟大复兴是近代以来中华民族最伟大的梦想,随着中国特色社会主义逐渐迈入新时代,社会矛盾发生深刻变化,提出并推进人类命运共同体思想是在新时代的历史方位中实现中国梦的战略需要。通过挖掘和利用国际合作与交流工作的基础性、前瞻性和引领性的潜力和特点,努力加快宽领域、高层次国际合作与交流步伐。

思想政治教育理应与时代同行,与实践同行,思时代之所思、问时代之所问、急时代之所急,并在最新的实践命题中提取理论命题,在最新的社会实践中检验理论生命力。值此百年未有之大变局,思想政治教育需要从本学科视角出发审视时局并明确自身的使命担当。加强对学生思想政治教育的重视,是立足于新时代教育对学生德育教育的重视的教育内容,是学生成长和发展的重要基础。对于学校而言,思想政治教育的有效开展是促进学校教育改革的重要方式;对于国家及社会的发展而言,思想政治教育有利于保障人才培养的品德修养,是培养德才兼具型人才的重要教育内容;对于学生自身而言,思想政治教育是保障其符合新时代社会发展需求的重要方式,是促进其身心健康、持续发展的重要保障。

拥有宽广的国际视野,对思想政治教育研究者和工作者来说,是不可逆转的发展要求,也是比较思想政治教育在新的发展态势下找准生长点、走特色人才培养道路的必然选择。在对外人文交流中确立比较思想政治教育研究的角色既是实践经验的总结,也是发展模式的探索。开展国际间思想政治教育比较研究对于认识和把握人类社会发展规律具有重大意义,可以指导人们更好地进行社会实践活动;比较的目的在于辨别事物的异同关系,谋求背后的一般规律,以服务于社会现实需要;进行比较要以共同点为前提,立足各国事实情况,不能回避和掩饰问题的实质;在具体的比较过程中,既要以联系的眼光综合运用纵向比较与横向比较,又要以整体性思维处理好比较中的整体与部分、一般与特殊的关系。

二

思想政治教育学是一门研究思想政治教育现象、问题并揭示思想政治教育规律的科学。在这个"历史向世界历史转变"的时代,只有通过比较的研究方法对思想政治教育研究进行时间与空间双重维度的拓展,深入解析不同历史时间和空间地域下的思想政治教育实践的具体样态及其生成发展规律,才有可能深刻把握思想政治教育演变发展的一般规律,为思想政治教育创新发展提供理论基点,探寻现实进路。

党的十八大以来,思想政治教育理论研究与实践创新取得很大成绩。但随着国际形势深刻变化和国内经济社会发展,新情况新问题新挑战层出不穷。思想政治教育要跟上形势变化、更好发挥作用,必须强化人本意识、问题意识、实践意识,不断开拓创新。思想政治教育比较研究的价值追求不止在于寻找异同,更在于透过现象看到其背后蕴含的本质性规律,深入理解、借鉴和反思世界各国思想政治教育实践活动。思想政治教育的比较研究进行得越是深刻和精准,我们越能接近思想政治教育的本质规律。以深入开展思想政治教育比较研究为主要切入点,我们亟待提升以"比较思维"为核心的思想政治教育研究格局,超越单一视域的思维阈限,拓宽传统思想政治教育学的认识边界,进一步强化思想政治教育在理论上的学理性和在实践上的适用性。

思想政治教育学自1984年确立以来,其主干学科逐渐由"三足鼎立"(原理、历史、方法)的结构体系演变为"四维驱动"(原理、历史、方法、比较)的发展态势。为了使国际比较研究与其他基础理论研究形成正反馈机制,就必须更加全面、深刻、科学、高效地借鉴。基于此,根据学界业已形成的丰富成果与思想观点,从认识论与方法论的视角体察探究思想政治教育国际比较的借鉴问题就显得至关重要。只有积累了一定的国别研究成果和比较研究成果,才能进一步探讨借鉴问题。当比较思想政治教育学科发展到一定阶段后,只有探明借鉴问题,才能更好地展现出其对于促进思想政治教育学科议题创新与观念反思的重大价值。在对外人文交流中确立比较思想政治教育研究的角色既是实践经验的总结,也是发展模式的探索。

总之,无论是从时代背景、文化背景,还是学科背景出发,思想政治教育国际比较的借鉴问题研究都势在必行。

三

我国比较思想政治教育兴起于20世纪80年代中后期。经过多年的建设,比较思想政治教育的发展已经初具规模。2016年5月17日,习近平在哲学社会科学工作座谈会上指出:"观察当代中国哲学社会科学,需要有一个宽广的视角,需要放到世界和我国发展大历史中去看。"2019年3月18日,习近平在学校思想政治理论课教师座谈会上又强调,教师的视野要广,包括知识视野、国际视野、历史视野,要能够通过生动、深入、具体的纵横比较,把一些道理讲明白、讲清楚。拥有宽广的国际视野,对思想政治教育研究者和工作者来说,是不可逆转的发展要求,也是比较思想政治教育在新的发展态势下找准"生长点"、走特色人才培养之路的必然选择。比较思想政治教育学的研究成果丰硕,包括著作译介、事实描述、要素比较与因果分析,对于比较后借鉴的可能、立场、内容与方略等问题的研究则显得相形见绌。

新时代背景下,开展思想政治教育比较研究具有很强的指导意义,同时也极具挑战。首先,"比较"应当甚至必须作为一种科学的研究方法,应用于哲学社会科学和自然科学研究领域之中。其次,"比较"不仅是一种具体的研究方法,还具有重要的方法论意义。比较研究为人们分析不同历史时代和不同社会的意识形态及其教育提供了科学的认识工具。最后,"比较"更是一种思维方式,这种思维方式理应贯通于整个思想政治教育研究的过程之中。"比较"不单从方法工具层面,更是从思维方式层面赋予了思想政治教育比较研究重要的价值意蕴。

从思想政治教育的时代背景和学科立场出发,我们精选国外思想政治教育相关领域较具权威性、代表性、前沿性的力作,推出了具有较高研究价值与应用价值的系列翻译作品——《当代世界德育名家译丛》(以下简称"译丛")。该译丛是东北师范大学思想政治教育研究中心(以下简称"中心")推出的"比较思想政治教育研究"系列成果之一。我们秉承"以我为主、批判借鉴、交流对话"的基本原则,"聚全球英才、育创新团队、塑国际形象"的建设理念,对国外著名学者的研究成果进行了深度透视与全面把握,意在拓展原有论域,进一步深化学术研究、强化学科建设、服务国家需要。

译丛作品的原作者均在全球范围内享有学术盛誉,具有深厚的理论功底和丰富的实践经验,将这些国外德育名家的研究成果集中翻译并结集出版,高度体现了中心以全局性、世界性的眼光认识问题,致力于推动人文社会科学研究的范式创新与人文社会科学的繁荣发展。

译丛主要面向四大读者群:一是教育学、政治学、社会学、思想政治教育学等领域的科研工作者,二是教育主管部门决策者、高校辅导员、政府相关部门等行政人员,三是思想政治教育、道德教育、比较教育等相关专业的本科生与研究生,四是广大对相关主题感兴趣的学者、教师,以及社会各界人士。

译丛在翻译过程中特别注意原作者真实观点的阐释,同时立足于马克思主义根本立场、观点和方法,坚持中国特色社会主义道路的行动指南,对所选书目及其内容进行甄别。译丛在翻译过程中,由于需努力精准呈现原作者的思想,难免涉及国外的价值取向和意识形态,请所有读者在研习的过程中加以辨别,批判性地进行阅读和思考。

杨晓慧
2024 年 1 月于长春

中文版前言

一

1979年1月1日，中美建立外交关系，这一天对两国来说都是一个重要的日子。当时我在吉米·卡特总统领导下的政府工作，负责直接与总统对接美国的双边和多边对外援助政策。担任这一职务时，我并没有涉足中美关系，但我确实亲身体会到了卡特总统是一位多么杰出的领袖，特别是他在外交领域的作为。

在任期间，我访问了非洲、亚洲、拉丁美洲和南美洲的许多发展中国家。在访问过程中，我看到中美两国为了改善贫困人民生活，特别是在农业、粮食、能源、卫生和人口等领域所做的诸多努力。

我记得曾经在其中几次访问中设想过，如果中美两国能够开展合作，对发展中国家的贫困人民会有多大帮助。多亏了邓小平先生和吉米·卡特总统的领导，两国才走向了合作之路，我衷心希望今后两国之间的关系能够更加牢固。

1985年，在中美两国建交六年后，我和妻子埃伦访问了中国，出席上海交通大学和宾夕法尼亚大学的一个联合项目的庆祝仪式。在那次访问中，我们看到了中国是一个多么了不起的国家,包括它的规模、人口、经济以及历经几千年历史的文化。

二

在我第一次访问中国之后的几年里,中国逐渐在世界舞台上占据一席之地。当我和女儿伊丽莎白再次访问中国时,看到了中国取得非凡进步的有力证据。这次我是应东北师范大学校长的邀请,前来与生活·读书·新知三联书店签订协议,出版我在过去几十年里撰写、合著或编著的 11 本书,所有这些书都将被翻译成中文。主导这件事的是博学而亲切的蒋菲教授,她是东北师范大学思想政治教育研究中心道德与公民教育比较研究室的主任。

这 11 本书,连同几十篇文章,承载了我一生在诸多领域的学术研究成果,也反映了我在四所高校担任行政人员和教师以及在美国政府担任四个职位的多年经验。

我一生中担任过 14 个不同的职位,我妻子开玩笑地说我工作永远做不长久。我的第一份工作是担任勒尼德·汉德法官的书记员,他后来被公认为是美国在世最伟大的法官。当时汉德法官已经八十七岁,和我写这篇序言时同龄。他是一位极富经验的法官,在法官的岗位上工作了五十年,同时也是我的良师。

在担任汉德法官的书记员后,我曾短暂地从事过法律工作,因为我认为在担任法律专业教师前,最好先了解一下律师的日常工作,这也是我自己一直想做的事。但在从事法律工作不到两年之后,我认识的一位前哈佛法学院的法学教授艾布拉姆·查耶斯邀请我加入约翰·F. 肯尼迪政府。查耶斯教授是当时的国务院法律顾问,是我的另一位优秀导师,我们后来共同编写了一本关于国际法的三卷本著作,主要是根据我们在肯尼迪政府和后来在林登·约翰逊政府的经历撰写的。

查耶斯教授回到哈佛大学后,我和副国务卿乔治·W. 鲍尔一起工作,他是我的另一位宝贵导师。像汉德法官和查耶斯教授一样,鲍尔先生向我传授了有关公共服务的宝贵经验,这些经验到现在仍使我受益匪浅,也引领我将公共服务视为一项崇高的使命。

幸运的是,斯坦福大学法学院邀请我做教师,讲授国际法,我不假思索地接受了,因为学校为我提供了我正想要的教学和写作的机会。五年后,我被选为学院院长。在任期间,我发现自己对一样事物十分享受,我称其为"制度架构"——有机会成为一个机构的领袖并使其发展壮大,且在机构中工作的人们可以得到所需的支持,以充分发挥其能力。

作为一名院长,我观察了美国各地法律服务的提供情况,发现在美国有相当一部分人在需要民事法律救助时孤立无援。杰拉尔德·福特任总统期间,美国正在组建一个新的政府实体——法律服务公司,我被选中担任这个机构的负责人。在这个职位上,我有机会学到了一门重要课程——领导力。与我做院长时一样,这份工作同时也让我了解到了美国贫困人口现状的严峻形势。为卡特总统工作的这几年,让我从全球视角进一步丰富了自己的经验,这有助于我理解发展中国家的严重贫困问题。

这些经历使我确信,我想为领导一所高校贡献力量。宾夕法尼亚大学给了我这个机会,校方选聘我为教务长,即首席学术官。这个职位让我了解到了一所优秀的大学是如何对教学、研究和服务提供支持的。在工作中,我也致力于培养学生具备公民参与所需的能力,这一承诺在我之后担任的职位上一直延续着。

在宾西法尼亚大学工作多年后,我开始意识到,如果有机会,我想领导一所著名的公立大学。当我被聘为印第安纳大学校长时,这个机会来了。印第安纳大学有8个校区,有超过10万名学生,其中位于印第安纳州布卢明顿的主校区有4.3万人。幸运的是,布卢明顿校区有一个规模巨大的亚洲研究项目,使我对中国及其邻国有了进一步了解。

在我担任印第安纳大学校长时,乔治·H. W. 布什总统选择我作为委员会成员加入一个临时的政府实体——国家和社区服务委员会,主要负责为美国所有年龄段的公民参与他们社区的公民工作提供支持。

后来我成为该委员会的主席,并帮助威廉·克林顿总统的政府制定法律。我在该委员会工作之余,又建立一个永久性的新政府组织——国家和社区服务公司。迄今为止,国家和社区服务公司最大的项目"美国志愿队",每年在全美21 000多个地点招募约75 000名男女公职人员参与公共服务。我在这个组织的委员会工作了八年,这份工作进一步加强了我鼓励每一个美国人参与公共服务的决心,无论是作为一份职业还是作为业余爱好。

我和妻子于1995年返回加州,我以杰出学者的身份在加州大学系统任教了五年,还帮助完善了该系统所有23个校区的社区服务学习项目。长期以来,我一直大力倡导将学术学习与社区服务联系起来的课程,如果能把这门课讲好,学术学习和社区服务都会得到加强。我在一个名为"校园契约"的全球性协会担任领导职务,并协助创立了另一个协会——美国民主项目。这两个项目都注重教育大学生积极参与公民活动,以改善其所处的社区。服务学习课程是这类教育的主要组成部分。

由安德鲁·卡内基创立的卡内基教学促进基金会于1997年迁入斯坦福大学校园,我以资深学者的身份加入了这一组织,并获得了与一群亲密的同事一起撰写学术书籍和文章所需的支持。

最后,在卡内基基金会度过了11年美好的时光后,在这个系列的第6本书出版时,我回到了斯坦福大学。这次是在教育研究生院任职,在这里我讲授高等教育领导与管理、高等教育中的教与学、慈善事业、美国民主等课程。我还为许多学生提供了咨询,包括一些中国学生。其中一个学生是我上一本书《公民工作,公民经验》的合著者,她的父母来自中国,但是她出生在美国。这本书在蒋菲教授的帮助下译成中文,并由该系列图书的出版社出版。

三

我坚信美国"公共参与奖学金"的重要性,这是一项学术工作,直接关系到未来公共政策和实践的形成,或对过去公共政策和实践的理解,包括教育学生具备在了解这些政策、参与这些实践中需要的知识、技能和素质。

我所有的书都在试图帮助美国政府决策者及其工作人员,或大学政策制定者及其教师和学生。这些书也反映了我在美国政府和三所不同大学——我先后成为院长、教务长、校长的大学里——收获的经验和见解。

这些书分为四大类。首先,有两本书是关于国际法的影响,其中包括我从美国国务院的职业生涯和斯坦福法学院的教学经历中获得的见解。第二,有两本书是关于法律教育的,借鉴了我在斯坦福法学院担任院长的经验。第三,有三本书是关于高等教育的,反映了我在大学教学和管理方面的职业生涯。第四,有两本书侧重于讲授道德、公民和政治责任,基于我自己在这个领域的教学、领导校园契约协会和美国民主项目,以及我任职国家和社区服务委员会委员和国家社区服务公司的经历。最后,有两本书是关于慈善和教育的,不仅反映了我的高等教育经历,而且也反映了我在美国两大慈善基金会董事会的工作,这两个基金会分别是公共福利基金会和理查德罗达·高德曼基金会。

四

我非常感谢东北师范大学和杨晓慧教授、高地教授、蒋菲教授,他们给了我很多殊荣。首先,他们邀请我去东北师范大学进行学术访问。第二,经由他们安排,我的著作得以被译成中文,我也非常感谢为此做出努力的生活·读书·新知三联书店王秦伟先生和成华女士,以及诸多译者,他们的辛苦工作保障了这项工作得以顺利进行。我希望这些做法有助于加强中美两国间的关系。我现在,以及会永远感受到,我与中国之间有一条特殊的纽带相连。

托马斯·欧利希,2021 年

目 录

序言 *1*

导言 高等教育与公民责任的提升 *1*

一、问题剖析：高等教育及其学生 *32*
  （一）公民意识提升与美国大学生 *32*
  （二）高等教育教育体制与社会责任感 *49*
  （三）美国大学民主精神的觉醒：作为公共事业的高等教育 *71*

二、大学为解决现有问题所进行的努力：综述 *101*
  （一）作为公民整体的大学 *101*
  （二）参与式学院的教育使命与公民责任 *147*
  （三）教育准备不足的学生所面临的公民挑战 *181*

三、与社会其他部门的交互　210
　　（一）政治概念何以控制公民责任概念　210
　　（二）在多远的地方？走了多远？公民责任与新闻教育
　　　　　工作者　229
　　（三）整合美国高等、中等和初等教育体系以提升公民责任　241
　　（四）在数字时代下支持社区参与　272

四、基于高等教育不同部门的视角　286
　　（一）基于社区大学的视角　286
　　（二）基于综合性大学的视角　306
　　（三）基于文理学院的视角　333
　　（四）基于传统黑人学院的视角　350
　　（五）基于宗教式大学的视角　368
　　（六）基于研究型大学的视角　389

五、特殊的挑战　402
　　（一）公民参与和学术学科　402
　　（二）阐释公民角色：公民教育和机构服务的评估及问责
　　　　　策略　422
　　（三）高等教育中的公民觉醒运动：运动的状态以及建立国家
　　　　　网络的必要性　448

后记　高等教育公民议程的定义　477
索引　484

序　　言

在《民主与教育》一书中，杜威(John Dewey)针对美国社会提出了两种激进的见解。一是大多数公民——不仅仅是精英——可以拥有精神生活。另一种观点认为，只有精神生活的人生不足以应对美国民主的挑战。我们的社会需要公民参与，以实现其公民和社区的潜力。他认为，教育是参与的关键。

如今，高等教育面临诸多挑战。完成杜威对美国教育所赋予的使命迫在眉睫。学生和其父母都在追问大学教育的"附加值"何在，通过大学教育期望得到什么结果。通常，这些结果仅仅是用经济上的成功来描述的。太多的高等教育机构采用了威廉·沙利文(William Sullivan)在本书第二章中所称的"一种工具性个人主义的默认程序"。这是人们熟悉的概念，即学院的存在是为了研究和传播知识与技能，作为经济发展和个人向上流动的工具。他哀叹道，这样的结果是私人和公共部门的领导地位越来越被"狭隘的职业主义和个人私利"所主导。营利性大学正在扩大提供就业培训的范围，这种培训往往比传统非营利性学院和大学提供的课程更便宜，也更有针对性。除非传统非营利性学院和大学能够承诺并提供除职业培训以外的其他东西，否则它们在社会中的作用将会弱化。正如杜威所说，"职业培训以外的其他东西"必须包括关心、注重大学和社区内外的公民责任,以及学生公民意识能力的培养。

什么是公民参与,大学如何促进公民参与?其核心是促进发展公民社区生活,综合发展知识、技能、价值观。这意味着可以通过政治和非政治进程来提高社区生活质量。公民美德应该如何培育?校园参与的良好模式是什么?这些关键问题无法一言蔽之。

杜威写道,"民主不仅仅是一种政府形式;它主要是一种相关的生活方式,一种共同交流的体验"。其著作《民主与教育》中没有涉及公民课程,也无提升公民美德的特定课程或技能清单。相反,当人们整体阅读这本书时,会发现它是关于学校或教育领导者应如何立足民主目标来设计课程和课外计划的。

杜威并未就这种"相关的生活方式"给出具体实例,甚至也没有给出许多关于如何更好地学习这种"相关的生活方式"的提示。但他显然认为学校应该是社会的缩影,可以通过简化、组织的方式来加强环境学习。他强调了两个"条件"是关键。首先,"学校本身必须是所有社区生活的缩影";其次,"学校学习应该与校外学习相辅相成"。那么如何才能最好地满足这些条件?杜威并没有详细说明,并且就像我们大多数身处高等教育领域的人一样,杜威并没有实践他所宣扬的东西。

这本书里的文章应该对每一个为美国民主及其未来以及美国高等教育的未来而担忧的人都有重大的意义。作者特别关注学院和大学的教师和管理人员,以及他们如何教育自己的学生成为负责任的公民。同样重要的是,这些文章提供了重要的洞见,让我们了解到校园自身如何成为社区的公民。但这本书也是为更多关注如何扭转美国公民参与度下降趋势的读者而写的。作者不仅分析了公民参与度下降期间高等教育处于边缘的重要原因，还提出了改变这一现实的具体措施。

不可避免的是，作者提出的问题比他们解决的问题多得多。正如简·威尔曼（Jane Wellman）在第十八章中明确指出的那样，高等教育作为一个整体，甚至连什么是公民责任都不清楚，更不用说如何评估学生或他们的学校履行公民责任的有效性了。如果高等教育要成为应对许多人所说的民主危机的重要力量，这些问题必须得到解决。

"危机"这个词可能显得太过强烈，也许确实如此。尽管如此，正如琳达·萨克斯（Linda Sax）在第一章中指出的，这正是弗兰克·纽曼（Frank Newman）在1985年卡内基基金会的报告中使用的术语。弗兰克说，"如果今天美国教育出现危机，考试成绩下降并非主要原因，而在于我们未能注重公民意识教育，然而公民教育是学校最重要的责任"。萨克斯提供了强有力的证据，证明政治参与的问题在此报告发表后的这些年里变得更加严重。虽然大学生的社区服务有了显著的增长，但他们"对政治的兴趣却大幅度降低"。她甚至暗示这两者可能是相关的，学生们可能会把社区服务作为帮助他们的社区的一种方式，而不必参与政治程序，他们认为政治程序往好了说就是深深的怀疑，往坏了说就是玩世不恭。

本书的导言部分是我和安·科尔比（Anne Colby）以及三位研究同事共同撰写的。我们正在合作开展一个项目，从提高学生道德和公民责任的角度来审视美国的本科教育，我们也在鼓励同事和大学加强这些项目。我们的介绍性文章解释了我们所说的道德责任和公民责任的含义,并概述了有责任心的高校如何帮助其毕业生为成为负责任的公民做准备。

本书的第一部分探讨了引发这项工作的创建的深切关注。该部分以两篇文章开篇,一篇是琳达·萨克斯所著,另一篇是威廉·沙利文所著,加上哈里·博伊特(Harry Boyte)和南希·卡里(Nancy Kari)的第三篇文章,介绍了高等教育在加强公民责任方面面临的问题。萨克斯特别关注学生及其想法,沙利文和博伊特、卡里更广泛地研究高等教育机构。博伊特认为,美国民主的伟大创新在于它与工作相连,大学作为民主代言人,其更新发展需要其回归传统公共工作。

本书第一部分提出问题,第二部分概述了高校在解决这些问题时的举措。第二部分包括三篇文章,这些文章最初是由美国教育委员会发起、塔拉哈西的佛罗里达州立大学主办的一次会议上起草的。来自全国各地的约 100 名教育工作者和学生参加了这次会议,讨论如何加强高校作为社区公民和未来公民领袖的教育工作者的作用。讨论热烈且富有启发性,本书来自本次会议提出的一项建议。另一项建议是,高校要认真听取社区公民领袖的意见。因此,美国教育委员会赞助了各城市的一系列会议,并计划在未来举办其他类似的会议。

在三篇论文的第一篇中,南希·托马斯调查了一系列旨在促进公民责任的项目,令人印象深刻。这提供了一套重要的实践措施可供参考。在第二篇会议文章中,卡罗尔·施耐德(Carol Schneider)指出,公民责任的学术准备的主导模型取决于发展个体中立的价值分析技能,并强调这种模型对美国社会来说"非常不充分"。她提出了一种更直接关注社会需求的方法。最后,亚历山大·阿斯汀(Alexander Astin)在第六章中指出,高校要履行自己的公民责任,最重要的一步就是将时间、精力和资源集中在准备最不充分的学生身上。他并没有随着全国趋势那样否认补救的作用,而是呼吁宣传进行补救。

第三部分中的四篇文章集中讨论了高等教育和公民责任与其他社会领域相互作用的现象。大卫·马修斯(David Mathews)将高等教育面临的挑战直接与公民对政治的兴趣和参与的减退联系起来,并提出应对这些挑战的举措。而杰伊·罗森(Jay Rosen)谈到了媒体的影响,以及媒体与高等教育的合作方式。在这篇作品中,他努力塑造公共新闻的概念和实践。李·本森(Lee Benson)和艾拉·哈卡维(Ira Harkavy)关注的是他们眼中的美国社会最重要的公共问题,即中小学教育衰落的问题。他们结合自己在宾夕法尼亚大学的工作,与高等教育能为加强公立学校教育所提供的帮助联系起来。最后,佩内洛普·埃克特(Penelope Eckert)和彼得·亨舍尔(Peter Henschel)思考了数字时代给高校履行公民职责带来的新的机遇和挑战。面对"虚拟校园"将进一步削弱学生及大学公民参与的担忧,他们提出了一些可以丰富高等教育机构履行公民责任的技术方法。

第四部分呈现了丰富的六篇文章,描述了不同类型的高校如何应对公民责任的挑战。保罗·埃斯纳(Paul Elsner)首先对社区大学进行了检视。保罗特别关注自己所在的机构,即马里科帕社区学院,该学院在其任期内一直是公民领袖。朱迪思·拉玛利(Judith Ramaley)基于自己在波特兰州立大学(Portland State University)和佛蒙特大学(University of Vermont)的经历,对综合性大学进行了一番考察。格雷格·普林斯(Greg Prince)以马萨诸

5

塞州阿姆赫斯特汉普郡学院院长的身份,审视了文理学院的机遇与义务。格洛丽亚·斯科特(Gloria Scott)思考了传统黑人大学的特殊角色,包括她从担任北卡罗来纳州格林斯伯勒的贝内特学院(Bennett College)校长时汲取的见解。威廉·拜伦(William Byron)基于其华盛顿特区美国天主教大学校长的身份,研究了宗教式大学的作用。玛丽·沃尔肖克(Mary Walshok)分析了研究型大学在这一领域所面临的障碍。她结合自己在加利福尼亚大学圣地亚哥分校的经历,探索了高等教育机构如何与周围社区建立联系。她特别强调这些机构作为召集人,在协助解决或缓解社区关注方面所充当的角色。

第五部分的三篇文章的主题涵盖所有类型的机构。学科仍然是高等教育学术事业的核心,埃德华·兹洛特科夫斯基(Edward Zlotkowski)探讨了如何将公民责任整合到许多学科的工作中。他出色地形成了一系列有关各个学科服务式学习的专著。他和其他人的文章揭示了服务式学习是促进学生公民责任的关键。简·威尔曼的文章鲜明地判断,高等教育在评估公民教育和社区服务角色方面表现平平,并针对该问题提出了重要解决步骤。伊丽莎白·霍兰德(Elizabeth Hollander)和马修·哈特利(Matthew Hartley)在他们的论文中提出了相关的关注点,该论文着重于建立一个全国性网络,以帮助学校成为积极参与的公民,并增强学生的公民责任。最后,塞尔达·加姆森(Zelda F. Gamson)在后记中提出了一些见解,这些观点来源于她的作品和其在促进各学校参与社区公民活动方面的经验。

总体上,本书采用约翰·杜威的观点,即美国民主与教育密不可分。这不仅仅是因为公民通过受教育来负责任地选择其政治领导人并使其肩负责任。更重要的是,民主社会是一个公民彼此交流、相互学习、相互成长并共同使社区力量大于他们力量总和的社会。杜威认为,学习者群体是这一民主化进程发生的主要机制。要想取得成功,教育界必须是互动的、充满凝聚力的,在这里,决策过程比决策本身更为重要。并且,它必须是一个多元化社区,能够反映出学生毕业后将进入更大社区的多样性。

要将这一使命转变为一项制度计划,仍然需要提出和解决许多问题。本书文章力图做到这一点。作者们通过杜威的假定(即学习社区中任何成员都不是全知的;每个成员都可以做出贡献;并且对美好未来有清晰的愿景;对于知道所有问题答案的人,无论是什么问题,都能理性批判)迎接挑战。这就是杜威所追求的民主社会,他为高等教育在民主社会确立了强有力的地位。这些文章是展示实现其作用的重要步骤。

来自多所高校的数百名优秀教师及学生为本书贡献了观点和见解,有太多人无法实名致谢。但我要特别感谢美国教育理事会及其主席斯坦利·奥·艾肯伯里(Stanley O. Ikenberry),他为包括本书在内的项目提供了赞助,并感谢我的搭档塞尔达·F.加姆森和简·威尔曼。我也要感谢旧金山州立大学的同事们,特别是校长罗伯特·科里根(Robert Corrigan)——他为校园公民责任参与树立了典范,以及城市学院院长布莱恩·墨菲(Brian Murphy)。卡内基教学促进基金会一直是我从事公民和道德责任以及高等教育工作的特别之"家"。卡内基大学的另一位资深学者安·科尔比是一位出色的合作者,我们都从我们的三位合作研究伙伴——伊丽莎白·博蒙特(Elizabeth Beaumont)、詹妮弗·罗斯纳(Jennifer Rosner)以及杰森·斯蒂芬斯(Jason Stephens)——那里学到了很多。在整个项目中,鲁比·卡拉瓦拉(Ruby Kerawalla)以娴熟的技术和良好的幽默感处理了手稿指导和手稿印刷的细节。最后,也是最重要的,我的妻子埃伦(Ellen)不仅是我四十多年来完美的伴侣,也是公民责任的典范。

托马斯·欧利希

卡内基教学促进基金会

导言 高等教育与公民责任的提升

安·科尔比,托马斯·欧利希,
伊丽莎白·博蒙特,詹妮弗·罗斯纳,杰森·斯蒂芬斯

本书中各篇文章的撰写是基于作者们对公众日益蔑视公民参与,特别是政治参与这一问题的共同关切,以及他们认为高等教育应在扭转这些趋势方面发挥重要作用的共同信念。我们都会有这样的关切与信念。在卡内基教学促进基金会的一个赞助项目中,我们正从大学校园促进学生的道德及公民责任的作用角度来分析美国大学本科生的情况。同时我们也致力于鼓励大学加强这些努力。

虽然本书的重点是公民责任,但在本章以及我们的项目中均涵盖了道德责任,因为我们认为这二者是不可分割的。我们的民主原则,包括宽容及尊重他人、程序公正,以及对个人权利与集体福祉的关切,这些均以道德准则为基础。同样,公民参与中必须面对的问题总是关涉强烈的道德主题。例如,公平地获得住房等资源、在制定环境政策时考虑后代的道德义务,以及群体决策中多个利益相关者的冲突主张。如果不考虑道德问题,这些问题都不能得到充分解决。个体在不具备良好的判断力以及强有力的道德界限的情况下,也可活跃于公民政治参与之中,但促进这种

参与并非明智之举。由于公民责任不可避免地与道德价值观相关,我们认为高等教育必须致力于道德养成和培育成熟公民,并且必须在教育上正视两者之间的诸多关联。

问题剖析

许多评论员都评述到公众对于公民事务,尤其是政治事务普遍不感兴趣,也普遍缺乏对美国民主进程的信任和尊重。这一趋势表现为公民政治参与度的整体下滑,以及大多停留于表面口号而非深思熟虑的、实质的及坦率的公众讨论。统计数据表明,政治上的不满情绪在年轻人中尤为突出。近几十年来成长起来的美国人,其投票率要低于他们的长辈,其社会信任度与政治知识水平也较低。[1] 在大学校园里,政治讨论有所下降:来自大一新生年度调查的数据显示,经常谈论政治话题的大学新生比例从 1968 年的 30% 降至 1995 年的 15%;[2] 认为必须紧跟时事政治或参与政治活动的新生比例也有所下降。这种与日俱增的政治

---

[1] R. P. Putnam, "Tuning In, Tuning Out: The Strange Disappearance of Social Capital in America," *PS: Political Science and Politics*, 28(1995): 664-83; S. E. Bennett and E. W. Rademacher, "The 'Age of Indifference' Revisited: Patterns of Political Interest, Media Exposure and Knowledge About Generation X," in *After the Boom: The Politics of Generation X*, ed. S. C. Craig and S. E. Bennett (Lanham, MD Rowman & Littlefield, 1997).

[2] L. J. Sax and A. W. Astin, "The Development of 'Civic Virtue' Among College Students," in *The Senior Year Experience: A Beginning Not an End*, ed. J. Gardner and G. Van der Veer (San Francisco: Jossey-Bass, 1997), 196-227; A. W. Astin, S. A. Parrott, W. S. Korn, and L. J. Sax, *The American Freshman: Thirty Year Trend* (Los Angeles: Higher Education Research Institute, 1997).

淡漠对于美国民主的未来并不是一个好兆头,除非这几代年轻人认识到政治参与的价值及必要性。

除疏离政治之外,当代评论家还谴责了一个与之密切相关的现象,即当代美国文化的过度个人主义及其对我们社会的负面影响。[1] 这种文化氛围使人越来越感觉到美国人不对彼此负责;礼仪、相互尊重及宽容度削减,优先考虑自我利益和个人偏好,将其置于共同利益之上。个体的进步与满足这一目标在我们的文化中占据着主导地位,这往往以牺牲更广泛的社会、道德或精神意蕴为代价。虽然这种对个体成功的强调具有一定的社会效益,但其所提倡的世界观也可能会带来高昂的社会成本,在该世界观中,没有超越自我之上的持久承诺的基础。显而易见,与这种关注自我利益相对立的是一种正统、偏狭的道德教育。而具有讽刺意味的是,在这些相对立的德育进路中,每一种都促成了同样的结果:一个日益两极化及分裂的社会,在其中几乎没有共同价值观的凝聚力或一同进取的向心力。

许多作者(如 Barber, 1984)[2]都有力地阐述了这些问题,以及我们想要迈向一个更具凝聚力和人性化的社会时道德革新(moral renewal)与公民觉醒(civic renewal)的必要性。近年来发

---

[1] R. N. Bellah, R. Madsen, W. M. Sullivan, A. Swidler, and S. M. Tipton, *The Good Society* (New York: Vintage Books, 1991); R. P. Putnam, "Bowling Alone: America's Declining Social Capital," *Journal of Democracy*, 6(1995): 65–78; R. P. Putnam, "Bowling Alone Revisited," *The Responsive Community*, 5, no. 2 (1995): 18–33; R. P. Putnam, "The Strange Disappearance of Civic America," *American Prospect*, 4(1996): 24.

[2] B. Barber, *Strong Democracy: Participatory Politics for a New Age* (Berkeley: University of California Press, 1984).

布的一些国家报告提出了推进这些社会目标的步骤,并分析了实现这些目标的阻碍。然而,令我们感到震惊的是,其中许多报告(例如,1998年《国家公民觉醒委员会》;1998年《民间社会理事会》)[1]极少关注高等教育在帮助塑造学生的道德与公民生活以及更广泛的美国文化方面的作用。此外,当讨论到高等教育时,有时其会被认为是上述问题的一部分,而非解决策略的一部分,这一批判性观点被领域内外人士所认同。

人文学科传统上被视为学术领域,与博雅教育一样,以道德和公民问题为中心。在过去,有许多人认为道德哲学及文学是帮助学生培育其价值观的主要工具,这促使人们设立了类似于20世纪30年代芝加哥大学所采用的"伟大著作"的课程。在这些课程中,学生阅读希腊哲学家作品、希伯来语和基督教圣经,以及启蒙运动哲学家作品,这些课程强调处理复杂道德问题时理性的力量、处理公众问题时公民美德的必要性,以及个体自由的重要性。同样地,文学课程长期以来使用的文本都是道德两难的范例,因为一部伟大的文学作品的定义之一就是其在一定程度上揭露了人类在道德困境中的挣扎。通过研究诸如《罪与罚》和《无名的裘德》等著作,可以有力地理解这些难题及其可能的解决方案。

尽管在人文学科中有着浓厚的关涉道德问题的传统意蕴,但我们如今感受到,大多数学生在其哲学、文学或其他人文课程中

---

[1] National Commission on Civic Renewal, *A Nation of Spectators: How Disengagement Weakens America and What We Can Do About It*, Final Report (College Park, MD: University of Maryland, 1998); Council on Civil Society, *A Call to Civil Society: Why Democracy Needs Moral Truths, A Report to the Nation from the Council on Civil Society* (New York: Institute for American Values, 1998).

并未触及对道德与公民问题的分析,而这些分析能够为博雅教育提供一个核心的理论依据。我们听过无数关于道德哲学教师的轶事,他们在讨论柏拉图、亚里士多德、霍布斯、洛克、休谟、康德等人的道德理论时指出了这些理论的缺陷,却没有帮助学生树立道德推理的原则,而这些道德推理原则可能会伴随学生一生。这种教学方法,加之教师往往隐藏自身的价值观和信仰,最终阻碍了学生寻找自己"道德指南"的道路。这可能会引导学生认为所有的道德辩护制度都存在根本缺陷,由此认为道德立场只不过是个人偏好的问题。这种解读可能与教条方法一样危险,后者灌输道德与公民价值观,而不容忍对这些价值观的合理质疑或认识这些价值观之间的冲突。虽然我们的大部分证据在这一点上仍是无法证实的,但在人文学科、自然科学和社会科学中,主要的教学模式似乎是检验和分析,而非在道德及公民课程的复杂文本中帮助学生锚定自己过往及未来的经历。

我们认识到教育工作者在讨论道德和公民价值时所面临的困难和潜在的误区,在我们这个高度多元化社会中,对差异的包容与尊重本身就是基本的价值观。然而,我们也认为民主多元主义并不等同于道德怀疑主义或相对主义,而是用持续的公众道德话语鼓励公民表达、修正和完善自己的道德承诺。如果所有价值观都被视为仅仅是个人偏好的表达,没有兴趣就持有某一特定观点的原因进行深入的对话,也没有能力承受深入的批评,那么相对主义就会破坏民主。

教育机构可以尊重对特定伦理问题的多样性意见,来避免非合理灌输和道德相对主义。如果它们明确表达了对那些对民主至关重要的道德价值观的承诺,并且注意不排除对基本价值观冲突的道德困境的多种解决办法的开放性思考的话。就其本质而言,教育机构也应该培养诸如相互尊重、开放思想和心智健全等价值观。

贾洛斯拉夫·佩利坎(Jaroslav Pelikan)在1986年伍德罗·威尔逊中心(Woodrow Wilson Center)会议上发表了题为《李尔王或汤姆叔叔的小屋?》[1]的讲话,说明了对持续的公众讨论和教授价值观的需求,其中他考量了教授价值观的替代方法。佩利坎讨论了托尔斯泰在《什么是艺术?》中的论点,托尔斯泰认为艺术的最高目的是灌输道德价值观。托尔斯泰称赞哈里特·比彻·斯托(Harriet Beecher Stowe)的小说《汤姆叔叔的小屋》实现了这一目标,但他批评了莎士比亚的《李尔王》在这方面的失败。在分享托尔斯泰对艺术道德目的的看法时,佩利坎坚持认为:这两部作品均促进了道德价值观,只不过是通过不同的艺术方法来实现的。佩利坎接着声称:正如这两部作品例证了道德问题的不同处理方法一样,在教授价值观时应采取多种途径,使学生能够在处理复杂的问题上具备良好的道德。

我们强烈赞同佩利坎的观点。我们当中那些教授特别有助于提出道德问题的素材的人员,有义务帮助学生克服自己的道德困境以及更大的社会与政治问题。仅仅表明"任何由理性构建的道德框架都可以被理性批判"是不够的,我们还必须承担更加艰巨的任务,即帮助学生独立思考以何种道德观点能够最大程度地回应他们的身心及社会需求。道德灌输不能仅仅停留在头脑中

---

[1] J. Pelikan, "King Lear or Uncle Tom's Cabin?" (paper presented at the Teaching of Values in Higher Education Conference, Woodrow Wilson Center, Washington, DC: 1986).

的冥想,而是要讲授出来。我们所敦促的道德及公民学习应当完全与实务知识及智力推理相结合,并助力学生发展自己的判断框架。

就像苏格拉底和梭罗一样,我们期望学生可以规避浑浑噩噩的生活,这样做不仅需要智力上的健全,而且需要道德与公民美德。作为教师,我们需要为学生提供多种方法,以使他们在自己有所为或不作为时反思价值观。社会科学和自然科学都为这一教育过程做出了重要贡献,尽管它们的贡献似乎不如人文学科那样显而易见。我们的项目揭示了道德和公民责任问题能够在工程、生物学及经济学等领域得到有力解决的诸多方式——这些领域往往被视为"价值中立"(value free)或道德中立(morally neutral)的领域。唐纳德·穆恩(Donald Moon, 1991)[1]认为,当代的文科教育必须关注"在实际生活中如何运用知识"(p.204),并且我们必须更多地思考通过高等教育获得的技术或实务知识(即专业知识)与道德价值观及民主实践之间的关系。这种方法说明了我们所分析的一个核心问题:高等教育需要将教学知识或学术内容与道德、公民目标的发展联系起来。

我们所说的"道德"和"公民"指的是什么呢?在我们的课题中,我们认为"道德"与个体如何对待他人的规范性判断有关。当我们使用这一术语时,"道德"不仅限于特定的生活或行动领域,也不一定与宗教联系在一起。在倡导教育应促进道德参与时,我们并不建议教育机构除了对民主理想的承诺(如程序公正、

---

[1] J. D. Moon, "Civic Education, Liberal Education, and Democracy," in *Higher Education and the Practice of Democratic Politics*, ed. B. Murchland (Dayton, OH: Kettering Foundation, 1991), 196–207.

人格尊重,以及参与理性对话的意愿)外还应该提出任何特定的伦理观点。相反,我们认为教育应该促进道德推理的发展,并接纳从理性思考与民主原则中显露出的观点和承诺。我们认为,高等教育应该鼓励和促进学生能力的发展,以让学生有能力检视涉及价值观矛盾冲突的复杂情况,利用实务知识和道德推理来评估所涉及的问题与价值观,提升自己对这些问题的判断能力,然后根据自己的判断来采取行动。

我们认为"公民"涵盖了家庭以外的所有社会领域,包括从邻里和地方社区到州、国家和跨国场域。政治参与是公民参与的一个特定子集,是维持美国民主所必需的。我们不是推崇单一类型的公民或政治参与,而是社会系统的有效运作和集体目标的成功实现需要所有公民的时间、关注、理解及行动。高等教育机构既有机会也有义务使其毕业生意识到公民参与的责任与回报,并培养他们深入参与公共讨论及有效参与社会事业所必需的能力。

一般而言,我们认为具有道德与公民责任的个体承认自己是更大社会结构中的一员,因而认为至少部分社会问题关乎自身。这样的个体乐于看到事件的道德和公民维度、做出和验证道德及公民判断,并在适当的时候采取行动。

我们相信,道德和公民发展是通过相互依存的知识、美德与技能来促进的。它们相互依赖,所以不能做出单一的归因。这可能意味着所涉及的要素要具有精确的定义和参数,这些定义和参数可以通过一门课程甚至在几本书中获得。但通过对各高校的调研,我们了解到情况并非如此。相反,增强校园社区内所有成员的道德和公民责任,最好是通过众多课程与课外活动的累积和互动效应,并为这些总体目标提供一个持续的制度承诺环境。

通过列举这些知识、美德与技能的典型性内容,我们并不是要声称它们对于所有情境或情况都是必要的或充分的。我们聚焦那些我们认为对道德和公民发展至关重要、对健全的本科教育不可或缺的方面。这不应理解为不上大学就不能成为具有道德和公民责任的人,只有大学教育才能够而且应该提升这些属性与能力。

我们认为在道德和公民学习中不可或缺的核心知识包括如正义与公平在内的基本道德概念与原则方面的知识,以及各种开创性思想家是如何解读这些概念与原则的。此外还包括对美国社会和全球文化多样性的理解,以及对美国和国际公民、政治和经济事务的体制与进程的理解。最后,对所参与的具体问题有深入的实质性了解是至关重要的。

此类知识核心作用的发挥与具备道德及公民责任的个体所应努力实现的美德与技能是分不开的。我们心中的美德与技能并非区别于道德与公民学习,而是积极参与许多个人和职业领域所必需的。其中的核心美德是愿意进行批判性的自我检查,并形成理性的承诺,以开放的态度、乐于倾听汲取他人观点的意愿加以调节。道德和公民责任还要求在与他人打交道时保持诚实,并要求自己对自己的有所为和不作为负责。没有信任的基础和合作的习惯,任何社区都无法有效运作。同理心和同情心也是必要的,不仅是对于那些处于直接社会领域的人而言,对于处于更大社会中的人也是如此。愿意做出道德与公民承诺并就这些承诺采取行动,是将其他承诺付诸实践的核心美德。

最后,掌握道德和公民责任的核心技能对于运用核心知识和美德,将明智的判断转化为行动至关重要。它们包括认识到问题的道德和公民层面并在这些问题上表明立场的能力,也包括适用于更广泛的思想和行为领域的技能,如清晰地口头表达和书面沟通;收集、整合和分析信息;批判性思考和用理性论证来证明立场;从他人的角度看待问题以及与他人合作的能力。它们还包括领导、建立共识以及在相互尊重的条件下推动团队前进的能力和意愿。

高等教育如何帮助解决这些问题

美国第一批大学的主要目的是培养学生的品格,这不逊于培养他们的智力。品格是以道德和公民美德来定义的。创始章程必须明确这些内容,例如斯坦福大学创始章程文献中的以下摘录具有典型性:大学的目标是"使学生有资格获得个人成功和生活中的直接益处,并通过代表人类与文明施加影响来促进公共福祉……"。全国大多数高等教育机构的使命声明中都可找到类似的目标,其中大学达成的普遍共识是:高等教育机构有责任培育学生的道德与公民成熟度。但是,很少有学校有连贯的制度战略来实施这些声明。我们意识到,学生品格的发展作为一项主要的制度目标,甚至在更早的时候在许多高校里可能更多地是一种愿景,而非现实。

我们也意识到,今天的高等教育与撰写大多数创始章程文献时的情况大不相同。其所服务的学生群体在年龄、种族、性别和社会经济地位方面比历史上任何时候都要更加多样化。这种多样性可以成为推动道德和公民学习的强大动力,但它也会使最有可能进行这种学习具有凝聚力的校园社区发展变得更加困难。

第二次世界大战前高等教育的主要模式是私立机构,对出身富裕家庭的学生进行全日制教育。这一模式现今只适用于一小部分美国本科教育机构。目前,四分之三以上的大学生就读于公立机构,其中通勤学生〔1〕几乎占据了相同比例。现今,几乎大多数本科生都不是直接从高中进入大学的。他们比他们的前辈年长,同时兼职工作,是非全日制的本科生,许多已婚,许多已为人父母。许多人并不认为自己是"学习者社区"的成员,而是把自己视为尽可能快速、轻松与廉价地得到他们想要的东西的消费者。这可能意味着在六年或八年的本科生涯中就读两三所不同的机构。与此同时,如今近40%的本科生学时是由兼职教师教授的,他们常常发现很难与学生建立关系或在课堂外影响他们。〔2〕此外,许多全职教师更多地将自身视为独立合约人,而非学术集合体的成员。他们对自身原则的坚守度往往比对学校的忠诚度更强。这些只是从内部和外部对高等教育机构施加压力的一些力量,这使得学生的道德和公民责任的发展比以往任何时候都更加困难。

尽管存在这些力量和紧张形势,也正因为如此,我们认为高等教育可能会对重振美国的民主精神产生有力影响。事实上,所有的政治和专业领导者都是高等教育的产物,且上大学的普通公众人数越来越多。这种广泛的影响使大学在帮助重塑文化上处于有利地位。美国高等教育有着悠久而卓越的民主服务传统,坚持公共服务及知识完备的理想信念,激发学生对价值和意义问题

---

〔1〕 U. S. Bureau of the Census, Statistical Abstract of the United States: 1998, 118th ed. (Springfield, VA: National Technical Information Services, 1998).

〔2〕 Ibid.

的重新审视。几十年的研究表明：事实上，大学经历确实对政治信仰和其他价值观产生了显著的社会化影响，而诸如道德判断的成熟、种族和宗教的包容以及公民和政治参与等结果，都与教育程度呈正相关。[1]

除高等教育会对学生的道德和公民发展产生重大影响外，重视这些结果也有可能会加强和丰富其他教育目标。我们深信，当我们深切地探寻，就会发现学术、道德和公民目标是相辅相成与相互促进的。道德、公民和政治发展涉及对复杂的社会和伦理观念的经验性和概念上更先进的理解，是知识增长不可或缺的一部分。高等教育的目标不应是事实的"数据库"，而应是采取行动的能力和明智行事的判断。对能力（包括职业能力）进行充分解读，必须包括对判断的考量、对目的和手段的了解，以及个人行为和选择的深刻启示及结果。直到学生不仅收获了知识，也能够在世界上运用知识来采取行动，教育才算完成。因此，学习成果必须包括这些被广泛定义的基于价值观的能力。此外，自由学术事业的存在有赖于一些核心的道德价值观。事实上，如果学术诚信和对真理的尊重不再指引着学问研究、教学和学习，那么学术事业就会受到致命的损害。

我们的调查显示，一些美国高校非常重视其使命声明中提及的学生道德和公民教育。对于一些机构而言，这种理念塑造了教育经验的许多或大多数方面，并对道德教育和公民教育以及学术教育采取一种有意的、全面的方法。对于其他机构而言，尽管并

---

[1] E. T. Pascarella and P. T. Terenzini, How College Affects Students: Findings and Insights from Twenty Years of Research (San Francisco: Jossey-Bass, 1991).

未全面强调这些目标,但考虑到道德和公民发展而设计的强有力的项目存在于整个校园环境中。

那些明确涉及学生道德和公民发展的高校是非常多样化的。它们包括各类高等教育机构——社区学院、四年制学院、综合性大学以及拥有许多研究生和专业课程的大学。有些是可寄宿的,有些是非寄宿的;有些是公共的,有些是私人的;有些规模较大,有些规模较小;有些是宗教院校,有些是军事院校;有些是单一性别的;有些是主要针对少数群体成员的。这些学院和其他机构都将学生的品格和公民身份视为其核心使命。我们发现,虽然不同的机构都高度重视道德和公民责任的目标,但它们以不同的方式理解这些目标,并关注这些广泛领域的不同方面。

在此背景下,我们不妨概述道德和公民责任的概念,并指出可能有助于提升这些责任的一般教学手段与战略。我们所关注的是:作为负责任的个体和参与社会——地方、州、国家和全球的个人的发展。这种责任包括将自己视为社会共同体中的成员,以及清晰的反馈态度(如赞扬和指责)。诚实、信誉、公平和尊重等美德有助于个人的全面发展,培养良好的人际关系、关注个体行为如何影响他人。这些美德往往是大学荣誉准则的重点,尤其是对于学生个体的学术诚信和对他人权利的尊重。

社会良知、同情心和对他人福祉的承诺是道德发展的重要内容,这超出了荣誉准则所涉及的个人诚信水平。一些高等教育机构试图通过聚焦重要的社会或道德问题的课程来提升学生的社会关怀,另一些机构则会运用社区服务方案或积极参与的教学法,如服务式学习,还有其他一些机构综合运用多种方法。

将个人诚信与社会良知这两方面部分交叠是构成公民的要

素：了解社区如何运作，其面临的问题，其丰富的多样性，以及培养一种愿意投入时间和精力来增进社区生活、共同努力解决社区问题的意愿。大学试图通过课程和辅助课程的活动来促进公民责任的提升，包括服务式学习项目和基于问题的学习课程。

最后，根据民主程序而定义的建设性政治参与是公民责任的一个特定子集，近年来公民责任一直是人们关注的焦点。虽然两者之间存在重叠，但我们认为，将政治领域从非政治公民参与中区分出来是很重要的，因为在心理层面上它们可以彼此完全独立。例如，尽管近年来年轻人的社区服务有所增加，但政治兴趣和参与率却急剧下降。[1] 虽然一些高等教育机构正在设法激发政治参与及其他类型的公民参与和领导，但到目前为止，我们发现这是高等教育最少受到关注的有关公民责任的内容，即使在那些致力于道德和公民学习的学校中也是如此。

在这四个主要方面中，每个方面都要有成熟运作所需的技能和能力。在个体诚信、社会责任、公民责任和建设性政治参与的领域内，全面发展的个体必须有清晰思考的能力，能以恰当的综合且娴熟的方式思考道德与公民问题；行为的道德承诺和个人责任感（这也可以包括同理心和关心他人在内的道德情感）；道德和公民的价值观、兴趣与习惯，以及相关生活领域的知识与经验。

道德能力中被最广泛研究的是道德判断或反思。许多理论家已经描述了道德反思发展的不同方面，其中数劳伦斯·科尔伯

---

[1] A. W. Astin et al., American Freshman.

格(Lawrence Kohlberg, 1969)[1]最为著名。这些理论家描述了个体对道德问题和冲突进行思考的形式特征,以及随时间推移而发生的道德思维的发展变化,这对形成更富经验的道德问题处理办法具有导向作用。尽管科尔伯格的道德判断理论受到了多方批判,但是即使在批评者中也存在着广泛的共识[2],即认为道德判断和对道德问题的理智理解是道德成熟和恰当教育目标的基本特征。

成熟的道德判断虽然重要,但其本身并不能保证道德上负责任的行为,无论判断的定义多么宽泛。道德行为需要道德承诺,即一种按照个人信仰行事的个人责任感。道德理解和道德承诺之间的关键中介是道德价值观在人们身份中的地位。一些研究(如 Blasi, 1993)[3]表明,道德与自我的融合是理解道德行为的关键。在一项这样的研究中[4],我们发现,自我与道德的紧密融合形成了坚定不移地致力于"道德模范"所表现出的共同利益的

---

[1] L. Kohlberg, "Stage and Sequence: The Cognitive-Developmental Approach to Socialization," in *Handbook of Socialization Theory and Research*, ed. D. A. Goslin (Chicago: Rand-McNally, 1969).

[2] C. Gilligan, "In a Different Voice: Women's Conception of Self and Morality," *Harvard Educational Review*, 47(1977): 481–517; N. Noddings, *Caring: A Feminine Approach to Ethics & Moral Education* (Berkeley: University of California Press, 1984); R. A. Shweder, M. Mahapatra, and J. G. Miller, "Culture and Moral Development," in *The Emergence of Moral Concepts in Early Childhood*, ed. J. Kagan and S. Lamb (Chicago: University of Chicago Press, 1987).

[3] A. Blasi, "The Development of Identity: Some Implications for Moral Functioning," in *The Moral Self*, ed. G. G. Noam and T. E. Wren (Cambridge, MA: The MIT Press, 1993), 99–122.

[4] A. Colby and W. Damon, *Some Do Care: Contemporary Lives of Moral Commitment* (New York: The Free Press, 1992).

基础,这些"道德模范"几十年来一直致力于消除贫困或维护和平、公民权利及社会正义的其他方面。虽然道德行为在一定程度上取决于道德理解和反思,但它还取决于个体的道德关怀如何以及在多大程度上对他们作为人的自我意识起着重要作用;高等教育有助于培养学生在道德承诺和公民参与方面的公民意识。

同样,尤尼斯(J. Youniss)和耶茨(M. Yates)(1997)、弗莱纳根(C. Flanagan)和加莱(L. S. Gallay)(1995)、维尔巴(S. Verba)、施洛茨曼(K. L. Schlozman)和布雷迪(H. E. Brady)(1995)[1]等人也写到了关于政治或公民身份的发展,其方式与这种道德认同概念相类似。例如,尤尼斯和耶茨提供的数据显示,青年服务经历对日后的政治和社区参与产生的长期影响,最好的解释是这些服务经历为个人创造了一种持久的政治参与及社会关切的意识。在他们看来,公民身份需要建立个体与集体的社会单元意识、对社会的责任以及政治和道德意识,这样的公民身份将青春期和成年早期的某类社会参与与这些人成年后的公民参与联系起来。正是出于这个原因,我们特别有兴趣研究高等教育何以利用服务式学习和社区学习来促进学生的公民参与。

我们不能完全依赖富有经验的道德思考来充分实现道德和

---

[1] J. Youniss and M. Yates, *Community Service and Social Responsibility in Youth* (Chicago: University of Chicago Press, 1997); C. Flanagan and L. S. Gallay, "Reframing the Meaning of 'Political' in Research with Adolescents," in *Perspectives in Political Science: New Directions in Political Socialization Research*, ed. M. Hepburn (New York: Oxford University Press, 1995), 34 – 41; S. Verba, K. L. Schlozman, and H. E. Brady, *Voice and Equality: Civic Voluntarism in American Politics* (Cambridge, MA: Harvard University Press, 1995).

公民成熟的另一个原因是，并非所有道德或社会责任行为之前都经过深思熟虑或有意识的反思。事实上，大多数道德和伦理行为都是习惯性的。虽然道德反思与智力能力密切相关，但道德习惯根植于文化背景和多年实践所维系的情感和行为系统中。个人的价值观与喜好的内容、个人日常实践的性质都源自家庭、社区、朋辈群体、学校——这些机构文化以及这些文化传播方式中的社会化。这也表明了高等教育的重要作用，指出学校需要营造一种利于关心他人和共同利益的校园氛围。很少有人会质疑：大学的价值观不仅应代表和体现为知识完备和关注真理，还应代表和体现为宽容和尊重他人、关心公民和政治问题、关注公平和社会正义的其他方面、用公民对话解决分歧。尽管有一些高校在制度上优先考虑这些道德和公民目标，以一种有意和广泛的方式来实现这些目标，但其他高校所采取的方法并不全面，也更加混杂，且有时在这些问题上向学生传递相互矛盾的信息。

除了对道德和公民问题的成熟理解以及对这些信念采取行动的个人承诺之外，真正有效地参与道德和公民活动的人还需要在他们所处理的复杂问题上具有实质性的专门知识。例如，一种情绪驱动的对环境或国际人权的关注不太可能产生有效的行动，除非行为者既对情况有了解又关切。但了解重要的社会和政治问题并不像在课堂上阅读正确的书籍或认真做笔记那么简单。尽管学生的大部分内容知识显然来自书本和讲座，但它也来自课堂讨论和课堂外的（或辅助课程的）体验。例如，与来自不同背景的人一起生活和工作的经历，可以产生一种对有效的道德和公民参与特别有帮助的专门性知识，许多大学课程都努力为学生提供这种经历。

关于道德能力发展的条件,有一整套的发展理论和研究(如Turiel,1997)。[1] 这些研究表明,围绕道德问题和困境的智力参与和挑战导致了更富经验的判断的发展。参与政治或社区服务活动往往关涉这种道德挑战,也可扩大感受到同理心和责任感的人群范围,从而培养学生理解他人观点的能力。这种积极的学习体验也会改变学生看待自己的方式,即道德价值观成为他们自我定义的核心部分。这一变化反过来又能产生就道德和公民问题采取行动的更大意愿。对服务式学习和其他服务活动的实证研究表明,对于具有这种发展影响的体验而言,必须有"反思"这一过程,让参与者思考和讨论他们服务体验的意义,将其与更广泛的社会问题和个人价值观联系起来。[2]

对个人道德发展的另一强大影响因素是对其钦佩的人的认同,这可以影响到个人的理想自我。努力使自己的真实自我更符合理想自我,可能会使身份和性格随时间的推移而发生变化。坚定致力于学生道德和公民发展的许多学校都强调辅导关系——朋辈、教师或工作人员。最后,参与社区、具有为整体利益做出贡献的强有力的规范,以及社区各成员所传递的关于道德和公民问题的信息的一致性,有助于培养个人责任感和按照自己信仰行事的倾向。一份得到广泛宣传并被学生、教师和工作人员普遍理解的关于道德和公民学习重要性的明确制度声明,可以为校园社区

---

[1] E. Turiel, "The Development of Morality," in *Handbook of Child Psychology*: Vol 4, Social, Emotional, and Personality Development, 5th ed., series ed. W. Damon, volume ed. N. Eisenberg (New York: John Wiley & Sons, 1997), 863-932.

[2] J. Eyler and D. Giles, *Where's the Learning in Service-Learning?* (San Francisco: Jossey-Bass, 1999).

提供一个强有力的框架。我们注意到,所有旨在培育道德和公民发展的教育项目都是在各种进程的共同努力下进行的。

校园运用的策略是什么

人们对高等教育回归到更广泛的公共使命(包括培养学生负责任的公民身份)的兴趣日益高涨。许多高校都对这项工作做出了非常认真的承诺。然而,这些学校中的大多数都将努力的重点放在了并不能影响大多数本科生的特定项目或活动上,而且这些机构通常不会集中协调这些努力。这些项目包括学术中心与研究所、新生研讨会以及高级顶点课程。虽然主要的研究型大学不太可能对学生的学习成果采取全面的方法,但这些大学中的许多人确实拥有旨在促进道德和公民发展的重要项目,这些项目至少可以覆盖部分学生群体。

相比之下,相对较少的高校对所有学生的道德和公民发展做出广泛的制度承诺。我们试图通过针对道德和公民学习的全面、有意的方法记录其中一些校园的工作。[1] 我们访问过的所有校园都具有以下几个重要的制度特征。第一,这些学校关于制度目的的公开声明强调了个人诚信、社会责任以及公民与政治参与和领导力的重要性。第二,学术和学生事务中的上级行政部门都认

---

[1] 在撰写本文时,我们已经访问或计划访问以下学校:空军学院、阿尔维莫学院、班尼特学院、加州州立大学蒙特利湾分校、圣凯瑟琳学院、迪内学院、埃默里大学、卡皮拉尼社区学院、弥赛亚学院、圣母大学、波特兰州立大学和塔斯库勒姆学院。此外,我们还将访问一所或多所社区学院和美国土著部落学院。

可这些教育目标的重要性,并将资源分配给旨在促进这些目标的计划。第三,在每一情境中都采用多种交叠方法,并有多种机制促进不同项目之间的交流,以增强学生体验的一致性。

虽然我们选择进行实地考察的学校是多样化的,代表着对一项共同任务的一系列独特适应方式,但它们秉持着许多同样的假设、方案要素和挑战。例如,它们共享一些关于何种教育方法可能会产生影响的假设,这些假设与最近的发展理论和研究相一致。它们的项目针对的是我们在本文前面概述的诸多道德和公民能力。特别是涉及道德和公民发展的认知或智力层面,并力求将富有经验的分析性判断的一般能力与具有真正道德和社会意义的实质性问题联系起来。最后,它们试图营造一种关注道德问题的共同文化,提供参与和行动的机会,并为塑造学生道德和公民身份的积极发展提供多种方法。

在所有这些学校中,我们看到道德和公民问题被广泛地融入了学术教与学。对于大多数(虽然不是全部)学校而言,这种融合是有意将其作为课程的一部分来规划的,并且通常包括跨学科课程和跨领域课程。在课程工作中对道德、公民或政治问题的考量,往往与培养批判性思维和有效沟通的努力联系在一起,因为人们普遍认为这些是公民话语的重要特征。正如一位教师所说:"我们班的学生被鼓励表达他们对政治问题的观点,无论这些观点是什么,只要他们用论点来支持自己的主张并尊重他人的观点就可以。"

我们走访的大多数学校也非常重视教与学过程,其中许多都设有教学中心,为课程开发和课程评估提供帮助,并赞助跨学科教师评阅小组和课堂技术研讨会等项目。除了强调教学,并经常与之结合外,我们参观的所有校园都采用了服务式学习,并且在大多数校园中都很流行。服务式学习也称为基于社区的学习,其背后的理念是通过结构化反思将学术研究与社区服务联系起来,从而丰富彼此。现在几乎全国每所高校都提供服务式学习课程,涵盖科学、社会科学、人文学科和专业领域的几乎所有学科。我们访问过的一些学校要求所有学生至少有一次服务式学习的体验,另一些学校则更多地是鼓励但不强制要求有这样的体验。

许多教授这些课程的教师表示,他们相信通过将课程材料与社区服务联系起来,学生们对课程材料的学习得到了显著的提高。正如艾勒和贾尔斯(1999)在《服务式学习中何以进行学习?》中所报告的那样,[1]服务式学习是提高批判性思维技能的重要手段。我们与之交谈的学生证实了这一点,他们中的许多人告诉我们他们的服务式学习体验如何丰富了他们对课程内容的学习,并改变了他们对道德问题或他们在这些课程中首次遇到的群体的看法。正如艾勒和贾尔斯所总结的那样,"我们突然想到的一件事是,几乎不管服务或服务式学习体验的类型、强度、质量如何,学生们都说:参与社区服务对他们如何看待自己和他人产生了强有力的影响"。[2]

其他志愿社区服务项目(例如在可供选择的春假中,学生们在其家庭社区或其前往的社区中进行服务工作)也随处可见。然而,这些项目在多大程度上包含反思和融入课程作业及其他智力活动却不尽相同。

---

〔1〕 Eyler and Giles, *Where's the Learning in Service-Learning?*
〔2〕 Ibid., 24.

学生领导力项目在所有校园中都很重要,这样的项目为学生与教师的持续合作和参与学生会、校园司法系统以及校园和社区事务提供了机会。参与这些项目的学生经常提到,学习领导力项目的参与是他们大学经历中最强有力的体验,这使他们强烈感受到自身变化发展的能力以及获得广泛公民技能的能力(包括谈判、建立共识、公共演讲、财政管理等)。例如,在大多数校园,学生干部通过与社区组织建立和维持关系,向教授服务式学习课程的教师提供关键的后备支持和教学协助。在许多这类学校中,学生们还通过朋辈辅导项目获得领导力技能,这些朋辈辅导项目中的学术履历更高的学生会为同龄人提供指导和支持。这些辅导项目为辅导关系双方的学生提供了强有力的体验。

除朋辈辅导外,我们还看到每个校园都在有意识地努力为学生提供其他类型的辅导关系和具有影响力的榜样。通常,那些在研究中已经整合了重要社会问题的教师会以非正式的方式服务于这一职能,即通过他们自身对社会负责的工作承诺来激励学生,并经常让学生参与到这样的工作之中。曾经担任过领导角色的学生也会带来令人敬佩的榜样作用。在许多校园里,有一些专门的项目可以让演讲者到校园里,讲述振奋人心的关于道德勇气、正直或践诺社会正义的故事。例如,最近在美国空军学院(U. S. Air Force Academy)举行的一次会议上,请来了两名越战老兵,他们曾经历过美莱村大屠杀(My Lai massacre),并且是少数违抗射杀平民命令的人之一(这些命令后来被认定为非法的)。在圣凯瑟琳学院(College of St. Catherine),核心会议项目为校园带来了一系列关注社会正义的演讲与活动。

我们还发现,在访问的每个校园中,多样性和多元文化主义问题与学生的道德和公民发展密切相关。虽然这些学校中的大多数在吸引不同学生群体或教师、促进学生群体的充分融合等方面都面临着挑战,但是它们都表达了对多元化理想的坚定承诺,并认识到生活在多元化社会与我们公民和民主理想的力量之间的明确联系。增进对本土文化以外的文化传统的理解、促进对差异的相互尊重是学术项目和学生事务的核心目标。这些目标通常被纳入核心课程,它们几乎一直是社区服务和服务式学习体验的核心。努力促进种族、民族、宗教和其他差异的相互尊重,在许多情况下都与努力发展对社会问题的全球视角紧密结合。每个校园都有一种信念,即必须对学生进行教育,使他们能够参与到多元化和多元文化的社会,以及跨越美国边界的世界之中。

我们在所有这些校园中看到的另一个挑战是发展、资助、人员配置和维系这些宏大项目的问题。鉴于高校面临的许多其他挑战,这类项目在制度层面上很难实施。有限的资源使得大多数人难以支持跨学科课程所要求的团队教学,而教师经常会将精心设计的核心课程看作学科部门的资源消耗。一般来说,这种工作是劳动密集型的,而教师的时间在所有学校里都是一种稀缺的资源。

虽然对道德、公民以及智力发展的教学要求极高,但这些努力对教师斗志的影响似乎是非常积极的。在几所学校里,接受这一挑战的教师说到,这让他们对自己的教学有了更多的反思,并与同事更多地谈论教学问题。他们还说到,这项工作往往是跨部门协作的,这有助于建立更强的"知识社群"(intellectual community)意识,并为他们的职业生涯增添新的挑战和意义。教师在报告中说到,他们也从中得到了回报,即他们的学生会更多地参与并对主题有更深入的理解。然而,许多教师也表达了一些担忧,即他们自己参加服务式学习课程和其他时间密集型的非传统课程,是否会对他们的晋升发展和部门与机构任期产生负面影响,因为这些部门和行政机构即使不完全以学术出版物作为衡量标准,但这些出版物仍然一直在很大程度上衡量着学术价值。

许多校园都设有专门的中心,旨在协助教师尝试这些新的教学方法,如服务式学习和基于问题的学习,并协调旨在促进学生道德和公民发展的其他活动。这些中心在不同校园之间存在很大差异,但在大多数情况下,它们都会明确活动重点和跨不同项目的沟通方式。其中包括美国空军学院的品格发展中心(the Center for Character Development at the U.S. Air Force Academy)、波特兰州立大学学术卓越中心(the Center for Academic Excellence at Portland State University)、蒙特利湾加州州立大学服务式学习中心(the Service Learning Institute at California State University at Monterey Bay)和圣母大学社会关注中心(the Center for Social Concerns at the University of Notre Dame)。

在我们访问过的每所校园里,和整个高等教育一样,对学生成果的评估是促进学生道德和公民发展的整体努力中最欠缺的部分。目前并没有适当的评估工具用以评估大多数预期成果,并且控制程序的选择性偏差、评估项目是否具有长期效果,其实验和纵向设计都需大量资金投入。使用自我报告问卷、访谈和焦点小组进行的研究已经记录了服务式学习对态度、公民行为和学业表现的积极影响[1],但很少有人对我们观察到的其他类型项目的有效性进行过研究。

---

[1] Eyler and Giles, *Where's the Learning in Service-Learning?*

如果想要超越参与率和学生自我评估,我们需要制定用以观察程序,记录影响的进程,能更充分地获取重要但不明显的心理结构(如道德认同与承诺)以及表现性评估变量(如批判性思维、谈判和有效沟通)的工具。

在我们访问过的校园中,评估工作做得最完善的是波特兰州立大学,该大学一直在开发基于社区的教学评估方法。其评估项目试图记录教学的影响,包括与社区组织建立伙伴关系对学生、教师、合作组织和大学的影响。其工具包括访谈、焦点小组、调查、观察、学生日志、联系日志、教师教学大纲和课程简介。此时,学生发展的大多数指标都是自我报告,但制定更直接的成果指标的工作正在进行中。

除了学生对特定课程教学的评估之外,大多数校园都缺乏对其道德和公民教育方案进行评估的资源。在没有此类评估的情况下,我们可以通过与学生和教师讨论他们对这项工作的印象来获得一些关于项目潜在效度的基本认识;并且可以很容易地区分学生认为质量不佳、不会认真对待的项目及课程,以及他们认为具有深刻吸引力的、变革性的课程。我们发现访问过的学校里的学生和教师都非常愿意指出那些效果不佳的项目,并认定那些效果较好的项目。

虽然在这些校园中所做的工作在范围、质量和对学生的明显影响方面都是令人印象深刻的,但这些项目都是"正在进行中的工作"。开发既在智力层面上具有严谨性,又在个体层面上具有变革性的课程及其他项目是极其困难的,并且我们在校园内部和校园之间看到的项目在实现目标的程度上也不尽相同。我们观察的许多项目都将随着经验的积累和更好的评估工具的开发而得以修订和改进。

除了这些一般性结论之外,我们的校园访问还揭示了我们观察到的特殊机构的独特做法。这些独特的方法反映了每个机构的使命、目标、历史和学生群体。这些特殊性是有意义的,因为它们都是新思想的发源地,并可以被应用到不同的环境之中。

初步建议及结论

我们相信,我国正在开展一场强大且不断发展的运动,以振兴高等教育的公民教育和民主使命。越来越多的高校开始认真对待它们对当地社区的责任,并围绕学校教育、公共问题、青年和家庭项目、土地使用等方面建立起社区与大学间的合作伙伴关系。正如我们在校园访问中看到的那样,在个别校园内,许多高校都对学生的道德和公民教育方案做出了认真的承诺。

我们现在开始看到,协调和促进这项工作的交流以及在更广泛的范围内实施变革的努力正在取得进展。校园契约(Campus Compact)是一个由高校校长组成的组织,在这方面尤为成功。校园契约组织始于1985年,由一小群高校校长发起,他们认为,虽然"自我的一代"(me generation)对学生来说是一个不公平的标签,但这些学生需要积极的鼓励才能参与到社区服务中来。该组织最初主要侧重于一般性的服务,但到20世纪90年代初,其将重点转向服务式学习,因为校园契约领导层意识到:除非社区服务通过结构化的反思与学术研究相联系,否则就会失去重要优势。如果没有这种反思,社区服务往往对学生没有持久的影响,与课程无关的社区服务通常会被教师视为如体育一样的另一项课外活动,而非机构的教育使命的核心。因此,校园契约将注意力转移到了为全国各地的社区服务式学习项目提供材料和其他支持。最近,校园契约已将注意力扩展到与高等教育和公民参与相关的各种关切问题。它发起了一场由 50 多位高校校长出席的"阿斯彭研究所邀请会",这些校长发表了一项大胆的声明,宣称自己有责任加强校园内的公民参与,并将其作为衡量成功的评估工具。其他一些高等教育组织也积极参与了这一领域,包括美国高等教育协会(the American Association for Higher Education)、美国教育委员会/理事会(the American Council on Education)以及美国大学协会/高等院校协会(the Association of American Colleges and Universities)。

此外,定期举行的关于大学生价值观和道德发展的会议,如由佛罗里达州立大学和杜克大学主办的会议,为在大学阶段从事道德和公民教育的工作人员提供了契机,使他们能够与其他人会面交流、分享经验。其中一些会议还为长期从事道德和公民教育的大学工作人员和中小学工作人员提供了相互交流的机会。这一点显然很重要,因为进入大学的学生由于他们先前的学校经历,会对服务式学习等活动有不同的接受程度。事实上,在过去的几年里,社区服务在小学和高中已经普及,这对大学层面的项目规划具有重要意义。

我们在本文第一节中回顾的对高等教育的各种批评做出回应的努力始于研究型大学。例如,主要研究型大学的代表于去年在威斯康星州的展翼会议中心举行了两次会议。其成果之一是《关于美国研究型大学重塑公民使命的展翼宣言》。该宣言敦促研究型大学"通过多种机会致力于公民工作,即通过具有影响力和相关性的实际项目,使学生学习技能、培养习惯和身份,并获取知识为公众福祉做出贡献",研究型大学通过以上途径来使其学生为公民参与做好准备。同时,该宣言附有一套促进其目标的规划文件。

机构认证的新方法也突出了本科生的道德和公民发展。美国人文教育学院(the American Academy for Liberal Education)国家项目"人文学科认证的重新审视"最近的报告反映了一种更加强调基于结果的认证标准的趋势。该报告将"公民美德"列为应该在文科教育中提供的五类学业成就之一。"公民美德"的定义包括对公共利益的关注和考虑、对技术知识的道德含义以及批判性和共情性思考能力的切实关注。

建议

尽管我们的项目仍在进行中,但我们确实根据迄今为止的工作获得了一些初步见解。

1. 在培养道德和公民责任方面具有高度的意向性,是在这一领域领先高校的标志。校园不仅有包含这一目标的使命陈述,而且大多数学生、教师和工作人员都十分了解和理解这些陈述。行政领导层以促进该目标的方式发言和行动,教师领导层亦是如此。

2. 广泛的项目可以促进课堂内外的道德与公民学习。在不限制这些项目的情况下,校园应该在项目之间建立有意识的联系,目标是使校园成为一个整体而非各个部分的总和。这些联系应该记录在案、公开讨论,并且可以审视和修止。

3. 这一领域中的有效项目需要一个清晰的概念框架,但程序开发人员通常都不能明确表达出他们的方法所依据的理论假设和教育理念。这个框架应遍及整个校园,不仅作为机构的完善补充,而是作为长期规划、教师与工作人员的选聘和发展、课程和辅助课程的项目设计以及学生入学的真正指南。

4. 积极的教学法让学生参与解决棘手的道德和公民问题,并在理论上对这些问题进行检视,这对于充分培养知情的、忠诚的、具有社会责任感和进行政治参与的公民至关重要。

5. 需要有一个由学者组成的网络来引领有关大学生道德和公民教育的评估和研究。如果想要了解哪种教育方法最有效并具有长期影响,那么对正在制定的项目的纵向研究是很重要的。在工具开发领域的协调努力将极为有益,因为采取一些一般举措能够在各个项目之间进行比较。每个校园没有必要甚至不需要制定自己的举措。然而,评估工具的开发将是一项非常具有挑战性的任务,我们需要非常谨慎地对待尝试用简单工具捕捉复杂而微妙的发展现象。

6. 需要额外的机制,以使校园可以通过这些机制相互学习彼此的经验,这甚至可以应用于类型非常不同的机构中。这些机制可以包括访问彼此的校园、区域、参加彼此国家的会议,以及基于网络的通信系统。

7. 需要开展更多的机构间的努力,如上文提到的阿斯彭和展翼会议。在我们看来,理想的情况是,大学在促进道德和公民责任方面取得的成功应该算入高等教育认证过程的一部分。

结论

人们常常叹息道德与公民责任的缺失(尤其是在年轻人中这一问题更加突出),并强烈要求在各级学生中都要更多地关注道德和公民教育,这已成为司空见惯的事情。如果将问题仅仅视为信息传递的问题,那么高等教育的作用必然是微不足道的。如果这个问题仅仅被视为劝服学生不要欺骗或让他们关注政治的问题,那么结论也是一样的。和约翰·杜威一样,我们还有更多的看法。我们认为,同道德、公民和认知学习一样,民主和教育是不可避免地交织在一起的。这不仅仅是因为我们的公民必须接受教育,以诚实的态度对待彼此,且负责任地选择我们的政治领导人并让他们肩负起责任。更重要的是,民主社会是一个公民相互交流、相互学习、相互成长、相较于各个部分之和更能共同创造出"社区"的社会。杜威[1]呼吁,学习者社区是最能促进这种民主化进程的主要机制。要想取得成功,社区必须既互动又协作,这是决策过程至少与决策本身同等重要的一方面。并且,社区必须是一个多元化的社区,能反映出学生毕业后将进入的更大社区的多样性。

为了将这项任务转化为有效的制度安排,我们必须注意诸多问题。在下个世纪,美国人的道德和公民品格的基本要素是什么?鉴于要成为一个好公民可能有多种不同的方式,哪些具体的知识、技能和价值观有助于这些要素?高等教育如何以持续有效

---

[1] J. Dewey, *Democracy and Education* (New York: Macmillan, 1916).

的方式提升这些素质?有哪些证据表明何种类型的公民教育努力最能有效地为负责任的公民身份做好准备?试图进行持续公民教育的高校面临着哪些问题,帮助破解这些问题的最佳策略是什么?

随后的文章以及我们关于卡内基教学促进基金会(The Carnegie Foundation for the Advancement of Teaching)的项目中都提到了这些问题。这些问题是美国民主未来的核心问题。

一、问题剖析:高等教育及其学生

(一)公民意识提升与美国大学生

琳达·J. 萨克斯

发展大学生公民权是美国高等教育的长期目标。[1] 200多年前,人们将公民意识教育视为发展消息畅通、具有批判性思维社会的必要条件(Morse,1989)。在19世纪工业化和教育专业化期间,虽然不再特别强调公民教育,但在20世纪初期的总体教育

---

[1] E. L. Boyer and F. M. Hechinger, *Investment in Learning: The Individual and Social Value of American Higher Education* (San Francisco: Jossey-Bass, 1980); B. Finkelstein, "Rescuing Civic Learning: Some Prescriptions for the 1990s," *Theory into Practice*, 27, no. 4 (Fall 1988): 251 – 56; R. Ketcham, "A Rationale for Civic Education," *Educational Record*, 73, no. 2 (Spring 1992): 19 – 22; S. W. Morse, "Renewing Civic Capacity: Preparing College Students for Service and Citizenship," *ASHE-ERIC Higher Education*, Report No. 8 (Washington, DC: School of Education and Human Development, The George Washington University, 1989); W. H. Newell and A. J. Davis, "Education for Citizenship: The Role of Progressive Education and Interdisciplinary Studies," *innovative Higher Education*, 13, no. 1(1988): 27 – 37.

改革中,公民教育再次成为高等教育的首要教学内容。多年来,人们认为教育能够保障公民教育不受课程过度专业化影响。

到20世纪80年代中期,许多教育工作者认为高等教育没有有效地培养出学生的公民责任感。卡内基教学促进基金会的一份报告指出:如果今天美国教育出现危机,考试成绩下降并非主要原因,而在于我们未能注重公民意识教育,公民意识教育仍然是美国高等院校教育最核心的部分。[1] 当我们踏上21世纪进程时,纽曼的言论仍然是正确的,越来越多的大学被要求重新评估他们的公民教育的职能。

本章通过专注于大学生自身来探讨公民意识发展问题。当代大学生与过去大学生不同,如何在当代大学生中发展公民生活?在大学期间,学生的公民责任感会发生怎样的变化?为了引导学生积极参与社会活动,大学应怎样充分地做好准备?

加州大学洛杉矶分校高等教育研究所合作研究计划所(CIRP)针对大学生收集使用数据,并对问题进行检验。1966年,合作研究计划所成立于美国教育委员会,是美国高等教育最大和最古老的实证研究机构,涉及1 500多所大学中的900多万大学生数据。

合作研究计划所主要通过学生在新生调查中的回答来调查学生趋势,该计划所每年都会对全国大学新生进行该项调查。全国600多所高校的30多万新生参与该项调查,它描述了美国大学新生背景特征、态度、价值观、成就和未来目标。

---

[1] F. Newman, *Higher Education and the American Resurgence* (Princeton, NJ: Carnegie Foundation for the Advancement of Teaching, 1985),31.

合作研究计划所在九年制的三个点上纵向收集数据,调查大学生公民价值观和行为变化。具体来说,样本包括来自209所四年制大学中的12 376名学生,于1985年完成了新生调查,并在大学入学后的第4年和第9年进行了随访。这项为期4年的跟进调查始于1989年,包括学生的大学经历、对大学的看法以及许多实验后的调查项目,这些调查项目出现在1985年新生调查条例中。为期9年的后续调查于1994年进行,数据显示研究生生活和早期职业经历、社区或志愿服务等相关信息,以及1985和1989年调查中,关于态度和行为调查项目等验后数据。

新生趋势

本节从公民责任两个方面,对比于过去学生,现今大学生的趋势:(1)参与志愿服务和社区服务;(2)对政治的兴趣。

志愿服务和社区服务

据新生调查数据显示,在过去十年中志愿服务一直呈上升趋势,1998年的大学新生,在高三时就有74.2%的人从事志愿者工作,创下历史新高(见图1)。对于许多学生来说,志愿服务不是象征性地待在慈善厨房里熬一天汤或短暂地访问儿童医院。事实上,超过一半的志愿者每周都会这样做。[1]

在过去十年中,有几个因素促进了大学新生志愿服务参与度

---

[1] L. J. Sax, A. W. Astin, W. Kom, and K. M. Mahoney, *The American Freshman: National Norms for Fall 1998* (Los Angeles: Higher Education Research Institute, University of California, 1998).

一、问题剖析：高等教育及其学生

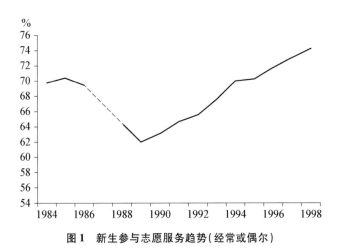

图1 新生参与志愿服务趋势（经常或偶尔）

增加。首先是联邦和州政府支持的服务项目越来越多,[1]如1990年《国家社区服务法案》和1993年《比尔·克林顿总统的国家服务信托法案》,以及全国各地众多州、市法案。立法使更多学生在社区中获得服务机会。

其次是小学和中学提供了越来越多切实可行的服务学习机会。[2] 作为体验式教育产物,服务学习是一种教学工具,通过社

---

[1] J. Kahne and J. Westheimer, "In the Service of What? The Politics of Service Learning," *Phi Delta Kappan*, 77, no. 9 (May 1996): 592 – 99; N. Z. Keith, "Introduction: School-based Community Service: Answers and Some Questions," *Journal of Adolescence*, 17, no. 4 (1994): 311 – 20; A. Levine, "Editorial: Service on Campus," *Change*, 26 (July/August 1994); E. M. O'Brien, "Outside the Classroom: Students as Employees, Volunteers, and Interns," *Research Briefs*, no. 4 (Washington, DC: U. S. Department of Education, Division of Policy Analysis and Research, 1993).

[2] D. J. Eberly, "National Youth Service: A Developing Institution," *NASSP Bulletin*, 77, no. 550(1993): 50 – 57.

35

区或公共服务来增强传统课程内容意义。服务学习与特定课程的联系使其与其他形式的志愿服务区别开来。最近的研究表明,至少在大学生中,以课程为基础的服务对提高学生的公民责任感要大于单纯社会指导或课程训练。[1]

第三,越来越多的高中毕业要求是参加社区服务,[2]这也促进学生参与社区服务。许多怀疑论者认为,志愿服务增加主要是源于这些要求。然而,事实上在去年只有四分之一的高中志愿者参加社区服务是由于学校的毕业要求。[3] 因此,大多数学生是自愿选择从事志愿者工作。

对政治的兴趣

尽管年轻人对志愿服务和社区服务越来越感兴趣,但他们对政治的兴趣却急剧下降。例如,在最近的大选中,18 至 24 岁年龄段只有 32.4%的大学生参与投票,而 1964 年为 50.9%。此外,普通人群的投票率也有所下降,然而在有登记选民中,18 至 24 岁年龄段的投票下降比例是所下降比例的 2 倍。[4]

合作研究计划所新生调查中的趋势进一步证明了政治脱离。例如,认为有必要关注时事政治的人数比例从 1966 年的 57.8%

---

[1] A. W. Astin and L. J. Sax, "How Undergraduates Are Affected by Service Participation," *Journal of College Student Development*, 39, no. 3 (May/June 1998): 251–63.
[2] Keith, "School-based Community Service"; Eberly, "National Youth Service."
[3] Sax et al., *American Freshman*.
[4] U. S. Bureau of the Census, *Current Population Reports*, Voting and Registration in the Election of November 1996 (Washington, DC: U. S. Government Printing Office, 1998): 20–504.

下降到1998年的25.9%(见图2)。同样,只有14%的新生经常讨论政治问题,而1968年却有29.9%。在学生会方面,政治脱离也很明显:高中学生选举中只有21.1%入学新生参与投票,创下历史新低,相比之下,1968年高达76.9%。

图2 新生关注时事政治趋势

是什么导致现今大学生政治脱离日益严峻?一是学生对政策和政治家的负面看法以及对政治的怀疑,大多源于媒体报道的政治丑闻,媒体的负面宣传和政府僵局的激化。凯特琳基金会的一项研究发现,他们所学、所听、所见的大多数政治内容,都让他们认为政治并不能解决问题;相反,政治是个人主义的、分裂的、消极的,对社会的弊病往往起反作用。[1]

---

[1] Harwood Group, *College Students Talk Politics* (Dayton, OH: Kettering Foundation, 1993),5.

其次,当代学生不太可能将政治看作有效的变革工具。[1]因此,许多人并不清楚参与更大的政治体系有什么特别好处。然而,正如上述志愿服务趋势描述的那样,学生们会通过参加社区志愿活动来做贡献。

最后,现今许多大学生对政治事件的脱节和疏离感。[2] 与20世纪六七十年代大学生不同,他们的政治兴趣受到自由言论运动、民权运动、越南战争等问题影响。现今,许多大学生认为,政治问题与他们的日常生活无关。

进一步分析,CIRP 数据提供了研究学生政治脱离的另一视角。第一与学生左倾、右倾的政治方向有关。1970 年的新生调查首次发布政治方向问题,中庸立场的学生数量从 45.4%上升到 56.5%。在同一时期,"自由党派"或"极左"政治标签的学生数量从 1970 年的 36.6%净减到 1998 年的 23.5%。在过去的 30 年中,"保守党派"或"极右"方向仅出现小幅度变化,从 1970 年的 18.1%上升到 1998 年的 20.1%。

越来越温和的政治取向并不意味着政治"脱离",但数据表明,那些持有中庸政治立场的学生与那些自由党派和保守党派的人相比,谈论政治的可能性要小得多(见图 3)。这表明,政治上"温和"的学生更容易脱离政治。

---

[1] D. Mathews, "Why Students Hate Politics," *The Chronicle of Higher Education*, 39(7 July 1993: A56); C. A. Rimmerman, "Teaching American Politics through Service" in *Education for Citizenship: Ideas and Innovations in Political Learning*, ed. G. Reeher and J. Cammarano (Lanham, MD: Rowman & Littlefield Publishers, 1997).

[2] G. Reeher and J. Cammarano, *Education for Citizenship: Ideas and Innovations in Political Learning* (Lanham, MD: Rowman &. Littlefield Publishers, 1997).

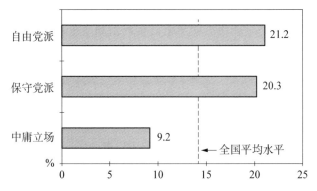

图3 新生(按政治立场)频繁谈论政治的可能性

讨论政治的可能性也受到学生特征的影响,尤其是学生社会经济地位和其大学专业。例如,21.9%母亲或父亲拥有研究生学位的学生经常讨论政治,而父母未高中毕业的学生仅为9.6%。同样,家庭收入前20%的学生,讨论政治的可能性几乎是收入后20%家庭的2倍(图4)。

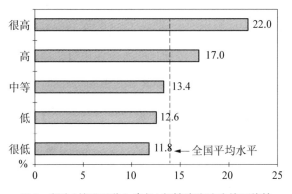

图4 新生(按父母收入高低)频繁谈论政治的可能性

政治兴趣中最显著的差异与学生专业相关(见图5)。毫不奇怪,主修政治学或历史的学生讨论政治频率最高(55.5%),是其平均参与度的四倍。主修英语或人文学科的学生也明显高于平均水平(分别为29.7%和23.2%)。卫生健康专业和农业专业的比例最低(分别为8.5%和9.3%)。

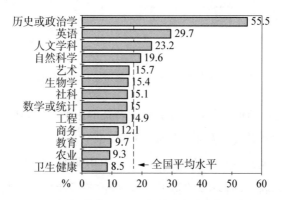

图5 新生(按专业不同)频繁谈论政治的可能性

更令人惊讶和不安的是,在主修教育的学生中,政治讨论频率相对较低。只有十分之一的教育专业学生(9.7%)经常讨论政治问题。显然,美国未来教师在所有专业中讨论率最低时,很难将脱离政治的趋势逆转,并激发学生对政治的兴趣。

大学对公民价值观和行为的影响

上面所强调的趋势清晰地表明,新入学的大学生中存在着一对矛盾的发展趋势:社会服务越来越多,同时政治兴趣逐渐下降。一个重要的问题是:这些学生上大学时会发生什么?大学生活如何进一步影响学生公民价值观和行为,特别是他们对社区和社会的兴趣和奉献？我们需要通过研究以下事项来解决这些问题：

1. 在大学期间和之后，学生的公民价值观和行为如何变化？
2. 学生的公民价值观和行为如何受到大学环境特征的影响（例如，大学的规模、类型和管理，教师和学生的品行）？
3. 上大学如何影响学生的公民价值观和行为（例如，课程和花在各种课程和课外活动上的时间）？

在解决这些问题时，需要侧重研究以下三点并以此来反映公民意识态度和行为问题：

1. 社会行动主义；
2. 赋权意识；
3. 社区参与。

社会行动主义是通过个人重要性来诠释的，学生将其分配给每个生活目标：参与社区行动计划、帮助困境中的人们、社会价值观影响力，以及政治结构影响力。赋权意识来源于学生反对声音的强烈程度，不认同"现实点，个人行为没法改变我们的社会"（而认为更加"被赋予权利"）这一观点的学生更有潜力参与公民生活。社区参与是一项行为测量，反映了过去一年中每位受访者报告参与"志愿工作和社区服务"的小时数。

大学期间和之后的变化

本节通过学生在大学期间和之后公民价值观和行为的变化，来解决第一个研究问题。表1列出了社会行动主义四个组成部分的变化。在大学入学时（1985），57.3%的学生认为帮助有困难的人是"非常重要的"或"必要的"。在大学期间，将其设为人生目标的学生显著地增长到68.1%。然而，在步入大学的九年后，这一水平降至60.8%,意味着九年内帮助他人人数的净增长只有3.5%。其他两个社会活动目标也发生了类似的变化:影响政治结构和参与社区行动计划。在大学四年里,学生数量在这两个目标上出现了实质性增长,但毕业后这两种情况下的增长几乎完全消失了。

表1 社会行动主义占比:随时间变化情况

	1985	1989	1994	变化 1985—1998	变化 1989—1994	变化 1985—1994
帮助有困难的人	57.3	68.1	60.8	+10.8	-7.3	+3.5
影响社会价值观	27.6	45.9	44.6	+18.3	-1.3	+17.0
参与社区行动计划	20.4	29.5	21.3	+9.1	-8.2	+0.9
影响政治结构	13.0	18.0	13.1	+5.0	-4.9	+0.1

迄今为止的结果表明,在大学期间,社会行动主义的增加可能只是暂时的。然而,有一组涉及社会行动主义的研究数据显示,学生在大学期间得到的收获在未来几年仍然存在:致力于影响社会价值观。在这种情况下,致力于此项目标的大学生,其数量急剧增加(从27.6%增加到45.9%),然而毕业后的下降率仅为1.3%。

第二项成果,即赋权意识,在进入大学后的九年内几乎没有变化。作为新生,63.2%的学生"有些"或"强烈"认为个人有能力改变社会。在大学四年后,这个数字仅略微增加到66.0%。五年后只有一点变化,67.5%的人显示出赋权意识。因此,不同于社会行动主义奉献在大学期间有显著增长,有信心使社会发生实际变化的学生数量很大程度上保持不变。

现在视野转向公民意识,社区参与的行为,表 2 显示了九年期间三个时间点的学生志愿服务率。在高中(1985)期间,参与志愿服务的人数最多,在高三时期,有 72.1% 准大学新生报名参加了志愿工作。大学期间(1989)参与率显著下降至 35.7%,大学毕业后(1994)增加至 46.1%。

表 2 志愿参与率:高中,大学,毕业后

参与水平	参与率
高中时参与（1984—1985）	
时常	17.4
偶尔	54.7
从不	27.9
大学时参与（1988—1989）	
每周 3 小时以上	11.4
每周 1—2 小时	14.0
每周少于 1 小时	10.3
从不参与	64.3
大学毕业后参与(1994)	
每周 3 小时以上	15.0
每周 1—2 小时	10.7
每周少于 1 小时	20.4
从不参与	53.9

志愿服务比例的波动导致志愿者群体变化问题。表 3 通过大学期间及之后,志愿精神与志愿服务经历的关系来说明"一致性问题"。显然,过去的志愿经历会增加未来再次参加志愿服务的可能性。高中经常参加志愿服务的学生,在大学和大学毕业之后,每周志愿服务超过三小时的可能性更高,大约是其他人的两倍。与此相似,每周在大学里自愿参加三个小时或更长时间的学

生,毕业后从事志愿工作时间是非大学志愿者的两倍。

虽然表3表明志愿者队伍随着时间的推移有一定程度的一致性,但它也表明其高度的不一致性,因为许多参加志愿服务的学生,后来选择不参与志愿服务。例如,报告显示在高中频繁参加志愿活动的学生,在大学期间有超过一半(54.7%)不再从事志愿工作,大学毕业后46.5%的人不再从事志愿者工作;同样,据报道,在大学每周花费三个小时或更长时间做志愿者的人中,有43.9%的人大学毕业后不再做志愿者。志愿团队人数明显下降,这表明,随着时间的推移,在高中和大学期间培养的志愿服务习惯是非常不稳定的。

表3　志愿精神随着时间流逝的一致性
(1985年的高中新生及其在1989、1994年的情况)

参与水平	大学阶段(1989)参与时长(小时)				大学毕业后(1994)参与时长(小时)			
	3+	1—2	<1	无	3+	1—2	<1	无
高中(1985)								
时常	21.4	13.5	10.5	54.7	26.1	13.1	14.2	46.5
偶尔	9.8	17.3	12.2	60.7	13.5	11.5	27.3	47.8
从不	8.9	8.7	6.2	76.3	10.8	8.0	11.8	69.3
大学(1989)								
每周3小时以上	—	—	—	—	21.9	16.5	17.7	43.9
每周1—2小时	—	—	—	—	26.7	17.2	33.6	22.5
每周少于1小时	—	—	—	—	8.4	14.8	34.1	42.6
从不参与	—	—	—	—	12.3	7.3	15.9	64.4

大学的影响

虽然学生的公民价值观和行为在大学期间和之后会发生变化,但并不能解释为何会发生这种变化。本节将解决第二和第三个研究问题：总结大学对学生的影响，即大学毕业后的公民意识三个维度——社会行动主义奉献，赋权感和社区参与（通过1994年的后续调查来衡量）。特别是大学环境、课程、教师和同学等因素如何影响这三项问题，居住地、专业选择和参与志愿的各类形式会发挥什么作用。[1]

社会行动主义

在大学毕业后的几年里，大学如何影响学生对社会行动主义的态度？有两个环境因素产生了很大影响。首先是在大学学生团体中，社会行动主义的积极影响。这表明，不管大学前学生是否致力于完成社会活动家设立的目标，如帮助有困难的人和影响政治结构，只要大学期间所在大学的学生支持社会活动家精神，便会影响他们更加致力于实现这些目标。

第二个环境因素是工程专业的负面影响。主修工程学的学生不太可能发展出社会行动主义。这种效应与阿斯汀[2]理论一致，即工程专业、唯物主义、保守主义的增加与对社会关注的下降相互关联。本研究结果表明，大学毕业后工程专业影响仍然存在。

对社会行动主义产生影响的积极因素还包括宗教仪式、志愿工作、课堂实验、体育运动等。另一方面，喜欢看电视的学生很难形成社会行动主义。这一发现与先前研究结果一致，电视与物质

---

[1] 为了检验这些大学效应，尽可能多地控制自我选择（也就是说，控制对入学学生特征产生先入为主的偏见的可能性）是很重要的。初步分析显示，关键的诱发因素包括大学前的社会活动、之前的志愿者经历以及女性身份。一旦这些和其他早期预测因素得到控制，大学的净效应就会得到检验。

[2] A. W. Astin, *What Matters in College? Four Critical Years Revisited* (San Francisco: Jossey-Bass, 1993).

价值观的发展与对他人福祉关注的减少相互关联。[1]

赋权意识

第二个公民意识成果——赋权意识——仅受到一种校园因素的显著影响。即同学社会经济水平的积极影响。换句话说,招收家庭富裕和父母受过高等教育学生的学校,有助于促进学生大学后的信念养成,即相信个人有能力改变社会。

以下几类参与形式也会正面影响学生的赋权意识,包括与不同种族、民族的人交往,讨论社会、政治问题,以及参加宗教服务。相反,赋权意识下降是由于学生在校期间的沮丧感,其声音受到大学管理者的忽视。

社区参与

关于公民意识行为——社区参与——只受到一种显著影响:同学间的社会行动主义。换句话说,在高度致力于社会活动的大学就读的学生,毕业后几年内仍会继续参与社区活动。

有些活动会使得学生毕业后仍具有志愿精神,如:参加宗教服务、参加种族/文化意识研讨会、与不同种族/民族的学生交往、全职工作、进行志愿工作以及与教师课外交谈等。这些措施共同反映了学生、教师、同事或雇主个人互动的关键作用。有趣的是,吸烟的大学生在大学毕业后不太可能做志愿者。

总结和讨论

本章重点关注高等教育中大学生公民意识的发展。通过不

---

[1] A. W. Astin, *What Matters in College? Four Critical Years Revisited* (San Francisco: Jossey-Bass, 1993).

断调查入学新生群体的变化趋势,包括评估在校期间、毕业之后几年的公民责任感变化趋势来解决公民意识发展问题。

数据显示,虽然现今学生的志愿者数量创下历史新高,但他们在政治上的不作为却是历史新低。乍一看这个矛盾很奇怪,人们可能会认为,志愿服务增长应与政治意识增长平行。然而,学生仅将精力放在他们认为能够发挥作用的地方,如参与当地社区教育问题、犯罪问题、环境问题和无家可归问题。鉴于政治丑闻和负面政治运动,学生对此的失望导致他们不会将政治视为一种有效的变革手段。事实上,学生非常关心当今社会问题,他们希望获得机会并采取行动。[1]

接下来,本章纵向分析表明,大学与许多公民责任感的增强息息相关。特别是在大学期间,学生更加致力于帮助处于困境中的人、影响社会价值观、影响政治结构、参与社区行动计划。这些研究结果与先前结果一致,显示了大学与利他主义、公民责任感增加相联系。[2] 然而,本章研究结果表明,大学毕业后的前几年,这些成果都消失了。这说明事实上大学对学生利他主义或社区取向的影响可能只是暂时的。此外,尽管大多数学生在大学开

---

[1] Mathews, "Why Students Hate Politics," 1.
[2] A. W. Astin, *Four Critical Years* (San Francisco: Jossey-Bass, 1977); H. R. Bowen, *Investment in Learning: The Individual and Social Value of American Higher Education* (San Francisco: Jossey-Bass, 1980); H. H. Hyman and C. R. Wright, *Education's Lasting Influence on Values* (Chicago: University of Chicago Press, 1979); P. E. Jacob, *Changing Values in College* (New York: Harper & Brothers, 1957); E. T. Pascarella, J. C. Smart, and J. Braxton, "Postsecondary Educational Attainment and Humanitarian and Civic Values," *Journal of College Student Personnel*, 27, no.5 (September 1986): 418−25; E. T. Pascarella and P. T. Terenzini, *How College Affects Students* (San Francisco: Jossey-Bass,1991).

始之前都参与了志愿工作或社区服务,但大学期间和毕业之后的几年里参加志愿服务的可能性显著降低。

最后,本章探讨了大学提升学生公民责任感的方法。如上一节所述,大学从不同层面影响着学生的社会行动主义、赋权意识和社区参与。其中有四个方面影响效果大。首先是学生在宗教服务或会议上花费的时间,这对公民意识的这三种产物(社会行动主义、赋权意识、社区参与)产生了积极影响。大多数宗教都会强调利他主义和慈善事业,所以宗教的作用并不令人吃惊。

其次是大学期间开展志愿工作,能增强毕业后学生的社会行为主义和社区参与。显然,养成志愿服务习惯对于公民意识长期发展是至关重要的。尽管如此,调查结果还是显示,志愿者队伍从高中到大学发生了很大变化。总之,这些研究结果表明,为了建立和维持志愿者队伍,应该像重视招聘那样在大学努力推广志愿服务。

影响公民意识发展的第三个普遍因素是与来自不同种族、民族群体的学生进行交流,这既影响了赋权意识,也影响了学生在大学毕业后的社区参与。此外,参加种族、文化意识讲习班也增强了学生社区参与的可能性。虽然四年纵向研究已经显示了活动多样性的积极影响[1],但这项研究证明了,与不同于自己的群体进行交往学习,其效果超过大学四年的学习。

最后,一些大学经历会阻碍公民意识发展,比如吸烟、看电视、心情沮丧。这些经历显示,作为群体中的一员,活动相对孤立或存在反社会行为往往会抑制大学生公民责任感的发展。

---

[1] Astin, *What Matters in College?*; A. W. Astin, "Diversity and Multiculturalism on the Campus: How Are Students Affected?" *Change*, 25, no. 2 (April 1993): 44–49.

总而言之,大学期间公民责任感的发展似乎受益于学生在大学期间的参与度,即在课堂上或课外活动中与同学和教师的互动。这些发现与先前研究结果一致,也就是将参与度作为利他价值观或利他行为的关键预测指标。[1]

参与活动和公民责任感之间的动态关系是很有趣的。一方面,公民意识发展因某种特殊活动性质得到加强,例如参加宗教服务,跨越种族、民族的社交活动,以及讨论政治和社会问题。另一方面,参与此类活动的学生可能会形成"参与"习惯;在大学毕业后的几年里,这种习惯会延续到生活中去。

因此,大学应树立这样一种意识,即要向学生提供各种各样的参与机会,特别是让学生接触到各式各样的人和事。大学期间学生参与与联系越多,大学毕业后他们越可能寻求社区参与。换句话说,"公民教育"不仅仅是简单地教授"公民"概念。相反,通过鼓励学生追求兴趣、与师生建立有意义的联系并积极参与学习,公民意识的教育问题就可以更广泛地实现。通过这种方式,大学可以帮助大学生形成良好的公民意识,同时助力提升社会的长期福利。

(二) 高等教育教育体制与社会责任感

威廉·M. 沙利文

在高等教育中要想行使责任,就必须首先知道我们是谁。如

---

[1] Astin, *What Matters in College*?; Pascarella and Terenzini, *How College Affects Students*; E. T. Pascarella, C. A. Ethington, and J. C. Smart, "The Influence of College on Humanitarian/Civic Involvement Values," *Journal of Higher Education*, 59, no. 4 (July/August 1988): 412-37.

果当今高等教育社会责任感不明确,而且看起来很明显,这表明美国学院教育体制具有不确定性。对于机构和个人而言,责任来自人与人、事物与事物之间的关系。但关系发展也受到目标影响,就像我们如何与他人互动塑造了目标。即使社会格局发生重大变化,那些成功院校也能够保持其方向和意义。它们可以为其他大学提供帮助,使其忠实于目标。然而,现在随着经济和社会变革,美国社会发生了很大变化,高等教育正面临着严峻考验:高等院校能否在困难和混乱的条件下重振核心使命?

在过去,为应对新挑战和新机遇重塑自身,高等教育的表现非常杰出。一个世纪之前,高等院校通过创建一批创新型大学,例如康奈尔大学和芝加哥大学,以及一些以传统私立和州立大学为模型的大学,如哈佛大学、耶鲁大学、威斯康星大学和加利福尼亚大学,来彻底重塑自身。这些大学试图将欧洲研究理念与美国传统大学强调教学和公民形成的研究理念相结合。其中最有创造力的理念是一些人通过公共使命的综合性来调解学科专业化与课程连贯性之间的矛盾。

进入20世纪后,高等教育致力于人才培养,支撑着美国经济、社会和文化生活。高等教育使命感根植于自由新教主义改革思想,最好的情况下,甚至超过了狭隘的教派和纯粹民族主义。大学宣称自己服务于伟大的、泛人化理念。这些目标同时受到阶级、种族、性别和宗教偏见、"工业领袖"专横赞助的影响。尽管如此,在大众思想中,学校使命仍是公众慈善事业。重新解释更早期公共意识目的,可以帮助重建教育体制,重新诠释高等教育的责任是什么和责任对象是谁。

过去半个世纪里,高等教育呼应国家倡议,要在为更多人提供教育机会这方面超过其他工业国家。如今高等院校形式多样,同时继承传统,说明了美国从社会多样性和制度多元化中汲取合力的能力。例如,文科院校仍具有重要使命:将人文和公民艺术与现代社会问题相结合。宗教的服务和预测传统仍在促进许多学校开发新的学习模式和奖学金模式。作为公民发展场所,社区大学正通过创新,增加教育机会,展现出新活力。公民参与在一定程度上告诉我们,校园教育是最有效的公民义务教育,学校为不同公民群体提供建设性交流、合作场所,这些传统都是很重要的。此外,人们过去的价值观影响了参与校园体制外社区活动的意愿,人们投身于新使命,创造新火花,从中获得新活力。

然而,与此同时,人们很难确认高等教育的历史性关键目标是否仍然大量存在,它是否能够指导学校渡过现今困难时期:重组时期这一点尚不明显。当在高等教育内提出目标问题时,就如同目标是一个集结点,它往往也是分裂来源。工业、慈善事业、政府等赞助的外部冲突以及内部分歧,促使学术领导层简单地搁置整个事件本质和事件目标,取而代之实施平淡管理主义。但这种策略似乎越来越不可行。最近大学受到很多质疑,更不用说遭到敌对批评者严重攻击了。但我们也获得了一个强有力的线索,在这看似普遍低气压的高等教育环境中,某种事物的理念是错误的。

默认程序(Default Program)的破坏性优势

尽管美国高等教育规模大、声望高,但如今大部分美国高等教育士气低迷并有下降趋势。在某种程度上,高等教育问题也是政治和金融问题,越来越多州政府和其他地方批评家强烈抨击整个行业的诚信问题。今天高等教育已经是一个"成熟产业",不是本世纪长时间里还在成长的部门。它也是一个非常多样化、分散的部门,比如私立和公立的精英研究型大学、私立文理学院、宗教学院、国家综合系统和两年制大学。这也伴随着泛化风险。[1]然而,从根本上说,成熟行业存在一个共同问题,即制度问题。高等教育似乎失去了具有生命力的使命感。关于改革的讨论有很多,但主要是行政和财务方面,很少关注改革内容和目的。然而,在教育政策和金融方面出现了越来越激烈的争论,人们直接忽视目标问题,使高等教育在最需要捍卫自身的那一刻丧失了集体自信。

高等教育作为公民社会生活的参与者、美国民主的公民,在对其本身的创立理念缺乏更新的情况下,大多数已经将工具性个人主义作为一种默认程序。这是一个常见概念,即高等院校是为了研究和传播知识、技能,是经济发展和个人向上流动的工具。从大局考虑,这种"默认程序"上的实用性个人主义存在更大的社会、政治和道德目的问题。这些问题都是从高等教育"工业"和"真实"企业中得出的假设。因此,国家领先的研究型大学被吹捧为"世界上最好的"大学,外国学生加入它们的数量也证明了这一点。然而,值得注意的是,这是一个市场衡量标准,即在美国,学位为具有国际竞争力的专业人士提供了"附加值"。

默认程序造成的后果在当今美国社会领导类型和社会领导能力中间接显现出来。商业、政府、职业、媒体、宗教和文化机构领导人几乎无一例外都是高等教育的毕业生,且通常都毕业于最

---

[1] A. Levine, "How the Academic Profession Is Changing," *Daedalus*, 126, no. 4 (Fall 1997): 1–20; B. R. Clark, "Small Worlds, Different Worlds: The Uniqueness and Troubles of American Academic Professions," *Daedalus*, 126, no. 4 (Fall 1997): 21–42.

有声望的学院机构。此外,该类学院的校友几乎都属于美国最顶尖的社会经济阶层,罗伯特·赖希(Robert Reich)将其中前20%的人称为象征性分析工作者,J. K. 加尔布雷思(J. K. Galbraith)将其前景称为"自满的年代"。这是中产阶级领导核心。不像大多数美国人,中产阶级是一个仍从当前"全球化"经济变革中受益的阶层。

最成功的是,五分之一美国人口已经加入富人阶层,他们逐渐将自己与同胞分离开,比如他们生活、教育孩子的地方,医疗护理医院,以及他们期待的退休生活的地方。在当前国家自称的经济成功时期,他们促使或至少默许了日益分裂、不平等社会的发展。总的来说,这个少数舒适群体会为了狭隘职业主义和个人利益而故意放弃社会责任。就好像他们已经忘记了他们是国家社会成员和高度特权成员。由于更大的道德实体归属感缺失,最成功的美国人实际上并没有承担共享公民权力的责任。[1] 高等教育并非作为平衡的控制者,而是在默认程序的实用个人主义控制下,促使这种社会破坏性过程发生。

甚至有更直接的迹象表明,默认程序下的实用个人主义对于学术界的未来具有重要意义。人们可能会认为凤凰城大学是迄今为止这种学术模式中最纯粹的例子:一个营利性的、不断扩大的教育机构,为各个领域的成人学习者提供学位,对商业和商业

---

[1] R. C. Reich, *The Work of Nations: Preparing Ourselves for 21st Century Capitalism* (New York: The Free Press, 1991); J. K. Galbraith, *The Culture of Contentment* (Boston: Houghton Mifflin, 1992); Michael Lind has used the term "White Overclass" to describe this stratum in *The Next American Nation: The New Nationalism and the Fourth American Revolution* (New York: Simon and Schuster, 1995).

职业都有直接价值。它很成功,而且值得注意的是,它没有传统学术机构那种昂贵的、额外的"装饰"。凤凰城大学没有永久性的校园,没有有组织的学生生活,也没有永久的教师。

美国高等院校如何到达这个转折点?具有讽刺意味的是,今天的默认程序可能是为了纪念"二战"后高等教育扩张的产物。在战后几十年里,正如德里克·博克(Derek Bok)指出的那样,美国高等教育获得了前所未有的声望和公众支持。这是因为高等教育在冷战时期发挥了关键作用。实际上,在政府的帮助下,高等教育承担起推进两项重要任务的责任,这两项任务对国家利益至关重要:技术进步,特别是在国防相关领域,如硅芯片和互联网;以及数量逐渐扩大的中产阶级的技能和地位的提升。[1] 在塑造美国战后秩序方面,高等教育成为政府和工业的重要合作伙伴。

第二项任务——提升与扩大中产阶级——成为一系列联邦行动的基础,这些行动以通过《退伍军人权利法案》作为开始,一直坚定地为妇女和少数群体维权。这些计划极大地扩大了高等教育,同时有助于使美国社会比第二次世界大战之前更加民主和包容。然而,随着军事技术迅速发展,这些努力也是发动冷战逻辑的一部分。如果美国要在意识形态上与国外共产主义意识形态竞争,那么,美国意识形态的高明之处必须在社会中高调地传播,特别是能反驳共产主义的说法——资本主义不可避免地会产生极端不平等和阶级暴政——就更好了。

随着冷战结束,追求社会、经济平等不再具有相同的战略重要性。在没有意识形态竞争和外部战略威胁的情况下,特别是获

---

[1] D. Bok, "Reclaiming the Public Trust," *Change* (July/August 1992): 18.

得成功的政治支持情况下,促进经济增长和社会平等的意识减弱。由于受到了强大社会群体攻击,社会平等政治命运的关心度已经下降,政府参与促进高等教育亦是如此。随着政府努力的消退,在塑造美国高等院校形态方面市场力量开始发挥巨大作用,结果是财富更加决定了教育权和特权。毕竟,工商业往往是许多学术研究和培训的直接受益者和赞助人。

值得注意的是,正如博克所说,战后高等教育从一开始就严重倾向于工具主义。政府提出特定战略,要对赢得与苏联的地缘政治斗争起到至关重要的作用。手段与高等教育目标的关系并不那么重要。通过无情地专注于为外部目标做出贡献,高等院校逐渐失去了从其内在责任角度来解决问题的能力。战后精神设想了一个学院,该学院将在提高美国政体民主生活质量方面发挥创造性作用,包括提供更加开放的高等教育机会。其目的是促进经济增长和社会平等,招募国家以前忽视的人才。然而,实际行动却强调了个人和机构的直接利益,牺牲了长期民主价值观和学院对社会自我反思能力的独特贡献。其强调科学是因为高等教育是技术进步不可或缺的来源,赋予了军事优势。通过熟练、完整的专业社会劳动力,促进高等受教育人数增加,从而刺激经济增长。联邦干预措施保证学术机构能够自我调整,促进战略计划实施。同时,政府大大推动了学科专业化,因为政府将大部分资源注入了科学和工程领域。对于它们来说,学术机构往往能够很快抓住机会来提升它们的财富和声望,甚至在这个过程中改变身份、地位。[1]

---

[1] For example, R. S. Lowen, *Creating the Cold War University*: *The Transformation of Stanford* (Berkeley and Los Angeles: University of California Press, 1997).

联邦政府通过大量研究,利用津贴、补助和贷款来促进大学学位计划,使个人通过学习技能来抓住机会。高等教育的其他目标都成了外围的。长此以往的结果是学术界某些思维习惯的萎缩,这种思维习惯对个体自身的完整性以及广泛的民主至关重要。学术领导人不再询问新目标对他们身份、学生或机构本身有何影响。在推动冷战至上的过程中,几乎任何事情都可以被用来为国家安全和经济增长服务。即使在当时,这看起来会对指导民主公共政策造成麻烦。毕竟,这是支撑极权主义政权无原则地使用宣传的原则。这可能会造成公众对政府的不信任——这种威胁最终在20世纪60年代出现,并造成了持久性后果。鉴于工具理性形式的知识结构,这些权宜之计的广泛使用不仅塑造了国家宣传,而且塑造了大部分商业广告和娱乐,甚至学院本身的公共关系。因此,在高等教育中,甚至在全国范围内,很少有人考虑过什么样的体制结构能确保技术——以及新晋中产阶级——和有助于实现民主生活目标,也就不足为奇了。

在冷战迫切需求的压力下,似乎没有必要有意识地努力规划、发展能够促进自我反思和国家相互对话的机制。随着冷战的结束,高等教育甚至缺乏将研究和资格证书职能与公共目的联系起来的工具理论。学术发言人越来越多地以纯粹市场形式描述他们的企业,将其描述为一个与其他企业一样的企业,他们关心如何培养和扩大他们的"顾客基地",特别是商业和教育服务消费者。他们似乎认为,一双看不见的手将确保在制度发展和声望提高的情况下,同时促进整体福利提高。然而,这种拥抱市场光环的后果是美国高等院校正在失去其公共使命。因此,尽管国家明显需要在许多具有社会重要性的领域投资,促进知识和技能发展,但学院领导人在提出新的公共目标以满足这些需求方面做得很少,这种现象的出现并不是偶然的。

许多公众人物都设想过实施这种公众努力的替代方案,例如满足年轻人、穷人在教育、医疗保健和就业方面的需求。我们可能会加强非营利性部门的发展,这类部门提供了非常多的社会重要基础设施,更不用说改善民主公共辩论了。但是,只有人们首先认识到大学在公民社会中是服务于公共目的而不仅仅是一个市场自我夸大的产物,这些目标才有意义。这个观点是现在对美国高等教育如何作为的经常伴随着痛苦的辩论中所缺少的。

职业问题

高等教育不安感在行业等级衰退和迷失中找到了共鸣。毕竟,这些人员是受过高等教育的。所有行业人士中,教师本身就是教授成员。通过职业精神的共同价值、整个高等教育以及各种职业领域的指导理念,这些职业仍与高等教育保持深远联系。更重要的是,在过去半个世纪中,整个职业以及高等教育在美国都是相对拥有特权的机构。值得注意的是,许多专业领域像学院一样,强调其技术技能的适销性,不再强调它们对公民生活的贡献。换句话说,今天的专业人士通常不会通过强调知识的社会重要性以及为社区履行的职能来寻求合法性。相反,他们强调在市场上提供专业知识和技能。

不同职业和高等教育领域越来越倾向于通过专业技能的市场价值来衡量其社会贡献的重要性,而没有关注这些职能如何参与社会福祉。近几十年来,社会趋势越来越朝这个方向发展,反对纯粹从技术上理解专业精神,这会进一步使公民黯然失色。因此,主流所认为的专业知识,其实是放弃了与社会密切相关的那部分知识而剩下来的,随即便形成了"社会权威在社会责任的基础上不断积累"的观点。但这种权威展现的其实是对专业知识越来越工具化和不着调的理解。

这种观点的转变有助于合理化各领域日益专业化的趋势。但是,这种发展也使知识从社会目的中分离出来,专业知识和技能似乎只是竞争者用于特定目的的中性工具。当然,这是知识就是工具的观点。它在个人主义和自由主义道德态度中找到了自然补充,这种态度有利于在大多数社会生活领域支持自由主义。然而,由于职业对中产阶级愿望的定义影响深远,这种强调带来的重要影响已经超出了职业范围。职业文化发展不仅反映,而且有助于培养社会积极个人主义意识。然而,这种知识概念的一个重要推论是个人和集体责任观念的缩小。[1]

这种工具性个人主义的观点在很多行业和学术观点中占据主导地位。一方面,它似乎释放了个人和机构许多不必要的道德责任。他们所需要做的就是遵守市场力量的非人格指令。事实上,在过去的25年中,观念转变伴随着奖金、人才、职业兴趣分配的转变。也就是说,受过教育的劳动力队伍,从在教学、公共和社会服务领域就业转向在更加市场化的私营部门就业,这一趋势已经很明显了。此外,过去20年来,专业人士与以前同龄人中一些

---

[1] W. M. Sullivan, *Work and Integrity: The Crisis and Promise of Professionalism in America* (New York: HarperCollins, 1995); S. Brint, *In an Age of Experts: The Changing Role of Professionals in Politics and Public Life* (Princeton, NJ: Princeton University Press, 1994).

"明星"人物的声望和收入差距不断增大。[1]但是,这种社会责任退却,甚至对大多数专业人士来说,依然没能提高自由度或增强满意度。它也没有大大改善美国生活的道德品质。相反,其后果是专业人士的职业道德普遍败坏——这种道德化现象显然需要通过短期内获得尽可能多的物质奖励来补偿,在社会成长过程中,对失败者更加残酷,其未来希望渺茫。

对于高等教育而言,职业专业化发展的后果是在与职业和制度自身利益无关的诱惑下,迷失方向和目标。学术机构草率地跟随市场趋势,和它们跟随政府资金趋势一样——这往往会对其长期承诺、价值定义、目的产生负面影响。结果在高等院校以及职位等级上产生各种各样的分歧。随之而来的是对公共责任关注的减弱。也许这些趋势解释了在城市衰退和社会忽视下还能找到这么多"世界上最好的大学"的悖论。这确实是从承担责任到走极端的过程中知识分离的一个例子。

这些不愉快的结果反映了学术界内部紧张关系,这种紧张对企业来说是健康的,但如果被忽视,可能会造成严重破坏,就像它现在产生的威胁一样。考虑一个相关但非常不同的类比,专业化企业——新闻业。与高等教育一样,新闻业的目的是塑造公众并对其做出回应。这两个机构在使民主社会变得可行方面发挥着至关重要的作用:如果在现代情景下公共协商是可行的,那么它们的活动就能起到至关重要的作用。新闻和高等教育构思和目的的实现——它们理解自身的方式——是它们作为负责任机构,

---

[1] D. Bok, *The Cost of Talent: How Executives and Professionals Are Paid and How It Affects America* (New York: The Free Press, 1993): 89 ff.

实施其功能能力的内部核心。

今天的新闻业,特别是大都市报纸的传统核心机构,发现自己面临着改革的巨大压力:要变成严格商业企业的附属机构,又要成为新兴的全球信息娱乐业的一部分。然而,正如哥伦比亚大学新闻学卓越项目的汤姆·罗森斯蒂尔(Tom Rosenstiel)所说,正如过去已经证明的那样,这仍然是报纸的自我挫败策略。值得一提的是:考虑到罗森斯蒂尔的观点,报纸为当前高等教育的争议提供了一个有启发性的类比。

报纸经常想把自己的报道变成直接利润驱动工具。根据罗森斯蒂尔的说法,问题一直是读者抵制、反感新闻报道,人们怀疑新闻报道是在哄骗或操纵他们。因此,报纸和电视一再发现,自相矛盾的是,经济生存方向就是在新闻采访和编辑独立方面投入巨资。建立受众忠诚度需要数年时间。它还需要给人们提供信息,这些信息最初可能只吸引一小部分人,因为它是新的。罗森斯蒂尔写道:"新闻业正在销售其作为公共资产的权威。这取决于,特别是对于挑剔的公众而言,证明你的存在不仅仅是为了降价。"[1]

换句话说,新闻业商业上的成功只有它作为一名公民行使权利,关注公共服务和新闻专业标准的完整性,而非立即获利时才能获得。但同样重要的是,历史上,"专业标准"以及学术和新闻特质受到公开性强烈关注。这些职业及其机构只有在涉及整个社区,多样化、总体化、多元化选区的共同点时才有意义,而这些选区都必须设法合作。对于这两个职业来说,真相必须

---

[1] T. Rosenstiel, "Investing in Integrity Pays," *New York Times* (20 October 1997).

一、问题剖析：高等教育及其学生

公开达成并公开辩论,而正在调查的重要事实,不仅涉及正在发生的事情、事情如何运作,而且涉及我们如何作为一个国家生活。

公共或公民新闻运动引起了广泛关注,同时也成为媒体改革集结点。该运动认为,只有将自己视为"公共领域"的重要合作伙伴,并相应地采取行动提出意见,新闻业才能找到其全部意义。公共领域是指一系列分散联系,民主社会成员试图通过这些联系积极参与来理解和指导其事务。[1] 公共新闻部分吸引力源于对报纸业重要部分的认可,该行业的未来取决于培养对其产品感兴趣的读者群。与其他"细分市场"相比,这个读者群的结构尤其鲜明。报纸读者绝大多数都认为自己是关注公共事务的人,而不仅仅是新闻消费者。在更大的社会生活中,他们也不成比例地活跃着,希望分享新闻和阅读新闻。因此,物质利益促进了在记者和公众之间建立更积极合作关系的理想目标。

同样,高等教育与其"市场"相关。学院支持度取决于那些不仅将自己视为服务消费者而且作为公共领域参与者的人。这些人,通常本身就是高等教育毕业生,对参与公共事务的兴趣不仅在于为提高自身及其后代经济市场方面的工具价值,而且因为他们尊重高等教育对社会的贡献,即通过促进智力活动并使其更容易为公民所用。学术机构和他们之间是一种自然互惠关系。这类公众认为高等教育是改善环境和促进民主的力量,而高等院校通过努力扩大和建立这类公众群体来发现其意义。最大的问题

---

[1] For example, see J. Rosen, "Making Things More Public: On the Political Responsibility of the Media Intellectual," *Critical Studies in Mass Communication* 11(1994): 362-88.

是,能否为高等教育的这种理解形成一种理智声音和笼统理解的表述。当下这种尝试是为了展开重要辩论。这场辩论关乎一个国家的持续进程,它不仅要梳理出知识分歧,还需要对抗文化权威和社会组织的原则。

从默认中恢复:作为实践理性的调查

工具性个人主义的默认程序建立在合理性概念上,被称为技术专家性的或科学性的概念。几种形式中,这种概念占据了学术界的主导地位。它的核心传统和价值观是实证主义经验主义——一种从19世纪开始的文化运动,它可以被概括为一个全面的文化纲领和对自然科学的某种解释。实证主义坚持认为,因为自然科学研究通过将评价性判断与对现象的观察分离开来,从而获得成功,所以事实是可以独立于价值来理解的。实证主义者得出的结论是,虽然事实知识可以客观地验证,但道德和意义问题仅是品味和主观判断问题。因此,研究如何把知识应用于社会世界的实证主义式理解,其亲和力在于它与工程师将专业知识应用在结构、物流和交通等问题上的方式一样。虽然自然科学如何发展解释的认识论越来越过时,正如我们所看到的,但这种认识论作为美国大部分大学操作系统已经根深蒂固。它为默认程序中的工具性个人主义的合法性提供了重要知识保证。

正如目前方兴未艾的默认程序的核心是认识论(一种关于知识及其目的的理论)一样,社会回应式高等教育的替代方案也源于知识及其目的的一种反面理想,以及这种理想所包含的社会关系。为了替代与社会分离的实证主义式知识学习理念,就要强调事实和价值在实践经验中的融合,手段和目的的相互联系。按照美国实用主义者C. S.皮尔斯(C. S. Peirce)的术语来说,在不否认个人才能或洞察力的情况下,这种替代模式坚持认为知识源于"探究者社区"的活动。为了找到对于心灵生活的替代性理解,所有调查过程的共同核心应被视为一种社会性推理,在其中必须时刻存在一个有效目的。掌握和阐明这一目的是至关重要的,因为无论是否承认,这些目的实际上都决定了调查和教学的实践。这些目的本身植根于询问者及其社区本质中,表达了它们共同的承诺和关系。

驱动寻找这种调查、学习概念的替代性理念的原因在于,理性最终是实用的,且植根于某些社会群体实践。认知是社会成员整体努力的一方面,以此在世界范围内定位自己。从根本上说,理性本质是交流,因为知识是询问者之间持续对话的一部分。某些事物是由社会程序制造出来的,甚至一些非人类自然知识总会受到一些社会群体的规范和目标调节。在现代社会学院工作的专业人员中,一个或多个群体已经开始制度化。理性和知识作为人类历史存在的杰出成就,具有道德和伦理维度。知识和探究过程关系到生活质量和人与人之间关系的本质。因此,知识最终是一种公共价值和关注,而那些专门研究、发现、解释知识的机构,存在于一个现代社会的总体目标和价值观框架内。

近年来,这种替代性理解开始对高等教育观产生重大影响。这部分受到当代发言人影响。例如,唐纳德·舍恩(Donald Schon)的"反思实践"概念使得"应用科学"的实证主义模式在专业和学术领域都不再完满。还有越来越多学术的批评实证主义,有时被称为后实证主义科学哲学。[1] 有趣的是,这些最近发展的理念与美国本土哲学派创始思想和纲领相呼应,比如皮尔士、詹姆斯、罗伊斯和杜威的经典实用主义。

查尔斯·W.安德森(Charles W. Anderson)[2]研究传统思想对高等教育及其当代问题的重要意义。安德森提出的创见认为,实践主义的方法可以为我们在讨论这些问题时提供所需的一致性。根据批判定义可称之为归纳合成。从某种意义上讲实践是关键的,它可以追溯主导模型假设,同时也常常显示出其意外结果。这是一种归纳法,因为它始于身边的实践探究,然后指导探究,将这些实际学科方法与其早已被解释和揭示的目标进行比较。这也是合成的、综合的方法,可以探查哪些特定实践有益。它超越了职业领域和机构的现状,指向实践者往往只是一知半解的合作可能性。非常重要的是,它是一种揭示智力行业的公共意义的方法。

通过安德森鼓励的实践推理进行的这种探究,清楚地表明了目前占主导地位的默认程序的强有力的替代方案。实用主义者使用实践推理,提出重新思考并最终重建美国大学认知的所有三个方面的观点:它的目的是成为探究的场所;它的形成性的教育功能;随公民身份而来的社会责任。

---

[1] See the discussion of these authors and themes in Sullivan, *Work and Integrity*, 159–90.

[2] C. W. Anderson, *Pragmatic Liberalism* (Chicago: University of Chicago Press, 1991); C. W. Anderson, *Prescribing the Life of the Mind: An Essay on the Purpose of the University, the Aims of Liberal Education, the Competence of Citizens, and the Cultivation of Practical Reason* (Madison: University of Wisconsin Press, 1993).

一、问题剖析：高等教育及其学生

实践理性与高等教育的本质

社会关系构想和形成方式在很大程度上影响着知识发展。这是因为每个知识型企业在发展显著惯例和知识时，都会塑造参与者认同感和他们对该领域的重要概念。一个领域的内部生活是实践者价值观最基本的决定因素，但各种职业活动在不同程度上仍然受到其他机构影响，尤其是来自其赞助人和批评者的影响。一旦到决定哪些问题将获得优先权以及谁将被认为是学习过程中的重要合作伙伴时，该领域成员就要想到他们企业的受众或支持者是谁，这是非常重要的。

例如，战后科学技术发展首要受到国防和企业营利能力的影响。这些社会影响将研究推向设备研究方向，包括设备的设计、构建和维护（越来越复杂和昂贵）。相比之下，其他先进技术和工程方面，例如易用性、修复和可复制性，或设计的简单性，受到的关注较少。这种以目的为驱动的、无言的研究过程，对许多领域产生了重大影响。大的机构研究和工程综合体发展，大部分都是以大学为基础的，其发展以巨额资金为代价，集中当今高科技急症护理药物研发。然而，这种形式的医疗保健主要受益范围是富人，对公共卫生领域研究和应用的支持要少得多，而公共卫生领域的进步对公众有更广泛的益处，并且可能同样有效。正如欧洲和其他地方的经验显示，公共卫生领域的研究和应用即使不是更有效，也能比昂贵医疗高科技发展带来更大的人类福祉。

按照这个标准，战后大学记录是一个非常复杂的报道。正如我们所看到的，战后时代，高等教育在科学知识及其应用方面取得了巨大进步，同时为更广泛的人群开放了专业地位。然而，与此同时,高等教育未经审视特权的更大价值,就允许赞助商拥有特权。而且高等教育不反思自身利益,轻率地开始项目。通常情况下,高等教育并不反思自身,也忽略学科自身特性和其目标的影响。实证主义将技术理性和价值同目的思想分离开来,尽管人们已经在抗议该种做法对无私研究的贡献,这类遗漏还是免不了成为学术问题。

正是这种狭隘目标突出了实践理性的关注。实践理性认为认知实践,如每个人类机构的认知实践,最终都是由部分隐含理想目标引导的。如此理解,调查便成为一种自我反思过程,用于调查和评估绩效的质量,并根据其基本目的的含义来衡量。当然,目的概念总是容易受到质疑和挑战,事实上,高等院校的荣耀在于它试图找到一个方法来维持正在进行的实践审查及其目标。然而,高等院校像其他组织一样十分抗拒将探究技巧应用于自己的活动。而实践推理的动机和希望做的就是将探究技巧应用于自己的活动。[1]

然而,一旦这种调查过程发展,就会出现新的含义。质疑和评价学科中的特定实践声音,要求从业者在"探究者社区"中变得更能意识到自我职能。通常,他们会对自身领域采取立场,这种立场此刻是非常重要且忠于企业基本目标的,企业同时也寻求改善重要目标。一个领域的立场,显然与正在进行的社会企业责任有着强烈关系,正如查尔斯·安德森提醒我们的那样,公民意识加强与公共事务无关,与我们在各个领域的表现有关。[2] 安

---

[1] Anderson, *Pragmatic Liberalism*, 3 – 22.
[2] C. W. Anderson, "Democracy and Inquiry," *The Good Society*, 7, no. 2(1997): 16 – 19.

德森建议,一旦认真参与此类调查,调查者就会越来越意识到,绩效质量的重要性以及对目的进行自我反思的忠诚的重要性正渗透到他们的机构生活的各个领域,包括学科和实践如何以相互融合或排斥的方式来促进更大的知识目标进入公共领域。

正确理解调查会使参与者产生关于专业整体连贯性和相互重要性的问题。它通过揭示参与者如何忠诚于公共进口和承担事项来唤醒责任。通过这种方式,公民意识越来越偏于学术专业人员的"职业描述",不是外部加强,而是作为探究和话语本身活动的一个定义特征。实践理性将方向集中于实践合作调查,可靠、良好地实现共同目标。虽然这并不意味着大学失去了其特有目标和组织,但它需要建立更强的自我意识学术,在学术界关注与社会问题和争议之间建立更成熟的体系,例如我们自己正在努力建立完全民主生活方式的社会。

振兴高等教育使命

如果这种实践理性概念在学术思想和管理中发挥了重要作用,那么我们只能推测它可能在战后几十年中的高等教育的演变有何不同。但战后记录证实,即使含糊不清,知识组织方式与制度之间的联系也是真实而重要的。如今的默认程序当然适合学院现有组织。然而,其他正在进行的努力,将高等教育与社会联系起来,其方式与作为实践理性探究概念所固有的民主含义相一致。

学生对社会服务志愿者计划兴趣显著增加,以及各级高等教育机构对这些计划的广泛支持的增长,证明了需要改变方向的广泛意识,即学术界必须做更多的事情来培养公民意识和服务。这一运动现在非常普遍,从20世纪80年代由大学校长创立的全国性组织"校园契约",到偏远地区和大都市机构人们的努力。在课程中,"服务学习""体验式学习"运动的出现,虽然不是没有争议,但却开启了有关社会服务在学术实践中的作用的讨论(有时甚至是激烈的争论),同样得到讨论的还有调查的本质及其与实践经验和自我反思的关系。

还有其他实验甚至更直接地参与重新定位学术焦点的研究及其教育功能。建立相关项目将高等教育的知识和技术资源与周围社区的问题联系起来,有时是整个大都市区,有时是比较贫穷的乡村学院。这是一个更复杂的仍在进行中的运动。一些项目已经发展成为一个机构制的合作伙伴关系,有时还有慈善支持。这些项目在学校之间建立联系,包括整个学校系统,以及从社区学院到研究型大学的各类学术机构。其他人更多则以"草根"的方式进行,依靠一个由教师、学生和管理人员组成的团队的倡议,与学院外的团体合作。

值得注意的是,更多成功地围绕服务和公民意识重新定义大学的努力,有着一定的家族相似性,这种家族相似性扎根于作为实践理性的调查实践。首先,这些努力有意识地设想其目的是改变大学对研究和教学的理解,按照批判性实践理性,更注重社会服务和改进。"参与式行动研究"是一种方法论创新。其次,这些努力是为了促进改变,通过与机构建立持久伙伴关系,比如学校社会服务机构、企业和医疗保健提供者,以及高等院校已经与之共享目标、制度和人员,至少以学徒教师和医疗保健专业人员的形式。第三,当这些项目发展成真正的伙伴关系,在其中知识

一、问题剖析：高等教育及其学生

和实践是合作发展，而不是从专家到外行的[1]单向发展时，它们作为标准学术程序变得约定俗成，才是取得的最大成功。

这些努力能否成功改变美国高等院校内部主流趋势，部分取决于参与者清楚如何理解他们正在做的事情，以及他们如何有效地说服其他人了解他们所从事事情的重要性。提升自我意识是唤醒一个人责任感的第一步。第二步是要认识到严肃的自我审查往往会导致个性的变化，促进自我发现以及扩大一个人的目标和忠诚度。社会关系及其组织方式使身份认同获得重要形态。在实证主义方案中，研究人员通过不同的设计和工程形式产生知识，然后应用于问题和问题人群上。另一方面，如果知识是通过探究形成的，那么其过程中参与者的身份认同将与所发现的知识类型有关。这些实验表明，学术机构或者如专业人士，可以通过成为有自我意识的合作伙伴来解决国家破碎的社会结构的需求和弱点，实现他们的公共责任。而且，一旦双方真诚建立合作，合作就能够自我维持，因为它明显为学院及其合作伙伴带来了更大的认同感和目的感。

这些有关实践和实践理论的实验和原理，与高等教育的直接教育使命也具有重要关系。如今，有些时候，高等教育仍然是一个强大的有影响力的机构。它在塑造什么技能和知识有价值，什

---

[1] 关于其中一些项目的说明和解释，参见 L. Benson and I. Harkavy, "School and Community in the Global Society: A New-Deweyan Theory of Problem-Solving Schools and Cosmopolitan Neighborly Communities," *Universities and Community Schools*, 5, no. 1 - 2 (1997): 16 - 71; L. Benson and I. Harkavy, "De-Platonizing and Democratizing Education as the Bases of Service-Learning" in *Service-Learning: Pedagogy and Research*, ed. R. A. Rhoads and J. Howard (San Francisco: Jossey-Bass, forthcoming)。

么样的职业抱负是合理和令人钦佩的,美国人想要拥有什么样的社会,以及他们想成为什么样的人时,都会产生深刻的社会和文化影响。许多大学经验,即"隐藏课程",是由"预期社会化"组成的。就是说,大学与学院通过创造社会和文化背景(个体在该背景下做出选择并塑造他们的目标与技能)将职业准备与个人愿望联系起来。高等教育的环境与精神——学生眼里对教职工、校友和管理者来说重要的价值观与目标——是美国社会最强大的塑造力量之一。如果这一环境只反映或主要反映的是目前默认程序中的价值观,那么高等教育只会加强那种在美国成功人士中明显存在的社会脱离倾向。

高等教育的巨大影响不仅在于其作为创新的来源而且作为前景塑造者,所以大学是一种卓越的非政府机构。高等教育关乎每个人,同时是民主公共领域的重要参与者。在大学中的我们需要认真地与实际社会地位联系起来,既可以作为国家社会机构部门,也可以作为特定组织,与当地社区不同人群生活。但如果我们不针对身份认同和目的进行认真的反思和讨论,我们就无法做到这一点。这需要社会愿景。一个更负责任和相互关联的机构生活要求我们将我们的机构视作公共领域的独特参与者,是民主公民社会的一员,对国家和世界负有重要责任。也就是说,不仅要作为知识生产实体或服务提供者(工业概念),还要作为重要的身份塑造者(包括我们自己),作为探索者和保护者以及对价值观和目标的批评者。

这在美国生活中并不是什么新东西。在所谓的发展民主传统中,早期领导人,如哲学家约翰·杜威,警告大家美国一直倾向于将民主愿望转化为摆设,也就是我称之为个人主义和工具主义的默认程序。这些开拓者警告说,代价不是变得更自由,而是减少了我们所有人的可能性。另一方面,民主的允诺与生活相关。这意味着个人生活更加充实,社会也更加公正和有凝聚力。个人可以发展出一种强烈而自信的自我意识,只有作为社会成员,他们才能相信并投入精力,他们可以信任社会并知道他们是受信任的。高等教育也是通过为这样一个社会做出贡献,而找到最好的自我。这种公民观点可以为学术界的领导者提供方向,来发展民主,培养有思想的社会。这样的社会能为高等教育带来一个值得参与的未来,并为之提供最佳保证。

(三) 美国大学民主精神的觉醒: 作为公共事业的高等教育

哈里·C.博伊特 & 南希·N.卡里

> 我知道社会最终权力不是靠博学之人,而是人民自己;如果我们认为人们没有足够智慧实施决定,补救措施不是从他们那里拿走权力,而是通过教育来告知他们自由裁量权。
>
> ——托马斯·杰斐逊(1903)

美国大学的建立带有强大的公民使命。它们的目的是培养社会领导人,用托马斯·杰斐逊的话来说,就是人才和美德的代表。[1]在弗吉尼亚大学成立时,杰斐逊强烈地表达出民主和教

---

[1] 杰斐逊语引自莫尔斯 *Renewing Civic Capacity*: *Preparing College Students for Service and Citizenship* (Washington, DC: Association for the Study of Higher Education, 1989): 27; 莫尔斯指出,早期的学院和大学有三个目标:促进共同文化、教授指导学生的道德哲学以及培养公民领袖。

育结合的愿望。

20世纪初,美国高等教育充满公民使命感。德国体系强调独立奖学金,英国人试图培育贵族精英。相比之下,哈佛大学校长查尔斯·艾略特(Charles Eliot)在1908年写下:实际上,大多数美国高等教育机构都充满了民主精神。教师和学生都渴望服务于民主社会,并为之深受感动。甚至直到1947年,总统高等教育委员会还把其报告称为"民主教育"。[1]

自第二次世界大战以来,大学具有很大影响力,大学学生人数和研究领域都在爆炸式增长。高等教育成为一个更公正、更具包容性的系统——更多样的学生群体;关于不同文化和认识方式的课程;以及最近通过服务学习等举措,重新启动的关于高等教育与周围社区联系的运动。然而今天很少有人会提出艾略特理念。要使民主精神和广泛社会目标再次渗透进高等教育,需要什么?这也是我们在本文中提出的问题。

从美国成立以来,教育与民主相互依存,使高校面临独特挑战。早期共和国民主要求在大陆范围内建立一个持久民众政府;高等教育想要培养"才华和美德"并存的社会领导人。内战结束后,国家为满足新兴工业民主需求,承担起教授有用知识的任务,建立州立学院。

高等教育时刻充满着矛盾。因此,仅举一个例子,冷战中高等教育对科学的崇拜削弱了某种层次上的民主,即使高等教育试图保护着自由。它将权力从人民转移到了视自己为人民之外的

---

[1] Quoted from I. Harkavy, "School-Community Partnerships" (Paper presented to the Joint Forum of the U. S. Department of Education and HUD, 8 January 1998).

专家手中。当我们重建民主项目时,认识到这段完全模糊的历史是很重要的。

20世纪末美国面临的民主挑战——公民重新广泛参与公民生活——要求高等教育机构回归托马斯·杰斐逊最初构想。这两种挑战交织在一起。当杰斐逊指出公众中"有益健康的歧视"的错误时,他认为受过教育的阶级可以辅佐人民。今天,美国学者与其他公民之间的差距,是许多职业中可观察到的,也是民主危机的一部分。在公民充满不满、无力感的时代,人们时常一方面充满怨恨一方面假装亲密,我们迫切需要形成一个更"公众的"市民。我们如何将个人自身利益融入社会福利,人们如何能够彼此信任,对公共机构有更多的信心,以平衡和大胆的方式共事?

这些问题呼吁一种广泛、多边的民主政治,这种政治能够在公民中奠定权威。它建立在对公民能力和智慧的尊重上,同时它拒绝将公民浪漫化,拒绝贬低一系列努力:发展公民习惯,建立权力关系,作为民主"生产者"而不仅仅是为消费者发展民主。它旨在释放人们的力量和公共精神,为我们的共同世界做出贡献。民主政治需要一个获得公民技能的场所——在信息时代,大学就是这个最重要的场所。

各种调解机构媒体、学校、工会、政党、住所、基督教青年会和基督教女青年会曾经在民主方面提供了艰辛而有力的民主教育。在这些环境中,人们学会了与别人打交道,对公共事务感兴趣,并开始看到日常努力与更大政策和决策领域之间的联系。由于各机构已将自己重新定义为服务提供者,公民已逐渐成为消费者和客户,我们已经看到了这样的教育文体,并且作为公民,我们的效率和信心也较低。成为调解机构的高等教育将是恢复公民信心的核心。

作为民主代言人,更新学院和大学项目具有深远意义。它要求扩大我们对知识创造目标和过程的理解。它需要关注教学技巧和许多学习来源。这意味着继续努力扩大职业特性,包括公民维度,以及重新设计使专业人员脱离公共生活的结构。信息时代观念是权力关键形式。我们认为,如果要应对这些挑战,目前的民主地图需要重新绘制。

民主定义和公民期望

要发展我们这个时代所需的民主政治教育,就需要对民主进行哥白尼式转变,民主怎样实施,以及在哪里持续发展。民主被理解为人民正在进行的(因此也是未完成的)工作,看似简单,但民主就是这样变迁的。

美国历史可以说是人民斗争史,包括在公民意识、公民权利和责任定义各个方面,也可以说是基于一个基本问题的冲突史:谁是公民?教育对于定义公民身份的斗争至关重要。1787年,一群非洲裔美国领导人在国家宪法大会上发表了一份关于马萨诸塞州立法机构的请愿书,宣布,"我们谦虚地认为我们有权享受自由人的特权,但我们要求不多,只祈求众多特权中的一个","我们的孩子的教育,由于他们是黑人,别无其他原因,不能在波士顿镇上的免费学校受教育"。

同样,1830年费城工人委员会对学校进行调查后宣布,他们不得不承认,除非能保障人人都可以接受公平的教育,否则自由只是一个无意义的词,平等就像一个空洞的阴影。取代现存的富人子女教育制度,费城工人委员会宣称自己支持"普通学校",范围扩大到整个州,使人民立即拥有管理权和选举权,并向所有阶级开放,竭尽全力提供支持。[1]

诸如围绕多元文化主义等问题争议热潮,包容性问题在校园里受到广泛讨论,即使这些辩论通常不涉及费城工人委员会提出的阶级维度问题。而且公民意识维度几乎没有得到解决。我们争论谁是公民。但我们很少问,什么是公民?公民做什么?我们如何教育人们履行公民义务?答案源于我们如何定义公民意识。

美国历史上的三个主要公民意识概念,每个概念都与民主联系在一起。它们在现实世界中重叠并交织在一起,但每一个都非常独特地存在,它们与传统、制度和实践联系在一起,因此对它们进行区分将是有益的。此外,每一个公民意识概念都形成了一种公民教育方法("我们如何告知人民的自由决定权"——按照杰斐逊理论),并出现在当前的高等教育实践中。公民被理解为:

1. 代议制中,公民选举选出领导人。这种公民意识观源于民主主义,作为代议制政府和法治观点。

2. 有共同价值观并对公民及其社区负责的社区成员。由社群主义哲学界定的公民意识,常与"公民社会"观念联系在一起。

3. 公共问题解决者和公共商品的联合制作人。这种观点是建立在以工作为中心的民主哲学基础上,这种哲学观点认为国家权威源于公民。它与美国历史上的联邦政治术语有关。

目前,前两个观点占主导地位。公民观(或政治理论中称之为"自由主义观点")主要将民主定义为代议制体系,政治、公民权利

---

[1] Petition quoted from R. Kluger, *Simple Justice*: *The History of Brown v. Board of Education* (New York: Vintage, 1977), 2; Working Men's Committee quoted from *Humphrey Institute Leadership Program Essays* (Minneapolis, MN: Humphrey Institute, 1989), 305.

体系。其关注的焦点是政府机构：权力分配，法案如何成为法律；如何投票；如何让立法者知道个人的观点。政治和政府的关键是商品和服务的公平分配。从政府中心角度来看，公民是拥有法律保障权利的个体。在很大程度上，自由被理解为消极的概念：保护免受无理干涉、骚扰或不公正监禁的权利。公民的责任包括投票、纳税、遵守法律、履行公民定期任务（如陪审义务或国家紧急情况下及时服务于武装部队等）。从这个角度来看，民主危机存在于政府机制缺陷和公民视政府为外来者，或（更糟的）想要摧毁的敌人。克林顿政府的重点是重塑政府，以提供更有效的友好型服务。

第一个观点提供了重要洞见，描述了世界的主要运作方式，是传统日常智慧。在高等教育中，从这个角度努力加强公民意识，采取的形式有选民登记、制定计划提高学生公共事务知识、组织学生会和政治实习等。

与以政府为中心的方法相比（并且也是互补的），第二种观点中的公民意识强调共同价值观和强大的社区。那些支持第二个观点的人强调责任与个人权利之间的平衡，从而突出了品格教育的重要性。最重要的是，政治目的应该是追求"公共利益"至上。责任、相互尊重和理解差异是其重要产物。志愿服务有时被推进为典型公民活动。1998年志愿服务总统峰会说明了这一点。社区服务和服务学习，主要为了推动此观点，作为一种国家运动发展起来，它不仅仅关注政府，更是一种更广泛和更深层次的公民意识。

这两种观点都不对：1. 教育了解公民知识的学生才是值得的；2. 个人责任的价值观和对他人的关怀是所有公民文化的基本要素。

特别是社群主义者重新引入了参与及公民价值观概念，这些概念至关重要。问题在于公民意识社群主义倾向于将社区、共同利益和审议等理想状态,与在多样化利益的公共世界中日常要完成的琐事分离开。这种分离体现在社群主义理论忽视了许多环境中工作角色的公民维度。的确,社区主义理论中的公民意识传统定义(将公民意识置于与工作和政府分离的公民社会"自愿部门"中)明确地将这种分离具体化了。脱离工作的公民意识,无论是有偿还是无偿工作,都剥夺了人们的权威和权力来源。此外,如果不把重点放在工作,或者是多产的、持续的、往往是艰苦的和要求很高的活动上,就没有真正的方法来对抗现在影响我们政治文化的"消费者"和"受害者"认同。

除非将政治理想与各种利益、目的相结合,且这些利益、目的是各种严肃政治观点和公共项目的特征,除非理想与实际工作联系在一起,否则它们很容易成为相互矛盾的、感情用事的道德主张。因此,例如,将社区服务视为教学关怀,来弥补公民意识在"一千点光亮"、同情心、志愿者方面的薄弱关联。在政治方面,社区主义者认为人们应该以道德声音相互吸引。实际上,问题不在于缺乏道德言论,而在于相互竞争的道德框架。罗纳德·里根(Ronald Reagan)的前演讲撰稿人杰弗里·贝尔(Jeffrey Bell)的道德政治主张与进步社群主义者非常相似。对于贝尔来说,"社会标准的设定,归根结底是分析政治意义所在"。[1]

直接相关的是,最近美国公共生活中许多公民社会、公民振兴与文明的呼声和使命都表明了社群主义框架的局限性。高等教育是公民更新和民主项目重建的一个重要场所,忽视高等教育

---

[1] J. Bell, quoted in D. Brodler, "GOP Replays Refrain on 'Values'," *Minneapolis Tribune* (23 May 1992).

几乎是所有此类呼吁的一个重要特征。

然而,公民使命已经为高等教育中的民主工作提供资源。例如,威廉·高尔斯顿(William Galston)、威廉·贝内特(William Bennett)和前参议员萨姆·纳恩(Sam Nunn)与包括许多国家知名人士在内的咨询小组,联合执导了全国公民振兴委员会,这次会议忽略了对高等教育的明确关注。然而,经过两年对美国公民行为的详细研究,它确实发现了"新公民运动的萌芽",通过这种运动,人们对问题和任务采取公开行动。这一运动很大程度上未被官方注意到,没有得到认可,也没有得到支持。此外,委员会本身代表了广泛政治观点,在市场语言占主导地位的时代,它确实带来了大范围的民主定义。该定义的显著特点是它远远超出了自由主义或社群主义观点:民主既不是消费品,也不是观赏性体育,而是自由公民的工作和共同公民事业。

最后,委员会对国家公民生活中"问题"的诊断有了更加丰富、更加政治化的方法,这些方法往往突出了所谓的公民道德失误,忽视权力、政治甚至民主问题。该委员会的重点是解决广泛的无力感和丧失公民权威:"我们中有太多人对基本道德和公民判断能力缺乏信心,去加入……去做社区工作,发挥作用……我们很少感到如此无能为力。"[1]这种无能为力感在高等教育中十分显眼。大多数教师在研究生院的生活造成他们对集体行动几乎没有信心。

即使在激进和迅速变化的社会中,机构的基本轮廓在很大程度上还是固定不变的。对于高等教育从事者来说,回到自己"地

---

[1] 引自公民复兴全国委员会的最终报告 *A Nation of Spectators: How Civic Disengagement Weakens America and What We Can Do About It* (College Park: University of Maryland, 1998): 8 - 9。

图"的位置上,是一个巨大的挑战。但这也是一项必不可少的重要任务。作为潜在深刻资源的民主复兴因素,我们需要重新关注工作本身,以及个人和集体。

公共事业的传统

自由(公民)和社区主义公民意识限制表明需要挖掘第三种理解,即联邦(国家)或公共事业传统。这一传统凸显了美国传统民主的伟大创新,即与工作的联系。

正如新学术研究已经开始强调,美国革命的显著特征,既不是洛克式对权利的关注,也不是古典共和主义对美德的关注。相反,美国革命产生了一种实用、脚踏实地、以工作为中心、充满活力的政治文化。正如戈登·伍德在他最近著作《美国革命的激进主义》中所说的那样:"当'无私公民价值观的古典理想',被证实其过于理想化和遥远时,'美国人'就在普通人实际行为中发现了新的民主粘合剂。"[1]

因此,在美国的早期,公民意识具有实际意义。它侧重于通过解决公民问题来发展人们共同工作能力。教育被视为民主基础。托马斯·杰斐逊关于教育与人民主权之密切关系的引述,在很多其他著作中可发现类似观点。

公民教育需要实用的综合训练。因此,本杰明·富兰克林

---

[1] 正如伍德所言,这"在迄今为止漫长的世界历史长河中具有划时代的意义"。G. S. Wood, *The Radicalism of the American Revolution* (New York: Vintage Press,1991), ix;详细论述参见 H. Boyte and N. N. Kari, *Building America: The Democratic Promise of Public Work* (Philadelphia: Temple University Press), chapter two。

认为在一个开放、流动的社会中,每个人都有必须做的事情。他举例费城学院,费城学院致力于培养男孩子如何应对意料之外情况。这是一所从其中毕业的男生"将来……适合学习任何职业"的学校。[1]

19世纪,在个人生活和国家之间的公民领域,通常称为"公民社会",许多机构包括高等教育开始了繁荣发展。这些组织教授公民意识的实用技能。在亚历克西斯·德·托克维尔(Alexis de Tocqueville)19世纪30年代的全国旅行中,令他感到十分惊讶的是公众活动取代官员或政府活动的现象。在美国,他观察到有10万公民宣布他们打算禁酒;他说,在欧洲,人们会向国王递交请愿书。

以公民为中心的政治受到了20世纪制度、跨大陆传播和技术方式下降的冲击。然而,职业政治的兴起从来都不是一个明确过程。民主政治继续蓬勃发展于所谓的"调解机构"。反过来,20世纪头几十年,民主政治由各种公共事业传统来维持。

该传统将公民视为公共商品的生产者,为物质社会和社会文化做出贡献。在办公室、学校、工厂、农场、政府机构或高等教育中,公共事业的意义在于形成多元化联系并建立解决国家问题的方式。通过公共事业,人们可以获得名气、权威、拥有更大的知识视野。在此过程中,他们成为该国社区创造者和利益持有者。这一框架突出了亚伯拉罕·林肯提出的以工作为中心的民主哲学,他的人民政府、人民执政政府思想在20世纪40年代仍然充满活力。

公民意识作为公共事业的一部分,将广泛的"富有成效的公

---

[1] Quoted from C. Greer, *The Great School Legend* (New York: Basic Books, 1972), 15.

民意识"传统融合成几方面。"公共事业"这一概念源于建立公共用地;它与民主运动有关;它突出了 20 世纪具有催化作用的专业实践传统。

创建公有

在 18 世纪和 19 世纪以及 20 世纪 30 年代,美国民主公民意识与联邦观点———种公民共和主义,它以许多移民群体(这些群体通过工作"建立共有权")的经历为依据——有着不可磨灭的联系。从自愿消防部门到"普通学校运动",从公共艺术到 20 世纪 30 年代和 40 年代的平民保护团(CCC),公共传统强调公民加入了塑造社区,最终形成国家事业。通常,这种经历是变革性的。例如,经验丰富的平民保护团讲述他们年轻时建造公园、种植森林以及进行其他保护工作,这些经历塑造了影响他们一生的公民信仰。[1] 因此,公民意识可以从普通人脚踏实地的劳动角度来理解,是他们在创造商品和开展公益事业,而不是只有高尚、善良和从事休闲活动的绅士才能实现这些事。这种公民意识有助于在追求个人财富和创造公共事物之间建立一种重要的平衡。

民主运动

公民意识作为公共事业也具有起义优势,为美国民主带来了活力和精神。它赋予那些联邦建设者荣誉和权威,无论他们的出

---

[1] 关于这些经验和采访的讨论,参见 Boyte and Kari, *Building America* (Philadelphia: Temple University Press, 1996), chapter five; F. Green, *The Civilian Conservation Corps: Building a Legacy* (Minneapolis, MN: Center for Democracy and Citizenship, 1999)。

身或教育状况如何。那些被排除在公共生活之外的人,如奴隶、妇女和穷人,在为了民主行动的公共事业实践中找到了公民意识,并且有可能基于他们的贡献充分参与公共事业。

在整个美国历史中,民主运动群体作为边缘化群体获得了权力,这些群体根据公共贡献获得权威。重要的是要将这一点与工作民主潜力区分开来,也就是工作场所民主的理论家提出的工作民主潜力。工作场所民主关注工作环境中的权力关系和决策模式。众所周知,工作场所民主通过工作场所决策,制定强调习惯和技能的发展。公共事业作为一个概念关注公民主张,普通大众可以根据他们对联邦的贡献而发声,不管其工作场所的内部结构如何。

在普通民众的劳动基础上主张民主权威是非洲裔美国人自由运动的核心主题。载入史册的马丁·路德·金,他的公共事业——蒙哥马利的公共汽车抵制活动——受到走路上班的女佣尊重支持,以及孟菲斯垃圾工人罢工——在兰斯顿·休斯(Langston Hughes)《自由犁》的伟大诗歌中找到了共鸣,雄辩地将民主斗争与工作、自由联系起来。兰斯顿·休斯的诗歌预测了马丁·路德·金的行为,是美国传统非裔美国人斗争的历史起源。这一传统的核心是看到了以工作为基础,走向自由运动。他写道:"劳动之手——白手、黑手,是梦想,力量,意志,共同建立美国……"[1]对于休斯来说,美国的"建立"本质是无尽希望之源,即使在最难的时候,因为它为普通人的贡献创造了一个空间,使其变得清晰可见。

同样,作为选举权基础,妇女基于公民工作发声,提出有偿工

---

[1] Excerpted from L. Hughes, "Freedom's Plow" in *Selected Poems of Langston Hughes* (New York: Random House, 1987), 293.

作和无偿工作之间的区别。包括主张将自由视为公共贡献。因此,19世纪最大的妇女协会领导人弗朗西斯·威拉德(Frances Willard)认为,妇女更大的自由在于自由发展和为社会福利做出贡献。她将其著作题为《妇女基督教戒酒联合会工作和工人》。[1]

威拉德的观点渗入公共事业传统的第三个方面,即专业实践思想,它催化公民努力,协作解决问题,而不仅仅是应用专家干预。

催化性职业

在简·亚当斯(Jane Addams)阐述的哲学中,设想职业工作可以释放人们力量,促进公众创造和贡献。在1902年的《民主与社会伦理》一书中,亚当斯认为教育者的作用不仅仅是告知学生:

> 我们逐渐要求教育者帮助释放个人权力,并将教育者与其生命剩余部分联系起来。我们等不及要使用群众中的动态力量,并要求教育者释放这种力量。每个人都是创新代表,是优秀理想主义创建者。我们对少数道德理想主义持怀疑态度,但要求对大多数进行教育,使其有更大自由、力量和微妙人际关系,从而增加动力。[2]

就算现在很多实践都是不被了解的,职业实践方法还是一直延续到了20世纪并广泛传播。在催化实践中,重点不是塑造或规范客户,而是为人们和机构提供工具,发现其独特精神、传统和

---

[1] E. Foner, *The Story of American Freedom* (New York: Norton, 1998),110.
[2] J. Addams, *On Education* (New Brunswick, NJ: Transaction Publishers, 1994),98-99.

公共事业。催化性实践有助于构建起共同体(publics),并有助于公共生活。

很少有专业人士像简·亚当斯一样清楚地阐述催化专业实践的本质,但是在20世纪大部分时间里,一些关于公民维度的工作感受影响了许多专业传统。通常,教师、社会工作者、神职人员、青年工作者、记者、公共卫生专业人员、工会组织者、安置工作者、公务员以及其他许多人首先将自己理解为公民。他们与其他公民一样是"社会工人"。这些工作的特质反过来有助于维持许多中介机构的公共文化和实践,这些机构将人们的日常经验与更大领域联系起来。例如,直到1940年,美国基督教青年会的核心使命是"民主教育"。[1]

调解机构,即使是最好的机构,也充满了矛盾和排斥。尽管如此,20世纪40年代以前调解机构还是有力地帮助建立、维持、塑造了人们民主和公民意识的公共文化。这一历史的大部分尚未被挖掘出来,但它将为下个世纪的民主行动提供资源。

从公共工作的角度来看,目前的危机源于公民广泛脱离公共生活,也源于我们作为一个民族,没有意志或集体能力解决社会复杂问题,以及源于从民主"生产者"(或共同创造者)到"消费者"的基本公民特质转变。高等教育反映并加剧了这些趋势,但还是需要用一些较早的传统来帮助更新其民主传统。

民主教育

简·亚当斯关于教育目的的公共项目概念——释放人们的

---

[1] S. Peters, *The Promise of Association: A History of the Mission and Work of the YMCA at the University of Illinois, 1873–1997* (Champaign, IL: YMCA, 1997).

才能与能力为联邦做贡献——为今天的高等教育提供了新的愿景。在20世纪的前几十年,她的民主教育哲学已经广泛融入了高等教育的许多方面(即使它从来不是中心主题)。公立和赠地大学就是鲜明例子。

赠地机构源自《莫里尔法案》,由林肯总统于1862年签署。《莫里尔法案》"促进工业阶级追求人生、职业自由和实践教育"。许多大学由此建立,选区更广泛地开放。赠地大学具有实际意义,它们的目标是开发一种应对农业和农村生活挑战、具有相关性和有用性的科学。这是一个杰出的科学发展时期:人工肥料、巴布考克牛奶测试、疾病传播新知识,以及对作物和动物疾病的控制都有突出表现。

关于赠地大学的民主目的说辞很普遍。例如,俄亥俄州农业和机械学院受托人在1873年宣布,他们不希望"教育仅仅是教授如何耕种或机械操作,而是作为人类,通过教育和成就来适应更大的实用性和更高的公民义务"。在一些州,对赠地大学的公民关注度由学生、教职工参与农民和劳工运动的改革激励所塑造。在其他州,公民培训很简单,通常就是将社会科学添加到课程中。还有一些人有更大的公民愿景。康奈尔大学校长安德鲁·怀特(Andrew White)强调,需要教育和培养所有学生的公共服务使命感。[1]

---

[1] E. D. Ross, *Democracy's College: The Land Grant Movement in the Formative Stage* (Ames: Iowa State College, 1942), 22. 这次讨论借鉴了斯科特·彼得斯的开创性研究,他在1993—1997年担任民主与公民中心的研究生研究员时,对赠地大学、公立大学和合作扩展等基本上被遗忘的公共工程历史进行了研究。关于进一步的讨论,参见 S. Peters, "Extension Work as Public Work: Rethinking Cooperative Extension's Civic Mission" (Ph. D. diss., University of Minnesota, 1998)。

到19世纪90年代,通过推广工作,赠地大学教育的公民使命得以表达。最好的推广工作是互惠的。它认识到要从经验中获得知识,并提供融合科学知识和当地知识的工具。农民自己经常质疑大学研究和科学是唯一可靠知识这一观点。他们组织了个人研究所,以传达和合法化"基于工艺知识,认为什么作物、策略最好,来源于农民自己的经验收集和系统化"。[1]

像理伯蒂·海德·贝利(Liberty Hyde Bailey)这样的20世纪早期领导人,通过他的"公共事业"帮助制定了民主教育哲学。贝利作为康奈尔大学新成立的纽约州农业学院先驱院长,也许是那时最有影响力的研究赠地大学的哲学家。他认为农村工作的土地补助与城市居住问题同等重要。和亚当斯一样,他解决了一些困难和批判性问题——科学与公共知识之间的关系,民主教育学与学生在技术和专业领域培训的公共意义和民主可能性之间的关系。这些是现今与之相关的中心问题。

理伯蒂·贝利在纽约州农业社区的支持下,帮助康奈尔成为了"人民大学"和世界上最杰出的农业学校。通过技术教育和民主教育之间的对比就能很清楚地阐述贝利的哲学观点,他认为任何专制主义都可以提供技术教育。贝利的方法是将有关农业专业知识纳入更全面的愿景。他写道:"农业学生不仅要让自己适应职业需求,而且要准备参与一次伟大再生。农业学生正在为一

---

[1] 关于这些相互竞争的趋势和农民青睐的基于手艺的方法的讨论,参见 G. W. Stevenson and R. M. Klemme, "Advisory/Oversight Councils: An Approach to Farmer/Citizenship Participation in Agenda-Setting at Land-Grant University," *American Journal of Alternative Agriculture*, 7(1992): 111-17。

项伟大事业做准备。"[1]

例如,以学院为基础的农村推广人员,如果帮助社区发展解决问题能力,就能发挥关键作用。贝利继续说道:

> 真正的领导力在于抓住自己第一个也是最常见的问题并将其解决。我想对我的学生们说,当他们从大学返程的火车下来时,他们应该集中解决呈现出其本质的第一个问题。这个问题可能关乎道路、贫穷的学校、结核病、高速公路延岸的丑陋迹象。

这项工作的重要性不仅仅是具体问题。相反,事实是公共事业问题的解决为发展社区自我行动能力创造了机会。[2]

贝利的催化型实践例子对各专业人士都具有指导意义。对贝利来说,"农业不仅仅是一种过程,更是一种哲学"。他看到了学科专业化虽带来了一些好处,但却危及农村工作的使命,除非经常强调更大范畴的民主。他认为,农民不仅是商品生产者也是国家公民。

贝利有一种精明的政治意识。事实证明,这对他的成功至关重要,因为他的哲学直面不断上升流行的传统智慧,而传统智慧认为,在与实践经验脱节的环境中,发展学术知识是最有效的。

贝利的声音虽然很突出,但随着基于"客观"、科学的研究模

---

[1] L. H. Bailey, *York State Rural Problems* (Albany, NY: J. B. Lyon Co., 1913), 11 – 12.
[2] Ibid., 29 – 30, 133.

式对高等教育的影响越来越大,逐渐被边缘化为一种实证主义知识理论。尽管如此,20世纪中叶仍然可以找到其回声。

直到1951年,著名的高等教育哲学家刘易斯·芒福德(Lewis Mumford)提出所有年轻男女都要有公共工作经验的要求。芒福德警告说,官僚、技术社会的兴起会导致基于公共事业的公民意识的丧失。他认为从事公共事业的组织可以对抗这种趋势。

然而总的来说,芒福德只是社会中孤独的声音,这个社会越来越倾向于挑战科学知识和专家权威。在20世纪中叶,特定的社会、政治和经济力量以一种限制公共生活的方式交织在一起,削弱了直白的语言和公共事业日常经验。

所有这些变化都影响了包括高等教育在内的制度文化。对高等教育核心目的的公共理解,让位于更具纪律性的专业文化,"公共服务"本身的传统概念就是一个很明显的例子。因此,在1989年的大卫·多兹·亨利讲座(David Dodds Henry Lecture)上,唐娜·沙拉拉(Donna Shalala,当时威斯康星大学的财政处处长)强调责任和服务与严谨的专家模型相结合。她认为"无私的技术专家理想"是由社会最优秀聪明的人对其最需要服务之人的道德使命激发。她说,当务之急是"提供社会科学奇迹"来解决社会问题,"就像过去医生成功治愈了少年佝偻病"那样。[1]

沙拉拉的观点反映了一种随着时间推移而发展起来的文化,其特点是关注学科本身以及与公共生活分离的教授职位。在去年与明尼苏达大学的高级教员进行的一系列访谈中,这种专业化文化的

---

[1] D. Shalala, "Mandate for a New Century: Reshaping the Research University's Role in Social Policy," (Eleventh David Dodds Henry Lecture, Urbana-Champaign, IL: University of Illinois, 1989),9,16.

后果非常明显。教师和管理人员认为大学处于关键的转型期,许多教师感到工作过度,地位被低估,并受到冲突的需求所困扰。[1]

在所有担忧中,教师反复提及两个主题。许多人认为大学的制度文化和社区意识发生了根本性变化。人们注意个人自身利益。一位在大学工作多年的高级教师表示,你不会为大学或跨学科团体着想,在某些情况下,甚至不会为现在的部门着想。其他人将他们与大学失去联系的经历描述为"生活在一个巴尔干化的社区",并谈到"围困心理"。1987年退休的政治学教授查尔斯·巴克斯特罗姆(Charles Backstrom)痛苦地说道:

> 当我1959年来到明尼苏达大学时,政治科学系为学生们提供为社区工作和政治运动的信誉。我们拥有被人们认为是美国最好的实习项目。我将社区工作纳入我的职业范围。我相信公立大学的"威斯康星理念":U的边界是国家的边界。我在农村公共领导计划中从事推广服务工作。但是当时在U那里发生了一场文化战争。我感到很难专注于研究和出版。在同一时间里,我也有与"冉冉升起的新星"和社区合作的例子。

第二个主题是担心市场价值压倒其他人。一位英国教授说:"我们觉得大学需要更多的道德基调,即正直感。我们的价值观正在倒转,现在应该处于核心位置的价值观却在外围。我们需要

---

[1] 这些访谈是由博伊特和福格尔曼在1997年9月—1998年12月期间进行的,是明尼苏达大学制定"公民使命项目"计划过程的一部分。

在市场压力、自由、公民价值观之间重新取得平衡。"

对于所有失望的地方,许多教师也表达了对公众更深入参与的渴望,想要使奖励和规范一致,使其成为可能。我们对"为了我们自己的利益"观念有强烈的认同感,教师必须在这些问题上发挥领导作用。"如果我们没有完成使命,我们将被迫做些其他事情"。在教师队伍中实现此行为,有助于推动高等教育的广泛变革。

作为民主代表振兴高等教育

从公共使命和公民振兴方面来看,某些迹象存在于逐渐骚动的高等教育中。例如,在最近关于人文学科公共事业的事件中,国家人文委员会联合会主席贾米尔·扎纳尔丁(Jamil Zainaldin)认为,有一种新的"公共人文运动",具有深刻的公民意义。扎纳尔丁建议,"人文理事会的工作命脉,是帮助扩展社会中某些严肃的领域、追求真理的领域,并在这项工作中邀请学者与公众共同探索"。[1]

扎纳尔丁对公共人文运动的描述,在其他环境中找到了相似之处。例如,高等教育协会越来越多地采用"民主""公民振兴"和"公民使命"的主题。凯特琳基金会已经在高等教育中建立了一个广泛的网络合作伙伴,在那里人们对民主、审议和公民主题感兴趣。美国大学协会有关民主和多样性的项目,已存在多年,并在整个1999年年会上将公民振兴作为一个中心主题。高等教育教师规则与奖励项目,使公民得以参与成为最近一次会议的核心问题。1998年12月,大学校长和高等教育领导教师针对这些

---

[1] J. Zainaldin, "The Realm of Seriousness," in *Standing with the Public: The Humanities and Democratic Practice*, ed. J. F. Veninga and N. McAfee (Dayton, OH: Kettering Foundation Press, 1997): 97-98.

一、问题剖析：高等教育及其学生

问题召开会议,会议上发布了一份新"翼展宣言",要求采用更加深入、更加以工作为中心的民主复兴方法。这一主题也是1999年6月底总统大学校园协议会议的主要事项。

公民教育重建,作为高等教育公共事业,有可能将集体公民振兴推向一个新阶段。但这需要重新审视传统教育学、学术、公共传统学科和奖励制度等。随着公共文化在机构内重建,文化本身就成为一种整体教学方法。

如果公共目的是民主人民核心,那么民主教育就必须利用这些工作兴趣、才能和精力,来培养人们的终身公民习惯和技能。包括公众辩论艺术、公民想象力、批判性评价信息的能力、不断倾听的好奇心、对公共事务的兴趣、合作的能力,即在承认多重贡献的项目中工作时,与跟自己截然不同的人的合作。这与简单的信息获取不同。高等教育知识的传播越来越依赖"虚拟大学"的作用,将信息作为商品和学生作为客户的想法联系起来。相比之下,高等教育的概念是通过不同的公众、公共场所、公共目的为学生的公共生活做好准备,提供了一种教育替代方案,这种教育可以看到其互动方面的根本侵蚀,现在这个幽灵困扰着我们的未来。

我们并不认为这种转变很容易或一片坦途。但我们相信,基于我们的实地试验、我们的历史研究,以及对当前危机的分析,高等教育的公共事业拥有美好的未来前景。

塑造机构文化：圣凯瑟琳学院

高校公民振兴工作有可能重塑工作特性、知识理解、教与学的定义以及与社区的关系。这种实验一直在圣凯瑟琳学院（CSC）进行,这是一所位于明尼苏达州圣保罗市的天主教女子学院。虽然它仍然稳定发展,但过去 8 年的经历中也存在着重要的经验教训。[1]

这项工作的基础是信念,即富有复杂性和差异性的制度文化本身就是公民教育的关键要素。虽然在此过程中出现了许多障碍和挑战,但学院已经取得成功。

大学管理部门尚未以自上而下的方式创建或指导振兴工作,也未按照官方机构倡议命名。变化过程不是线性的。相反,这项工作本质上是有机的,植根于学院的核心价值观。它是多方面的,因此更多地集中在该机构的"中间层"。教职员工是主要的发起人,学生是重要的参与者。广泛的政治概念和愿景,即高等教育最深远目标是使公民充分参与民主的教育,这种概念和愿景指导了文化变革的整体工作。

一个惊人结果是教职员工及学生之间的工作模式发生了变化。例如,在最近修订的核心课程中,代表每个学术部门的一组教师和一些学生设计了两门跨学科的"一揽子"课程,由所有学科教师授课,并要求所有毕业生参加。课程设计从多个方面让教师和学生得到延伸。它挑战了对专家模型教学和学习的依赖。因为每门课程都是跨学科、以讨论为基础的,所以它需要新方法来确保学术严谨并评估学习成果。最重要的是,课程将教学视为公共活动,而非私人领域。

当教师的世界观扩大时,他们会想象新的可能性,包括将他

---

[1] 圣凯瑟琳学院的经验详见 N. N. Kari, "Political Ideas: Catalysts for Creating a Public Culture," in *The Power of "Big Ideas": Conceptual Organizing, Education for Democracy and Public Work*, ed. H. C. Boyte, et al. (Dayton, OH: Kettering Press, forthcoming)。

一、问题剖析：高等教育及其学生

们的大学工作与更广泛的公共世界联系起来。因此，神学教授尼尔·艾略特(Neil Elliott)在最近的顶级课程评估论坛"全球寻求正义"中反映道：

> 我们可以设想这个课程不仅是学生的"共同经历"，也是圣凯瑟琳学院教师的共同经历，他们在大学外从事重要工作。我们应该这样想：激进主义工作不是与教学分开，而是与其相关联。本课程让我们有机会邀请学生与我们一起进行为期一学期的学习，去分享我们提出的有关社会变革问题，加入我们的事业，并了解我们和其他人如何在各个领域为公正奋斗。

其他变化也很明显，教师们重新思考了自治结构和实践。教育工作者已经在课堂和社区环境中探索了互惠动态学习关系。许多教师和学生正在建立一种模式，与学习目标和课程工作相关联，将学生的有偿工作(工作学习)重新定义为"公共事业"。

我们在学院看到，学习不仅仅是一种获取知识的过程。公共事业可以成为反思学习的强大催化剂。与学习相关的工作概念促使学院扩大了对学习发生地点及其所涉内容的理解，并有助于重塑其与社区伙伴关系的性质。其中一个生动例子就是简·亚当斯民主学院(JAS)，这是一所位于明尼苏达州圣·保罗西区的有关社区教育和行动倡议的学校。

学校位于邻居之家，这是西区一个有102年历史的移民社区。它是作为伙伴关系由苗族和拉丁裔居民、邻居之家、圣凯瑟琳学院、汉弗莱学院(明尼苏达大学)的民主和公民意识中心以及大学文学院共同创建的。简·亚当斯民主学院本身就是一个重要中介机构,一个将新移民与公共政策和公共生活场所联系起来的机构,同时也是人们可以学习公共事业技巧的地方,阐述和培养创造性公民身份认同的地方。对于圣凯瑟琳学院来说,简·亚当斯学院为学习移民文化和不同学科、专业的公民提供了非常丰富的内容。

创始愿景是建立一个以社区为中心的场所,大学、高中学生和移民都可以在这里有效地学习和共同工作。受到简·亚当斯在赫尔馆工作经历的启发,其愿景是"释放和培养来自不同背景、传统的人才、文化和利益,以便将他们的精力和智慧添加到共同财富中"。简·亚当斯学院的指导原则是每个人都是学习者,每个人都是老师。

作为一个调解机构,简·亚当斯学院催化了一系列公共事业的进程。移民者、其子女与高中和大学学生一起合作学习公民意识和民主(以及学习公民意识考试),语言和文化。两年半之后,大约有50名苗族成年人通过了考试,这对来自老挝山区不识字的人民来说是一项了不起的成就。近200人参与了各种项目。在老挝的"秘密战争"期间,苗族退伍军人、大学生和教师一直致力于获得国会对苗族退伍军人贡献的认可。目前正在开展一项促进拉美裔和苗族妇女健康教育的跨文化倡议。简·亚当斯学院发起了一年一度的西区"自由节",庆祝对自由和民主的各种贡献。年轻人和成年人在高中开展了农业项目、社区花园、戏剧,并致力于解决青少年怀孕、种族主义和帮派暴力问题。

简·亚当斯学院为移民家庭提供了一个空间,可以在学习、适应美国文化的基础上发展其文化。艾利·达贝尼特斯,一名学院建筑师,也是来自萨尔瓦多的移民,她说过"在我父母灌输给我的传统价值观和我找到本我的更大世界之间找到共同点,是很重要的"。

对于圣凯瑟琳学院来说,简·亚当斯学院为跨文化工作和公民学习提供了一个卓越的实验室,同时为公共奖学金和不同形式知识的证实创造了机会。例如,学校就是研讨会课程"服装的社会文化因素"的背景。两个苗族妇女作为"社区教师"与一名大学教授一起教授传统的苗族服装和在农耕文化下的妇女角色。同时,研讨会的学生们教授苗族移民美国的历史和公民意识。当大学生和苗族妇女公开展示传统服饰,以展示女性如何贡献和维持文化时,所有人都清楚地了解到这一点:如果没有所有参与者的多样化知识和才能,结果就不会那么成功。苗族妇女教授学生传统苗族生活中妇女的角色和使用的旧式服装制作方法。学生(许多是时尚专业)分享专业展示的方法,并讨论了女性在当代文化中的作用。

谈及公共事业框架教育,它提供了不同视角。引发了新的想法,出现了新问题,例如,使用上面的例子,一个专业,如时装设计,如何考虑其公民的维度?这在实际工作环境中意味着什么?各种专业能否在历史和方法的课程中重拾早期公民惯例和传统?在更广泛的层面上,教学实验,例如简·亚当斯学校的教学实验,超越了专家的教学和学习模型,带来了关于知识创造的核心假设。公民振兴要求对认识论进行批判性检验。

公共成就

在过去10年中,汉弗莱公共事务研究所的民主和公民中心项目也提出了将公共事业融入到教育(K-12和高等教育)的可能性。十多年来,该中心一直寻求合作,在机构内进行民主实验,以发展工作的民主潜力,特别是在专业传统和做法方面。

该中心工作的前提来自战略分析,许多调解机构曾经为公民提供公民权,成为服务提供机构,以工作效率和客户服务文化为主导。与此同时,我们认为专业文化经历了价值意义和实践危机。

民主和公民中心最大的努力就是"公共成就",这是一项青年倡议,目前正与超过25所学校合作,涉及范围有七个社区,目前大多数是在北爱尔兰。在"公共成就"项目中,年龄在8—18岁的团队由年龄较大的青少年和成年人来指导。他们围绕代表其价值和利益的很多问题开展公共事业项目。我们已经看到这种工作有可能开始改变学校的基本文化,包括教学方法与学生和教师的特质。也许最重要的是,随着年轻人参与实际重要工作,随着时间推移,他们会产生一种力量和信心感。

"公共成就"教授关于公民振兴和公共事业的重要课程。首先,正如简·亚当斯所说的那样,民主教育的核心需要为公共创造提供力量。这也是公共事业概念有用的一个原因。关注工作流程和产品是关键。当人们在现实世界环境中获得战略性工作技能时,教育出现了,使他们适应公共生活,并常常引导自我改变。"成人不会认真对待我们,除非我们自己认真对待自己。"凯特琳,一位七年级学生说。"'公共成就'教会我们如何应对现实世界,"活跃于"公共成就"项目的教师乔·罗夫斯(Joe Groves)描述了她在市中心学校所看到的一切,"通常,参与'公共成就'的孩子们会因在社区中看到了巨大的问题——毒品,犯罪,卖淫而感到绝望。'公共成就'为孩子们带来希望——他们可以实际采取行动改变事物。"

一、问题剖析：高等教育及其学生

其次,对产品的关注。人们负责实际工作创造,在其中人们对自己感到骄傲,以及通过这种创造,他们在环境中获得了利益和所有权,增加了帮助、审议和服务相关语言处理的深度和责任感。"我喜欢在居民区里写下我的签名,这样每个人都可以看到。"一个年轻女人说。公共产品可以包括物质和有形资产,例如建筑、公园、壁画和其他公共艺术,所有这些都有助于恢复环境。在圣伯纳德学校,位于圣保罗的一个工人阶级社区中,一群五六年级的学生在一个被认为因帮派太危险的地区创建了一个安全的社区游乐场。学生们协商了教区这部分土地的使用,与城市合作进行重新划分和改变街道,并筹集了超过60 000美元来创建公园。公共产品还可以包括社会或文化创作。在同一所学校,一群七年级女生设计了一个关于性骚扰聊天的课程,影响了邻里文化。

第三,公共事业突出身份转变和民主复兴下的实践、组织维度。在公共工作中,专业人士(包括学者)实施和教授他们的技能,但他们并没有"解决问题"或占据优势。相反,他们广泛利用各种社会人才和贡献。詹姆斯·法尔(James Farr)是一位政治理论家,帮助形成了"公共成就"的教育伙伴模式,他解释参与"公共成就"已经改变了他的教学和工作。"我从事政治学是因为我喜欢政治,"法尔说,"但政治理论与政治科学十分相像。政治科学似乎与公共生活相距甚远。我觉得我进入这个领域和我正在做的事情之间存在很大的差距。""公共成就"项目提供了新的教学策略。"'公共成就'给了我的学生一个很好的机会,可以在现实生活中尝试民主教育理论和公民意识。"它还为法尔提供更公开的进行交流的机会。"在大学环境中,你习惯于讲一种政治理论或社会科学的语言,"法尔说,"你没有努力以涉及现实生活的方式发言。在这里,当你不得不与老师、校长、家长、社区领袖和孩子交谈时,它会变得完全不同。"这不是抽象的。"交流遵循工作。你学习与人沟通,参与真正项目,而不是以其他方式。这比抽象地学习沟通方式更加真实。"

法尔的经历与苗族女性相似,她们在简·亚当斯学校的文化和服装设计课程中担任社区教员。这种公共工作为权力关系的转变提供了多个空间和场合,因为它强调不同群体必须提供大众产品——而不是他们所拥有的物品。

最后,"公共成就"提出了一种权力"骗术",其中的重点不是动员或倡导,而是释放独特的精神,发展学校的公共事业。一些倡导"公共成就"的学校的教师和工作人员,通过有效的组织,使教学和体制文化发生了重大变化。当这种情况发生时,公共文化本身就成为了学习民主技能的产物和背景。学校会以新的角度看待其作用。1999年春天,圣伯纳德组织了一系列国家领导人的讲座和讨论,其目的之一是在"天主教民主和社会正义教育"下,成为看得见的国家领导者。

圣伯纳德学校和圣凯瑟琳学院表明了公共事业框架对促进制度更新和民主教育的作用。该框架将当前的公民教育对话推向了一个具有广泛政治可能性的新阶段。

公共事业政策的民主潜力在于其获得各种意识形态立场的能力。公共事业方法并没有消除正义分配或价值观问题的激烈争论,但它允许在这些问题上有很大差异的人们共同开展具有重大意义的公共任务。因此,它形成一种同时充满各种声音的政治,其潜在影响具有变革性和广泛性。

一、问题剖析：高等教育及其学生

结论

在最近由凯特琳基金会主办的世界民主运动会议上，有来自世界各地的民主活动人士，其中，古巴驻联合国代表团的前官员胡安·安东尼奥·布兰科（Juan Antonio Blanco）（目前正领导着一项国际民权运动）认为，我们处在关键时刻。

> 曾经我们假设，未来是马克思主义、基督教还是自由资本主义。都不再是。现在很清楚，人类处于历史的十字路口。未来的发展取决于我们。这尤其取决于我们是否表达了一种令人信服的民主愿景，这种愿景可以替代目前在全世界占主导地位的版本，人们都知道它们不起作用。[1]

在新千禧年即将来临之际，在不断发展的信息社会中，我们再次面临着如何理解民主和我们自己，其方式类似于国家的建立。这不是为了尽量减少障碍。就像我们的祖先没有考虑过成为忠诚的英国臣民之外的选择。今天许多人发现甚至很难想象一个与当前专家主导的消费社会不同的未来。然而，正如在那个时代，人们为自己的社会创造了一张新的地图，并为自己创造了新身份一样，民主替代思想和我们自己作为公共行为者的替代思想可以帮助我们想象我们想要建立的未来。

现在是时候从"什么是错误"的理论转变，行动起来去建立这

---

[1] 引自佛罗里达劳德代尔堡凯特琳基金会主办的国际民间社会交流会议的讨论记录（1999年2月3日）。

样的未来。我们所有与高等教育相关的人——教师、学生、行政人员、工作人员、董事会和社区合作伙伴,都必须适应这种情况。我们可以重塑我们的机构。我们可以建立一个聚集的或不是由市场价值主导的未来。

承担公共创造挑战的机构和领导者可以重塑我们的时代。高等教育的定位是独特的。我们有权力成为民主重生的助产士。

民主、公民意识和高等教育模式			
	公民	社群主义者	联邦
什么是民主	代表性机构,法规	代表性政府和公民社会	作为公民事业,民主建立公共机构和其他公共物品
政治目标是什么	商品,服务分配(谁得到了什么,怎样得到,何时得到)	社区精神	创立共有权
公民意识	选民,消费者	社区成员,志愿者	公民生产者,"社会工人"
政府角色	"为了人民":提供服务,保障权(范例:约翰逊)	"属于人民":解释,促进公民价值,普遍理解(范例:克林顿)	"通过人民":催化公共事业,为公共事业提供工具(范例:罗斯福)
高等教育	建立专业知识,职业准备	通过道德教育,服务学习培养性格	通过多种公共事业经验和反思,为其发展社会想象和社会能力

该表基于三种理解公民意识和民主的方式描述推行公民意识和高等教育的方法:1.公民方法,其中公民意识主要是投票行为;以及公民是个人权利承担者(有几个其他责任,如纳税)和消费者的利益;2."公民社会或社群主义"方法,其中模范公民是志愿者,公民是有责任心的公民群体,公民意识教育侧重于教学性格和自愿参与;3.联邦,公民从事公共事业的地方,也是公共事物的生产者。没有一种方法是"错误的",但是联邦方法发展了对公民代理机构更稳定的理解,指出了各种机构中公民复兴的挑战(将人们的权力和能力用于公共任务),而不是简单的"社区"化;并且发展"公民生产者"信念,与消费者和受害者有着明显的不同。

二、大学为解决现有问题所进行的努力:综述

(一) 作为公民整体的大学

南希·L.托马斯

20世纪80年代,公众意识开始觉醒,他们对几乎所有的政府活动都持怀疑态度,而这种态度也给高校带来了巨大的连锁反应。高等教育承受着许多所谓的失败所带来的痛苦:保持象牙塔的超然与冷漠;进行与现实生活问题脱节的抽象研究;取消人文学科、经典课程以及核心课程;屈服于60年代激进分子的政治敏感性,抵制传统西方的价值观念;允许(如果不是命令)教员进行不利于教学的研究;以牺牲言论自由以及平等保护等宪法规定的权利的代价来迎合"受害者群体";培育出既没有为工作生活做好准备,也没有灵魂的受教育程度较低的学生。

各院校纷纷响应并开展一系列活动来解决这一系列问题,其中大部分的活动都旨在通过课程和协作活动来灌输价值观。这些活动包括引进或是加强"价值教育"课程、跨学科课程、大一课程以及针对大四学生开设的顶点课程;恢复必要的伦理和哲学课

程;为核心课程设置考试;设立社区服务要求并在独立的课程体系中增加服务学习环节。

尽管高等教育发生了这些改变,公众失望情绪依然存在,高等教育领导者仍呼吁变革。卡内基教学促进基金会的欧内斯特·伯耶尔(Ernest Boyer)表达了他的担忧:

> 我发现最让我感到不安的是,在这个国家里,实际上越来越多的人认为高等教育是麻烦,而并非是解决问题的方法。进一步来说,高等教育已经成为为私人谋福利的工具,而非为了大众的福祉。人们愈发将大学校园视为学生能拿到毕业证书、教师能获得终身任职的场所。高校的全部工作似乎与国家最为紧迫的公民问题、社会问题、经济问题以及道德问题无关。[1]

伯耶尔为高校的角色提供了一个新的范式,他表示高等教育要"更有效地扩展到思想领域"。他认为高校应该扩大学术范围,追求"学术参与制度"。他解释道:

> 在某种程度上,学术参与制度意味着将高校丰富的资源与最为紧迫的社会问题、公民问题、种族问题紧密联系。我逐渐意识到,从根本上讲,学术参与也意味着为学术界与公民文化之间创造一个更具持续性与创造性交流的特殊环境。

---

[1] E. Boyer, "The Scholarship of Engagement," *Journal of Public Service & Outreach*, 1, no. 1 (Spring 1996).

二、大学为解决现有问题所进行的努力：综述

学术不仅在自身领域具有价值，也能为整个国家甚至全世界服务。[1]

高等教育为当地社区、全国以及国际提供帮助已经并非新鲜事。大学一直历史性地支持诸多活动，包括合作推广项目、继续教育、培训班、教师咨询以及学生志愿等这些也有助于其学科推广的活动。然而，虽然大学长期鼓励支持这些活动，它仍然因"与公共生活脱节"或对社会紧迫问题"反应迟钝"而受到人们批评。公众为何一直对高等教育不满？为什么作为高等教育的领导者，欧内斯特·伯耶尔呼吁高等教育界应重新审视其工作重心呢？[2]

高校并没有忽略其公民责任，甚至认为应该从内到外更加认真对待这一问题。通常来说，普通的推广课程以及公共服务活动在学校中处于边缘的地位，它们往往是与整体学术功能无关的独立单位或项目。与这种边缘地位对应的是其内部得不到足够的支持、承认、规划、评估以及理解。在外部来看，高校作为一个公民整体，似乎没有深入参与解决问题或与当地社区开展合作。

这种状况或许也正在发生改变。许多高校尤其位于城市里的学校都在重新审视自身应该如何履行公共服务、推广项目以及公民使命，并思考如何能够有效解决这一问题。这些学校正重新编写使命宣言、实施创新的策略计划、改革课程体系，使之涵盖公

---

[1] E. Boyer, "The Scholarship of Engagement," *Journal of Public Service & Outreach*, 1, no. 1 (Spring 1996).

[2] E. Boyer, *Scholarship Reconsidered: Priorities of the Professoriate* (Princeton, NJ: The Carnegie Foundation for the Advancement of Teaching, 1990).

民、社会以及道德主题;与社区团体合作、建立支持中心和机构、集中协调管理办公、构建合作伙伴关系、鼓励个人和集体开展创新的教职工活动、修订晋升和任职标准、提高对公民活动的可见性和支持度。不同学校对项目的范围、领导、使命、架构甚至是反响的应对措施都各有不同。其结果是每个倡议都罕见地融合了个人热情、团体需求、政治影响以及特殊情况,但却形成了共同的主题。

本章将重点考察高校如何利用资源促进公民使命在学校教育中得以彰显。本章专门研究以下10项和公民参与及教育有关的传统与当代的活动:

1. 课程改革与教学法;
2. 合作推广项目与继续教育项目;
3. 培训班项目和为学生准备的专业实践学习机会;
4. 自上而下的行政管理举措;
5. 肩负推广使命的中央行政学术单位;
6. 学术中心及学术机构;
7. 教师专业服务及学术推广;
8. 学生计划;
9. 具有经济或者政治目的的机构制度;
10. 接触设施与文化活动的机会。

本章还会仔细探讨对发展和维持这些倡议至关重要的因素[1],本章的主要目标是回顾高等教育如何革新并增强公民使命、与其传统的学术使命相结合。

---

[1] 本章并未衡量高等教育中公民倡议的程度,也未就所讨论项目的有效性得出任何结论。

二、大学为解决现有问题所进行的努力：综述

范围与术语的评价

公民使命在高等教育中意味着什么？许多学者将高等教育的公民责任与学术功能——教学与研究联系到一起，还有一些学者强调"扩大范围的服务"或是"公共服务"活动。密歇根州立大学（MSU）认识到扩大范围的学术意义并将这些功能连接到一起，将其定义为能让外部受众获得并理解的知识（《费尔与桑德曼》1995）[1]。扩大良性运作的范围的学术项目能否顺利运行，甚至体现一所大学的公民使命？如果让一所大学通过研究、志愿者项目或是提供基础设施的方式为外部社区提供服务[2]，那么这些方法能否提高这所大学的公民使命？或者讨论是否应该围绕学生的发展，高等教育如何能培养出合格的毕业生，使其深刻理

---

[1] F. A. Fear and L. R. Sandmann, "Unpacking the Service Category: Reconceptualizing University Outreach for the 21st Century," *Continuing Higher Education Review*, 59, no. 3 (Fall 1995).

[2] "服务"一词可以澄明。在学院和大学中，"服务"可以有多种含义，包括以下内容：

a. 为院系或机构服务：教职员工和行政人员通常被要求在众多委员会中任职，从特殊问题工作组到晋升和任期审查小组。

b. 为学生服务：提供建议、指导、帮助完成特殊项目，甚至在个人危机中手把手帮助学生是教职员工和管理人员的常见角色。在某些情况下，这种关系与课程工作或学习计划有关，但在某些情况下，它们是课外的，甚至超出了职责范围。

c. 为专业服务：教职员工和管理人员通常担任其国家专业组织的官员或委员会成员或专业期刊的编辑。在许多情况下，国家认可会促进职业发展，即使不要求，也会在同行评审时得到赞赏。

d. 为当地礼让组织服务：许多学者天性善良，担任州议员、学校董事会成员、筹款人、童子军领队、"兄弟姐妹"成员等职务。在这样做的时候，他们通常没有利用他们的学术专长。只是在做好公民。虽然这些类型的服务很重要，并反映了大多数教职员工的整体承诺价值，但它们不是本文的重点。

解并献身于"民主的艺术——对话、承诺与奉献"?[1]

基于本章讨论目的,冒着过于浅显讨论的风险,这些问题的回答是"完全肯定的"。"参与式校园"涉及学校的诸多内容和项目。它采用了民主学习的新方法,强调在社会、性别及种族差异背景下的公民身份。本章反映了高等教育的公民使命应通过教育和课外活动培养学生的公民技能,并通过外部伙伴关系和活动有意识地完善塑造良好公民意识的综合方法。

回应性课程

从高等教育植根于培养宗教及公民领袖的历史使命来看,它试图通过学术研究来满足社会需求和价值观。但是当前的社会需求、全球问题、地方需求以及人口结构的变化使得当前课程的设计比以往任何时候都更为复杂、更具挑战性、更具创新性。可以说课程和项目的设置为学生提供了一个增强其对民主原则的理解并致力公民参与的主要讨论场所。

高等教育依照传统的西方文明要求已经走过了漫长的路。教育学生成为公民的举措包括以下几点:

● 贯穿整个课程的公民主题与问题——帮助学生在多元文化的社会中做好生活和工作的准备;

● 有关伦理学、道德推理、专业责任的课程和项目——通常为强调实际应用与问题解决的跨学科的课程;

● 春假、冬假和暑假期间的学分项目,将学生送出国门到发

---

[1] R. Guarasci and G. H. Cornwell, *Democratic Education in an Age of Difference: Refining Citizenship in Higher Education* (San Fransisco: Jossey-Bass, 1977), xiii.

展中国家或是贫穷的美洲社区,学生可以在那里边学习边工作;

● 将学术生活和居住生活与紧迫的公民问题、社会问题以及道德问题联系起来的新生计划;

● 要求团队合作、涵盖公民项目和主题的顶点课程与高级研讨会;

● 有关环境问题研究、城市问题研究、妇女问题研究、文化或是种族问题研究的跨学科主修课程和辅修课程;

● 服务学习、基于社区的学习以及体验式学习都将传统的学习体验与非营利组织、社区组织以及项目联系到一起;

● 学习型社区,连接两个或以上学科的课程群,共同探索公民主题;

● 贯穿整个课程的合作式学习;

● 学生通过项目展示其公民技能和为社区做的贡献。

本节将详细介绍这些课程方法的创新案例。

核心课程

大部分高校通过课程设置、选修课或关注问题的方式来强调社会问题和解决问题的方法,也有一些高校强调公民主题在学校要求的通识课程中占比的重要性。在得克萨斯州奥斯汀的圣爱德华大学,57学时的通识教育课程中有18学时用来开展"文化基础"的课程项目,这是一门旨在帮助学生理解并欣赏多元文化的课程。学生要在四年内完成六次团队教学课程,这些都是跨学科的课程并且涉及西方和非西方社会、第三世界文化以及全球问题。教师更侧重强调多元文化观点、个人及公共责任、公共福祉以及较强的写作能力和参与式讨论的能力。

文化基础

这是一项基于社区的学习。学生与社区机构和非营利性组织一同工作,找出当地出现的问题并寻找解决方案,随后会将问题记录在案并向市议会或市长提出口头解决方案。

在大四学年里,所有的学生必须完成顶点项目。顶点项目要求学生关注当地问题、国家问题或是全球问题,撰写一篇重要论文(可能会发表出版),用以反映其批判性思维以及为解决问题而做出的努力。

基于社区的学习

教育工作者认为学生应该具备理论联系实践的能力。基于社区的学习(与服务式学习、体验学习、主动学习以及实习等相关教学法)能够让学生将理论联系实践,同时也能学到有关公民责任的重要课程。

基于社区的学习如何融入各类课程中呢?它们的共性都包括传统学术研究(阅读作业、课堂讨论与演讲、写作作业以及评估)、与学术课程相关的社区服务(在有关的社区组织或是机构展开志愿服务,担任顾问开展调查或管理一个项目)以及构建反思(通过日记、论文以及演讲的方式)将学术与服务联系起来。[1]

这些基于社区的学习的示例包括:

---

[1] T. Ehrlich, "Civic Learning: Democracy and Education Revisited," *Educational Record*, 78, no. 3-4 (Summer/Fall 1997): 57-65.

二、大学为解决现有问题所进行的努力：综述

● 心理学和创意写作课两门课程的学生两人一组合作，在整个学期每周都去看望留守在家的老人，任务是为他们写一篇简短的传记。

● 文科班的学生为高中教师、长期居住护理机构的居民或当地学校的学生运动员举办读书俱乐部。

● 两门独立课程（一门与环境研究有关，另一门与政治学有关）的学生组成一个研究小组，通过收集历史数据并采访受到影响的社区成员为小镇做一个重要决定：这座小镇亟须在当地的一个公园中建造一所新的中学。[1]

● 学生与老师紧密合作，为附近房屋委员会的居民设计一个领导项目。

当然，服务式学习并不从属于每门课程，教师不应该试图用"一刀切"的办法将其融入所有的课程中。罗伯特·布林吉尔（Robert Bringle）是印第安纳大学-普渡大学印第安纳波利斯联合分校（IUPUI）公共服务与领导中心主任，他说："我认为服务式学习并不能解决所有的问题，也并不是所有人必须这么做。就像并不是每门课程都需要实验室或者需要写学期论文一样。"尽管如此，他认为服务式学习也是某种学习，在印第安纳大学-普渡大学印第安纳波利斯联合分校给学生发的传单上就能体现出来："告诉我，我会忘了。教会我，我会记得。让我参与，我才能学到。"[2]

---

[1] R. L. Sigmon and Colleagues, *Journey to Service-Learning* (Washington, DC: Council of Independent Colleges, 1996).

[2] T. Marchese, "Service-Learning in the Disciplines: An Interview with Monograph Series Editors R. Bringle and E. Zlotkowski," *AAHE Bulletin* (March 1997).

学习型社区

纽约瓦格纳大学将理查德·格瓦斯基(Richard Guarasci)所提出的将关系学习法[1]与社区学习法整合到一起,强调公民与民主参与、写作、解释性阅读,有说服力的论据。作为核心课程的一部分,所有学生必须学完学习社区老师集体教授的16门课程中的3门。例如在1998—1999学年中包括:

- 政治学与商学:分析20世纪的丑闻(考查丑闻事件比如有毒废弃物的排放、政治腐败、挑战者航天飞机空难、性骚扰等)。
- 改变游戏规则:权力、财富以及社会反响(考查经济政策以及社会稀缺资源在社会中的分配)。
- "以社会和道德的视角看待当代问题"(将道德推理方法运用在诸如反歧视运动、福利、约会强暴以及双语教育社会问题的解决上)。
- 文献与政治学:阅读美国、书写美国(关注文化多样性、根据小说家和政治学家的观点对比有关公民身份的主流观点和少数观点)。

学生在诸如医院、学校、政府机构、社区组织等团体社区场所进行实地工作,并通过写日记或是撰写深度分析论文来记录经历。

新生年项目

许多大学都设置新生年的课程和计划,旨在提高学生对于种

---

[1] Guarasci and Cornwell, *Democratic Education*.

族问题、民族问题、性别多样性问题以及环境问题的关注度,并运用跨学科方法来解决紧迫的社会问题。在纽约州坎顿的圣劳伦斯大学,教授也会处理某些校园内部尖锐的问题:学生"反智主义"态度、强大的学生联谊会系统、过度使用酒精、学生品行不端以及课程设置不能满足社会的迫切需要,特别是有关于种族、等级以及性别方面的课程设置。他们寻找各类方法来吸引学生的注意力,增强学术环境影响力,帮助学生在学术和社会生活各个方面保持平衡。

因此新生年项目课程(简称"FYP")应运而生,该课程为所有大一学生设置,为期两个学期,由教师团队进行讲授,是一门跨学科的课程。45名学生组成小组住在寄宿学院,在这里三名教务老师与学生们密切合作,关注学生与社区之间的互动、个人发展、研究技能、写作技能以及口语技能。项目范围要求包括重点研究论文、广泛的教师和导师的建议、科学实验、对社会和团体负责的共同主题、资源分配、环境、性别以及种族。

这所大学为新生年项目课程投入了大量的财力以及人力,它翻新宿舍使之能够容纳教室和教师办公室;教职员工离开他们原来所在的院系为这个项目服务三年的时间;学院聘请新的教职员工接替转到新生年项目课程的教员工作;修改学生处罚条例,赋予寄宿学院自治权,让其有机会通过自身的条款来解决学生的不满和越轨行为;通过专门培训的毕业生担任宿舍助理(美国大学由经过校方选拔的学生担任宿舍管理员)参与到这个项目中来;导师项目为一年级学生提供一流的寄宿示范。

顶点体验课程

在世纪之交,高年级学生通常在最后要选修一门关于道德规范或是领导技能方面的课程,该课程一般由大学校长讲授。这个课程的当代版本就是存在于学生专业学习中的高级项目,通常包括撰写研究型论文这一重要环节。

一些大学要求学生参与包含评估教学法在内的高年级体验活动。波特兰州立大学要求所有的学生在毕业之前完成顶点课程。学生们必须从预先设计好的学习团体中进行选择,然后进行合作学习。顶点课程在课时长度以及课程的强度上各有不同。举例来讲,为残疾人提供娱乐或教育的户外核心课程的安排就相对集中,一般为期两周。同吃同住的顶点课程专门为对人群服务工作感兴趣的大四学生准备。学生可以为患有严重残疾的儿童和成人提供教育和照顾。在波特兰社区社会资本顶点课程中,学生们在社区工作,为公民参与当地事务制定方案。

总的来说,教学法的趋势包括以下几点:

● 重新设定学生学习的内容和方法以实现高等教育在多元化民主下的公民使命。

● 高校将课程、辅修课程以及寄宿生活联系起来,并对其进行调整,使之能够应对社区以及公民所带来的问题。

● 课程以及计划的设置应该尽量较少关注具体学科,将更多的注意力放在基于问题解决的课程上。[1] (比如现实世界出现的问题及解决办法、当前问题、文化多元论、全球问题、民主

---

[1] Ehrlich, "Civic Learning."

观念。)

- 团队教学、多学科教学方法——特别是针对学习社区的形式,正在逐渐发展改革。
- 合作型学习技巧正在逐渐取代个人项目和任务。
- 重点在于自主学习而非教学。
- 将学术研究、社团服务以及社区学习的反馈结合起来,进而受到人们的广泛支持。
- 开设与此相关的课程或项目,为所有在校生的学习提供共性参考。
- 虽然这些教学方法曾经只适用于文科专业,但现在许多专业的学校或是研究机构都在修订其课程设置,培养具有相关公民责任且具备才能的专业人员。
- 努力让学生在第一学年就参与其中,并随着年级的增长而继续参与,有时这种教育效果在与应用了多维的涵盖社区学习、社区项目、小组合作以及解决现实问题的顶点课程相结合时会达到顶峰。

植根于早期使命的公共服务业:政府赠地模式/合作模式

几乎所有的院校都能找出其民主根源,政府赠地大学是最重要的新形式,它是专门在公共环境背景下开设的高等教育。根据1862年的《莫里尔法案》,联邦政府为各州拨款,建立可开放获取、基于实践和应用研究与教学的课程体系的大学。随着国家从乡村农业社会转型为工业化城市化国家,政府赠地大学公共服务的重心也随之转变。近年来,继续教育以及合作推广项目直接转向成人学习和专业发展方向。

大部分赠地大学都是在传统学术的边界里组织起来的,因此推广项目与继续教育是两个独立的单元。它们分开拨款、分别管理,它们选择的教员——"公共服务事业"专家,有时被称为"老师"或是"行政人员"——并不是终身任职的专家,也不属于某个学术单位,通常是助教或是临时教师。

许多大学将合作推广项目、继续教育项目与传统学术单位整合在一起。俄勒冈州立大学(OSU)就是其中的示例。考虑到公民对于国有森林利益的竞争(特别是斑点枭栖息地与伐木业的竞争)的担忧,大学领导为"独立社区"提出了一项新倡议,邀请推广项目的教师和传统项目的教师参加这项倡议。参与者兴致很高,代表了广泛的讨论领域,在热烈讨论过每门学科可以为这个计划做出怎样的贡献后,一位教师发表言论:"是的,但我无法负担落实这项倡议所需要的费用,这不是一个健全的学术体系。"俄勒冈州立大学教务副校长罗伊·阿诺德(Roy Arnold)表示"这值得每个人关注"。于是成立了特别工作组负责检查俄勒冈州立大学的奖励体系是否与其使命一致。经过为期一年的系列讨论,结果证明它并没有做到。于是,大学做出回应,基于伯耶尔《学术的反思》这本书修改晋升及聘用标准。俄勒冈州立大学进行了最大幅度的调整,包括将合作推广项目与继续教育项目加入主流校园中并将外勤人员重编进各学院和部门。所有推广项目的教师都是学术部门的一部分,他们享有专职教师的地位、参加教师年度评估,最终能够获得终身任职。修改晋升和任期条例,传统的奖励、教学、研究以及服务被一个系统取代,该系统接受四种形式的学术活动:探索、整合、知识的应用与发展以及富有创造力的技艺。同行基于质量、创意以及对大学外的公众的影响或是意义来评估学术成就。[1]

阿诺德称这些新的原则正在发挥作用,但他提醒人们这种改变必须与训练、培训、讨论以及特别关注学术评估部门相结合,他强调我们面临的挑战是让全体教员关注外部需求,并让他们不受约束地表达问题,这最好在学术单位完成。

佐治亚大学雅典分校(UGA)进行过一个有趣的比较调研。在这里由于公共服务特别庞大、综合性强,因此显得尤为重要。佐治亚大学雅典分校公共服务项目及推广项目1995—1996年度报告显示:每个社区各行各业的公民以及全州各个地区的公民都参与了扩大范围的教育活动。[2] 在1995到1996年间,全体教职员工以合同和赠款的方式争取到31 356 959美元用以支持公共服务倡议。

在佐治亚大学雅典分校,公共服务中央办公室负责策划和推广全校的公共服务议程,监督合作推广、继续教育、研究院与中心,维护数据统计,发表报告和数据。校园里的每所学院都设有"对外交流的主任",负责将大学公共服务使命与学术单位相连。对外交流主任向教务长汇报,教务长之后将报告递交给负责外展项目的副校长。

和大多数赠地大学一样,佐治亚大学雅典分校为大学教授和推广教师提供了一条截然不同的发展道路。许多老师享有共同的地位,他们不直接与研究相关,可能又或许不能发表传统的学术论文,他们与纯粹意义上的研究"只有间接关系,(他们的工

---

[1] *Promotion and Tenure Guidelinest Oregon State Unversity* (1995),3.
[2] The University of Georgia, *Public Service and Extension Annual Report 1995 – 1996* (Athens: University of Georgia, 1996),4.

作)可能适合也可能不适合在传统学术期刊上发表"。[1] 就算公共服务的教师没能终身任职,他们也都期待继续任教。他们的合同是十二个月的协议(而不是九个月)。

公共服务仍然是教授职级晋升的标准。作为书面要求的一部分,在教学单位的全体教师希望参与服务并将晋升和任职方针定义为"通过研究、教学以及科技辅助的方式完整地运用知识,使其能够解决变化无穷、日益复杂的社会出现的问题",该项方针也强调大学要区分常规服务与利用学术的广度和深度所开展的服务。有服务职责的终身任职教师以反映学术质量的形式贯彻该方针。

密歇根州立大学合作推广项目以及继续教育所运用的方法正在逐渐发展,在结构上密歇根州立大学更像是赠地大学,中心的领导来自大学对外合作的副校长办公室。独特的地方在于大学努力在校园层面和国家层面转变对"学术对外"的思维方式。密歇根州立大学的发言人表示"我们所想到的对外本质在于以下的定义:对外交流是一种涉及教学、研究与服务的学术形式。为了外部受众的直接利益,它以符合大学和单位使命的方式,形成、转换、应用和保存知识"。[2]

这种将对外交流项目视为跨领域企业的观点似乎正在站稳脚跟。受全体教师尊敬的外展项目重新设计课程使之涵盖为学生设计的服务式学习、应用行动研究、咨询(牢记学术单位的计划

---

[1] The University of Georgia, *The University of Georgia Guidelines for Appointments and Promotion*, *Public Service and Outreach Rank* (Athens: University of Georgia, May 1997).

[2] *Points of Distinction: A Guidebook for Planning and Evaluating Quality Outreach* (East Lansing: Michigan State University, October 1996).

二、大学为解决现有问题所进行的努力：综述

或使命），并通过距离、时间、地点、形式和知识传播方式的改变重新设计公众获取知识的途径（例如，基于学科重要性和支持度在合适的时间和地点授课）。

除了将对外交流项目视为跨领域的企业，密歇根州立大学还改善了其响应外部支持者的方法。像大多数的赠地大学一样，密歇根州立大学原来的项目侧重利益集团（例如：农民、有抱负的政治家、教师）提供预先设计的课程和既定的课程，并称其为"教育"对外项目（强调知识的转换）。密歇根州立大学的新方法添加了"关注问题"的外展项目（强调知识的形成和运用）并对于"关注问题"的外展项目提出以下问题：首先，外部社区所面临的问题是什么？其次，从该机构的所有资源和专门知识中，要形成什么样的伙伴关系？最后，进行何种共同的努力来应对这些紧迫的问题？（选自《费尔和桑德曼》1995，第119页[1][2]）

结果如何呢？密歇根州立大学社区对外交流项目主任洛里·桑德曼（Lorilee Sandmann）的报告中显示，根据1995年的一项调查，在2000名受访的密歇根州立大学的教职员工中，有超过65%的职工表示他们在一定程度上参与了对外交流活动，超过40%的职工表示他们广泛参与其中，90%的受访者有在三年内参与该项目的打算，这些数字仍然在增长。桑德曼表示人们的态度正在发生改变，虽然合作推广项目的教师和外地的教师仍然遵循

---

[1] Fear and Sandmann, "Unpacking the Service Category," 119.
[2] MSU方法的另一个独特方面是它致力于评估教师和单位的外联工作。1996年，MSU出版了《不同点：规划和评估高质量推广指南》（*Points of Distinction: A Guidebook for Planning and Evaluating Quality Outreach*）。它为有兴趣重新审查其外联任务和活动的机构提供评估外联项目和规划指导的工具。

不同的晋升机制,也仍然被称为"员工",但是学术推广越来越受到终身任职制的教师的尊重。桑德曼说部分老师听到学术对外推广这个概念会感到非常兴奋。

综上所述,赠地大学推广项目的当代模式和继续教育的当代模式均具有以下特点:

1. 合作推广服务/成人教育和传统学术单位的界限日渐模糊,但是其最大的界限并没有消失;

2. 态度正在发生转变。在部分大学中,合格的"服务员工"是能够获得终身任职机会的。传统的教师将学术推广项目以及学术外展项目视为有效的学术形式;

3. 学院学术推广办公室将作为公共服务及对外项目中央办公室的补充;

4. 教育推广仍然是推广活动最重要的形式,但是更多的推广项目更加关注以问题为中心的形式。这种跨学科、跨领域的系列活动是为解决紧急、明确的问题量身定制的;

5. 课程的设计在时间、空间、形式、方法方面更加响应社区的需求;

6. 推广活动正从其质量、对社区的影响、学术成就等方面接受评估和审查。

专业学校推广项目

所有医学院都通过其自身或是附属医院开展临床项目,学生在完成课程后能够参加必需的实习培训。法学院为学生提供选修实习项目,主题一般为环境法或者房主与租客讲习班。机械学院的项目是让学生了解代理商或是商业机构提供的实地学习机

二、大学为解决现有问题所进行的努力：综述

会。教育学院则与学区合作设计并实行改革。商学院无论是通过授课的方式还是通过志愿授课的机会，都能让学生参与促进城市革新的经济发展计划。这些项目都遵循传统，并且像合作推广项目或是继续教育一样在大部分的学校处于边缘位置，关注的是学生的学习。教职员工通常仅仅以指导教授或是教师的身份出现。

全国大学都在重新审视其专业学院的实践项目，并意识到这些项目对社区的重要影响。例如位于俄亥俄州的莱特州立大学健康社区中心包括医学院、护理学院、心理学院与莱特州立大学的社会福利工作场所、凯特琳医疗中心、辛克莱社区学院附近的联合健康部门、代顿公立学校、公共住房、健康医院，以及当地的志愿者和行动组织。与传统模式不同，学生不仅能够在医院参与中心临床实验，在人员流动的单位、学校、社区免预约诊所、贫困住宅区、教堂、基督教青年会所在区域、游民收容机构进行临床试验，也可以通过拜访护士协会和志愿者项目提供者进行临床实验。

该中心也申请政府拨款用以支持全体教师的应用研究，促进全体教师发展、汇编统计数字、发布简讯和季刊并在社区中发挥联络员的作用。调整教师奖励体系，使专业服务与应用研究成为学术认证形式。[1]

康涅狄格州纽黑文市，20世纪80年代末期饱受高犯罪率和高死亡率的困扰。当地的警察、国家儿童福利工作者、社区的积

---

[1] S. D. Seifer and K. M. Connors, *Community-Campus Partnerships for Health: A Guide for Developing Community-Responsive Models in Health Professions Education* (San Francisco: Center for the Health Professions, 1997), 129.

极分子与耶鲁医学院儿童开展了和社区治安合作的项目。CDCP开通24小时热线，为警察召开研讨会来研究儿童发展的基本概念，并通过内部服务和连续培养的方式给教职员工传授警察执法方式和警察意识并商讨紧急案件。如果一名儿童目击了暴力犯罪事件，那么来自耶鲁医学院的心理学家和社会工作人员会马上来到犯罪现场。临床医师也会紧随其后，为该名儿童的家属进行上门服务、选择评估以及心理治疗。在1991到1997年，警方有1000多件案子都参考了儿童发展和社区治安项目。而且这个项目目前已经扩展到康涅狄格州以外的地区。在美国司法部的资金支持下，儿童发展和社区治安项目得以推广，目前该项目在国内10个城市和国外1个城市运行。

通过专业学校进行的推广不仅限于位于城市的院校，在西弗吉尼亚州全州最严峻的问题出现在农村区域。20世纪80年代，西弗吉尼亚州大学医学院采用了双向音频系统——医疗准入和转诊体系（简称MARS）。医疗准入和转诊体系让农村医生可以在全州10个医疗系统中的任何一个地方接触到大学医学专家。这所大学了解到视觉展示的必要性后，将MARS项目扩展为MDTV项目，即一个能双向视频的通信网络，让医疗中心的专家能够看到患者并与全州各地的患者和当地医生交谈。双向视频通信网络还提供继续教育项目，涵盖医学、护理学、药剂学、微生物学、放射医学、牙科学、社会工作、精神病学以及其他学科。因为人们还会通过双向视频通信网络召开诸如儿科病例研讨会和急诊医学会议，它已成为农村医疗住院医师和实习医生的一种不可或缺的培训工具。

总结来说，当今专业学校的推广趋势包括：

二、大学为解决现有问题所进行的努力：综述

1. 活动都以解决问题为核心或以指导为中心。以问题为核心的推广项目是对确定的社区需求的响应，而不是对广泛定义的群体的响应。

2. 为满足特定社区的需求，定制推广活动的时间、地点以及方式。

3. 项目由外部政府机构、私人营利组织、社区组织和大学的多个学术单位合作组成。

自上而下的行政举措

大学领导者包括受托人、学术事务专员、教务长特别是校长能够在社区中担任重要角色。他们在当地委员会任职、在公共活动或是私人活动上演讲、主持宴会或是为解决特别的事务召开座谈会、为媒体评论时事。但是有的时候，如果高校领导不是激进分子，也会承担企业家的角色。当身居高位的大学领导参与到社区中，结果无论是从内部还是外部都会发生彻底转变。

保罗·埃斯纳于1997年在亚利桑那州凤凰城的马里科帕社区大学区（MCCD）担任校长。他想在任职的大学组建一套以社区为主的学习中心。在不到一年的时间里，他开办了里约萨拉多校区，该校区没有围墙，重视与公司、政府机构、非营利组织以及其他教育组织的合作，大多数的课程都是在当地教授。埃斯纳将国家认可的劳动关系培训项目"快速推进"进一步发展，还为对择业感兴趣的员工设立一个名为"愿景"的实习项目。他还建立了健身与福利中心，不仅对教师、职工、学生开放，还向周边社区开放。

埃斯纳将对外项目视为马里科帕社区大学区的中心使命。

他将社区议程办公室设立在自己办公室旁边。该办公室从1997年开始负责盘点社区对外项目和合作伙伴系统。这份清单列举了其10所大学开展的数百项社区推广活动。因为数目太多而不能逐一列出，只举部分例子：社区合作（如青年训练项目、夏季青年项目、学校对公司倡议）、涉及多种文化主题的识字与成人学习项目、一天服务项目（清洁日）、周期盛会以及"主席学院"，全国性的系主任培训项目。

马里科帕社区大学设立了一个叫作"创造性路径"的特殊员工发展项目。所有的员工都能休带薪假期去追求感兴趣的事务或是增强技能水平。实习必须"激发智力、学术严谨、与社区相关联或是具有慈善性质"。大多数实习都与非营利组织社区服务组织或是政府机构合作。以下的例子就能证明这点，学校里的会计（在学校外是养马人）一周有一天的假期，这样她就可以在美国最大的城市公园——南山公园中从事志愿服务。这个公园的景点中有许多古印第安人遗址。她每周乘车前往这些偏僻的地方查看。

康涅狄格州哈特福德三一学院的埃文·多贝尔（Evan Dobelle）是另一位雄心勃勃的领导人，多贝尔由三一学院受托管理委员会选拔出来执行城市策略。多贝尔曾是政治家、社区大学校长，他为这个传统的文理学院做出了不同寻常的选择。他提出了广为人知的"社区复兴计划"（一个涉及医院和当地公共广播电视台的合作经营项目）。该计划将15个社区改造成具有科学、医疗、技术主题的教育区、商业区以及住宅区。该项计划涵盖重点问题（为学院、职业培训、贷款援助、家庭服务以及体质改善项目筹集2亿多美元的资金），实用问题（将一个占地9英亩的废弃汽车站改造成3个新的学校),象征性问题(移除先前通往外部社区的大门)。这项计划也包括"校园学习走廊""校园男生女生俱乐部""家庭资源中心""托儿机构""职业培训中心",改善街道照明、营造新的风景、修建美丽栅栏的"街区景观改善项目","健康与技术中心""基于社区的艺术项目"以及新的警察局。这所大学购买了年久失修的建筑并将其重新装修,把它以减息抵押的方式卖给当地居民。三一学院还为通过这项计划获得教育和职业机会的居民提供住房补贴。

校园中的变化并没有使多贝尔狂热的步伐停下来,这也并不让人感到意外。但是全体教师、管理人员的态度和学校文化发生了转变,受托管理委员会所提出的城市主题设想以及社区振兴与三一学院学术项目的联系正在加强,院长雷蒙德·贝克(Raymond Baker)对文科进行反思,称其为"计划的第二部分"。大约有15名教师(校园中共有150名教师)参与了贝克所说的融入研究、教学以及社区服务的无缝衔接工作。

三一学院的系列活动在诸多方面十分独特。首先,虽然其公认的引导者是他们的校长,但是这些项目却是由受托人倡导的。其次,许多大学都在援助他们的社区,但是很少具有综合性或创新性。住房与城市发展部前部长亨利·希斯内罗斯(Henry Cisneros)说"三一学院的城市改造计划简直是典范",他称多贝尔做得比任何人都好。[1]

多贝尔能比任何人做得都好的原因之一是该计划建立在相

---

[1] J. Gross, "Trinity College Leads Effort to Create Hartford Renewal," *New York Times* (14 April 1997): B5.

互尊重和当地居民参与的基础上。三一学院不是传说中拯救当地社区的"白衣骑士"。毋宁说,通过当地居民管理的社区事务内部办公室以及与社区组织之间的真诚互利合作,三一学院才得以参与并振兴当地区域。是三一学院授权社区在规划和实施过程中发挥领导作用。

对于像多贝尔和埃斯纳这样的领导人,我们也提出了一些问题。比如他们的一系列举措能否在其离任后依然得到实施?他们又是如何确保自己的这些举措制度化?另一个强势的外部校长还担忧他们能否保持内部秩序?高知名度的校长们应该警惕这些担忧。

总结来说,高校领导为社区有效的变革提供了创业型领导,挑战仍然是留心内部、尊重外部支持者。

肩负推广使命的集中行政学术单位

大部分城市大学都有社区事务办公室,从传统意义上讲,这些办公室管理公共事务,协调媒体、小镇关系,它们为人们不希望经常出现的危机召开新闻发布会,有时会处理校园安全与当地警察之间微妙的谈判,也会安排校长在当地活动上发言,有时还安排教职员工公开评论时事。从传统上来说,它们在学术上的作用微乎其微。

同样许多大学都设有增强或促进学生基于社区学习机会的中心或者办公室。通常来讲,这些办公室由主任或老师管理。他们为教职员工开设训练课程、为学生学习机会寻找合适的社区伙伴。还有一些办公室负责中心评估项目或是学生的学习体验,也有一些负责协调学生(甚至教师)志愿项目。

二、大学为解决现有问题所进行的努力：综述

当今模式将两个功能（社区联络员的功能和负责社区学习主任的功能）相结合，再添加了更多功能。职员要完成多种任务：作为社区联络员负责执行行业要求、协调伙伴关系、协调一系列活动、提出创新举措、拟定计划书、筹措资金、监督评估以及评估外部合作。员工们称自身为"经纪人""催化剂""推动者""创新者""合作者""联络员""伙伴"以及"倡导者"。这样产生了两个有益效应，既增强了学院的知名度，又提供了构建良好公共关系的机会。这些办公室变化日益明显，也受到了内外部的尊敬。

新的职称象征着新的身份。在一些大学中，人们已经不再称这些办公室为"社区事务办公室""服务式学习办公室"，而是称其为"学术优势办公室/中心""公民领导办公室/中心""学术外展办公室/中心"或是多个主题的组合。[1]

宾夕法尼亚大学（UPenn）社区合作中心成立于1992年。当时的大学领导者开始"睁眼看世界"，认识到宾夕法尼亚大学周边的社区需要转变，从深受贫穷困扰、犯罪活动、暴力事件高发，环境恶化、人口锐减、学校破败的社区转变成一个相对安全、迷人的国际化城市社区。[2] 基于这一前提，宾夕法尼亚大学在振兴西费城方面发挥着领导作用，利用大学广泛的资源和知识充当改

---

[1] 在较小的机构，如马萨诸塞州伍斯特市的克拉克大学，这一职务可能由校长助理担任。在新奥尔良的杜兰大学，大学律师担任这一职务，该大学最近因承担全市10个公共住房项目的管理责任而受到《时代》杂志的称赞。S. C. Gwynne, "Miracle in New Orleans," *Time* (9 March 1998): 74.

[2] I. Harkavy, "Organization Innovation and the Creation of the New American University: The University of Pennsylvania's Center for Community Partnerships as a Developing Case Study," in *Outreach Scholarship for Youth and Families: Building University-Community Collaborations for a Twenty-first Century*, ed. R. M. Lemer and A. T. Simon (New York: Garland Publishers, 1998).

革的催化剂。

- 全市高等教育联盟、西费城院校联盟、政府机构、社区团体以及公司逐渐发展成环绕大学的商业长廊。
- 有关城市振兴与规划的研讨会、研究和座谈会。
- 基于学术的社区服务,学生和教员参与当地学校、家庭以及社区的服务(中心为学生协调实习)。
- 跨年度复制项目。
- 通过期刊(大学与社区学校)、简报、在线数据库以及一系列的全国性会议,组成一个对该项工作感兴趣的全国同行网络。
- 在宾夕法尼亚大学采购部的帮助下,设立项目通过购买合同的方式为在西费城的少数族裔、女性员工以及企业家创造机会。

宾夕法尼亚大学中心对当地社区的影响很明显,但是它能否在校园中以制度化的形式存在呢?该中心主任艾拉·哈克威表示,该项目并不处于主流地位,但也不属于边缘位置,它是宾夕法尼亚大学智能生活的重要组成部分。

位于印第安纳波利斯的印第安纳大学—普渡大学公共服务与领导中心的学术外展中心的模式有点不同,它是由服务学习中心逐步发展而来的,它的目标旨在加强以下六个方面:

1. 服务式学习课程的数量。
2. 教师在服务式学习中的领导作用。
3. 专业服务的学术研究。
4. 公共服务的校园参与度。
5. 学生领导项目的数量。
6. 大学与社区开展广泛合作的频率。

该中心的领导罗伯特·布伦格尔强调,校园集中推广和公共服务活动的目的并不是将其取代,而是连接和协调。例如该中心为教师提供一对一的咨询、开办10个教师发展工作坊、为16门服务式学习课程提供课程发展奖学金。1995年,该中心开办了记录专业服务的三步走工作坊,为每年都举办的专业服务奖筹措资金并寻找应用研究的教师典范。

总结来说,以前的"基于社区学习办公室到社区事务办公室"模式和现在的"学术卓越和外展办公室"模式之间存在一些重要的区别。新模式的目标是:

● 明确和促进项目、合作以及以问题为导向的活动(响应外部社区的紧迫需求),为学生提供好的学习机会。

● 通过帮助管理、提供资金、公示以及认可对外系列活动的方式支持教师和学生。

● 严肃对待对外学术,为对外学术评估和学生实习机会提供指导。

学术中心或研究机构

在全国各地,中心和研究所为涉及特定领域或问题的相关推广活动提供组织结构和支持。一般来讲,它们与学术单位并存(例如大学教育学院的高等教育资源中心以及公共行政或商学院的经济发展研究所)。通常来说,学院和中心是由一个或多个学术单位的个人或群体的创业思维产生的。它们更加倾向于以解决问题为中心(例如致力于解决高危儿童的需求)、跨学科(例如选择具有教育、法律、社会工作和卫生专业知识的教师)、合作(例如与社区合作确定问题,然后召集专家制定解决方案)以及不同的交付方式（例如资助应用研究项目，提供工作室和智囊团，举办研讨会及项目，提供收费咨询，为学生提供以社区为基础的学习机会，将与特定问题相关的需求与校园内能够提供解决方案的专家进行匹配）。

1991年，莱斯利教育学院的教职员工注意到，教师和家长正对海湾战争的电视报道产生担忧，他们意识到老师在如何与幼儿讨论战争和冲突方面存在不足之处，于是邀请其他教师和积极分子加入他们创立的一个项目，在该项目中实践在系统变革的背景下非暴力解决冲突的技巧。这些观点逐渐发展成为"和平学校中心"，这是一个由全国和波士顿的教育工作者以及青年工作者组成的联盟，他们把学校想象成一个学习型社区，在这里寻求冲突解决的方式以及促进多样性蓬勃发展。该中心的活动包括有线电视连续剧、教师培训工作坊、咨询活动、为期五天的暑期研习会、学生实习和社区服务学习计划、教师和青年工作者继续从事中心工作的网络、学校的志愿者项目、有效课堂实践的研究以及为教师提供的硕士课程。因为这个中心可以授予学位，所以它是高校传统学术单位不可分割的一部分。

许多新成立的中心都是跨学科的。杜兰大学和它附近的泽维尔大学是国家城市社区中心所在地，这一项多学科计划由杜兰大学广为人知的公共住房"实验"发展而来（杜兰大学与联邦政府、市政府、公共住房管理局和住房委员会居民合作，致力于振兴新奥尔良的公共住房和地方高校，这些高校影响低收入区域的学校、工厂、安全和就业）。该中心被描述为"跨学科的和学科内的"，支持：

- 公共住房综合体中的人员培训——职工和领导都接受

二、大学为解决现有问题所进行的努力：综述

培训。

- 政府机构员工的专业发展。
- 教师的应用性和参与性研究机会。
- 重新设计课程，融入社区学习。
- 针对公共租房的居民培训——包括工作技能和领导能力。
- 政府机关雇员的专业发展。

82

中心和大学并非总是得到广泛的支持。该中心有时被视为精英实体，在这里教师承担的教学任务量减少或根本不承担教学任务，却能获得更高的薪水（通常由赠款资助）、浏览稀缺资源，几乎或完全不需要负责给学生提供建议或为学校提供服务。一般由中心主任向首席教务长而不是学院院长汇报工作。中心教职员工通常不对学术单位负责，他们可能会受到承担全部教学任务量、指导学生、为委员会服务以及必须接受传统的同行评审的教师的批评和指导。中心也会如同他们的未来一样面临着不确定性。有时候经济状况决定了他们的工作时间。在其他方面，中心的工作与个人的联系过于紧密，当个人重新定位研究方向时，中心也将关闭。但是他们在学校可能会使中心和研究所更有效率，并且不受行政责任和管制措施的阻碍，这样也会加剧他们校园地位的边缘化。

总结来说，中心和大学是对一个或多个个体对外部可见需求进行创造性和反应性思考的结果，是教学单位和以问题解决为中心的单位，有时与学术单位隔绝，与整个机构的工作无关，能得到外部赠款的支持。因此，它们的继续存在或许是不稳定的，因为它依赖于未来的资金来源。

教师的专业服务和专业推广

即使不是全部,大多数的教师都是"好公民"。他们在大学委员会、当地社区和国家专业协会中任职,许多教师运用其专业知识造福外部社区。但是在最近几年,教育工作者考察了教师如何履行"服务",以及他们的参与是否影响学生、教学、研究、出版、晋升和任职机会、薪酬和工作福利。这是位于波士顿的马萨诸塞大学新英格兰高等教育资源中心(NERCHE)的重点研究项目。新英格兰高等教育资源中心的研究员研究教师如何在校园外利用其专业知识、校园内的其他教师如何看待这些活动以及它们如何影响职业生涯。新英格兰高等教育资源中心开发了大量的活动:教师们在社区做服务工作("根据教师的知识和技能工作促成大学的推广任务")。英格兰高等教育资源中心还总结到,教师专业服务和推广项目一般不被视为学院正当工作的一部分,相反,它是一种"附加品",通常是出自个人兴趣和主动性。[1] 许多接受采访的教职员工认为,鉴于"要么发表成果,要么淘汰出局"带来的巨大压力,服务项目应该保留到被授予终身教职之后。

英格兰高等教育资源中心称教师服务活动为"服务飞地",服务飞地是指一群从事社区服务活动的教职员工,他们支持教师推广项目,但他们大多都被视为学术事业的附属物。

---

[1] S. Singleton, D. Hirsch, and C. Burack, *Organizational Structures for Community Engagement*, NERCHE Working Paper #21(1997), reprinted with permission from *Universities as Citizens*, ed. R. Bringle and E. Malloy (Boston: Allyn & Bacon, 1998).

二、大学为解决现有问题所进行的努力：综述

当我们称学术单位为飞地时，我们指的是其服务工作的地位——这种工作在大多数的大学中还处于边缘的位置。[1]

教师们是如何开始，之后又是如何维护项目的变化的。大多数的教师都是遵从他们的本能和兴趣，从一个小的试验项目开始，之后希望项目可以发展壮大。与持续的学院支持相比，人们更容易找到种子资金。教师们经常非常担心，一旦补助资金用完，项目就需要为其存续而进行斗争。

帕特丽夏·基纳（Patricia Keener）是印第安纳大学-普渡大学印第安纳波利斯联合分校的教授，儿科副主任医师。因其在推广项目上做出的创造性和重要性的努力而受到人们广泛尊重。她表示"这只是个开始"，她在急诊室工作的时候，她朋友的女儿因为一次窒息的意外事故无意来到这里，意外是在保姆照看孩子的时候发生的，孩子最后不幸身亡。之后的几天仍然心烦意乱的基纳向朋友倾诉。这位朋友非但没有同情，反而回答道："你打算怎么做呢？"为破解这一难题，基纳创立了"安全保姆"项目并进行管理。"安全保姆"项目是为青少年开设的一门关于如何负责任地进行医疗看护的课程，自1980年创立开始，该项目已经培训了超过1.5万名青少年。她在大学担任学术职务的同时担任项目主任。

基纳并没有停止该项目，1989—1992年，该大学把她"派到"印第安纳波利斯市，与该市合作降低婴儿死亡率。在她的参与之

---

[1] S. Singleton, D. Hirsch, and C. Burack, *Organizational Structures for Community Engagement*, NERCHE Working Paper #21 (1997), reprinted with permission from *Universities as Citizens*, ed. R. Bringle and E. Malloy (Boston: Allyn & Bacon, 1998).

下,当地的婴儿死亡率从历史最高水平降至近年来的最低水平。她设计的另外的创新项目还有"星期六超级注射"城市免疫项目;"春房倡议"项目,在该项目中医学院和慈善部门的学生联合起来清理和美化当地社区;设计计算机扫盲项目,将老年人、父母和学龄前儿童相连接;建立医院24小时儿童看护中心,满足需要上夜班的父母需求。最近,印第安纳大学-普渡大学印第安纳波利斯联合分校与慈善部门给予她联合任命,她在那里教授研究生课程。

她说,该所大学高度支持她的项目并为其提供资金,允许她灵活地做专业的服务,也没有发表论文的压力。她坦率地说:"我虽然没有发表文章,但我认为'你可以通过实践的方式考核'也可以'通过写文章的方式进行考核',我选择实践的方式。"

但是大多数的高校仍然保留着"要么发表成果,要么淘汰出局"的要求。教师们努力调和来自要在理论研究的基础上发表论文、教学量和教学质量的要求以及参与社区合作的压力。在一些高校中参与学术对外项目的教师感到孤立无援,他们甚至都不告诉别人自己的项目。在大多数的高校中,奖励体系首先关注研究,其次关注教学,为机构提供服务远远排在第三位,而学术对外项目甚至不属于评价体系的一部分。

包括俄勒冈州立大学、密歇根州立大学(上面都有介绍)和波特兰州立大学在内的一些高校都根据伯耶尔的《学术参与》修改了其晋升和任期标准。教师的评估是基于他们所展示的对知识的探索、整合、解释以及应用。波特兰州立大学的指导原则是,"参加社区外展项目的教师可以通过确定或解决有关的社会问题,促进组织发展,改进现有的做法或方案,以及丰富社区的文化生活,在社区内外发挥作用"。更多教师参与"行动研究""应用研究"或是"参与式研究"。这些研究形式获得人们的尊重,但它们仍然是特例而非常规形式。

教师们整合自身的研究、教学和公共服务,他们这样的做法应该得到认可和奖励。密歇根州立大学的社会学教授马克·切斯勒(Mark Chesler)致力于许多项目的研究。他研究癌症的社会心理影响,特别是儿童癌症。他担任一个国际癌症组织的主席和儿童癌症基金会的董事会成员。他负责该校冲突管理替代方案项目(开展研究和服务项目),他还负责指导社会学院的服务学习项目。为了表彰他的工作,切斯勒被授予1997年欧内斯特·A.林顿(Ernest A. Lynton)教师专业服务奖和学术拓展奖。

学生倡议

大多数大学都通过学生事务办公室来协调学生志愿者。他们认可并支持"服务团体",一些学生志愿活动直接来自学生团体(比如学生联谊会),它不受行政部门的管理。学生志愿活动包括长期奉献(例如在当地学校做一年的家教)和一次性服务(例如"社区清洁日")。

学生可以成为学校公民活动强有力的催化剂。无家可归和贫困人口卫生推广项目(HIPHOP)就是一个例子。该项目于1992年由罗伯特·伍德·约翰逊(Robert Wood Johnson)医学院的一群医学生为筹划解决新布伦瑞克社区的卫生需求而设立。"无家可归和贫困人口卫生推广项目"组织学生、教职员工形成团队,解决了语言、文化、财务问题和时间限制所造成的初级和预防性卫生保健方案的障碍。这一项目包括诊所探访和家庭访问,该项目组织方每月都会召开研讨会,以免疫接种、铅中毒和家庭安全、艾滋病毒预防以及性健康和责任为主题。社区的合作伙伴包括三家初级卫生保健诊所、社会服务系统主任、学校管理人员、地方市政官员和当地的救济站。该项目的独特之处在于它是由九名二年级的医学生所组成的指导委员会来进行管理的。学生自己聘请员工，由教师和学生组成的管理委员会将"无家可归和贫困人口卫生推广项目"与大学联系起来，并确保其能够持续运营。[1]

只要学生们的观点受到欢迎、值得尊敬并行之有效，他们就能为大学提供有价值、有创意的解决问题的策略，给学生提出问题并要求他们来解决能够产生强大的效果。开放的沟通渠道以及教职员工们认真对待的学生与社区伙伴关系倡议将增加他们成功的机会。

旨在产生经济或是政治影响力的大学倡议

学院和大学拥有强大的购买力，它们有时利用这种力量来推进政治目标（例如19世纪80年代抗议与烟草业有联系的公司或者抗议南非的种族隔离）、支持地方企业（用与当地供应商签订合同的方式）或是支持少数民族企业。巴尔的摩市的马里兰大学医疗系统将该系统的经济和人力资源投入到周边主要是非裔美国人的低收入社区。该公司大约30%的采购合同流向少数民族企业。在切实可行的范围内，该医院从当地社区雇佣员工，与当地社区、少数民族建筑公司和医疗用品供应公司建立业务关系。同样，宾夕法尼亚大学的购买西费城计划（如前所述）将该大学购买西费城

---

[1] Seifer and Connors, *Community-Campus Partnerships for Health*.

的费用从1987年的210万美元增加到1994年的1500万美元。

许多大学为教职员工提供低息抵押贷款,主要是为了吸引他们来到该所大学。但是耶鲁大学提供了一种不同的模式,耶鲁的员工购房计划旨在吸引大学员工住在当地社区。耶鲁大学会在10年内向每名在学校周边特定社区买房的员工支付2.5万美元。在该计划的指导下,280名教职员工在当地购买了房屋。参与者的数量、他们的收入或房屋的购买价格没有上限。

吸引大学员工住在本地的好处不仅仅体现在对社区经济的影响,它可能会让员工对在当地社区取得永久性成功更感兴趣,从而支持建立和维持大学与社区的伙伴关系。它与社区产生良好的关系,并为院校提供良好的宣传。它增加了员工"在课前和课后"参加校园活动和高校机构服务活动的可能性。

设施使用机会

人们理所当然地认为绝大多数高校都要提供公开的校园活动和设施,这包括共享和使用设施(例如运动场地及器材、图书馆、宴会厅及餐饮服务、校内教堂、教室、校车服务以及电脑及通信系统)、邀请活动(例如电影节、戏剧作品以及音乐活动)、邀请公众参观校园的悠久传统(例如参观博物馆和交响乐大厅)。通常情况下,机构对公众开放需要收取费用,但它们有时向服务水平不足的群体、地方社区、公立学校或支持特定事业的人免费提供设施和活动(例如联合运动)。同样地,学院和大学有时会通过在当地学校、疗养院、企业、社区中心或剧院表演的方式,将文化活动、戏剧作品、音乐活动等带入社区。举个例子,法学院的学生可以和戏剧专业的学生一起创作一部关于性骚扰的启蒙短剧,然后在当地企业、非营利组织和政府机构演出。凯特琳基金会主席戴维·马修斯敦促高校"重新定位自己在公共生活中的位置,在一定程度上是通过在校园里创造更多的公共空间,让人们有更多的空间去做有民主意识的公民必须做的事情"。[1] 在该建议中,马修斯敦促各机构发挥召集作用,为审议每一个社区所面临的关键问题——药物滥用、福利制度、平权行动和经济发展——留出空间。参与者将包括公民领袖、政府职员、社区协会、项目主管、宗教领袖、当地商人和媒体代表。"创造公共空间"需要机构投入物质资源和人力资源,但也要加强外部关系,创造积极的公关机会,积极解决引起争议的社会问题。

增强公民教育与参与的策略

在这些大学的概述中,由于空间限制,还有很多没有讨论到的地方。很明显在某种程度上,教师和大学领导人都致力于增强大学的公民角色。几乎所有接受采访的机构代表都将他们的努力描述为"正在进行"。他们仍在努力寻找最有效的方法增强公民教育参与度。

同样,提高校园公民生活也存在许多障碍,教师们抱怨他们没有足够的时间与社区合作,因为他们要在理论研究的基础上发表论文、承担沉重的教学任务、担任学生顾问,还要在内部委员会服务。大学领导和教师还抱怨一旦种子资金耗尽,便会缺乏资金来支持项目的启动或延续,员工和实际空间也不足以支持项目。

---

[1] D. Mathews, "Creating More Public Space in Higher Education," (Washington, DC: The Council on Public Education, 1998), 1.

二、大学为解决现有问题所进行的努力：综述

最重要的是参与公民倡议的人抱怨说，他们的工作无论在正式（如同行审查）或不太正式的环境中（如部门职能）都没有得到充分的重视。

本节集中讨论如下具体战略和要素来克服这些障碍：

- 各级领导能力。
- 想法和项目"适应"现有或改革后的大学文化。
- 想法和项目"适应"社区需求。
- 高校支持与之相关的项目和个人。
- 广泛合作。
- 政治悟性。

领导能力

瓦舒克（1995）在回顾其成功的推广项目时指出，大学领导提供的智力与政治支持是最重要的因素。马萨诸塞大学新英格兰高等教育资源中心深入研究领导能力的分类后指出，有效的领导者可以承担三个角色：创业者、宣传家和象征物。[1] 要使公民倡议蓬勃发展，就必须有多种领导形式，尽管有时一个人需要担任多种领导角色。创新创业领导能力存在于项目、计划或伙伴关系的最基本层面。以上所述的所有项目均来自一位或多位教师或大学领导的创造性思维、专业知识和精力。上文所讨论的莱斯利大学和平学校中心提供了一个例子，几位教师意识到家长和教师关心海湾战争对小学生的影响后是如何制定反应性方案的。有时

---

[1] Singleton, Hirsch, and Burack, *Organizational Structures for Community Engagement*, 10-11.

这种需求会得到董事会的认同,就像三一学院周边日益恶化的社区一样,校长是领导变革的企业家。正如前文讲到的"无家可归和贫困人口卫生推广项目"的描述一样,学生也能担任企业家。

企业家需要倡导领袖的支持,倡导领袖可能是系主任、院长或是首席教务长。密歇根州立大学认识到系主任可以作为公民参与的倡导者发挥关键作用。密歇根州立大学模范单位领导培训倡议(MULTI)为系主任提供管理培训和财务支持,以支持学术推广合作。由此产生的伙伴关系包括当地社区的城市规划小组、高中教师暑期研究院、为艺术家提供的工作空间、物理学院学生管理的"科学剧场",以及强调研究生应用式和参与式的研究方法。中心办公室或个人也可以作为创新项目的经纪人、催化剂、联络人、促进者和支持者发挥关键作用。在审查最有效的结构中,中央行政部门和学术单位都有倡导领导人。

最后,象征性的领袖通常是校长或首席教务长,可以通过"为变革整合资源"来强化大学的公民使命。[1] 在哈特福德大学,校长汉弗莱·唐金(Humphrey Tonkin)致力于将该校重新建造为哈特福德服务的"大学"。为了实现他的承诺,他向哈特福德高中的毕业生提供半价学费,他本人也服务于许多社区委员会并提出倡议。象征性领导的作用至关重要,因为他们采取行动挑战那些和他们一样肩负相同使命的人。

"适应"加强或改革中的文化的倡议

如果对公民教育和公民参与的投入符合该校历史和教师文化,

---

[1] R. Heifetz, *Leadership without Easy Answers* (Cambridge, MA: Harvard University Press, 1994).

二、大学为解决现有问题所进行的努力：综述

公民就"很容易接受"。印第安纳大学-普渡大学印第安纳波利斯联合分校的罗伯特·布林吉尔表示他的公共服务和领导中心得到了全校的认可："该机构由 17 个学术单位组成，大多数都是专业学校。我们有优势，教师们已经建立了与社区的联系。"同样，雅典乔治亚大学的托马斯·戴尔（Thomas Dyer）解释说："服务是这里的一种精神。我们对这一承诺有着悠久的历史，这是我们的根。"

但是在大多数高校中，积极参与的教师努力证实和维持他们的公民倡议，而人们往往认为这些倡议不符合"恰当"的教职员工的角色和责任。有时教师或行政人员会质疑基于社区的学术在学校的价值和与学校的相关性。一位文理学院的老师说："毕竟这不是社区大学。"另一位则回忆起一位教师在一次会议上的嘲笑："所以这是不是意味着如果我担任童子军军团首领，我就会获得终身任期。"或者有人称，虽然外部合作与实验项目、合作推广和成人教育以及学生志愿者的努力有关，但它们整体上与传统学术无关。一所著名研究型大学的代表说："尽管该所大学投入数百万美元用以振兴当地社区，但是教师们根本没有讨论过修订晋升和任期标准，以反映博耶尔的学术参与度。"

加姆逊[1]对高校提出挑战，要求它们重新思考其评估学术的方式。

> 我们需要克服传统的研究文化，这种文化削弱了我们大多数高校的活力，因为它使教师不再致力于其所在的大学和

---

[1] Z. Gamson, "Higher Education & Rebuilding Civic Life," *Change* (January/February 1997): 10.

社区。对应用研究和解决问题的贬低进一步削弱了高等教育与世界的联系……研究和出版著作在终身教职和晋升决定中发挥着主导作用,甚至对那些希望以公民身份参与大学之外活动的教师也产生了寒蝉效应。

缺乏历史承诺和现有文化的高校需要寻求大学转型的战略。这可以从许多方面着手,但其中应包括检查任务说明和战略计划,并采用比较理想和实际的做法。另一个可以着手的方面是与社区自身的有意义的思想和需求交流。大学应该鼓励老师积极思考如何授课,考虑他们的研究受众,无论是应用型的、参与式的、基于社区的还是行动研究,考虑应该如何与其研究目标保持一致以及如何整合教学、研究与推广项目。应该重点强调教师的发展以及教师的角色和奖励制度。

民众的态度正在发生变化,在那些接受和支持"已经转变"的地区,这种转变是缓慢却有效的,对于那些接受新的研究方式和大学与社区关系的新形式的人来说,这样的结果是激动人心、让人满意的。1997年,安斯利和嘉文塔写道:

> 我们努力将更多的民主研究原则应用于我们的实践和我们的大学中,这些经验使我们深受鼓舞。我们一次又一次地看到,当教师、管理人员和社区成员有空间和时间一起解决实际问题时,他们有多么兴奋。[1]

---

[1] F. Ansley and J. Gaventa, "Researching for Democracy & Democratizing Research," *Change* (January/February 1997): 46.

二、大学为解决现有问题所进行的努力：综述

伙伴关系应该互动、有反馈、灵活

互动是一个关键因素，"为"社区解决问题（有时可从术语"对外"中推断出来）是一种过时的精英主义观点。成功项目建立在共享责任、真正的参与社区之中，而不是机构的接替。为增强机构的公民使命而成立的中心或集中行政机构，应部分由公民委员会指导，该委员会由公民和社区领袖、机构代表、学校教师和官员、当地神职人员、执法人员、媒体、商业和慈善领袖组成。对于那些刚刚开始起步或是试图加强现有关系的机构，一系列的"市民会议"或"研究小组"（内部和外部选民都可以在此聚会和交流意见的论坛）可以打开沟通的渠道，确定社区的需要，并推动合作解决问题的进程。协作的方法可能会产生一种受人欢迎的副产品，进而增强机构的内部社区意识。

公民伙伴关系应该对已经确定的问题或是需求做出反应。莱特州立大学健康社区中心此前的报告说明了这一点的重要性。该中心的领导们意识到，仅通过现存的诊所和医院来提供医疗服务远远不够，所以该中心应运而生。为了提高效率，健康中心的医务工作者要走到社区去，而不是迫使社区来找他们。

同样，有效的项目要能做出快速的反应，而非制定一个学术日历或是学期时间表。位于纽约州北部的圣劳伦斯大学在1998年1月就迅速做出了反应，当时由于一场大规模的冰雹，当地六个县被宣布为联邦灾区。虽然该所大学停课八天，但是它购买了发电机，在宿舍中为当地灾民建立紧急避难所，为300多名来为该地区恢复电力的救援工人提供食宿，安置80名士兵来提供基本援助。校园广播用于发布援助的重要信息，在需要

帮助的地区协调教师和学生担任志愿者，甚至为当地父母提供儿童看护服务。这所大学承担了快速反应的费用，响应项目也非常灵活。以在州立法机关教政治学课程的教授为例，几个州的代表听说了这个课程，都想要旁听。这位教授意识到这是一种更为广泛的需求，同意在60英里外的州议会大厦开设一个精简版的课程，对学生、州议员和他们的工作人员开放。该课程上课时间为星期五下午，持续时间较长，要上七周。高校学生上这节课程能够获得0.5个学分，教授同意为学生开设另一门0.5个学分的课程，这样学生就能获得全部的学分。这个例子表明教师可以如何根据确定的外部需求、问题和学校资源重新设计他们的课程，并开始协作解决问题。

高校支持

对有兴趣开发课程、项目或社区伙伴关系的教员和工作人员的支持可以采取多种形式，包括：

- 为专业发展提供时间和资金。
- 为教职员工提供时间。
- 受资助的讲座。
- 奖励外展学术的晋升和任期标准。
- 研究及研究生助理。
- 种子资金。
- 提供写作的支持。
- 开发办公室支持。
- 市场和公共关系支持。
- 内部宣传（如奖励、表彰仪式、新闻简报和论坛）以展示服务活动。

- 办公空间。
- 电话和电脑接入。
- 支援人员。

没有教职员工的承诺,解决社会需求的努力将仍然处于边缘位置。学院的支持通过资金、鼓励以及奖励教师发展计划的方式转化为教师支持,如派遣教师参加有关应用与行动研究以及社区式学习的会议和研讨会,向顾问支付报酬,让他们与教员合作重组薪酬体系。与其他对认真致力于公民教育和对公民参与感兴趣的大学合作,并聘请辅导员指导关于民主原则及其在整个课程中的相关性的内部研讨会。

因为缺少金钱和时间,获得支持并不是很容易。即便是在最成熟的项目中,主任和教师们也抱怨他们必须通过"争抢"或"战斗"才能获得比种子基金更多的资金。在许多公民活动的背后,隐藏着一种挥之不去的短暂感。[1] 在关键的社区盟友看来,口头上支持社区大学的合作关系,但却没有投入大量资源支持它们,与其说是帮助倒不如说是损害。[2]

合作

在许多层面上,合作是一个关键要素,跨学科的合作能够增强创造性和责任感。跨学科合作减弱了那些没有参与其中的人的怨恨情绪,增加了那些参与其中的人的持久感。与那些支持项

---

[1] Singleton, Hirsch, and Burack, *Organizational Structures for Community Engagement*, 19.
[2] Ansley and Gaventa, "Researching for Democracy," 53.

目并提供宣传领导的行政管理办公室或是单位合作也很重要。这种形式的合作在消除重复、共享稀缺资源,宣传和支持、评估有效性以及试点阶段之后维持项目方面发挥着关键作用,与外部社区合作能确保该项目的响应性和有效性。这种合作应该渗透项目的各个阶段,包括起步阶段、运营阶段和评估阶段。

因为所有权是共享的和跨领域的,所以合作计划更有可能制度化。

政治悟性

企业家、倡导者以及象征性领袖需要高水平的技能和政治敏锐性。新英格兰高等教育资源中心的研究员发现:"我们不止一次地注意到,教师们知道什么时候开启项目、与谁合作,以及要避开哪些办公室和个人……成功的飞地项目适应了学院的文化并且知道如何利用这些要素。"[1]

总结

考虑这个假设的情况,一名四年级的老师被学生之间的性格冲突的性质和程度所困扰。她对学习解决冲突的知识很感兴趣,这样她就可以与学生一起解决个人问题,产生合作的精神以便在教室中开展合作。在传统模式下(教学推广模式),该教师可能会向教育学院(他们的暑期课程或教师发展课程)寻求关于这一主题的课程或计划。但是在更现代的模式下(以问题为中心的教

---

[1] Singleton, Hirsch, and Burack, *Organizational Structures for Community Engagement*, 22.

学推广项目),她联系了当地大学的社区参与办公室并解释了自己的问题。该办公室的协调员作为"中间人"招聘了两人,一名是文理学院传播学院的教员,她教授一门有关媒体的本科课程,另一名是研究幼儿教育和发展的研究生。传播学教授分配给她的学生一项任务,即为小学生制定并执行一个适合他们年龄的调解和冲突解决方案。研究生通过为儿童发展提供专业知识,从大学中获得少量津贴。教师的教室被用作项目试点。在试点结束后,该计划被进一步完善,然后在学院和大学的共同资助下,第二年在全校范围内推广。该名教师发表了这个项目并在全国会议上介绍了她的发现。

这个例子说明以问题为中心的学习与涉及预定科目课程教学学习的区别。以问题为中心的学习并不是代替指导性学习,它利用的是所有的机构资源,而不是辅助教师和工作人员。它是灵活的,对已识别的问题做出响应。通过与企业家、倡导领袖以及社区代表合作,以不同的方式将以问题为中心的外部选民的反应集中在一起。

当然,这是一个"全世界最好的"场景。只有在所有要素都到位的情况下,它才能发挥作用:能够用计划做出回应的企业家领袖;能够发出呼吁并与合作者联系的倡导领袖;支持研究生的财政资源;教员有空闲时间做出回应;支持每个要素的内部结构;以及大学社区认识到这是一项有价值的活动,符合学校的使命。每一个要素的基础是需要有政治头脑的人,他们知道如何雇佣领导人,建立联系,获得财政支持,并能有效地做出反应。

1997年,塞尔达·甘森写道:"大学和学院对社区服务的承诺大都是口头承诺。在大多数校园中，即便是在最令人沮丧的情况下，也不存在能够鼓励那些非常有责任心的人的条件。"[1]本文的目的不是记录高校公共服务活动的程度。尽管如此，甘森的声明却是真实的。尽管声称致力于社区服务，但大多数高等教育机构的结构并不像上述情况那样（能发挥作用）。

本章描述了具有这些特点的教育计划、机构公共服务和学术推广活动：它们是创新的并能对现实世界的问题和事件做出反应；它们整合了教学、研究和公共服务任务；它们是跨学科和跨领域的；它们是协作实验室。它们尊重社区的需要和观点，承认并接受由不同公民组成的民主社会所带来的独特挑战，试图振兴公民教育和参与的高校可以利用这些模式作为反思的来源并形成自己的做法。

在这一反思过程中，各机构也都应考虑是否有自己的"民主共同体"。在许多学院和大学，典型的等级治理结构没有遵循民主原则。机构可能会考虑对其决策过程进行内部审查，特别注意教师和学生的角色、针对实际做法的书面政策以及机构价值。它们应该正视问题，提出不同的意见，讨论如何平衡竞争利益，鼓励合作决策的权威和责任。简而言之，大学和学院应该实践"民主艺术对话与参与"，而不仅仅是教学。

调动机构资源以帮助解决社会需求虽然困难，但还是值得的。通过课程和项目、社区伙伴关系、志愿服务和公众准入等公民倡议，为学生创造了外部的良好意愿和尊重、内部的兴奋和高昂的士气、有意义的社会变革、积极的榜样和学习机会。

---

[1] Gamson, "Higher Education & Rebuilding Civic Life," 13.

（二）参与式学院的教育使命与公民责任

卡罗尔·盖里·施耐德

美国步入新世纪后呼吁公民参与和社会责任革新。在教育界领导、基金会、国家协会和基层组织的建议下，无论在校园还是社区都达成了广泛共识：必须革新公共领域，让社区生活恢复活力，重新投资那些塑造公民身份和增强公民活力的活动。

政治学家本杰明·巴伯（Benjamin Barber）在描述美国社会所面临的挑战时提出诸多建议。他写道："我们自身以及新民主国家的首要任务必须是重建公民社会，使之成为重塑民主公民的框架。"他接着解释："公民社会是在过度增长但效率日益低下的国家政府和正在转移的私营市场部门之间进行调解的第三个领域。"因此，公民社会"需要住所，它必须成为一个能提供抽象的公共声音概念的真实场所，一个区别于政府和市场双重领域的明显的地理环境"。[1]

哈佛大学哲学家科尔内尔·韦斯特（Cornel West）提出了一个更加慷慨激昂的呼吁，他呼吁革新对公共领域的了解。韦斯特发现，在种族和阶级之间存在着明显的疏离现象，而这种现象一直在破坏美国民主，他告诫道：

作为一个合众为一的民族，我们正在走下坡路，面临着经济冲突、社会动荡和文化混乱的问题。如果我们一直这样

---

[1] B. Barber, *Jihad vs. McWorld* (New York: Random House, 1995), 281–87.

走下去,我们就会一起堕落……美国种族悖论就是当我们的分歧加深时,我们的共同命运就更加明显,也更加危险……

该做些什么来解决这一问题呢?……首先,我们必须承认帮助、希望以及力量这些最为宝贵的资源组成了我们自身、形成了我们共同的历史……

其次,我们必须要重视公共领域,它是巩固我们国家和全球命运的集体利益。

任何一个公共领域的活力,最终都取决于我们对共同生活质量的关心程度……

最后,主要的挑战是需要选出新的领导者……

我们需要领导者……他们能够把自己置身于国家以及世界的宏大历史叙事之中、能够把握人民的复杂动态、能够想象植根于历史成果的未来,同时又能与现在困扰我们的可怕障碍相协调。我们必须唤起自由、民主和平等的理想来激励我们所有人,特别是那些没有土地、没有财产、运气不好的人。[1]

正如整本书所阐述的那样,振兴公共领域的概念在复兴公民参与、领导力以及致力于解决公共问题的当代战略中发挥着重要作用。公共领域反过来也将通过中介机构的工作而活跃起来。支持者认为,这些机构为公共话语和公共行动提供了一个有意义的空间。

---

[1] C. West, "Learning to Talk of Race," in *Reading Rodney King/Reading Urban Uprising*, ed. R. Gooding-Williams (New York:Routledge, 1993),257-60.

二、大学为解决现有问题所进行的努力：综述

中介机构是那些自愿成立的组织，它们独立于政府和市场领域，它们表达了对社区、对呼声和可见性的渴望，以及与他人合作追求预期的利益的行动。这些公民组织包括学校、基金会、志愿协会、宗教团体、积极分子运动以及媒体等。它们的自愿主义和社会目的性把这些不同的实体联系在一起。正如约翰·杜威所言，民主是"联合生活"的一种设计。构成公民社会的中介机构是这样的领域，在这些特定领域中这种相互关联的生活被设定出来，又与独立社区和整个社会的重要目标联系在一起。

虽然在当代关于公民活力的文献中，中介机构的作用已经被广泛讨论，但令人惊讶的是很少有人关注高校在公民参与的更新方面可能发挥的作用。当然，支持校园社区服务的运动声势浩大并受到广泛鼓励，支持者认为这是对振兴我们的公民生活的主要贡献。尽管社区服务项目很有价值，但在大多数学校里，它们通常仍是课外活动和选修项目。我们仍然迫切需要探索高等院校作为教育机构的核心使命与我们的公民生活质量之间的潜在联系。

本章探讨了高校核心教育使命与公民活力之间的关系。重申了学术最神圣的目标之一：高等教育期望为培育学生成为公民做出实质性贡献。简而言之，本章认为高等教育界对其如何实现这一宗旨的认识需要进行基本的再认识。本章进一步指出，许多学院和大学已经在开发这种更新的资源，我在这里称之为"参与学院"的一系列项目和改革。

在提出这样一个论点时，我们需要展望一个新的愿景，因为我们已经掌握了资源。我将探讨四个问题：（1）对高等教育近代历史教育和公民责任之间关系的理解；（2）我的建议是使用我们

最近所用的全部办法;(3)高等教育中出现的体现新方向的实验;(4)重新确立民主原则和实践的具体建议。

改变高等教育观念,为公民身份做准备

美国高校和其他地方的高等教育一样,一直到20世纪初都仅限于为出身名门或具有献身精神的人以及专业精英(小部分)服务。从殖民时代到20世纪初,高等教育对公民活力的贡献是间接的,主要是通过一群人的智力和道德发展来实现的,这些人在他们自己的社区、专业或整个社会中担任领导角色,他们人数虽然不多,但意义重大。

虽然说20世纪前的美国高校学院为公众福祉所做的贡献是间接的,但其方法却是直接的,即把基督教的虔诚和古典文化中的精华结合起来,为个人和公共美德服务。在殖民时期和19世纪的大学里,统领学习的经典著作从未被理解为它们本身的终结。相反,追溯到古希腊罗马时代的传统中,古典文学的学习被视为道德教育、性格发展以及有价值学习的直接来源。[1]

在这种情况下,人们提倡掌握来自过去时代的语法和语言来解释这门学科,既是因为这一做法对自由意志的有益影响,也是因为它对由此产生的语言能力的有益影响。此外,一旦取得成

---

[1] 参见 Gerald Graffs, Description of "The Classical College," in *Professing Literature: An Institutional History* (Chicago: University of Chicago Press, 1987), 19–35。从更长远的角度来看,学习经典确实会培养出"有道德的人",参见 A. Grafton and L. Jardine, *From Humanism to the Humanities: Education and the Liberal Arts in Fifteenth- and Sixteenth-Century Europe* (Cambridge, MA: Harvard University Press, 1986)。

就,古代语言知识就能向受过教育的人传授《圣经》的精神真理,传达哲学家、史诗级诗人和政治家的见解。简而言之,20世纪前的古典课程在培养心智纪律的同时也培养了道德品质。这二者都被视为古典课程对这个年轻共和国的公民健康所做出的贡献。

当我们审视殖民时期和19世纪的高等教育时,我们很容易发现,基督教的价值观和假设在很大程度上融入了教育实践和公民生活中。人们很容易忘记的是,这种基督教与高等教育的有力融合一直持续到20世纪。

就在研究型大学开始从古典学院中崛起之际,许多倡导者就新的科学学科的重要性以及他们所设置的新课程提出了宗教上的理由。几个世纪以来,基督徒一直相信并教导世人,世界是由道德法则和自然法则或运行规律共同统治的。人类的自由在于理解和接受这些法则的要求,并使心灵、意志和思想适应这些要求。早期的支持者认为,新自然科学和社会科学的道德承诺是这些学科使受教育者对神的计划有更深刻的理解,并使他们有新的能力让心灵和意志与天意保持一致。

时任欧柏林学院校长的亨利·金(Henry King)在1915年新成立的美国学院协会第一届年会上向学院院长们的一次专题介绍中,描述了他对科学学科和道德发展之间密切联系的理解:

> 如果基督教学院在这个时代真的要实现教育目标,它必须使学生有可能分享科学精神和科学方法。这意味着要对事实进行广泛、耐心和系统的研究,还要对自然、经济、政治、社会等的法则深入洞察。没有这样的洞察力和随之而来的服从,就不会有真正的教育纪律。赫胥黎对教育的定

义已经成为永恒的真理,即"教育是教学智慧的自然法则……将情感和意志塑造成一种真诚的爱的欲望,使之与这些法则和谐一致"。这种态度有一种真正的道德品质是确定无疑的,基督教学院必须清楚地认识到这一点,并清楚地加以教导。[1]

这种基本的基督教世界观仍然深深植根于美国的学术文化中,不仅在许多有教派渊源或积极参与的学院中如此,而且在赠地大学以及新研究型学院中也是如此。即使是在今天,博雅教育确实能够或应该带来更高水平的道德发展和道德洞察的论断也与创始时的愿景产生了微弱共鸣。

学术革命

然而,正如历史学家托马斯·本德(Thomas Bender)详细记录的那样,基督教价值观与学术文化之间的这种一度确信的联系在"二战"后被打破了。从1945年起,高等教育进入了一个飞速发展的时代,并对自己在这个充满了科技的胜利与恐惧的新世界中的中心地位越来越自信。在这种背景下,美国的智育文化脱离了基督教的伦理束缚并迅速世俗化。[2]

不断增长的知识代替了美德,成为研究型大学和本科院校存在的理由,因为知识本身就具有价值,而且是生产力发展、经济社

---

[1] "Proceedings of the First Annual Meeting of the Association of American Colleges," *Bulletin*, 1, no. 1 (January 1915): 35.

[2] T. Bender, "Politics, Intellect, and the American University," *Daedalus* (Winter 1997): 1–38.

会进步的强大引擎。一种新的世界主义出现了,它建立在理性、科学、民主和假定普遍性等启蒙价值观的基础上。美国学者开始关注"意识形态的终结"、共识的出现、无价值分析以及越来越复杂的学科探究方法的发展。

高等教育这种发展所带来的重要后果是不再公开参与公民主题和公民问题,正如本德所说的那样:

> 回想起来,在战后的半个世纪里,这些学科似乎都得以重新定义:无论是从方式上还是目标上,高等教育都完成了自我的终结,成为学校学者们的财富。在某种程度上,学术界寻求与公民之间保持一定的距离。日益专业化的学科为道德和情感所困扰;这些学科或明或暗地为(世俗化的)科学模型所吸引,将其视为专业成熟度的愿景。[1]

本德补充说,将学科与公民争论分离也是一个涉及政治谨慎的问题,这是一种保护研究院免受外部攻击的方式,也是出于政治动机对资金来源和学术工作的保护。

当然,高等教育并没有完全抛弃公民责任。数百所大学遵循哥伦比亚大学、斯坦福大学和芝加哥大学所建立的模型,并与所谓的哈佛大学"红皮书"——《自由社会通识教育》(1946)的建议保持一致,它们开设了西方文明课程,向学生介绍它们作为民主社会领导人和公民的承袭和责任。这些课程的公民意图和功能

---

[1] T. Bender, "Politics, Intellect, and the American University," *Daedalus* (Winter 1997): 6.

至少在最初设立的时候已经清楚地说明了。[1] 虽然这种明确的目标随着时间的推移而逐渐消失,但对于学生和教师来说,在上世纪80年代,那些为了保留自身课程而斗争的人重新阐明了最初依附于西方文明课程而存在的公民目标,人们称这场课程斗争为"文化战争"。

值得注意的是,人们将20世纪的西方文明课程所探索的公民价值观定义为"二战"后世俗化的大学理念中所倡导的普遍理想。人类理性价值及其发展、个人的价值、法治、西方社会的互补性、民主、科学价值观和制度,简言之就是启蒙普遍主义的实质性主题,这些都被映射到这些西方文明通识教育课程中的组织主题里,从而作为西方文化的独特遗产传授给大学生。[2]

公民教育不再等同于道德发展,而是成为对西方文明遗产负责任的教育。这种遗产本身被定义为一种普遍的遗产,欧文·豪(Irving Howe)称之为"宝贵的遗产"——最初是通过西方的洞见、发展和胜利获得的,但现在成为全世界的资源。[3]

然而很能说明问题的是,西方文明课程通常是在高校外部讲

---

[1] Committee on the Objectives of a General Education in a Free Society, *General Education in a Free Society* (Cambridge, MA: Harvard University, 1946). See also G. Allardyce, "The Rise and Fall of the Western Civilization Course," *American Historical Review*, 87 (June 1982): 695–725; W. B. Carnochan, *The Battleground of the Curriculum: Liberal Education and American Experience* (Stanford, CA: Stanford University Press, 1993).

[2] C. Schneider and Members of the National Panel on American Commitments: Diversity, Democracy and Liberal Learning, *American Pluralism and the College Curriculum* (Washington, DC: Association of American Colleges and Universities, 1995): 15–16.

[3] I. Howe, "The Value of the Canon," *Liberal Education*, 77, no. 3 (May/June 1991): 8–9. Excerpted from *The New Republic* (18 February 1991): 42–44.

授的课程。在通识教育的背景下,教师和学生普遍认为通识教育充其量是一种准备工作,最坏的情况是认为其与大学学习的"真正"工作无关。在一个学科和院系占统治地位、商科和教育等实践性学科渴望成为科学"学科"的世界里,对西方文明的研究无疑是"边缘化的"。虽然历史学家可以很容易地分辨出这些西方文明课程中所涉及的主题与该学院新研究的主导学科的价值观之间的清晰联系,但是很少有大学生能够辨别出西方文明课程和他们所学专业之间的联系,更不必说进行批判性评价了。

在这一背景下,本科生课程与公民参与和责任概念之间出现了两种基本的脱节。第一个脱节是高校课程(主要是教育学生忠诚)与通识教育课程中边缘化的"公民"内容之间的脱节,学生学习西方价值观和制度时,他们是在他们所选择的领域之外学习的,而且与该领域没有直接联系。相反,当学生学习他们的专业时,很少遇到与他们作为公民的责任相关的话题或问题(教育领域除外)。

欧内斯特·伯耶尔在1987年的报告《大学》中,代表许多教育工作者强烈谴责了学术领域和学术项目与更大的社会视角脱钩。"在许多领域中,技能已成为目的。学者们忙于整理、计数和解码,而我们正在培养技术人员。但是,我们这个时代的危机与技术能力无关,而与社会和历史观点的缺失有关,与能力与良知的灾难性分离有关。"[1]

第二个脱节是西方文明课程的实际内容与学生作为美国公

---

[1] E. Boyer, *College: The Undergraduate Experience in America. A Report from the Carnegie Foundation for the Advancement of Teaching* (New York: Harper & Row, 1987), 110–11.

民对特定群体的政策和实践负责的自我认同之间存在脱节。具有特色的是,西方文明课程涵盖了古以色列、希腊、罗马帝国、基督教的兴起、中世纪和现代欧洲。但是它们最多只包含一两个单元的美国社会,有时甚至没有一个单元涉及美国社会。例如,斯坦福大学和芝加哥大学的典型西方文明课程都没有触及美国社会。因此,这些课程直接的公民价值观和参与问题相关联,民主价值观的来源和机构的知识是课程存在的基本理由,教师让学生自己决定西方文明研究如何与美国民主的直接问题或构成相关。我们暂且搁置当代批评家的抱怨,他们认为这些西方文明课程只是忽视了广阔世界的大部分。或许令人惊讶的现实是,他们甚至对美国文化和政治环境的复杂性缺乏了解。

高等教育和民主的不满

基于这些课程模式,到 20 世纪下半叶,很少有人宣称选修课程是战后高校培养大学生适应美国公民角色的主要方式。相反,大学对教育和公民身份的初步自我理解是建立在其培养学生综合领导能力的基础上的,尤其是对知识学科、批判性思维和更高层次的分析推理能力的培养。

在复杂的世界里,高等教育不是通过传授学生任何特定知识点来培养学生,而是通过培养他们的心智让其能够参与许多问题的解决,从而成为高等教育的产物。老师告诉新入学的学生:"上面提到的这些是你期待在大学中可以学到的东西。无论你选择哪个领域,你都会了解到有严谨的方法来组织问题并且系统地找出答案。这是博雅教育的主要结果:严谨的调查能力将对你所选择的任何一项努力都有用。"[1]

学生们可以将他们新培养的分析能力应用于哪些公民活动？这并不是学术界所关心的问题。

因此，即使是课程中涉及民主体制和价值观问题的一小部分，也采取了一种既普遍又公正的立场，即提供关于"最重要"问题和传统的教育。传授学生们西方传统的根源并鼓励培育其分析能力。至于是否利用知识和技能为民主社会服务，如何利用知识和技能为民主社会服务，这完全取决于每个人的独立判断和决定。

高等教育和程序共和

从更长远的角度来看，我们可以清楚地看到高等教育在战后强调培养分析能力，将其作为对公民社会的主要贡献，并在政治领域不断发展对自由民主的理解，这两者之间存在着相似之处。政治理论家描述了20世纪迈克尔·桑德尔（Michael Sandel）所称的"程序"共和的出现，这种共和将民主进程视为一套规则，运用这些规则进行公共决策的协商，而不考虑相互竞争的价值观念和世界观的相对价值，这些价值观念和世界观是其他行动方针的基础。桑德尔认为，这种对自由国家的程序定义与18世纪和19世纪早期的公共哲学形成了强烈的对比，后者更强调个人美德的培养和自治能力之间的联系。

---

[1] 被广泛引用的《大学课程的完整性：提交学术界的报告》（*Integrity in the College Curriculum: A Report to the Academic Community*, Washington, DC: Association of American Colleges, 1985)提供了一个经典的观点，即大学课程应培养"理解和判断的方法和过程、模式，这种方法和模式应贯穿于所有研究中"。这样的教育将为毕业生做好准备，不仅作为人，而且"作为民主公民的义务"。尤其参见第15—26页。

正如桑德尔所批判的那样,程序共和并不涉及公民价值或道德问题,也不支持一个或另一个版本的"好社会"。自由国家意识到自己对多元公民的责任,在价值问题上保持中立。[1]

相反,国家保障每个公民在相互竞争的利益观念中自由选择的权利。确保每个公民有权为自己做选择是自由国家的目标,也是政治自由的最终体现。在当代自由主义社会,

> 除非是在有限的领域里,否则治国之道不再需要心灵手巧。把自由与尊重自由选择的自我权利联系起来……消除关于如何形成自律习惯的旧争论……或是关于美好生活的本质的争议……用康德那句令人难忘的话来说:"建立一个国家所面临的问题,甚至可以由一个霸权之国来解决。因为这样的任务不涉及人的道德进步。"[2]

与上述不同的是,程序共和干涉政治社会只是为了确保个人能够公平地进入政治和经济领域,每个人都被设想为自由竞争的个人开放市场。国家保障政治自由和行动的范围,在这一范围内公民独立寻找各种替代方案,做出选择并采取行动。

类似地,在人文学院,教育过程的重点是培养学生独立思考和判断的程序能力。与程序共和一样,学院也不对公共价值的基

---

[1] M. Sandel, *Democracy's Discontent: America in Search of a Public Philosophy* (Cambridge, MA: Harvard University Press, 1996).

[2] Ibid., 321-22, citing "Perpetual Peach" (1795) in *Kant's Political Writings*, ed. Hans Reiss (Cambridge, MA: Cambridge University Press, 1970), 112-13.

二、大学为解决现有问题所进行的努力：综述

本问题做出判断,无论这些问题是有关良好社会还是美好生活。20世纪美国主流的学术思潮,无论是在政治生活的特定意义上,还是在更广泛的意义上,都是如此公开地不涉及政治,以至于对一个主题进行"政治化"的指责,实际上是一种非常严肃的批评。

正如我们所看到的,这种针对知识技能和高层次能力的教育旨在为个人能力的发展做好准备,使之能够分析问题并在任何需要进行判断的领域做出判断。但在学习过程中,每个学习者都可以自由地探索如何将知识应用在特定问题的解决上,或者决定是否参与社会问题和政治活动。

民主的不满

在进入本章的下一节之前,我们将对当代学术界蓬勃发展的象牙塔风气进行批判,让我们把上面的总结大致准确地描述为学术培训与公民资格准备之间的当代主要关系。一个亟须解答的问题是：它的效果如何？

解决这个问题的一个方法就是询问公众对高等教育的期望。公众是否意识到美国高等教育与公民身份准备之间的联系？证据很明显,一项又一项的研究表明大多数受访者认为高等教育几乎完全是在为就业和经济部门提供教育。正如詹姆斯·哈维(James Harvey)和詹姆斯·伊默瓦尔(James Imerwahr)在1996年为美国教育委员会(American Council on Education)准备的一份针对全国民意调查和核心小组的分析报告所解释的那样,公众对高等教育的支持有一英里宽,但只有一英寸深。公众(这里作者将其与政策精英区分开)推崇教育,但公众根本不了解高校声称的要为公民身份培养做准备的方案,并不是说公众绝对反对这些主

张,只是他们根本没有思考过这些事情。[1]

即使是该所高校的各个年龄段的学生,他们也不想去探求,也不一定高度重视典型校园宗旨中所拥护的公民承诺。亚历山大·阿斯汀的研究非常清楚地说明了这一点。20世纪60年代以来,他一直发布对该问题研究的年度报告。报告显示,大一学生对政治问题和发展个人生活哲学观(一种与实际参与政治活动相关的价值观)的兴趣都在逐步下降。阿斯汀认为高校未能提供一种教育,让学生通过参与社会问题积极挑战这些趋势。他精辟地总结道:"大多数高校,根本没有把他们对'公民'和'服务'的承诺付诸实践。"[2]

如果我们从对民意和学生价值观的研究转向对我们公民生活的实际状况的研究上来,情况就非常复杂了。研究清楚地表明,较高的教育水平与较高的公民参与度相关。但参与高等教育的人数增加并没有导致公民活动相应的增加。此外,微观研究表明,当前受过大学教育的人更有可能将时间用在志愿社团上,而不是用在对民主自治至关重要的政治活动上。

---

[1] J. Harvey and J. Imerwahr, *Good Will and Growing Worry: Public Perceptions of Higher Education* (Washington, DC: American Council on Education, 1996). 有趣的是,最近在佛罗里达州对600名注册选民进行的一项民意调查显示,这些优先事项的情况有点复杂。DYG公司于1998年2月和3月进行了一项调查,以了解公众对高等教育多样性的态度。调查发现,56%的受访者认为培养人们有效参与公民事务和发挥领导作用"非常重要"。然而,相比之下,87%的人认为提供基本技能非常重要,76%的人支持为职业生涯做准备,69%的人支持为人们在更多样化的劳动力中发挥作用做准备,67%的人支持"在佛罗里达创造更高质量的生活"。

[2] A. W. Astin, "Liberal Education and Democracy: The Case for Pragmatism," in *Education and Democracy: Re-imagining Liberal Learning in America*, ed. R. Orrill (New York: College Board, 1997), 211.

二、大学为解决现有问题所进行的努力：综述

在所有人口中，无论是否受过大学教育，他们对公共机构的信心都在明显下降，参与度也是如此。罗伯特·帕特南（Robert Putnam）表示："调查显示，集体政治参与的许多指标都急剧下降，包括参加集会或演讲（1973—1993年下降了36%）、参加有关城镇或学校事务的会议（下降了39%）或为政党工作（下降了56%）。"即使是投票，这个参与程度最低的指标，多年来也一直在稳步下降。帕特南认为"现有证据表明，当今美国人与社区的联系要比上一代人少很多"。[1]

除了上述个人参与度减少问题外，美国社会还充斥着许多日益恶化的社会问题，而政府和公民似乎都没有准备好全面解决这些问题。随着时间的推移，人们对民主的不满情绪也越来越强烈：群体间关系紧张，贫富差距日益扩大，我们的孩子中有很大一部分在贫困中长大，内陆城市日益衰败，学校体系让数百万家境较差的学生失望。危害性高的社会暴力持续存在，我们医疗覆盖面和医疗服务体系的不平等，政治书目的市井化和耸人听闻化以及人们对隐私受到侵犯的担忧。纽约巴德学院（Bard College）院长、历史学家利昂·博斯坦（Leon Botstein）对我们当前的政治文化提出了一个深刻而长远的观点：

> 如今，美国政治辩论的质量存在着一些讽刺意味。当参加投票的人受教育程度高的时候，政治辩论的效果就会达到最低点；政治话语的质量与美国人拥有的大学学位和学分数

---

[1] R. Putnam, "The Strange Disappearance of Civic America," *The American Prospect* (Winter 1996): 35-36.

量呈反比。当参与者受教育程度更低时,政治辩论的效果就会更好……我们本以为,随着教育范围的扩大,政治辩论的质量将会提高。如今,各种不文明现象如谩骂、词不达意的丑相,以及过分地痴迷于挑剔别人的私生活的行为都不符合教育所做出的努力。[1]

可以说,我们国家培养的预科生和大学毕业生比历史上任何一个国家所培养的同类学生还多,这是我们的独特成就。如果我们将这个成就与遍布于美国民主中的明显不满放在一起,我们一定会得出这样的结论:学院在概念化和促进其教育学生履行公民责任的使命方面存在着严重不足。

培养公民的分析能力对政治民主的健康和对现代经济同样重要。但我认为这些证据向我们证明,这不足以使一个健康的、自我修正的公民社会充满活力。

为参与式学院设立的可选择的课程

当然,认为分析能力制度完全支配学院培养公民能力和智力的方法过分夸大了服务的重要性。这些学科中所提倡的无价值和客观探究的概念,在其产生强烈的批判和创造性的反对之前,充其量也只是昙花一现。随着时间的推移,这种对立不仅衍生出知识文化和公民领域之间关系的不同概念,而且还产生了数千项新倡议,这些倡议体现了学习和民主参与之间强有力的、潜在的、

---

[1] L. Botstein, "What Role for the Arts?" in *A Light in Dark Times: Maxine Greene and the Unfinished Conversation*, ed. W. Ayers and J. L Miller (New York: Teachers College Press, 1998), 63.

二、大学为解决现有问题所进行的努力：综述

富有成效的新联系。

新学院的学术

哲学家伊丽莎白·明尼奇（Elizabeth Minnich）在为美国高校协会就多样性和民主之间的联系提供建议的学者小组撰写文章时注意到，一个"新学院"正在20世纪大学的边缘地带成长起来，而且逐渐在院系内部成长起来。新学院为分析和解决紧迫的社会需求和问题而产生，因此该学院的学者欢迎与更广泛的社区和社会行动进行建设性接触。鉴于这种精神，新学院认可并产生了一种学术，这种学术不仅要描述世界，而且要创造一个更美好的世界。

明尼奇让我们"想象一下"，就像她打开手电筒向我们展示新学院，这个新学院打破了既定的学科和学科文化的边界。

> 想象一个校园，或许和你的校园不同，但是却让你感到很熟悉。校园的中心是行政办公室、专业学科的部门办公室、教室、演讲厅、戏剧院、舞蹈室和音乐会，很多这些建筑都被常青藤覆盖，在这些建筑附近是宿舍，周围点缀着引人注目的、闪闪发光的新建筑，建筑里面的项目得到了私营部门的大力支持。
>
> 在外围有一些稍微破旧的房子，现在属于这所大学。除非人们仔细分辨建筑前的标志，否则这些建筑已经很难与出让它们的社区区分开来。这些标志包括女性研究、非裔美国人研究、合作学习中心、瑞典语美国研究、环境问题研究、美国土著人研究、同性恋问题研究、劳工研究、跨学科研究、科

学与人文课程、亚裔美国人研究、大屠杀研究、技术与价值研究所、文化研究、教学研究中心、继续教育中心……

这条"合适的"校园道路并不直通这些建筑,想要到达这里,人们必须穿过通向更大社区的繁忙街道,而从事这些项目的人们也一直这样做。

如今,许多的校园都是如此,虽然有许多高校很少设立新项目,或是设立了新项目但是这些项目在制度上处于边缘化的位置,但是还有一些高校已经很好地跨越了它们所继承下来的边界,它们创造了一个紧张刺激且具有创造性的人、社区和项目的混合体,有人把这样的校园称为"民主的熔炉"。[1]

在明尼奇所认同的新学院的学术领域中,积极参与社会问题和挑战并不是对知识宝库的笨拙补充,而是这些领域和项目使命的基础。就像上世纪初的社会科学一样,这些新的"特别研究"应运而生,它们专门解决人们激烈讨论的人类社会和自然世界的问题,这些问题的解决将会使特定社区和我们共同追求的民主发生巨大的变化。

这些领域都不是为了响应对公民行动和公共领域更新的普遍呼吁而诞生的,明尼奇补充道:"但无论是单独看还是从整体来

---

[1] E. Minnich, *Liberal Learning and Arts of Connection for a New Academy* (Washington, DC: Association of American Colleges and Universities, 1996), 2-3. 明尼奇代表 AAC&U 的倡议"美国的承诺:多样性、民主和自由学习"(American Commitments: Diversity, Democracy and Liberal Learning)向全国委员会起草了这份报告。

看,我认为,这些新领域所提出的学术问题和学术方法以及问题,如城市研究等问题似乎都可以理解。它们成为自然的教育场所,成为重新参与公共生活质量的典范,而这正是所有领导人迫切想要提倡的。"

总体来讲,这些项目涉及社会认同、权力和话语权等问题,涉及公平正义含蓄或是明确的问题,涉及社会责任和快速变化的世界中科技的角色,涉及公共政策问题以及在自然和社会环境中竞争的商品之间进行艰难的权衡。参与这些新项目的学生,从定义上来说,实际上是在探究我们作为一个民族自决的民主国家的公民在国际社会中所面临的核心问题。这些领域中有关人类社会和自然世界的问题使他们的工作充满活力,这些问题实际上是公民需要积极参与的各种问题的具体例子。

也许有人会说,对于几乎任何学术领域,无论是明尼奇所描述的"新学院",还是大多数大学认可的"已建立的学科",都可以提出同样的观点。区别在于历史和社会立场。就像本德所说,[1]学术方法从自身的灭亡中演化而来,新的领域也同样关注知识,但它们更强调利用知识来推动它们认为在更广泛的社会中所需要的变化。这对民主公民权和行动主义的影响是很大的。

学习社区

这些新的学术领域只是我在这里所说的"参与性学术"的一部分。这些迅速扩大的新领域和新项目与另一个教育运动有着相当多的共同点,而这场教育运动也对教育与公民社会之间关系

---

[1] Bender, "Politics, Intellect, and the American University," 6.

的新概念具有潜在的影响。数百所高校和数千名教职工如今正在检验学术学习社区的发展状况：学生们将与主题相关的课程组成系列，从不同的学科角度明确地解决整个课程群中的主要主题。在我与数百个校园的合作过程中，我认为当前发展学习社区的兴趣是最明显和最重要的趋势之一。

20年前，帕特里克·希尔（Patrick Hill）提出了这项创新的想法。希尔当时是纽约州立大学石溪分校（State University of New York at Stony Brook）的哲学教授，现在是常青州立学院（Evergreen State College）的教员。在芭芭拉·李·史密斯（Barbara Leigh Smith）和让·麦格雷戈（Jean MacGregor）的努力下，这项运动取得了重大进展。十多年来，麦格雷戈一直领导着华盛顿大学卓越本科教育中心（Washington Center for Excellence in Undergraduate Education），该中心将学习社区的推广作为中心工作重点之一。由于华盛顿中心在全州范围内的影响力，学习社区在美国的各个校园和各个地区都在成倍增长，特别是在华盛顿州占主导地位。常青州立学院本身就以学习社区模式来组织其全部课程。

学习社区的主要动力是综合学习，试图克服20世纪大学学习分散化现象。帕特里克·希尔经常指出，集团化课程的另一个目标是克服在每个学科领域都蓬勃发展的"整体意志"。[1]

但是教师群体在开发相关课程时所选择的主题，往往与激发新学院活力的社会分析和变革的风气有着明显的联系。学习型

---

[1] R. S. Matthew, B. L. Smith, J. MacGregor, and F. Gabelnick, "Creating Learning Communities," in Handbook of the Undergraduate Curriculum, ed. J. G. Gaff, J. L. Ratclif, and Associates (San Francisco: Jossey Bass, 1997), 457–75. 希尔对这些学科的分析是一种个人交流。

社区探讨诸如"全球饥饿""社会运动""美国多元主义与追求正义""经济与公平""可持续变化"以及"异质基因与相互依存"等主题。学生们学习一系列明确围绕这些主题设置的课程后,形成了一个微型的、面向社会的跨学科研究项目。学生再一次发现自己参与到公民愿望和经验的基本问题中,这些问题是有意选择的,因为它们对政治和政策都很重要,对知情和参与公民的潜在影响也是值得注意的。

实践教学法

这些新领域和项目的公民潜力远远超出了它们的主题。实际上所有这些新领域和新项目中的课程都是为了在学术和行动领域之间发挥桥梁作用,它们通常会培养出参与、行动导向和"动手"的学习形式。最流行的教学策略包括:

1. 合作调查。学生们在小组中直接或在线学习和解决问题。这些学生在教室里或课堂外以小组的形式学习。教师担任教练,小组负责确定和解决艰巨的问题或挑战。

2. 体验式学习。学生在现场环境中学习直接经验,研究开放式问题、项目和挑战。老师帮助学生个人或是学生团体学习处理经验,将这些问题放在实践、智力和道德的一般原则的背景下,并根据实地经验反思他们的学习内容。理论和实践之间的界限是模糊的,人们认为实践是知识的合法来源,是对主导理论的挑战。

3. 服务式学习。学生直接参与到社会问题和团体中来,寻求解决问题、改善自身及他人的生活质量。同样,教师的身份是营造社会、道德以及科技环境,帮助学生从特定的环境中进行概括,将学术与实践联系起来,并阐明承诺和行动的理由。学生与社区领导建立新型互惠关系。学生们开始认识到自己的经验和观点与那些正统的有很大的不同。

4. 基于项目的学习。学生组织和处理一些非结构化的问题。他们有时与其他学生合作,但通常是与校外团体、组织接触并解决问题。学生们经常利用教育技术,体验创造新方法和解决方法的兴奋感和有用性,体验理论和实践之间的桥梁作用,体验将知识应用于实际情况的作用。

5. 综合性学习。学生们期待在以前没有联系的问题、方法、知识来源和实践环境之间建立联系。这种学习通常是以问题为导向的跨学科学习。通常情况下,这种学习方法挑战学生去批判、连接不同的假设和不同的心理模型,这些假设和心理模型来自学院内外的多个选区和社区。

这些实践教学法并没有局限于新的学术领域和项目,现在几乎在任何领域都能找到使用它们的教员。此外在已成立的部门和新项目或领域中,双重任命的惯例实际上是在新学术领域的活跃风气和旧学科中建立的更为超然的认识方式之间建立双向通道。

但是公平地说,这些实践教学法过于频繁地强调被我称为"参与式学院"的学科和项目。在古老的领域和项目中,新的教学法可能在使用,但也只是被应用于选修课。与之相反,在新的领域和项目中实践教学很可能是必修课的一部分。例如,分析一个人的生活经历和先前经历是妇女研究、种族研究和面向返校成人项目的共同要求。通常来说,这些期待建立在入门课及入职培训课上。同样,许多新领域要求学生参加实习、基于课程的服务学习或是与学科相关的其他形式的直接经验。实践形式的学习往往是有前景的,因为它们是这些领域的核心任务,即在学术知识和应用知识之间建立强大而富有创造力的联系。就像社区课程大纲建议学生的那样,"我们要求你重申一条中心原则,即学习需要认真对待手头的主题以及那些参与该课程和社区的人的声音和经验"。[1]

关系式学习

正如刚才引用的教学列表所表明的,对公民参与具有重要潜在意义的新领域和新项目的另一个特征是其学习概念的社会性或群体性。这些合作模式为高等教育带来了一种师生对话的新形式。教与学的目标不是让学生成为老师的追随者,而是让学习者和老师都参与到对见解、理解和行动能力的合作创造中来,而这些见解、理解和行动能力是任何一个人都无法独立完成的。

根据指导AAC&U的美国承诺计划的全国学者小组的对话和见解,发展心理学家李·康费尔坎普(Lee Knefelkamp)和我将这种方法称为"关系学习"[2]。我们在图2中设立了关系学习和合作学习的模型。该模型将心理学家大卫·科尔布(David Kolb)和非裔美国女性主义学者帕特里夏·希尔·柯林斯(Patricia Hill

---

[1] The syllabus is reproduced in D. Humphreys, *General Education and American Commitments* (Washington, DC: Association of American Colleges and Universities, 1997), 82.

[2] L. Knefelkamp and C. G. Schneider, "Education for a World Lived in Common with Others," in *Education and Democracy: Re-imagining Liberal Learning in America*, ed. R. Orrill (New York: College Board, 1997), 327–44. See also P. H. Collins, *Black Feminist Thought: Knowledge, Consciousness, and the Politics of Experience* (New York: Routledge, 1990).

Collins)的著作中的概念编织在一起。为了强调这个模型最独特的地方,我们将它与大卫·科尔布自己满意的,他称之为"体验式学习的模型进行对比",如图 1 所示。这两个模型之间的核心区别在于图 1 隐式地假设了一个自主的学习者独立地进行学习,而图 2 显式地假设了一个小组的成员正在互相学习和合作。

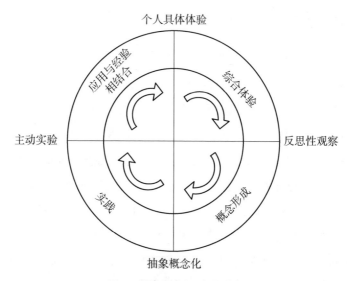

图 1　教育任务一:个人学习

来源:大卫·科尔布,《体验式学习:体验作为学习与发展的来源》(*Experiential Learning: Experience as the Source of Learning and Development* [Englewood Cliffs, NJ: Prentice Hall, 1984])

如图 2 所示,关系方法将学习视为基础,它指的并不是一个人单独理解的体验,而是多个不同体验的结合以及这些体验意义的协作对话。新的概念、框架和行动都源于与他人的观点、经验和倾向的认真接触,之后产生新的概念、框架和行动。并不是某个单独的个人提出概念,而是由一群人共同解决问题。由于概念

二、大学为解决现有问题所进行的努力：综述

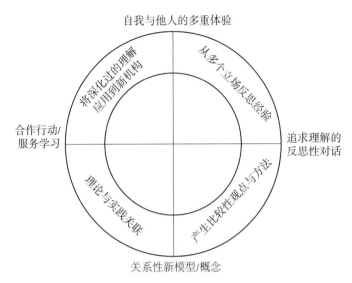

图 2　教育任务二：关系式学习

来源：帕特里夏·希尔·柯林斯，《黑人女性主义思想：知识，意识，赋权政治》(*Black Feminist Thought: Knowledge, Consciousness, and the Politics of Empowerment* [New York: Routledge, 1990]; Kolb, *Experiential Learning*)

的提出和应用都是经过社会辩论和协商的，所以语境和结果就融入了它们的结构中。最终检验理论对它在实际实践的社会语境中运用的作用十分重大。

在关系模型中，合作的目的不仅仅是完善分析和完善理论，还生产各种形式的有目的的行动：判断、决策、实验以及社会努力。重要的是，在这种学习模式中，没有一个学生可以独自考虑是否将知识应用到实践和解决问题的情境中以及如何去做。在赢得多个利益相关者的同意、解决问题和在社会实践中产生明显改进方面，洞察、概念和计划的实际效用的严格标准得到了检验。

关系方法对公民教育的影响微妙而重要。在传统模型中,研究院致力于培养个体分析能力,而新模型则注重培养协作能力——分析、行动以及从行动的结果中学习。有机会在这种模式下学习的学生将公民的关键技能内化。具体来说,就是与团队合作分析问题、规划策略、运用策略以及与他人合作评估结果的能力和意愿。

多元教育

从定义上来看,关系学习方法的创立就是为了学习人们的不同之处。即便在最初看起来似乎是同种类型的学习社区中,合作解决问题所面临的挑战也不可避免地会让学生陷入协调不同观点和愿景的挑战中。两个表面上看起来相似的组织,内部却几乎不可避免地存在着复杂性。

但是越来越多的高校在种族、种族渊源、性取向、阶级、宗教、能力和年龄等方面存在明显的差异。而且越来越多讲授合作项目、以行动为导向项目的教师在设计其关系学习策略的时候主动将这些异质性因素考虑在内。

在教学设计中有意识地把多样性作为教育资源,每位参与者可能面对的不仅仅是多样性和竞争的概念,还会遇到那些关心特定想法和将想法运用于实践的人,他们秉承热情的信念。遇到这样的情况并不容易,但是在复杂的跨文化社区中,它们对生活和工作所提供的教育必不可少。它们教导我们这个时代社会责任的基本知识:参与、尊重和协商多个不同社区和观点意见的能力。

在这种关系教学法中,共同的开端是探索学习者自己的思想、价值观和承诺的来源。这一观点认为,学习者需要提高对自己倾向的意识,以便有目的地与不同倾向的人合作。与其假设每个人都以相同的方式处理问题,不如教导学生认识和尊重他人的观点,并在学习经验中思考这些观点。多元教育并非始于一种共性的假设。相反,它假定存在不同的观点,并致力于从相互尊重和参与中发现共性。

校园报告显示,参与这种学习体验的学生态度发生根本性转变,这不仅体现在他们对与自己不同的同学的尊重和合作意识上,而且更重要的是体现在他们对彼此贡献需要的基本意识上。AAC&U 的《多样性文摘》最近报道了这样的例子:

> 在纽约皇后区学院(Queens College),八名学生参与了一项研究项目,研究布鲁克林非裔美国居民和亚裔美国居民之间的关系。在此之前,非裔美国居民对韩国杂货店发起了一场轰动一时的抵制活动。学生们对此事进行了采访,这些学生大多数是当地社区的亚裔美国人或非裔美国人,他们发现这两个群体之间的仇恨并不像很多人从媒体上得知抵制活动后所认为的那么强烈。
>
> 参与该项目的一名非裔美国学生莎伦·布拉德利(Sharon Bradley)表示,"多数人认为抵制事件被夸大了",她对此感到惊讶。另一名非裔美国学生麦卡·麦卡锡(Mica McCarthy)报告说,她与很多人交谈过,他们觉得抵制活动是合理的,因为商家"缺乏对黑人顾客的尊重"。她认为,这个项目让所有学生从多个视角深入了解种族问题。"我们见了面,自由讨论了调查结果并进行了反反复复的争论。我从韩

国学生那里了解到,韩国商人并不是靠这些小商店致富的。这让我理解到这些商贩也在被剥削。"[1]

一位参与该项目的白人学生直接谈到了这种学习经历对公民的影响。他说,"我们和非裔美国学生和韩国学生讨论了许多问题",这些对话"让我们对需要问的问题有了更广阔的看法"。

加州州立大学洛杉矶分校的研究与赞助项目主管苏珊·斯坦纳(Susan Steiner)也管理着类似的多样化、以社区为基础的研究项目。她表示这些项目有助于高校与其周边社区之间建立更有效的联系。毫不夸张地说,这些努力也为参与者培育了多元民主的新能力。[2]

通识教育、多元主义和社会责任

值得注意的是,这些对多元主义、关系学习和积极主义教学法的相同取向正开始显著地渗透到通识教育项目中。在1997年的一项研究中,AAC&U 的黛布拉·汉弗莱斯(Debra Humphreys)回顾了最近修订的美国近100所两年制和四年制高等院校的通识教育课程,这些课程代表了美国高等教育体制多样性的全貌。[3]

所有被研究的高校都明确致力于培养学生的多元化和多样性。汉弗莱斯发现,这一责任反映在新设立的学位要求和通识

---

[1] D. Humphreys, "Student Research Projects Strengthen Community Ties," *Diversity Digest*, I, no. 3 (Spring 1997): 4-5.

[2] Ibid.

[3] Humphreys, *General Education*, 3-17; Humphreys, "Student Research."

二、大学为解决现有问题所进行的努力：综述

教育课程中,这些课程帮助学生探索美国乃至全球的不同文化。

汉弗莱斯的分析结果表明,美国的大学生正开始学习一系列新的通识教育课题。她注意到,这些修订后的通识教育课程使学生面临多元和交叉的文化问题、身份和社区问题、公平和边缘化问题、权力和社会分层等问题,面临着为减少偏见、扩大机会和社会正义而进行的集体斗争。

在这些新的通识教育课程中,许多课程都是由新学院项目和部门的同一位教师讲授,学生们阅读来自不同传统的作品,思考困难的社会问题,研究消除偏见的来源和历史,探索人类社会竞争的观点。他们正在研究、参与以社区为基础的倡议。在汉弗莱斯回顾的许多课程中,课程大纲包括了一些最高法院核心案例,这些案例展示了国家在宪法原则的意义和适用方面所经历的历史性斗争。

这些新主题既响应了美国社会和美国大学快速增长的不均衡性,也为其提供了资源。在许多校园里,典型的通识教育课堂中包括移民学生和国际学生、直接了解种族主义的学生以及仍然与对同性恋者有赤裸裸的偏见的人们做斗争的学生。参与者来自几个甚至几十个不同的种族群体和宗教团体——有些人是残疾人,在课堂上的有些人可能代表着这个时代的美国和世界快速增长的收入的不平等极点。在许多大学里,大多数选修这些课程的学生年龄较大,性别为女性,而且有工作。

这些新课程的公民意义既明确又强大。这些课程的目的是帮助学生发现并承担在创造许多社会传统之间的生成交集、培养更公正和更有成效的社会实践以及建立健康、参与性、自治的社

区中的角色和责任。[1]

简而言之,这是通识教育的新方法:跨文化、对话、参与和关联。旧的西方文明课程假定世界是单一的,并为学生准备一个这样的世界,而这些新课程假设世界是多样、异质和复杂的,为学生开辟一个这样的新世界。

一个规模小但发展迅速的机构研究表明,这些新课程已经对学生的公民态度产生积极影响。例如一项大型的全国性研究发现,学生选修民族研究课程对其种族理解和宽容的态度有积极的影响。个别的校园研究提供了额外的证据表明选修种族、民族、文化和偏见等主题的课程,对学生的认知发展和促进群体间理解的兴趣都有积极的影响。密歇根大学的心理学家帕特丽夏·古林(Patricia Gurin)回顾这项新兴的研究后得出结论:"民主成果与课堂多样性和非正式互动多样性之间存在着显著且一致的积极关系模式……"这些研究结果仍然是初步的,但它们表明了涵盖积极和经验性参与社会问题的课程能为民主参与带来真正的希望。[2]

---

[1] Humphreys, *General Education*, 82.
[2] 汉弗莱斯在1998年福特基金会校园多样化倡议组织的一份简报文件《多样化对大学生的影响》中总结了几项关于多样化选课对学生学习影响的研究,该报告可在<www.inform.umd.edu/diversityweb>中找到。古林在一份未发表的"专家报告"中汇编了一份关于多样性研究和学生学习的最新研究的更全面的研究报告,该报告是密歇根大学对 *Gratz v. Bollinger* 案的回应的一部分,该案是对该大学在招生实践中使用平权行动的一个法律挑战。另见 D. Smith, *Diversity Works*: *The Emerging Picture of How Students Benefit* (Washington, DC: Association of American Colleges and Universities, 1997)。

未完成的设计

这个分析会把我们带到何方？在迄今为止的论述中，我们已经看到了20世纪主流的公民高等教育方法的内在局限性，并考虑了需要采取更多措施的建议。我们还回顾了一系列具有创造性的创新，这些创新有助于从新的学术领域到新课程结构，再到实践教学和关系教学方面更新公民参与。我们已经从初步的证据中看到，我所说的参与式学院创新会导致对一系列价值观和活动的投入增加，这些价值观和活动在多元民主中最为重要，它们是：容忍、公平承诺、公民关注和参与。

然而这一切还缺少了某些东西。换言之，对于整个讨论来说，一些重要的事情仍然是如此默契、如此微妙地隐含在这些参与式学院的积极运动中，以至于我们有完全失去它的危险——因此，我有时担心失去它。那就是对民主原则和承诺本身的挑战、责任、危险和内部矛盾的直接和明确的参与。

我们回顾的许多有前途的创新——新的学术领域和课程结构、服务学习和其他积极的教学方法——都是由一种热情推动的，这种热情有助于推动对正义、公平和民主问责制的渴望，这些都是美国历史的核心，但只有部分得以实现。然而，在所有这些倡议中，这些民主愿望和原则通常都是通过间接的方式来表达的，即关注违反民主愿望和原则的事例而非关注这些愿望本身。

例如，许多新的通识教育课程明确地处理偏见和歧视问题。尽管越来越多的通识教育只是要求从字面上注意差异和不平等之间的联系。但是，只有少数新的通识教育项目直接审视平等这一价值观,虽然这项价值观很可能既是一项核心的民主原则,也是美国社会和世界各国面临的一项艰巨挑战。或者,人们虽然普遍关注社会正义的增长,常常认为这是各种学术存在的一个基本原因,但直接研究我们自己和其他社会的正义观念的项目或课程仍然极为罕见。正义这种价值观在参与式学院中受到推崇;但是无论作为前提还是作为实践,都没有人探究它的复杂性。

如果正义本身被更多地援引而不是检验,那么在大多数学生的大学学习中根本就不会有对其他核心民主原则和前提的研究。我们似乎把民主留给了政治科学和政治哲学的专家来讨论。或者,同样令人不安的是,我们假定为高中二年级学生开设的公民学和政府课程是长期培育美国民主所需的唯一正式准备。

当然,这些都是令人不安的疏漏。美国民主所面临的问题极其复杂,而且越来越紧迫。在全球范围内,许多国家受到政治斗争的冲击,这将增加或减少民主自治和人类尊严的前景。然而,令人震惊的是,美国人仍然对民主的世界前景漠不关心。我们是否相信即使在其他人陷入困境或受到压制的情况下,美国例外论依旧会保护我们的民主?

在美国国内,我们还面临着继承下来的民主实践假设所带来的根本挑战。例如,美国正处于人口结构的重大转变之中,这将使"群体代表"问题在未来几十年成为国会和法庭上一个有争议的问题。到那时候我们当中有谁是准备好了可以去处理这些问题的?

多年来,美国政府一直在反思联邦体制的平衡问题。民意调查显示,越来越多的人以牺牲国家政府的利益为代价来支持州政府。我们当中又有谁在研究这种利害攸关的权衡关系?

技术的进步使得即时公投的前景越来越现实。我们考虑过

二、大学为解决现有问题所进行的努力：综述

这对协商民主的影响吗？

大众话语揭示了在私有化的自由观和公民对彼此负有责任的期望之间持续存在的紧张关系。这种紧张关系支配着我们许多最激烈的辩论，比如我们的税收制度、社会保障、平权行动，或者学校未来的资金来源。在大学课程中，这些争论所涉及的价值观和原则是在哪里讨论或解决的？

如果我们把所有这些问题放在一起，就会发现即使学院的一部分成员开始着手解决社会问题，大多数学生也不会以任何形式的方式研究民主价值观、抱负和实践本身固有的复杂性和挑战。

我在写这篇文章之前，用了五年时间指导一项国家倡议，该项倡议明确关注在通识教育要求和课程范围内发展多样性与民主愿望之间的联系。根据我们新研究的旨在探索美国多元主义的通识教育项目，和对几十个校区五年来进行的积极讨论，我相信，大学阶段关于美国民主原则、实践和主张的研究不仅受到了忽视，而且还遭到了抵制。我们更渴望在课堂上谈论世界公民身份，而不是讨论美国公民的责任。

这些抵制一部分来自原则性的信念，即民主应该在每个人都参加的初中、高中里学习，而不是在大学中讲授，因为大学并不提供普遍的经验。另一部分是上世纪 60 年代的残余，当时，在越南战争的背景下，许多当今的教职员工依然对于无判断力的爱国主义的呼吁感到不安。还有一部分是学术革命的遗产，强调学术与实践的分离。

这种对基本民主原则和价值观的忽视是高等教育需要集体反思的。随着绝大多数高中毕业生和越来越多的成年人进入高

等教育，美国人有了一个非同寻常的机会和责任，让越来越多的学生系统地反思民主社会的建立前提、面对的持久挑战和有争议的实践。同样重要的是，我们有机会也有责任帮助我们所有的学生发现他们在通识教育和专业的正规学习中所培养的知识、价值观和技能与我们共同所在的世界的民主能力、人性和可持续性之间的有意义的联系。

在我们当前对大学学习与公共领域活力之间的联系漠不关心的状态下，我们无法履行这一责任。我们也不能通过征募学术团体作为好公民承担更多的角色来履行这一职责。

美国大学和学院协会已经就课程责任提出了一系列建议，这些建议可以帮助所有学生为其在多元民主社会中所扮演的角色做好准备。[1] 在这些建议中最重要的是，不应将促进多样化民主的教育视为一两门旨在取代旧的西方文明秩序的课程，并将其边缘化。相反，它应该在整个课程中通过综合通识教育课程、在专业背景下探讨的主题问题，和专门设计用于培养对话能力和协作解决问题的体验式学习，来递归地加以处理。

民主参与和社会责任教育在不同的研究领域将有不同的含义。未来的历史教师需要一种准备，未来科学家则需要另一种。但是，这种准备工作应该在高等教育课程的各个领域和项目中都得到认真对待。

现在需要的是一场意义深远的对话，把公民教育作为美国高等教育积极拥有的责任。这些来自 AAC&U 的建议为这一转变提供了一个起点，但对话需要开启。

---

[1] Schneider et al., *American Pluralism*.

（三）教育准备不足的学生所面临的公民挑战

亚历山大·W.阿斯汀

毋庸置疑，高等教育在塑造现代美国社会公民生活中起着重要的作用。我们的高校不仅要培养新一代政府、企业、科学、法律、医学、神职人员和其他高级职业的领导人，而且还要负责制定标准、培养人才使之能够教育全体公民，让其教育程度达到大学前的教育水平。高等教育机构还可以通过教师所讲授的科学、技术和文化知识发挥重要的社会影响作用。

尽管人们普遍认为美国拥有世界上最好的高等教育体系，但越来越多的证据表明，美国的公民生活质量和公民参与程度近年来一直在下降。存在的问题有很多：不稳定的种族关系、日益扩大的经济差距和不平等、过度的物质主义、内城的衰败、日益老旧的基础设施、日益衰弱的公立学校系统、不负责任的大众媒体、公民参与度的下降以及政府越来越无能，等等。当然，在一个民主国家，公民一同远离政治和无能的政府的情况削弱了我们处理大多数建设性问题的能力。

如果高等教育确实在塑造美国公民生活方面扮演着十分重要的角色，那么人们可能会问，我们哪里出了问题？我们的系统有能力把更多的精力和资源集中在这些问题上，更不用说我们有这个责任。最新的发展反映出我们的努力，校园契约快速增长（目前已有500多个会员机构承诺促进公众参与和提升社区服务），美国高等教育协会为鼓励跨学科服务学习做出了巨大的努力。最近，美国教育委员会承诺开展一项"国家高等教育和公民责任倡议"行动。

然而,公民责任并不是高等教育简单地进行自我定义,然后试图通过合适的项目和政策来实现的。相反,我们的机构和更大的社会通过不断共同定义和重新定义建构起我们的公民责任。有时,重新定义的动力来自联邦政府,比如 1862 和 1890 年的《莫里尔法案》(*Land Grant Acts*)、紧随"二战"后的《退伍军人权利法案》(G. I. Bill),以及上世纪六七十年代启动的各种学生资助计划。在其他时候,这种动力来自各州,例如,他们在 20 世纪 50 年代末开始大规模扩大公立高等教育,并在 60 年代启动了自己的学生援助项目。在其他时候,教育机构重新定义了自己的使命,就像 60 年代和 70 年代初,大多数高校放弃了它们代替父母教育学生的责任一样。

高等教育界对服务和公民参与的兴趣日益增强,这也得到了学术界以外的公共机构和私营团体的鼓励和支持。例如,越来越多的慈善基金会与国民服务团体目前正在支持各种机构的努力,以促进服务学习,并鼓励机构更多地参与公共服务和社区服务。与此同时,许多州目前正在考虑制定旨在实现类似目标的法律。

尽管在学术界内外都蓬勃发展,美国的高等教育体系仍然有很长的路要走,才能称得上真正致力于恢复和振兴美国的公民参与和民主。在课堂上,教师仍继续强调在传统学科领域习得知识、培养写作、定量分析和批判性思维技能,相对较少关注个人素质的发展,然而这些素质对公民生活以及开展有效的民主自我管理至关重要,包括自我理解、倾听技巧、领导能力、同理心、诚实、慷慨和协同工作的能力,这些品质大多体现了丹尼尔·戈尔曼(Daniel Goleman)[1]所说的"情商"。在教师讨论课程改革时,很少有人提到这些品质或"公民责任""公民身份",尽管这些概念经常出现在学院和大学的目录和使命说明中,人们却很少听到教师在讨论课程改革时提到这些素质或"公民责任""公民身份"。尽管课程领域已经有了一些非常有前途的发展——例如,对多元文化主义和环境等问题的重视程度有所提高,但大多数大学的通识教育项目仍然明显缺乏直接关注当代美国公民生活和民主问题的要求:信息和大众媒体的核心作用;造成公民参与度下降和对政府信任下降的可能原因;金钱在政治中的作用不断升级;企业影响力不断增强。尽管越来越多的证据表明,学生参与社区服务大大提高了本科的体验,[2]但在大多数校园,服务学习基本上仍然是一项边缘活动。也许衡量我们在服务学习领域还需要走多远的最佳标准是,我们继续把波特兰州立大学和汉普郡学院这样的大学视为不寻常和独特的,因为它们能够将服务的伦理和实践制度化。最后,在招聘教师和其他人事实践中,同事关系和对学院和社区的服务仍然没有得到重视。

我认为高等教育体系要真正致力于更新公民生活和公民参

---

[1] D. Goleman, *Emotional Intelligence* (New York: Bantam, 1995).
[2] A.W. Astin and L. J. Sax, "How Undergraduates Are Affected by Service Participation," *Journal of College Student Development*, 39, no. 3(1998): 251–63; A. W. Astin, L. J. Sax, and J. Avalos, "Long-term Effects of Volunteerism During the Undergraduate Years," *The Review of Higher Education*, 22, no. 2 (1999): 187–202; J. Eyler, D. E. Giles, Jr., and J. Braxton, "The Impact of Service-Learning on College Students," *Michigan Journal of Community Service-Learning*, 4 (1997): 4, 5–15; S. Myers-Lipton, "Effect of a Comprehensive Service-Learning Program on College Students' Level of Modern Racism," *Michigan Journal of Community Service-Learning*, 3(1996): 44–54.

与美国社会,这要求我们愿意接受课程、教学实践、奖励制度和社区关系的重大变化,最重要的是我们学院的价值观和信仰。

价值观和信仰的核心作用

我认为任何组织或个人社区的本质都是其成员的共同信仰。这不仅适用于学院和大学,还适用于教堂、政党、社会俱乐部、工会、专业协会和各种社区组织。即使是那些表面上基于物理或地理因素(如种族、性别或国籍)的组织,共同的信仰也是将这些组织联系在一起并赋予它们意义的"粘合剂"。

如果我们能够观察一所典型学院或大学任何学术部门的教职员工的内心,我们可能会发现哪些共同的信念和价值观?他们最可能达成一致的目的或目标是什么?这些目标会影响他们的日常行为和集体的部门决策吗?虽然教职员工的信仰在很多领域肯定会有所不同,但我们会在一些特定的信仰上找到大量的共识。考虑以下教师信念陈述,在每个陈述前面加上"我们同意我们应该":

- 从管理层获得更多的 FTEs(教员职位)。
- 让政府在年度预算中给我们尽可能多的钱。
- 减少"教学量"(在不影响政府资助的前提下)。
- 在处理部门事务时尽可能保持自主权。
- 提升部门/机构在社会上/全国范围的声誉。
- 招募最优秀的学生("最优秀"是指那些学分绩点最高、考试分数最高、受推荐度最强的学生)。

最后一项评估标准在大多数社区学院和其他非选修性学院中很难实现,虽然人们有充分的理由相信,这些学院中的大多数

二、大学为解决现有问题所进行的努力：综述

教员都希望能够实现这一标准。高等教育研究中心[1]最近对全国教师进行的一项调查显示，全国只有35.5%的社区学院教师对学生的"素质"感到满意。这一比率低于任何其他类型的学院。假设我们的同事在一所研究型大学中工作，我们还可以在列表中添加以下价值观念：

- 招聘最优秀的教师（"最优秀"是指那些拥有最优秀学术记录和学术声誉的教师）。
- 尽可能提升研究水平和研究生奖学金。
- 尽可能多地发表文章。
- 提高部门/学院在全国排名中的声誉（主要通过招聘教师、出版和筹资）。

当然，还有许多其他的信仰和价值观，至少为在所有类型的学院中工作的部分教师所认可，如成为为学生服务的教师、为学院服务、成为好同事、为社区服务，但第一个清单中所列出的六个价值观为大部分的高校的大多数学院同事所认可。的确，在学院同事面前质疑这些信念，即使不被认为是精神错乱，也会被认为是奇怪的。第二份清单中的四个信念是研究型大学教师的最大特点，大型州立大学和许多重点私立大学的许多教师也会认可这些信念。

需要记住一点是：这些信念在高等教育中发挥着巨大的影响，因为它们（1）为大多数教师所接受；（2）易于表达；（3）易于转化为实践。当然，也有一些其他的信念，比如智识上的诚实和学

---

[1] L. J. Sax, A. W. Astin, M. Arrendondo, and W. S. Korn, *The American College Teacher: National Norms for the 1995 – 96 HERI Faculty Survey* (Los Angeles: University of California, Higher Education Research Institute, 1996).

术上的自由，大多数教师也认同，但是这些信念更加抽象，对日常的教育实践和决策几乎没有影响。也许最重要的是，它们通常不被视为与两份列表中的价值观相矛盾。诚然，良好的教学和良好的同事关系这样的价值观确实经常与上面两份列表中的一些信念发生冲突，但这些价值观往往会失效，因为它们并不被所有的教师所接受，也不太容易转化为实践。到底什么才是"好的"教学？什么才是"好的"同事关系？

如果我们要求教师证明或合理化上述列表中的信念，我们可能会得到两种答案，我喜欢将其分别描述为"卓越"论点和"生存"论点。卓越论点指出，我们系和学院或大学的学术卓越与否，取决于我们是否拥有足够的资源，以及是否按照我们认为合适的方式自主部署这些资源。必要的资源包括聪明的学生、大量的资金，以及在研究型机构中处于各自领域前沿的教师。这种"资源"论点似乎解释了这两个列表中的大多数信念（除了那些与声誉有关的信念），但是这些信念确实与外部社会验证我们的"卓越"的重要性有关。换句话说，卓越表现在两个方面：我们获得的资源和我们在他人眼中享有的声誉。

"生存"论点是基于这样一种认识：在我们自己机构中的大多数其他部门，以及竞争机构中的大多数部门，都是按照相同的信念运作的。由于我们的机构资源有限，外界公众和私人对高等教育的资助有限，准备充分的学生也有限，而且由于其他人都在与我们的部门和机构竞争这些资源的最大份额，我们也必须为"生存"而竞争。这是一个狗咬狗的世界，只有最合适的人——也就是那些能够最忠实于这些信念的人——才能生存下来。在研究型机构中，这种竞争的零和博弈由于对顶尖学者和研究经费的

二、大学为解决现有问题所进行的努力：综述

争夺而进一步加剧。有趣的是，声誉评级游戏也是以同样的零和方式进行的：如果相互竞争的部门或机构能够在排名中上升，那么其他人（也许是我们）就定会被取代。换句话说，由这些信念调动起来的竞争活力，既侧重于获取资源，也侧重于提高声誉。

认为"卓越"主要是由一个机构的资源和声誉来定义的一个明显问题是，这样的一个定义不能直接符合我们教学和公共服务的基本社会目的。我们更注重招收优秀学生，而不是对他们进行良好的教育。即使在开放的机构中，我们也倾向于把学生——任何学生——视为增强资源的手段。我们更注重提升我们在社会上的声誉，而不是为社会服务。这并不是说我们不需要声誉或资源来教学和服务，而是说把获取资源和建立声誉作为目标本身的单向度关注最终会导致我们忽视我们的基本教育和服务使命。[1]（矛盾的是，这也可能导致我们这些在研究型机构工作的人忽视我们的研究使命，因为我们变得更专注于获取顶尖学者和研究人员，而不是发展现有教师的学术才能。）换句话说，如果我们的主要业务是培养人才，就像我们在目录和使命声明中所宣称的那样，我们为什么不能也评判一下我们在人才培养方面的卓越之处呢？

由于对获取资源和提升声誉的关注，我们面对许多看似最棘手的问题：对研究的重视度高于教学，公平与卓越之间的斗争以及我们发现许多校园中都缺少社区。与教学相比我们更加重视研究，因为我们相信杰出的科学家和学者会比优秀的教师或导师

---

[1] A. W. Astin, *Achieving Educational Excellence: A Critical Assessment of Priorities and Practices in Higher Education* (San Francisco: Jossey-Bass, 1985).

更能增加我们的声誉和资源。当我们根据新生的考试成绩来定义学校的优秀时——高分学生在这里被视为一种提高学校声誉的"资源",我们的优越感与我们的愿望产生了直接冲突,即我们希望为社会上那些因为考试成绩不理想使他们处于竞争劣势的群体提供教育机会。最后,学校关注教学量和教师职位或是最重视个人学术成就和教师在全国范围的声誉,这加强了教师的竞争和个人主义倾向,使个别教师很难培养那些有助于促进校园发展的社会责任感,如:良好的同事关系、协作、共享、社区服务、公民身份和社会责任。当然,后面所提到的品质与任何民主制度运作所需的品质是相同的。很明显,如果我们不在自己的从业过程中树立这些品质的典范,则无法期望能培养出具备公民所需的个人品质的学生。至少,我们的学生将受到我们学术界所做的事情的影响,就像我们在任务陈述和课堂讲座中所说的那样。

教育准备不足的学生

我认为,从传统上来说,卓越和生存的信念会以各种方式干扰我们改善和提升美国社会公民生活的能力,在我看来,没有什么问题比教育那些所谓准备不足或需要"补习"的学生更重要。通过深入研究这个问题,我们可以看到,高等教育机构如何能够成为更有效的推动者来促进社会的积极变革。

我想强调的是,这里除了主要关注高等教育为服务和加强美国的民主和公民生活所承担的更大责任,还可以关注许多其他问题,如股本和平权运动、扩大服务学习的需要、多元文化和多样性、加强和改善高等院校与当地社区的关系、课程中没有真正强调公民身份、高校中缺少社区、需要改革教师培训、与 K‐12 建立

二、大学为解决现有问题所进行的努力：综述

更好的联系。我没有以肤浅的方式来处理这些问题，而是选择深入地研究一个问题。通过这种研究方式，我认为我们可以更好地理解更深层次的价值问题和学院动态。这些问题需要在我们能够更有效地处理这些公民责任问题之前得到解决。

首先我要提出一个看似激进的观点：教育所谓的"准备不足"的学生是当今美国最重要的教育问题。这比教育资金、平权运动、教育凭证制度、绩效工资、教师教育、财政援助、课程改革等更为重要。我还认为，提供有效的"补救性"教育，比我们采取的任何其他行动都能更有效地缓解严重的社会问题和经济问题。最后，我想说的是，除非我们愿意重新审视卓越和生存的传统信念，否则学术界将无法在努力实现更广泛的教育公平中取得更大进展。

前两个建议的提出是因为我们认识到，如果我们不找到更有效的方法来教育"准备不足"的学生，那么我们将很难在解决面对的一些最紧迫的社会和经济问题方面有所进展。失业、犯罪、福利、医疗保健、种族间关系紧张、财富分配不均、公民远离政治进程，这些都是我们面临的最紧迫的社会经济问题。我之所以这么说，部分原因在于：(1) 历史上准备不足的学生在任何教育水平上都最有可能辍学；(2) 受教育程度相对较低的人在领取福利者、监狱犯人、穷人、失业者和不投票的人群中占据相当高的比例。除此之外，种族关系和平权运动问题与准备不足学生问题密切相关。由于我们建立了一个竞争性的、等级化的高等教育体系，该体系在衡量平均成绩和标准化考试成绩的基础上分配特权，使我们两个最大的少数族裔群体处于竞争劣势。如果我们的教育系统能在不同的社会经济和种族群体中更公平地分配资源，

那么在招生时就几乎不需要采取平权行动。

为什么我们不接受补习教育

准备不足的学生在美国高等教育中是一种"贱民",其原因是显而易见的。因为我们大多数人都认为,我们的院系和学校优秀与否取决于能否招收到准备最充分的学生,因此,招收准备不足的学生将对我们的优秀构成真正的威胁。为什么明智的大学为什么要对招收这样的学生感兴趣呢?但是我们这些在公立大学工作的人遇到了困境:由于许多州的法律要求至少给一些准备不足的学生提供接受高等教育的机会,如何既能做到这一点而又不使我们的卓越感受到威胁呢?当然,答案是我们已经建立了公共大学等级制度。在这些大学中,预先准备得最不充分的学生要么被送到社区大学,要么被送到相对不那么挑剔的公立大学。当我们发现自己不得不招收一些准备不足的学生时,例如,为了在校际竞技比赛中保持竞争力,或者仅仅为了维持报名人数,我们会从外部聘请兼职教师来做这项工作,来避免与他们有太多的接触。

这些"跟踪"实践对我们学生和社会的态度及信仰产生了微妙但强大的影响,他们受到的影响很可能远不是我们所说的"机会平等"或"教育公平",而是我们学者在补习等问题上的实际行动。因此,当我们从外部雇佣廉价劳动力来为"准备不足"的学生上课或试图通过选择性劝告的方式来完全避免这种情况时,我们也传达了重要的价值观,即"我们不重视这些学生的教育"。我们不仅向我们自己的学生,也向那些必须教育他们的老师以及更大的社会层面传递了这样的价值观。难怪在许多学校里,老师认为教授准备不足的学生既乏味、不重要,还贬低了身份。

什么是"补习"学生?

在继续讨论之前,我想补充一句有关术语的说明。"补习生"和"补习教育"基本上都是具有很强负面内涵的社会建构。正如在医学中,人们给予"治疗"以治疗疾病的内涵一样,在教育中,需要"治疗"的学生肯定有"错误"的地方。但是,如果不是完全错误的话,"治疗"概念至少还有三个其他方面是具有误导性的。第一种是使用范畴术语来描述一种相对性和任意性的现象,大多数补习生都是那些在某种常模测试——标准化测试、学校成绩等方面得分最低的学生。但是我们在哪里画线是完全任意的:最低的四分之一、最低的五分之一、最低的5%或者什么? 没有人知道。第二,定义"低"分数的"标准"在不同的设置之间是高度可变的。让我引用一位学术管理者对他那些准备不足的学生的评论:"一些'学生'……在英语、外语、历史或数学方面的学习准备不充分,而且在所有这些学科中也不少见……'结果是'将努力转向实质上的补救性学习。"[1]这位恰巧是哈佛大学文理学院的前院长,他在这里谈论的当然是哈佛本科生。最后,也许最重要的是,补习学生概念的问题在于,几乎没有证据支持这样的论点:这些学生不知何故"不能"学习,他们与其他学生有明显不同的"学习风格",他们需要一些根本不同类型的学习或者说他们需要与其他学生分开学习。事实上越来越多的证据表明,表现最差的学生

---

[1] F. L. Ford, "Today's Undergraduates: Are They Human?" *Harvard Magazine*, 86, no.4(1984): 29-32.

如果被分去了不同班级和不同学校,表现会更差。[1]

个人和机构

多年来令我感兴趣的一个想法是,我发现在个人层面上发生的事情和我们在机构层面上所做的事情之间经常有相似之处。正如公民个人既有责任又有权利一样,学术机构也是如此。正如过度的物质主义和自恋会干扰个人成为好公民的能力一样,学术机构对贪婪和自大的专注也会干扰其在机构界和更大社会中成为"好公民"的能力。

在我眼中高等教育没什么问题,它提供了一个更好的比喻来理解我们的学术机构,实际上,我们的社会,比那些没有得到充分补习的学生更痛苦。正如我们对物质主义、个人主义和竞争力的关注使我们很难成为为所有公民(尤其是处于最不利状况的公民)的集体利益而合作的负责任的公民一样,高等教育也同样关注在机构层面的资源获取和声誉增强。这使得我们很难理解有效地教育所有学生(特别是那些准备不足的学生)的重要性。

让我们更深入地研究这个个人—机构的类比。正如大多数人对他们在日常生活中遇到的那些贫穷或受教育程度较低的人会表现得文雅和仁慈一样,大多数学院和大学也愿意至少为他们所承认的少数没有得到足够补习的学生提供一些特殊帮助。问

---

[1] J. Oakes and K. H. Quartz, *Creating New Educational Communities: Yearbook of the National Society for the Study of Education*, 94th vol., Part 1 (Chicago: University of Chicago, 1995); J. E. Rossmann, H. S. Astin, A. W. Astin, and E. El-Khawas, *Open Admissions at CUNY: An Analysis of the First Year* (Englewood Cliffs, NJ: Prentice-Hall, 1975).

题很简单:对于少数恰好与我们相遇的弱势公民来说,仁慈并不能解决更大的社会和人类问题,即贫穷、福利、绝望,这有两个非常基本的原因。首先,这些人可能需要的不仅仅是友好的微笑或施舍——比如一份工作(或更好的工作),或者更多的教育、更好的生活场所、目标感和对未来的乐观。第二,由于我们中的大多数人都设法将自己与那些不那么得力的公民隔离开来,他们中的大多数人几乎与我们没有联系。同样,在高等教育中,我们设法通过选择性录取、跟踪他们进入社区大学、雇佣外人来教他们,以及继续支持基于低年级的评分和规范的考试实践来避免与那些准备不足的学生接触,这些实践几乎决定了他们中的很大一部分以后甚至不愿意考虑高中以外的进一步教育。最近的研究[1]表明,即使是那些为数不多的准备不足的学生成功地获得了我们更具选择性的机构的录取,也可能需要比我们目前准备提供的更多的能源和资源投资。

变得"聪明"

为什么准备不足的学生让我们如此不舒服?仅仅是因为他们更难教,他们在校园里的存在威胁着我们的卓越感,还是有更深层的原因?尽管大多数学者都有意识地承认我们对资源获取和声誉提升的重要性的信念,但还有其他与之密切相关的信念更为"隐藏",尽管它们可能对我们如何看待未得到充分补习的学生和补习问题产生深远影响。我喜欢称之为"聪明的重要性",

---

[1] A. W. Astin, L. Tsui, and J. Avalos, *Degree Attainment Rates at American Colleges and Universities: Effects of Race, Gender, and Institutional Type* (Los Angeles: University of California, Higher Education Research Institute, 1996).

这是一种在学术界几乎从未被承认,更不用说受到批判的信仰。我们可以使用许多其他术语,如才智、创造力、智慧等等,但在本次讨论中,我将使用"聪明"一词。作为一名在高等教育领域有着多年实践经验的学者和一所研究型大学的雇员,我确信,我们对补习学生的恐惧以及我们不愿意参与教育他们的态度,很大程度上可以追溯到我们对这种信念的不加批判的接受,以及我们大多数人甚至没有意识到其影响的力量和范围的事实。[1]

我相信,我们对聪明的不加批判的、基本上是无意识的坚持,以及被他人视为聪明的坚持,扭曲了学术生活,破坏了学术审查过程,扼杀了高等教育的创新。但是让我们首先考虑一下它是如何影响我们对待那些准备不足的学生的方式的。

我们中的大多数人显然喜欢聪明的学生,不仅在招生和财政资助方面,而且在课堂上也是如此。如果聪明的学生在学校上学,如果他们上我们的课,那么这就很好地反映了我们自己的聪明:如果我们的学生这么聪明,那么我们一定也是聪明的!但如果我们的学生不那么聪明,那么这对我们的影响就很小。这可能有助于解释为什么如此多的学者密切关注新生的平均成绩:如果我们的学生变得更聪明,那么我们就觉得自己也很聪明;但是如果他们变得更笨,我们自己的聪明感就会受到威胁。难怪我们雇佣其他人来教这些学生,或者通过选择性录取来完全避免他们。

这里的第一个问题是,我们相较发展聪明更看重天生的聪明。在我们不间断的、基本上是无意识地全神贯注于聪明的过程

---

[1] A. W. Astin, "Our Obsession with Being 'Smart' Is Distorting Intellectual Life," *Chronicle of Higher Education* (26 September 1997): A60.

二、大学为解决现有问题所进行的努力：综述

中,我们忘记了机构的首要任务是培养学生的个人能力,而不仅仅是挑选和认证那些在到达我们身边时智力水平已经很高的学生。这种对聪明的专注也是我们继续支持一个评分系统和一个标准化的考试行业的原因之一,这个行业的目标是对学生进行排名和评分,而不是反映他们实际学习的程度。这些评估工具可能有助于识别"最聪明的"和"最笨的"学生,但它们意味着"聪明"的标准非常狭窄,无论是帮助学生学习,还是帮助我们评估教学努力的成功,都没有什么价值。我们在学生读低年级时就实行了同样的"规范"考试制度,这样,政治家和公众现在只根据哪个学校有"最聪明"的学生来评估学校的"质量",而不是根据哪个学校在教育上最有效。学龄前水平的规范性评估真正阴险的特点是它向(相对)表现较差的学生发出强烈的负面信息：你笨,你懒惰,你不是"上大学的那块料",你是个失败者。难怪这么多年轻人在上大学之前就对教育失去了兴趣。

第二个问题与我们定义"聪明"的首选方式有关。虽然 GPA 和 SAT 确实反映了一些重要的智力素质,但这些相当狭隘的措施在捕捉一些最重要的人类素质方面做得不好,这些素质应该是我们教育使命的核心：创造力、领导能力、道德品质。与他人合作的能力、公民意识和社会责任。当然,这些品质中的许多对任何民主社会的健康都是至关重要的。

我们对聪明重要性的信仰对我们的大学关系也有许多其他微妙和扭曲的影响。与其他专业人士一样,我们的学术界认同并寻求同行的认可,我们获得认可的方式受到共同价值观的严重影响,这些价值观有助于定义我们的学术文化。因此,我们希望在学术同僚面前显得很聪明,而且已经设计了各种各样的策略来做

到这一点。当然,获得同行对我们智力能力的认可最可靠的方法是通过发表研究和学术成果,这无疑有助于解释我们在个人学术发展以及研究生培养过程中对成果发表过度重视的态度。

在我们与同事的人际关系中,我们运用各种策略使自己看起来"聪明"。我们中的一些人抓住每一个机会在同行面前展示智慧或才智,而且这种策略经常在委员会、部门或学术参议院会议上表现出来。事实上,有人可能会说,这样的人员组合提供了一种戏剧,在这种戏剧中,我们当中更自信的教师可以在同事面前展示他们的批判性思维能力。这样的教师,以及我们为他们提供的各种表演场地,可能会对教育改革的努力构成严重障碍。因此,如果有人在加州大学洛杉矶分校提出一个深思熟虑的计划,比如说,扩大服务学习,我们可以肯定,一个或多个同事会站起来详细阐述它的所有"缺陷"。让我们更深入地了解这些教师的动态。

当然,批评是解决问题和其他形式的智力工作的核心,但在一个足够清晰的教师批评家手中,批评本身就成为一种终结,即美德的表现,从而阻止任何与手头问题的深入接触。例如,这些教师特别善于利用他们比较被动的同事对聪明的不安全感,他们会说任何政策或实践的改变都会损害"学术标准"。

我们对聪明的专注也破坏了同行评审过程。如果挑剔的同事认为一个候选人不够聪明,或者仅仅是对某个他们不喜欢的人出言不逊,那么他们的口头和书面批评对候选人的机会是绝对毁灭性的(更不用说自尊和士气)。学术研究和学术,尤其是人文科学和社会科学,无论工作质量如何,都极易受到足够坚定的批评家的攻击。

但知道同事们如此重视聪明也会导致我们在另一个方向上犯错。当我们"喜欢"一个即将接受审查的同事时,我们倾向于

二、大学为解决现有问题所进行的努力：综述

批评同事的工作，以免我的批评被其他人解释为同事"不够聪明"的证据。即使我们对正式审查过程外的同事工作做出反应，我们也经常会调和我们的批评，避免伤害同事的感受。简而言之，我们赋予聪明以巨大价值，这导致在同行评审过程中产生了大量的不真实性，一些同事受到不应有的有辱人格的攻击，另一些同事则被剥夺了最终可以提高他们学术成就的必要批评反馈。

当然，制度选择性与我们对存在的迷恋以及被他人看待的聪明关系密切相关。研究型大学，特别是选择性机构，非常像私人俱乐部，只不过取代了金钱、权力或社会地位的智力和智力成就——"聪明"——成为评判潜在成员的标准。在学术界文化中，被挑剔的机构录取或雇佣是个人聪明标志。如果你对此有任何疑问，请考虑一下机构血统将在你的余生中一直跟随你。与生活在君主制下的人们在血统方面经常评判彼此的价值方式大致相同，美国受过教育的人也倾向于根据上大学的地方来判断他人素质。即使是具有长期专业成就记录的高级学者，也会通过首先背诵他们的学术谱系来向观众介绍自己。

这种讨论不应被解释为智力和批判性思维对学术工作不重要。相反，正由于我们在很大程度上无意识地关注聪明，才会产生下面两个主要问题。首先，过分强调纯粹智力，我们忽视了它的修炼（毕竟这是我们教育使命的全部内容）。其次，当我们使用像 SAT 或 ACT 得分这样简单的尺度或者机构的选择性作为评价该人能力或聪明程度的主要指标时，我们不仅扭曲、误读了学生和我们自己的能力和才能的多样性，也隐含地削弱了"公民"才能对社会、文化的重要性，这些才能包括同理心、自我理解、诚实、责任和协同工作。我可以在这里补充一点，这种定义和评估"天分"或

"优点"的狭隘方法已经经由反对者的肯定行动同我们对立起来,并取得了相当大的成功。

简而言之,我的建议是我们需要:(1)大大扩展"才能"和"情报"的概念,以更加重视公民和其他"情感"才能(例如戈尔曼,1995)[1];(2)摆脱对人才的竞争性、一次性规范性评估的关注(谁在顶部?谁的平均水平?谁低于平均水平?)。相反,我们要开始接受更多的"增值"方法,这种方法将侧重于学生实际学习的内容以及他们如何随着时间推移而变化、发展。然而,除非我们首先正视"聪明"概念,以及它对我们意味着什么,和它在我们的学术生活中扮演的角色,否则我们不太可能接受这些替代方案中的任何一种以及我们的制度文化。

创建一个真正的高等教育社区

虽然美国大学和学院可以为其多样性和自主性自豪,但是3400个机构的集合只是"做它们各自的事情"并不能形成一个连贯或有效的系统。任何国家的高等教育体系都是如此。问题不在于我们都是如此出色,充满个性和多样化,而在于我们个人不协调努力的总和并不总是合乎一体。我们每个人都非常专注于个人"卓越"——与其他人竞争我们可以得到"最好的"学生和教师称呼——我们往往忽略了这样一个事实,即我们确实是更大机构社区的一部分。集体应服务于一个非常基本和关键的公共目的:教育国家公民。除非我们能够坐下来开始共同讨论我们对社会更大的"系统"责任,否则我们为成为"优秀"个体机构的努

---

[1] Goleman, *Emotional Intelligence*.

二、大学为解决现有问题所进行的努力：综述

力将继续阻碍我们实现真正"卓越"的努力。

表现较差的学生或补习生最能表明个人和社区之间的紧张关系。在申请人数超过可用名额的机构中——包括大多数可授予学士学位的学院——没有人真正想要这些学生。由于每个机构都希望通过招募能力最好的学生使自身更卓越，因此未充分准备的学生成为被淘汰和避开的贱民，不仅因为他们在校园的存在有损于我们个人、学校的"卓越"，也因为他们被视作教起来是困难的、不值当的。从传统意义上追求"卓越"的个体制度视角来看，这样的政策可能是有意义的，但从整个国家公民教育制度角度来看，这是没有意义的。如果大多数四年制大学因为准备不足的学生威胁到学院的学术成就，而对其感到抗拒，那么我们怎么能希望给予这些学生真正的优先教育呢？

简而言之，我们需要认识到，对于每个国家的高等教育体系来说，制度不足问题的重要性——更不用说其国家经济和社会意义——几乎不可能被高估。而且，正如我建议的那样，我们如何有效地处理不足之处，不仅与项目的保留和完成有明显相关性，而且与入学、转移、被忽略的少数群体，市中心群体和穷人的地位，以及种族、犯罪、福利、经济发展，以及我们社区和民主的整体状况都有关。我们需要了解的是，我们每个人，更不用说我们所服务的社区和更广泛的社会，都与这些学生经历有着密切关系，不能将准备不足的学生视为负担或是对我们个人卓越感的威胁。换句话说，我们学院中存在着准备不足的学生，帮助他们是我们每个人为社会福利和公民生活质量做出贡献的难得机会。如果不出意外，在系统层面就这个问题进行扩展的跨部门对话将清楚地表明，我们所有高等教育人员，更不用说社会其他人，都在寻找

和实施最有效的方式以教育准备不足的学生。仅仅谈论这个问题是不够的,我们还需要采取行动。

系统方法

同样,有效处理这个或任何其他"系统"问题的唯一方法是开始表现得像我们确实是一个系统。在州和地方层面,我们必须坐在一起——所有类型机构——并开始认真讨论我们关于"补习"的共同矛盾心理。这些跨机构融合还可以涵盖其他一些相关问题——社区服务和服务学习计划的协调和扩展、社区需求、当地环境问题、多样性和多元文化、资源共享、招生、学分转移,等等。但是最迫切需要注意的是那些准备不足或须补习的学生。

如果我们认为在州和国家层面开展关于"制度层面"的过程性讨论是合适的,那么我们很快就会发现所有类型的机构都必须承担应对这一挑战的责任,就像保险公司的协议一样,在大多数州,已经达成了分担"高风险"司机的部分责任。显而易见,应该邀请中学人员加入对话,高等教育人员最终必须与下层学校建立更密切的伙伴关系以提高学前教育质量。但是那些准备不足的学生呢?毫无疑问,各种机构中已有许多优秀的补习或"发展"计划,但结果仍然令人沮丧。总体辍学率,特别是在社区学院和州立大学(如果不是丑闻),仍然高得令人无法接受。研究表明,准备不足——以及随之而来的一切——是问题可识别的主要原因之一。例如在攻读学士学位的全日制新生中,准备最不充分的学生(在高中时是 C 等的学生和 SAT 成绩低于 850 分的学生)的六年制学位完成率仅为 20%,与之相比,准备最充分的学生(在高中时是 A 等的学生和 SAT 成绩超过 1 300 分的学生)中,六年制学位完成率超过80%。由此可以发现,非裔美国人(31%)和拉美裔(38%)的六年制学位完成率低,完全可归因于他们相对较差的学术准备,这并不奇怪。[1] 这些结果是否可以接受?现在是时候让高等教育界开始采取集体行动来改变这些数字了吗?

为什么"单独行动"是如此困难

我们必须摆脱纯粹的个人主义思维模式——对我的学院或大学最有利的方法——并采用更多的协作或联合方法来解决准备不足的问题。当一个机构决定"单独行动"时,如果我们想一下接下来可能发生的事情,那么前面所描述的这种必要性就会变得更加清晰。只要每个州的不同学院和大学继续独立运作并坚持其对卓越的传统信念,那么任何机构不论是单方面选择承认数量更庞大的准备不足的学生,还是投入大量资源来教育这些学生,都会自动将其"卓越"置于风险之中。试图单独行动的一个可能后果是,该机构的主要选区——其校友、捐赠者和未来的学生,以及他们的父母、教师和辅导员——将开始相信该机构正在"走下坡路"或在"变弱",因为它正在"降低其标准"。毕竟这些成员赞同关于卓越的传统观念。随着关于录取政策变动的说法开始在全州蔓延,该机构可能会迎来报名学生减少的局面。这是一个不容易被忽视的真正问题,它再次强调了机构需要合作解决准备不足的问题。

捍卫选择性入学与跟踪

如果我们能够成功地激发我所设想的各种"系统"讨论,那么

---

[1] Astin, Tsui, and Avalos, *Degree Attainment Rates*.

谈话将很快开始关注传统上用来捍卫选择性入学的各种论点。例如经常使用的辩护是"预测"这一论点：我们选择那些考试成绩最高的学生，因为这可以"预测"他们在大学阶段的表现。虽然这种论点在就业方面有一定意义。在就业方面——我们雇佣"最好的"来开发他们的才能以为公司谋取利益——但这在教育方面毫无意义。即使在大学里学生完全没有学到任何东西，之前的成绩和入学考试成绩仍然可以"预测大学表现"（事实上它们预测的表现可能比实际的好得多）。我有时会说，在某些方面，选择性录取是我们只接纳那些已经知道我们应该教他们什么的学生。这相当于医院或诊所应该拒绝接纳或治疗最严重的患者，因为他们的病情"预测"的结果比患有不太严重疾病的患者更差。正如医疗应该努力通过有效护理和治疗来改变其负面结果，高校也应该通过有效的教育计划努力改变准备不足学生的"判病结局"。

入学的选择性也经常在教育中被合理化。根据这一论点，最聪明的学生需要与其他聪明学生在一起，以实现他们的最大潜力。实际上，这就是"卓越中心"论证，最好的学生、教师以及最好的资源集中在一个地方。一个密切相关的论点是使用选择性入学来确保学术标准。这似乎是因为我们想要通过入口的高标准来保证退出点的高标准。当无法解释为什么招生标准应该决定毕业标准时，[1]如果学校关于学生的教育努力完全失败，那么只能说毕业标准确实由入学标准决定！

虽然在单个机构层面可能会有一些关于卓越中心概念的说

---

[1] A. W. Astin, *Assessment for Excellence: The Philosophy and Practice of Assessment and Evaluation in Higher Education* (New York: American Council on Education and Macmillan Publishing, 1991).

法,但从系统角度来看,这个概念会带来严重问题。将准备最不足的学生和最少的资源集中在一组独立机构中,有什么公民利益?如何在社区和社会的更大利益方面合理化这种安排?事实上它没法做到。要知道为什么会这样,我们可以再次使用医学上的类比。例如,在尝试为我们的社区设计一个完整的医疗保健系统时,以下这些事情有多大的意义:(1)拒绝治疗最严重的病人;(2)中度病人治疗装备和资金严重不足;(3)建造少量的高端设施,拥有最优质、最先进的设备和训练有素、收入最高的员工,但只接收患感冒的人?

学生的关键角色

在采取更多的"系统"方法来解决准备不足的问题时,重要的是要记住,我们最大的未开发资源可能是学生自己。也许没有哪个团体比那些准备就绪的同龄人更适合辅导那些准备不足的学生。如果这种朋辈辅导能以系统的方式纳入课程之中,每个人都会受益:将创造更多的教学资源来应对准备不足的问题,准备得更好的学生将有机会以教授他人的方式来更深入地掌握课程内容以及整体上的合作意识,即制度内的民主社区将得到极大加强。如果扩大这种辅导及辅导计划,使学生辅导人员有机会在公立学校中与准备不足的学生合作,那么高等教育机构与当地社区之间的联系也将得到加强。

合作的其他好处

这里提倡的国家级"制度"对话有望对破除关于准备不足的一些神话给予一些帮助:例如这些学生根本无法学习,或者只有某些类型的学校才存在准备不足的问题(例如,在加州大学的大一新生中比例很高,他们需要采取措施补习英语)。它还将解决个别机构不想或根本不能单独解决的一些核心问题,例如,国家制度下的不同类型的机构将如何分担教育准备不足的学生的责任?在教育系统更大的利益上,有效地教育那些准备不足的学生是否合理?是否只须将他们中的大多数人送到教育资源最有限的社区大学?公立大学是否已经在这方面发展了一些专业知识,如他们的运动员专项计划?是否存在结构上的变化,例如使每个社区大学成为大学的一部分,这对于解决这个问题,带来更多的教育资源是否有帮助?大学研究能告诉我们什么样的创新方法,如合作学习和朋辈辅导,对那些准备不足的学生可能特别有效?大学的一些教育和社会科学研究能力能否更直接地集中在评估各种补习方法的影响上?所有类型的机构尝试了几十种不同类型的项目,令人遗憾的是几乎没有对它们进行系统的评估,这导致所有机构都可以说自己使用的是最有效的方法。

还有一个主要问题尚未解决,仍然需要更多的研究和分析,即各种教育准备不足的学生方法的有效性。在什么样的情况下对哪种类型的学生最有效?我们可能会发现,最有效的方法是相当昂贵的,但这不应阻止我们寻求相关知识。我个人对成本问题的看法是,公众对增加教育支出的抵制往往基于对效率的同样关注:我们的税收真的能买到什么吗?这笔钱真的会产生什么效果吗?如果我们能够提供确凿的证据来证明某些方法对教育准备不足的学生确实有效,公众对更高支出的抵制肯定会减少,特别是明明对准备不足的学生投入了如此巨大的社会和经济成本,却没得到有效成果。

二、大学为解决现有问题所进行的努力：综述

在这里，我们再次看到机构间合作的潜在力量，特别是在国家层面。想想那些综合研究和分析的机会，它们可以从涉及各级机构及其系统的广泛合作讨论中获得。当一个人意识到在我们比较大的州里有成百上千的各种各样的"发展"项目，也许还提供成百上千的课程时，合作研究（而不是孤立研究，即一门课程或一种方法是孤立研究的）的可能性是极高的。大量而多样的程序将使我们能够同时研究许多不同方法的效果。即使一个州只有少部分机构和项目需要同时进行研究，大量的研究仍然为设计非常复杂和全面的研究提供了条件。这种机构间合作也将有助于为那些学习条件差的学生制定优秀的培训计划。

我的建议是，研究关于那些准备不足的学生的项目，准备教这些学生的老师，二者应该在国家层面努力进行合作。反过来，不同的国家可以相互交换从这些研究中获得的情报。通过这种方式，不同机构和国家采取的不同方法可以被视为一项伟大的"自然实验"，在这种实验中，不同机构环境下的评估人员共同努力，确定最有效的教育战略。

简而言之，这些机构间的对话有望成功引导参与者就以下内容达成一致：

1. 为各级教育水平低下的学生制定有效的教育计划，不仅对我国的教育体制，而且对国家和社会都具有重要意义。

2. 寻找并实施更有效的计划，以弥补准备不足的学生是一个"系统"的挑战，各级教育的所有机构必须接受并共享。特别是，更具选择性或优秀的学校需要承担更大的责任，加强对此类学生的教育。

3. 优先考虑准备那些与准备不足的学生一起工作的教师及

工作人员。如果是在机构间或系统间的基础上进行的,这种准备工作将会得到加强。

4. 投入大量资源进行合作,尝试其他补习方法,并对不同方法进行大规模合作研究。

行动的可能性

我认为真正的问题是如何从个人主义/竞争转变为社区/协作或系统心态。我想没人真的了解这一点。我有时幻想着加州大学伯克利分校有一天会召集海湾地区所有的高等教育机构,然后说"我们行动!"。加州大学洛杉矶分校也不甘示弱,把南加州所有的其他大学召集在一起,说"我们行动!",还有其他著名的旗舰大学,如密歇根大学、弗吉尼亚大学、威斯康星大学、得克萨斯大学、华盛顿大学以及其他地区的大学也同样如此。在像波士顿这样的地区,著名的大学大多是私立的,这项倡议可能需要出自哈佛大学这样的大学。不管是不是幻想,有一件事似乎是肯定的:如果任何国家的领导机构提出这样的建议,这个想法很快就会"渗透下去",并且该国其他的公共和私人机构会认真考虑。如果这项运动是由像加州大学这样的大型州立大学系统发起的,那么其他州的旗舰大学将更有可能考虑这一点。换言之,如果处于最高等级的机构认为是时候脱离神圣的选择性规范了,那么这实际上"给予"了我们其他人这样做的许可。

当然,目前招收大部分准备不足学生的机构总会认识到,它们并不是真正需要更多精英机构的许可,以便优先地教育那些未得到充分准备的学生。然而,当前的政治趋势似乎朝着相反的方向发展。纽约城市大学和加利福尼亚州立大学等主要公立大学系统正在讨论"逐步淘汰"补习教育。一个主要问题是,这些学院中的许多教师支持这些举措,因为他们认为,仅仅是准备不足的学生的存在,就会阻碍他们实现更高的"学术成就"。如果更精英的公立和私立院校继续被动地袖手旁观,那么这些错误的、反民主的、自我毁灭的措施,可能会"成功地"将准备不足的学生彻底赶出公立大学系统。

另一种可能的情况将涉及州政府的倡议。如果像纽约、加利福尼亚或得克萨斯这样的大州的立法机关设立一个奖励基金项目,该项目实际上是对每一个成功完成高等教育项目的准备不足的学生进行奖励,结果会怎样呢?这样的举措几乎肯定会改变院校对准备不足学生的看法,从"负债"变成"资产"。"这也将更大程度地鼓励学院间合作,尤其是如果允许特定地理区域内不同的公立和私立大学分享奖金的话"。

还有一种可能性是基层组织的努力,可以是鼓励或赞助的地区联盟,或是美国教育委员会或美国大学协会等全国性协会,或彼此类似的学院一致同意大力扩展和升级对应项目供准备不足的学生选择。

总结性思考

如今困扰我们当代民主制度的问题,在许多方面与亚历克西斯·德·托克维尔[1]150多年前提出的问题是一样的:个人主义与社区之间的紧张关系。这种紧张局势由于我们错误地认为彼此独立和分离而加剧。甚至我们最近对学生的研究也突出了

---

[1] A. de Tocqueville, *Democracy in America* (New York: Vintage Books, 1945).

社区的重要性:对学生个体来说最重要的影响来源于同龄群体。[1] 我们把自由与个人主义联系在一起,民主与社区联系在一起,但这两者确实是不可分割的:我们通过个人信仰和行动创建我们自己的民主和政府,同时我们的社区和民主的条件和质量定义了我们享受的个人自由和生活的类型。真正的问题是我们想要什么样的社区和民主。

在某些方面,我们对增强资源和声誉以及聪明才智的关注仅仅是我们不断变化的社会的反映,在过去的几十年中,社会越来越推崇物质主义、竞争力和个人主义的价值观。毫无疑问,社会制度往往反映了社会的价值观,但高等教育继续坚持这些价值观,这不仅是其努力解决准备不足学生的问题所面临的一个主要障碍,还是加强公民参与和公民生活、促进社会教育和社会公平的主要障碍。

简而言之,高等教育的公民责任实际上是价值观和信仰的问题。在这一点上,学术界最初面临的挑战并不是要改变我们的传统观念,而是要意识到这些观念以及它们在我们的职业生活中所扮演的角色。信奉对我们没有好处的信念是一回事,而对这些信念或是它们对我们的政策和行动的影响程度基本上一无所知则是另一回事。例如,我相信,对我们最深刻信念的公开调查将表明,我们对获取资源、提高学院声誉、变聪明以及被他人视为聪明的关注,实际上影响了我们所做的每件事,这些影响不仅违背了我们作为学者的最大利益,而且违背了我们大学的教育使命。我

---

[1] A. W. Astin, *Assessment for Excellence: The Philosophy and Practice of Assessment and Evaluation in Higher Education* (Phoenix, AZ: Oryx Press, 1993).

使用"违背"一词,绝不意味着智力和技能不应成为支配学术生活的价值观的核心。相反,我们需要开始认真讨论仅仅崇拜聪明,而不培养聪明的价值观。因为后一种价值观是优秀教学和杰出教育的全部内容。本次讨论肯定对我们有益,不仅体现在我们努力对教育准备不足的学生和培养所有学生的公民责任的方法进行有意义的改革上,而且体现在我们作为学者希望能够引领更多真实和富有成效的生活上。

三、与社会其他部门的交互

(一) 政治概念何以控制公民责任概念

戴维·马修斯

本章主要是关于公民责任的,公民责任通常就是个体之间对彼此的责任,即互相尊重、互相忍耐和互相有礼,以及希冀互惠、互相关怀和彼此慷慨的责任。而在本章,我想以某种不同,但不能称之为不相适应的方式来解读公民责任的概念,这一概念源自20世纪衰落的民主政治的概念。

所有文章都有其逻辑脉络,本文也不例外。我将通过以下论述简要阐明我的目的。换个视角解读了公民责任并阐释了其概念的来源之后,我想描述公民责任是怎样成为挫折的牺牲品,最终又是如何对我们现今的政治体系冷嘲热讽的。因为不想给人留下这样的印象,即现在普遍的观点就是永恒的,所以我介绍了一些历史来表明政治的概念,尤其是公共作用的观点是如何随着时间的流逝而改变,又是怎样影响大学与学院的。我将用几页篇幅描绘,在20世纪中叶,现今对政治的理解是如何在学术界占主导地位的。政治的这一概念解释了公民责任主要表现为个体是利他主义者,随后,公民身份开始倾向于与政治毫不相关,在学生的眼中尤是如此,这一点令人非常不安。

民主有一个中心前提,即"我们人民"是主权权威,对集体的幸福安康负责,但它现在已经衰退,而大学和学院又能为其做些什么呢?现今民主的困境真的会影响学术界自身的利益吗?我不想只说"希望如此",而是举例论证学术界需要改变其在公共世界的位置。这种改变是为了回答由学术界提出的难以忽视的问题,如菲尼克斯大学(凤凰城大学)提出的问题:我们所做的有何不同?这种做法让我们与公民有共同目标,而现在的共同目标转到了公共领域,其目的是重新获得它的某些主权。这些力量汇聚到一起,学术界就因社会而变得不同,也将拓宽并丰富公民责任的概念。

共享生活中公民的责任

所以,如果我们认为"公民责任"就是在公民领域的责任,不仅是我们对于他人的责任,而且是我们和他人共有的,像是我们共有的货物,我们共同的生活品质,共同创造的公正的社会秩序,那该怎么办呢?然而,这样也不会让公民责任的个人主义观点失效,这种参照框架可能会拓宽我们对高等教育义务和机会的理解,可能会对高校的责任提出有益的问题,不仅关系着学生的公民教育,还关乎公民领域。"公民领域"和"共享生活"这样的术语看起来很笼统,所以在这里举一个例子来阐明我的意思:几年前,我们社区成立了一个志愿协会,负责保护并维修一条通向家园的小径,它蜿蜒狭窄,两侧绿树成荫,让我们社区极具特色。我们的共享生活决定着必需的修理工作——一起清理被冬季风暴吹倒的树木,也一起庆祝节日。如道路一样,我们之间的关系也是共享的。这两者我们都负有责任,我们的决定也会改变它们。超越邻里的共享生活可以称为公共生活,甚至是政治生活。"政治"的含义可以是——也已经是——我们与他人交往的领域,或者说我们生活中与他人交往的那一部分,在这个领域中我们处理共有事务。构建这样一个领域,一个主要原因就是对公正的社会秩序和能公正行使权力的社会的兴趣。人们参与决定最能提升集体幸福感的行动时,他们就创造了一种公共生活,虽然这些决定可能和如何保护道路一样司空见惯,但终究是关于如何通过行动获得最多的好处的。即使是决定似乎纯粹的实际问题,像是如何减少邻里犯罪,我们确实决定着什么对我们最有价值。为了安全,我们愿意被围墙包围吗?我们想要什么样的邻居、社区或国家?换句话说,公共生活是一个竞技场,在这里,我们共同定义生活的最终目的和方式。而机构的使命则来源于这些定义。在与公民不断的交流中,他们持续地完善自己的目的,使之与公众议程相关。这种互动放缓或是停止时,政府、学校、民间组织和其他机构就开始失去合法性。尽管各机构运作的目标可能从内部产生,但如果与公共生活脱节,它们就很难找到在社会中的独特契合点,稍后我会再讲到这一点。

如你所见,我认为公共生活不仅仅是政府的运作,甚至不仅是政府选举的构成部分,公共生活是政治性的,但却包括了一个城邦或政治体中所有必须做的事情。当我请你们考虑政治概念影响我们对公民或公共领域的理解这一命题时,我想到了这个更宽泛的定义。

因为发生在公共领域的一切都非常重要,所以公共权利本身就有价值,考虑到其价值,所以应该保持和丰富。谁对此负责?就像我们社区的那条小径一样,公民应对此负责。公民对与他人共享生活的特点和生存能力负有责任,因为这两者都由他们决定。从这个意义上说,公民是真正的主权,因为他们有权做出集体决定,只要付诸实践,就会产生重大的后果。

有主权义务的公民

尽管在一个人们对政治感到无力的时代,公民是主权的观念似乎牵强得多,但这种观念本身产生力量。当美国人有着最强烈的主权感觉时,他们似乎对公共领域和共有的物品有着最强烈的责任感。

我记得有一个公民叙述参加美国革命对他的意义——这让他感觉自己成为"国家主权"的一部分。这不仅仅意味着对其他人的义务,还意味着他和其他公民共同承担的责任:一个主权实体。

成为一个新国家统治权的一部分,这让18世纪的美国人有了一个新的个人身份——一个公开的,典型的政治身份。尽管他很可能是一个活跃的集会成员,出身良好,薪水较高,但却不仅仅是由其宗教、血统和经济状况来界定的。他是这样的人,但又不仅仅是这样的人。他的政治身份规定了他的义务:作为主权,他对新国家整体的福祉和整个国家负责。

学生与国家主权

作为一个有主权义务的公民,这种意识发生了什么?几年前,凯特琳基金会就这个问题采访了许多市民,也特别采访了一些学生[1],他们都没有任何主权意识。他们认为,公共领域已经沦落为选举出代表进行管理的体制,而这种体制已经被一元化的利益集团和强大的精英们所破坏。因此,该体制的产物,即政府的合法性遭到质疑。更糟糕的是,年轻人和老年人都对这种情况无能为力。大多数学生不想与政治制度有任何关系。正如我在别处报道的那样,与我们交谈过的学生都被拒绝了,尤其是被政治的基调和一个表现为严重对抗的系统的负面性质所拒绝,而不考虑公平竞争。这就是为什么他们称这种政治体制为"我不想成为其中一部分的体制"。

这并不是说这些学生漠视国家面临的贫穷、不公正的问题和环境威胁。尽管有人指责年轻人重视个人私利,但研究发现年轻一代并不比上一代冷漠。好消息是学生们对此非常关心,但坏消息是他们认为政治体制无法解决他们担忧的问题。在看待政治制度的运作方式上,年轻一代可能比其他人更加愤世嫉俗,更加悲观,认为自己无法改善政治制度。

学生们与研究人员更多谈论的是他们的权利和政府应该为他们做什么,而不是自己的义务。大多数人把政治责任看作一种延期的责任,充其量是毕业后要承担的责任。他们的公民观念特别有趣:他们认为"政治与公民身份没有任何关系"(补充强调)。换句话说,他们的公民意识是非政治的;很大程度上是社会的。"政治,"他们称,"与我的生活毫无关系。"对于学生来说,公

---

[1] The Harwood Group, *College Students Talk Politics* (Dayton, OH: Kettering Foundation, 1993); The Harwood Group, *Citizens and Politics: A View from Main Street America* (Dayton, OH: Kettering Foundation, 1991).

民身份似乎常常与政治脱节:一个优秀的公民只是一个好人,对个人私生活负责。这与经历过革命的美国人对公民身份的理解方式大不相同。

即使学生们确实想象过参与政治活动,但这主要局限于他们作为个体能做的事情。人们承认,我们"仍然倾向于做更加个人主义的事",他们当然没有把自己视为主权的一部分,也没有把自己视为公民,而认为自己是单独的个体,面对着坚不可摧的巨石,这无疑是他们感到无能为力的原因。

前几代的学生一定很好地掌握了这些政治经验:大多数成年人现在都无法想象公民如何改变政治制度。越来越多的人反对这一论点:公民的选票有价值,因为他们看到了巨大利益的强大影响。在一项关于治理美国的国家议题论坛结果的研究中,我们发现,尽管人们相信要想改变政府和党派政治,必须重塑公民身份,但却很难想象公民如何收回自己的主权。在一个想要民主的国家里,这种前景最让人无能为力。它使公众生活变得荒芜。

高等教育的作用

对于学生理解政治和培养他们的态度上,高等教育负有什么责任?虽然大多数机构都承诺培养新一代公民和领导人,但许多学者都怀疑大学是否可以或者是否应该教授政治和培养政治领导能力(除了教授政治学科)。通常,政治准备与生活准备密不可分,因此他们的论点贯穿于文科、专业研究和课外社区服务。

官方公告和实际的校园实践存在分歧,所以试图调和往往是以失败而告终。在一所公立大学中,一名教师多次指出,尽管目录中包含公民教育,但教职员工似乎无法证明课程是怎样体现这一承诺的。最终,同事们解决了他这个问题:他们删除了公民教育的部分。虽然与以往相同的课程可能是政治教育的最佳处方,但参与我们研究的学生并不这么认为。他们质疑文科的论点,不是因为他们不喜欢这些学科,而是因为他们认为政治教育的主要来源不是"知识",而是他们理解博雅教育的方式。有些人甚至质疑社区服务的政治相关性,不是因为它没有吸引力,而是因为它似乎更多地是为了个人的满意度,更多的是帮助别人,而不是找到解决问题的政治方法。

公众的概念

不管有意与否,高等教育机构教授政治,但他们教授的政治带有一个非常明确的概念,即公众是什么,公众能做什么。这也指引了人们对公民责任的普遍理解。在大多数情况下,校园里的政治生活通常被描绘成投票、遵守法律、纳税和享受政府福利的生活——这也是社会中政治生活的体现。毕业后,所有这些事情,大多数学生都会有计划地去完成,但政治责任感也就到此为止了。他们也希望成为有社会责任感的个体,并履行各自的服务义务。然而,正如我之前所讲的,正如他们所说的那样,这些与政治无关。他们被"教导":政治是通过他们与政府的关系来定义公民的,而不是彼此之间的关系,以及他们共有的东西。其结果就是我们在研究中发现了不关心政治的公民的概念。鉴于这一政治概念,难怪学生们想象不到可以通过与其他人建立相互关系来公开地做什么——当然了,除非通过在特殊利益集团和大规模抗议中形成关系。

三、与社会其他部门的交互

政治和公众的制度观念不是来自课堂或课外项目,而是源自学术文化。它们根植于学科领域和专业领域,并暗含着当接触到校外的研究和服务人员时,学校所做的工作。事实上,高等教育是传统上理解政治的一个源泉,它既没有扮演自治公民角色,也没有给更加社会化的、有活力的公众生活留有空间。

以公众服务为例,如何理解其中的"公众"概念?作为一个自治群体?虽然公众服务最理想的意图是增强权能,但往往给人的印象却是"公众"和"服务"是一样的。大学服务的概念来源于学术界知识的概念,它是一种特殊的知识——科学的、专家的和专业的。我们也因此变得更好,比如仅仅是医学方面的进步就让我们变得更好。然而,提供着这样的专业知识意味着公民缺乏信息,或者人们所知道的只是一种较小的秩序,是一种习俗的产物而非实验的结果,是一种观点的表达而非事实真相,一种感性而非理性的结果。公民知道的所有事情,都仅限于当地和眼前。受狭隘主义的束缚,他们无法理解更大的世界及其秩序。只有具备专业知识的专业人员才能做到这一点。即使学校不是有意而为之,为什么还会发生这种情况?稍后我将详细说明。但现在,我想强调一下其政治后果,这意味着,公民永远只能是业余爱好者,业余爱好者当然也不能成为主权。

值得注意的是,尽管科学知识占据着学术界的主导地位,是理解社会和物质世界的模范,但它只是一类知识。还有一个丰富的知识传统是由整合的人类经验构成的。这种社会结构的知识是希腊人所谓的"实践智慧"的来源,它告诉我们,当没有权威的声音指引我们时,我们应该如何行动。实践智慧可以帮助我们回答许多问题。然而,这种方式在大多数校园并不流行。

在学术界,"知道"的普遍意义无疑有着强大的影响力。但我并不认为,日益减少的公民主权意识完全或主要来自传统认识论,我认为当前的认识论只是加强了主流的政治概念。

不断变化的概念

如今的公民概念只是众多概念的一种,随着时间的推移,它们塑造并重塑了大学的工作。在不同的历史时期,这些学院是如何理解公民的,这非常有说服力。

殖民地大学对公民的概念是会众。最初,这意味着一个单一的教派(例如耶鲁的会众),稍后,变成后来的几个教派(普林斯顿通常被认为是带头人)。我们应该注意,不要把这些会众视为纯粹的宗教团体(他们的新教是高度政治化的)。然而,这种对神权政治中的公民的定义引导大学制定了课程,最适合培养集会者的领导能力和培养有学识的平信徒。神圣的教材是《新教圣经》和(希腊和拉丁文学的)经典著作。

到18世纪的头四分之一末,公民的定义已经超越了教会的定义。在学生辩论的主题变化中,对学术机构的影响有了很好的体现。神学、伦理学、形而上学和逻辑学的抽象(例如,无论思想是先天的,还是认知多于感官的)都让位给了自由和自治的问题。1725年,哈佛大学的学生争论政府的合法性是否源于被治理者的同意。从1778到1795年,以斯拉·斯泰尔斯(Ezra Stiles)在耶鲁大学任职期间,公民关注点的转变尤为引人注目。

斯泰尔斯感觉到学生们对内部产生的话题缺乏热情,这些主题是神学家和学院里的形而上学家所喜爱的。虽然他保留这些是为了提高学生在三段论辩论中的技巧,但他添加了一个全新的议程。在康涅狄格州煽动神学院的时候,耶鲁学院的路易斯·伦纳德·塔克(Louis Leonard Tucker)举例说明了新的话题:"当前的美国战争是否合法";"佛蒙特州是否应该或有权成为一个独立的国家";"在美国常备军是否危险";"'美国的政治'共和国和英国最好的君主政体,哪个更可取?"〔1〕爱德蒙·摩根(Edmund Morgan)在其为斯泰尔斯撰写的传记中写道:"他让学生们争论一些问题,这些问题让耶鲁的课程近乎痛苦地与时俱进。"〔2〕

重新定义的公民概念推动了它进入高等教育的意识中,其定义是对独立的主题持有意见,并愿意付诸行动的市民。革命时代的公民责任体现在支持自由的公开演说和反对王权的象征性行为上。塔克讲述了耶鲁大学四年级学生的故事,他们在导师的建议下,加入了非进口运动,集体承诺戒除"外国烈性酒"。一名学生向家中写信,在这封感伤的信中,他建议父母:"希望你在这期间不为我保留雪利酒,因为所有的学者都一致同意不再喝任何外国烈酒。这一计划由伍德尔先生提出,其他导师和学者相继附议,没有人强迫,所有都是自愿行为。"〔3〕

有趣的是当学生们为独立而争论时,他们不仅仅向同学,还向同胞讲话。1769年,耶鲁爱国学生在《纽黑文报》上发表讲话:

---

〔1〕 L. L. Tucker, *Connecticut's Seminary of Sedition: Yale College* (Chester, CT: Pequot Press, 1974), 27.

〔2〕 E. S. Morgan, *The Gentle Puritan: A Life of Ezra Stiles, 1727–1795* (New Haven, CT: Yale University Press, 1962), 395.

〔3〕 *Connecticut Courant* (3 December 1764); F. B. Dexter, *Biographical Sketches of the Graduates of Yale College with Annals of the College History*, 6 vols. (New York: n.p., 1885–1912), 3: 94.

耶鲁大学的高年级学生一致同意在下次毕业典礼上,他们公开露面时,全部穿着我们国家制造的衣服,取得第一个学位,并希望这一公开声明表明了他们的决心。这样,父母和朋友就有足够的时间提供朴素的衣服,所以也就没人需要穿进口的衣服,用以满足这种落伍、怪异而又苛刻的需要。[1]

新的公民观念改变了大学课程设置。学生们继续阅读着经典著作,但根据劳伦斯·克雷明(Lawrence Cremin)的说法,解释是不同的。

18世纪的学生阅读希腊和拉丁语作家的作品,和一代又一代的学生一样,毫无疑问,他们浏览、分析和解释了文本。但却以自己的方式阅读经典著作,他们倾向于学习亚里士多德违反上帝和自然不变法则的风险,从普鲁塔克身上学习反对暴政甚至到生命终结的荣耀,学习卡托根植于土壤中的道德共和主义的力量,从西塞罗身上学习理性法律的卓越,以及政府肆意妄为的危害,以及从塔西佗身上了解后罗马帝国的颓废。有点像文艺复兴时期的学生,他们进入学校,先熟悉礼仪,然后才学会阅读,省立学生进入了学术界或大学,那里充斥着当时政治的司空见惯,然后才学了它们的来源。[2]

在后殖民时代,"完成革命的伟大工作"是对进一步改变美国

---

[1] *Connecticut Journal and New Haven Post-Boy* (6 January 1769).
[2] L. Cremin, *American Education: The Colonial Experience, 1607–1783* (New York: Harper & Row, 1970), 459–60.

高等教育的议程的恰当描述。虽然在政治上继续理解公民概念,但范围却从争取独立的斗争扩大到了建设一个国家。因此要建立新的机构,完成新的任务。革命者成为工匠、农民和教师,为从战场上赢得自由而感到非常骄傲,他们认识到,持续的自由需要自决。但是由于公民的无知,使其无法实现自治的梦想。高等教育是为了告知公民如何进行判断。

甚至连这一简短的叙述都说明了政治与公民的观点是如何影响大学的学习、教学和服务方式的。如果要多写一些关于这一主题的文章,我会跟随本书作者之一威廉·沙利文的观点,他指出在20世纪初,公共领域越来越被理解为:植根于具有改革思想的新教主义中的"泛人文主义"理想领域。这种理解鼓励了高等教育将其视为一项致力于促进公共理想的运动。这一点特别有趣,因为今天的高等教育更可能被视为一种管理型企业,而不是一项道德运动。

当下公众观的起源

高等教育是如何从早期的公众观念发展到现在把公民理解为选民、消费者和客户的呢?在20世纪中叶以前,许多力量引起了这种明显的变化。在第一次世界大战、随后全球范围的经济大危机以及法西斯主义兴起的冲击下,许多精英人士认为,技术世界的力量在全球日益增长,让公民主权过时了。沃尔特·利普曼(Walter Lippmann)的解释优于其他人,他认为,市民就像剧院里的人一样,在第三幕的中间到来,在最后一幕结束前离开。[1] 公

---

[1] C. Rossiter and J. Lare, eds., *The Essential Lippmann: A Political Philosophy for Liberal Democracy* (Cambridge, MA: Harvard University Press, 1963),108.

民既没有能力也没有兴趣负责领导公共事务。他们所能做的最好的事就是选择领导人。

公众概念贬值之时,一种可能不是政治性的新哲学开始流行,我称之为"专业主义"。它伴随着大多数职业和机构的职业化。在高等教育中,它不仅催生了专业学校,而且也催生了文科学科的专业化。新一代的学者开始更多地与同行交谈,而不是与同胞交流,因为同胞无法理解他们专业的语言。纽约大学历史学家汤姆·本德尔(Tom Bender)指出,在公众面前公开讲话,最终却成为嫌疑犯。[1] 随着大多数教育机构开始将它们的新使命视为一项准备工作——为"科学"培训专业人士,学术界有意地开发出一种公民无法理解的语言。

我想明确区分"专业主义"的哲学和专业人士本身,因为并非所有专业人士都倡导专业主义。我还想再次承认,本世纪的许多成功都离不开专业知识。我们都依赖着在工作中表现出色的专业人士。毕竟没有人想要会拔错牙的牙医。[2]

美国人通常喜欢认识老师和为自己治疗的医生。他们不喜欢专业化,因为它是对公民的傲慢假设。专业化将主权的公民归纳为病人群体。美国人认为专业精神对他们没有多大用处,这一看法可以追溯到20世纪初,当时的领导人认为公民不仅是过时

---

[1] T. Bender, "The Cultures of Intellectual Life: The City and the Professions," *Intellect and Public Life: Essays on the Social History of Academic Intellectuals in the United States* (Baltimore, MD: Johns Hopkins University Press, 1993): 3–15.

[2] D. Mathews, "The Public's Disenchantment with Professionalism: Reasons for Rethinking Academe's Service to the Country," *Journal of Public Service and Outreach*, 1 (Spring 1996): 21–28.

的,而且往往是危险的,这一哲学是对它的回应。直截了当地说,在经济萧条时期,民众的骚乱把魔鬼从权力机构中吓跑了。像本·"音叉"·蒂尔曼(Ben "Pitchfork" Tillman)这样为愤怒的农民发言的人同样威胁着民主党和共和党,比如把威廉·詹宁斯·布莱恩(William Jennings Bryan)这样的坚定分子拉进了新人民党或民粹主义党派。[1] 在20世纪30年代经济大萧条时期,工人阶级备受欢迎,所以他们的不满依然是强烈的威胁,当时,库格林神父将旧民粹主义主题融入到种族和宗教偏见的诉求中,并重整了一个全国性的广播电台。

这些受欢迎的运动发展于一种政治普遍腐败的气氛之中。选票是买的,选票箱填满了,不利的选票则被扔掉。"我们必须这样做,"其中一位老牌领导人后来供认不讳,"那些可恶的民粹主义者会毁了这个国家!"[2] 这种腐败是促使新一代领导人上台的问题之一。这些出身名门的孩子和富商成为塑造现代美国思想的主导力量。因为他们都寻求某种形式的"进步",他们通常被称为进步主义者。[3]

新领导人为美国起草了一份新的契约,他们说实际上,他们会以自己的方式处理公众的问题,而公众基本上也服从于正在崛起的职业领袖阶层。公民购买了专业人士出售的专业知识。当沃尔特·李普曼辩称公民是一个神话、一个幻影时,这一指控就

---

[1] J. D. Hicks, *The Populist Revolt* (Lincoln: University of Nebraska Press, 1961).

[2] Ibid., 334.

[3] R. Hofstadter, *The Progressive Movement, 1900 – 1915* (Englewood Cliffs, NJ: Prentice Hall, 1963).

被搁置了。新的领导层故意而系统地展开行动,确保在道德和智力上公民都被视为不能自我管理。[1] 今天,我们会说这是他们对公民的迷惑。他们认为美国的民主必须有卫士来保护公民的真正利益。

职业精神的发展以及伴随着科学客观性而来的渲染加速了公民的流离失所,最终由于缺乏一个有意义的主权公民概念,导致了政治的重新定义。职业精神几乎影响了每一个领域:教育、慈善事业、医学、社会工作,甚至新闻业。与此同时,专业的城市管理人员和公务员队伍正在取代当选的市长及其亲信,专业办案人员正在取代简·亚当斯居所的"友好访客"。这些新的办案人员接受过心理学和社会学的"科学"培训,服务的公民成为他们的"客户"。[2]

这些新的专业人员不是不同情他们的服务对象。相反,他们与客户的关系是由他们的职业关切塑造的,这是因为他们坚信公民是有不足的,而公民缺乏的东西只能由他们的专业知识来提供。有效的假设是,公众是"生病的",没有专业的帮助就不能康复,这是基于科学给予专业人员的客观真理,是用事实来表达的。服务含义的这种变化与我前面提到的公民信息有着很大的关系。

职业主义最有力的特征是,它的范式排除了公众的任何理解,而不是作为一个没有能力了解其最佳利益的被动群体,不可能有相互竞争的想法了。除了是各种各样的客户、病人、消费者和读者之外,公民没有其他角色。公民是一个多元化的公民团

---

[1] W. Lippmann, *The Phantom Public* (New York: Macmillan, 1930).
[2] E. C. Lagemann, ed., *Jane Addams on Education* (New York: Teachers College Press, 1985).

三、与社会其他部门的交互

体,他们声称对自己的问题负责并付诸行动,这种想法在20世纪末几乎消失了。"公民"这个概念失去了原来的意义,现在只不过是一个形容任何人都可以使用的休息室的词。

公民观念的削弱促使专业人士越来越相信公民是冷漠的。如果人们除了经常投票之外没有什么事可做,那么大多数时候他们被视为市民的熟睡状态也就不足为奇了。他们的冷漠被认为是一种福祉,因为积极的公民必然会干扰专业人士的工作。一旦人们选择了专业人士,职业准则就要求公民不要干涉他们的工作。我们无法设想公民帮助专业人士,因为从定义上讲公民只有边缘能力。

显然,这样的公民既没有权力也没有主权。有时,可能需要征求公民的意见或获取许可,但不需要比这更认真。如果公民不太重要,那么公共领域也不是真正重要,那就没有什么是重要的了。公共物品的保护就委托给政府和其他专业机构了。

在这一点上,你可能会怀疑我夸大了论点。但即使这些界线划得太过尖锐,也很难否认,当前政治的观念导致了公共观念以及政治公民观念的削弱。如果在一个专业的世界里,我和同胞是业余爱好者,但几乎什么都不能做,那么留给我们的就是努力成为最好的个人。通过缓解政治体制无法解决的问题,至少我们可以互相帮助。我们可以希望良好的品格和负责任的个人榜样会影响他人。尽管还不充分,但诚然,这样的利他主义是民主的必要条件。

高等教育与公共领域活力的关系

假设我的论点有些优点,那么高等教育机构能做出什么贡献？对于那些认为只有公民行动才能阻止政治体系退化，但又无法想象个人如何创造一个有效的公共的美国人，他们能提供什么呢？教育工作者的回应是否更现实？有些人会指出事实：毫无疑问，当前的政治观点不仅仅源于学术文化，它还基于人们在立法机构、竞选总部和新闻编辑室看到的情况。其他人可能会私下说，担心这些问题并不能满足学术界的私利。毕竟，高等教育享有巨大的声望，在商业和政府中拥有强大的赞助人，并且得到了源源不断的学生。学生们知道学位对其财务上的未来至关重要。尽管学术界可能同学生和其他公民一样，在政治制度方面有着深深的不满，但除了当前的努力之外，目前还不清楚机构自身能做什么贡献。在目前的形势下，即使是以斯拉·斯泰尔斯也不能将公民及其关切放在已经背负着高效管理等问题的体制议程上。尽管董事会由公民组成，但考虑到其他所有必须考虑的事项，他们可能不会将加强民主视为制度上的当务之急。

尽管如此，高等教育仍有一些利益，虽然与公民利益不同，但可能有助于恢复公共领域。威廉·苏利文提到了其中一个利益点：大学需要恢复一种目标感和完整感，能够定义其所做之事的独特之处。当社会找到更有效的新方法产生知识、提供指导和提供服务时，识别这种独特性将变得越来越重要。传统的大学校园，其管理费用包括永久性建筑、常驻教师和丰富的课外生活的费用，如果首要目标是效率，那它们将在竞争中处于劣势。

有什么传统机构必须提供的特色吗？这只有在公共领域才能找到答案。在公共领域中，公民决定什么才是真正有价值的。在这种情况下，机构有理由重新考虑它们在公共生活中的地位。与其引导公民参与到公共关系运动中，还不如让公民主动重新参与,因为公民议程已不再是半个世纪前的样子了。

基于最近与老师的一些交谈,我开始认为教师们可能是首先在目标问题上感到真空的人,他们最先关心所做工作的独特性的定义。大多数没有进入学术生活的是为了提高他们的市场能力。相比于管理者,关于学生对政治制度的不满以及找到有效回应方法的需要上,教师们也更敏感。当专业知识变得不那么具有社会相关性时,教师中的某些群体可能最先不耐烦,可能会感觉在职业生涯中缺乏公民的幸福感或成就感。

与公民不同的体验

这些关于教师的观察中,我并不是说变化只能来自机构内部,这种情况很少见。通常是有一个外部和内部力量的汇合点,例如,一个像斯泰尔斯这样有着对立思想的校长和一个为独立前景所俘获的学生团体。在他们扩展政治和公众的普遍观念之前,高等教育机构不太可能改变对公民责任的理解,即个人责任,也不可能对在公共领域发生的事情灌输一种责任感。大学在公共领域重新定位自己之前,这种情况是不可能发生的,所以在这之后,除了传统教学、研究和服务的方式以外,现在允许他们以更多方式体验公民身份。

令人高兴的是这已经有了一些成效。在其他地方,我报道过20多所公共政策研究所,它们强调的是"公共"而不是政策。它们在校园里为公民提供了空间,让他们养成共同决定重要问题的习惯,并且在这一过程中,开始恢复某些他们作为主权者的角色。这样的校园空间与社区公共讨论空间相连。当这些学院把教师和学生带到这些环境中时,这就为他们提供了一种不同的方式来体验公民身份。

优等学院委员会在做的事情也大致相同。在共同决定社会保障体系的未来、平权行动和21世纪所需的高等教育类型等问题上,学生们直接学习协商民主。像耶鲁大学的学生一样,他们不仅仅对同学讲话,还向同胞讲话。学术界在公共世界重新定位了自己:关于高等教育的论坛就是很好的例子,这些论坛有学生、教师和公民的参与。他们提供服务,但却不像过去一样出售专业知识,而是通过与公民互动,正在构建未来所需教育的实用智慧。这些论坛对于回答大学独特价值的问题有所帮助。

在重新定位高等教育在公共世界的地位中,最大胆的实验之一是在一家私立机构进行的。明尼苏达州圣保罗市圣凯瑟琳学院的全体教职员工一直面临一个问题:如果研究、教学和服务被认为是"公共工程"[1],那么他们要如何去开展这些工作。这种自我检查产生的一些问题是:我们的工作有公共目的吗?它能在公开的公共环境中完成吗?是由市民做的还是与公民一起做的?它是否会导致公共的结果或形成公共产物?利用这些问题来重新想象学术工作已经开发出了新的教学方式和几种社区参与的新形式。

所有这些实验都值得一看。它们是基于独特的观点:公民是重要的参与者,有着至关重要的工作,公民身份与政治无法分割。如果高等教育是公共生活的一部分,如果要找到它存在的原因,那么这些努力就符合学术界的深层次利益。它们不仅给校园

---

[1] 公共工程是由明尼苏达大学汉弗莱研究所的哈里·博伊特和圣凯瑟琳学院的南希·卡里提出的一个概念。参见 H. C. Boyte and N. N. Kari, *Building America: The Democratic Promise of Public Work* (Philadelphia: Temple University Press, 1996)。

带来了公共制造的经验,而且给生活带来了更丰富的民主政治概念,这将产生一个更广泛的公民责任的概念。

(二)在多远的地方? 走了多远?
公民责任与新闻教育工作者

杰伊·罗森

现代社会思想的主要主题之一是为思想和专门研究思想的人确定一个位置合适的斗争。我说这是一场斗争,因为总是体现为两种对立的学习观点。一种是传统的主张,即脱离学习,声称为了深入了解世界,保持人文学习的活力,我们必须后退一步。距离是美德:正确的距离让我们开始探索知识。学习需要沉思,知识则需要耐心学习。在与其他发展了这一学科的人之间的竞争中,胜利者赢得了权威。受过教育的思想摆脱了当前的潮流和激情,思想适合脱离现代生活的动荡,安静地离开。大学,这样一个受保护的机构,提供了这个庇护所。

另一类观点强调没有距离。深入了解这个世界就发现自己会沉浸其中。距离是危险的:距离会导致封闭式学习、不相关的抽象和在超专业领域中的数据堆积,或者把询问者都从人道的终点和目标的终点上拉走。知识最终满足社会需要;在那里,有学问的人赢得权威。思想领域与民间社会的公共领域并驾齐驱。如果太过疏远,教育的思想就会受伤。承认这一观点吧,大学是根深蒂固的。

公民义务与专业教育

解决这个争论,我们的想法不会消失,但可以恢复争论并升华我们的观点。如果要在这本书的主题——"高等教育中的公民责任"上走得更远,那么我们需要重新开始。

"走了多远?还有多远?"1991年,哲学家理查德·罗蒂(Richard Rorty)在一篇文章中问道。他写的是知识分子和学术专家在一个混乱的民主国家中的适当角色。[1] 面对一些政治和公共文化上令人沮丧的事实,我们应该反对还是应该接受?我在世界媒体之都——纽约市的一所研究型大学教授新闻学。当我试图思考学术责任,特别是"公民的"学术责任时,罗蒂的问题不断浮现在我的脑海中。大学教育应该向"新闻业"迈进多远?学术调查的范围应该有多大?两者之间的适当距离是多少?重要的联系在哪里?那关系零乱,被称作"媒体"的东西呢?我们是教授它的课程还是在教学中批判它?

在这些选项中摇摆不定时,重要的是我首先关心的是距离还是关系。"好吧,两者都关心。"人们总是会这样说,这也总是对的。但这对确定公民责任感没有增益,我需要知道从哪里开始。"公民"这个词暗示了一个世界,在这个世界上,除了大学以外,其他人在这个问题上也有着重要的主张。询问他们就是询问你与他们的联系,但是询问联系也是为了探讨正确的距离。

例如法学院、医学院、商学院、社会工作学院、新闻学院和教育学院这样的专业学校,它们的特殊要求来自专业。如果没有为法律类职业贡献任何价值,这样的法学院很快就会消失。但从两个方面来说,律师对法学院的建议是局部的:一方面,它的要求

---

[1] R. Rorty, "Intellectuals in Politics: Too Far In? Too Far Out?" *Dissent* (Fall 1991): 483–90.

不是唯一的。大学对法学院提出了要求,社会也需要更多的公益律师。在另一方面,律师这一职业主张是偏颇的:其观点必然是自私自利的,甚至是狭隘的观点。问问报纸编辑,他对新闻学院毕业生的要求是什么,他们透露出的观点可能是狭隘的,"明天能为我工作的人"是一种常见的回答。很少有人的答案是"能挑战我,让我重新思考我在做什么"。一所专业学校只想满足未来雇主的话,那么它正在造成某种伤害,但是,如果毕业生不能通过律师考试或取得教学许可证,那么这所学校就会在另一场考试中失败。

走了多远?还有多远?当大学称它将教育出年轻的医生、律师、教师、经理或记者时,它在含蓄地说自己可以找到这个问题的答案。最终,即使把这个发现留给了教师、学生、家长和院长,我们这些生活在学术界的人也必须不断地评估自己的选择及它们赋予学习的公民品质。对我来说,这意味着要做出一些区分。

新闻与媒体

在20世纪60年代,作为公共演讲的对象,"媒体"开始被广泛使用。最初,它的意思是新闻媒体,像是在1969至1971年的著名演讲中,副总统斯皮罗·阿格纽(Spiro Agnew)所提到的那样,谴责"媒体人"对理查德·尼克松(Richard Nixon)的敌意。[1]当时阿格纽谈论的是一个有限的群体:主要网络的评论员、《时代》和《新闻周刊》的作者以及《纽约时报》和《华盛顿邮报》的编辑。尽管他使用了"媒体"这个词,但阿格纽还是高度赞扬了新

---

[1] See S. Agnew, "Speeches on the Media," in *Killing the Messenger*, ed. T. Goldstein (New York: Columbia University Press, 1989), 64-85.

闻实践，因为他主要把媒体理解为新闻的生产者和评论国家事务的制作人。他说，媒体之所以重要，这就是原因，这也就是它必须被谴责的原因。

在阿格纽发言的时代，新闻业仍然在定义更广泛的社会综合体上占据主导地位，然后出现在新标题"媒体"之下。今天，媒体不仅包括生产新闻，而且包括所有的提供信息、娱乐和其他与新闻业几乎无关的节目形式。媒体的扩展就像电视频道的扩展一样，新闻也随之增长，传播到了24小时网络、全新闻电台和万维网无数的网站上。但这一增长不一定是新闻业的胜利，因为在市场的压力下，新闻业的规模前所未有地小。新闻比以往任何时候都多，但严肃新闻业的空间正在缩小，特别是占整个媒体产品的比例也在缩小。

作为一名拥有双重头衔的教授，我必须认真对待"新闻和大众传播"的这些发展。我认为要做到这一点，最好的方法就是，在保持对新闻业和媒体的密切关注的同时，把新闻业和媒体区别开来。对我来说，新闻业不是一个行业，而是一种社会实践，或者有人称之为一门工艺。我们关心这一行业，并在大学里给予它地位，因为它与某些理想联系在一起，最明显的就是，可以作为自由思考的公民参与我们这个时代的公共生活。因为民主很重要，所以新闻业很重要。研究新闻就是要问它能为美国的民主做些什么，是将新闻理解为一种完整的生活方式，而不仅仅是一种政府体制。

作为公民，参与我们这个时代的公共生活所需要的不仅仅是关于选举、政党和政治计划的信息，我们需要了解彼此，还要了解我们的政府。我们需要感受到自己与公共活动相关联，同时又要持续了解这些活动。我们需要相信公共活动的一点就是：政治

三、与社会其他部门的交互

和公民身份不是在浪费时间。从这个角度看,新闻业是培养民主艺术的一门学科。做得好有助于我们在公共世界中走上自己的道路,因为人们与其中发生的事情有着利害关系。

相比之下,媒体是一个商业帝国,从图书出版到喜剧创作再到电影制作,拥有着各种实践。它专门推出观众的作品,专门从事通信技术向商业用途的转化。媒体中有大量的艺术和大量的手工艺品,每个人都知道还能赚很多钱。在美国民主中,媒体十分重要;事实上,它越来越重要了,原因很简单,我们很多的共同点都是通过这一途径来到这里的。但是民主对媒体有意义吗?答案是既肯定又否定的。肯定是因为媒体帝国建立在自由的福祉之上:开放的市场、言论的自由和出版的自由、你想要什么就说出来的权利、随心所欲生活的权利以及自由阅读的权利。否定是因为媒体没有特别在公共文化的质量上、政治事务的处理和公民事务的处理上、让我们成为积极的公民而非被动的消费者的选择上做投资,也不管民主是为多数人服务还是只为少数人服务。

借用政治理论家本杰明·巴伯的话来说,媒体中有一个"薄弱"的民主概念,但新闻业中却有一个"强大"的民主概念。[1] 如果政治成为特权阶层的游乐场,那么这对记者来说就不可能是一个漠不关心的问题,但是对于媒体来说,总有其他的娱乐场:体育、娱乐、消费者新闻。无穷的服务、产品和网站都在争夺我们的视线和听力。当然,这里有一个复杂的问题。那场比赛中,新闻业是一个项目。(大多数情况下)社会实践在一个行业的边界

---

[1] B. R. Barber, *Strong Democracy* (Berkeley: University of California Press, 1984), 4, 131-32.

内,并以特定的方式回应媒体的要求。但是,如果新闻仅仅是对这些要求的反映,如果新闻工作者自己成为媒体人,那么民主就将遭受损失。这一前景令许多业内人士担忧不已。

这一切与大学里的公民责任有什么关系?作为一名新闻学教授,我承诺将"强大"的民主理念融入到新闻实践中。我认为应该在我力所能及的教学、写作和研究中加强实践。这可能意味着要保护新闻业不受媒体的影响,以及媒体对民主和公共文化的微小承诺。尽管我试图监控一个商业帝国的内部及周围发生了什么,但我却不关心其命运。但是对作为民主的艺术——新闻的命运,我却非常关心。

然而在这里我面临着理查德·罗蒂的问题:走了多远?还有多远?在记者们对自己的工作持防御性态度、狭隘的观点,或对不是同事提出的问题持敌对态度时,将新闻作为一种社会实践来辩护是棘手的。例如,记者在工作中通常会说,他们不会担心其报道内容所导致的后果,因为这并不是他们的工作。他们辩称,一旦我们这样做,就会走上自我审查的道路。虽然记者这个职业有责任反映有害或是阴险的做法,但这种态度却可以很快地免除所有责任。如果我接受新闻文化这样尖锐的特点并把这种态度传给我的学生,我会损害新闻业;但如果我割裂了与日常实践的联系,成为一个被疏远的或是专门的学术批评家,在大学的避风港宣扬新闻业的罪恶,那么我就会伤害自己(及学生)。

应对这一困境,我的解决办法是询问新闻业如何能加深其公民责任感。事实上,如果就像我认为的那样,新闻业是一种社会实践,对健康的民主至关重要。那么就如同民主可以变得更强大一样,新闻业可以变得更强大吗?我能相信吗?如果我真的得出这样的结论：更好的新闻触手可及,那么我的工作又能给它带来什么呢？作为一名教授,我应该做什么呢？

公共新闻运动

自1989年以来,我一直在努力寻找这个问题的答案。这项工作让我和其他人开展了一场类似的运动,旨在让主流新闻脱离一种假象,即一旦政治生活、公民生活和公共参与衰退,新闻就会繁荣的糟糕假象。这项运动有多个名称：我称之为公共新闻,有些人更喜欢叫它公民新闻或社区新闻,甚至是"社区辅助报道"。这些名字与其目的无关,其目的是重新设计新闻工作及其公共使命感,以便两者都支持更加积极的公民和更加重要的公共生活。

在美国各地,有数百名记者将这一信息铭记于心,他们已经开始改变自己的工作和哲学以适应一些相当陌生的想法：只有公共生活仍然可行,新闻学才能保留价值；让人们参与世界是他们了解的前奏；帮助解决问题与新闻报道问题一样重要；提高公共话语的价值与传播当下的话语是同样重要的贡献。[1]

---

[1] 关于公共新闻,参见 J. Rosen, *Getting the Connections Right* (New York: Twentieth Century Fund, 1996)。关于学者们的一系列观点,参见 J. Black, ed., *Mixed News: The Public/Civic/Communitarian Journalism Debate* (Mahwah, NJ: Lawrence Erlbaum,1997)。关于帮助塑造公共新闻的记者的第一人称叙述,参见 D. "Buzz" Merritt, *Public Journalism and Public Life* (Mahwah,NJ: Lawrence Erlbaum,1995)。关于华盛顿记者的同情观点,参见 J. Fallows, *Breaking the News* (New York: Pantheon,1996), chapter 6。关于对国家新闻集团成员的高度怀疑态度,参见 M. Kelly, "Media Culpa," *New Yorker* (4 November 1996): 45-46, 48-49。另参见 A. Charity 所写的试图为学生和教育工作者解释公共新闻的教科书 *Doing Public Journalism* (New York: Guilford, 1995)。

有一些实际实验与这些想法相对应,其中大多数是美国各地的日报进行的。例如,自1990年以来,像《威奇托鹰报》和《观察者夏洛特报》这样的报纸都试图揭示一个"公民议程",这可以推动他们的选举报道。从报纸的报道和研究中可以看出,以往公众关注的是为了赢得胜利,谁对谁做了什么,但根据报道和研究,"公民的重点关注列表"取代了它。用这种方式,政治被定义为公众关切的公共讨论。竞选新闻可以期望候选人为此服务。从一开始公民期望("这是问题,让我们谈谈")就为政治新闻提供了不同的基调,因为它邀请公民参与到对候选人的讨论中。该报试图一直将对话的重点放在广泛的源于公众的公民关切上。作为更好的对话工具,新闻业兴起了。对于那些已经尝试过公民议程的记者们来说,他们并不介意称自己反对"不经深思熟虑的民主"。

其他的新闻机构,如《代顿日报》在面临紧急问题之时选择了公民想象力这条路。1994年,一个大型军事工厂关闭,丧失了数以万计的工作岗位,这给《代顿日报》带来了一个选择:它可以按现状报道,同时在其社论页上催促社会采取行动;或者在此之外,它可以帮助社会来想象军工厂能做些什么。《代顿日报》选择了第二种。它对军工厂以及如何将其转为民用进行了研究。随后,该报雇用了一位建筑师,完成了四种可以重新使用军工厂的方法,以想象军工厂在和平时代如何恢复生产生活。其他报道也提出了公职人员、公民领袖、企业高管和工会面临的挑战。他们会抓住时机一起做些什么吗?抑或是公民的想象力会不会不及格?

《每日新闻》不希望《代顿日报》失败。它试图做一些有助于社区行动的新闻工作,不必强迫他们采取行动,也不用赞成报纸的计划。这样的新闻更具公民意识。因为如果人们能够克服分歧,筛选他们的选择,并一起深思熟虑,政治仍有希望解决问题。《代顿日报》的记者们决定向社会展示军工厂这样一件事的可能性,当他们做出这个决定时,他们就正在做着新闻工作了。

校园外的大学

在解读大学在公共新闻领域的角色时,我将自己的职责设定为教授,而不是记者,那么我能做什么呢?我发现,答案是"很多"。尽管公共新闻吸引了主流媒体中的一小部分人,但在这些少数人中,有一种普遍的感觉,那就是这一行业染上了一些坏习惯,或者说它试图吸引公民参与的过程失效了。人们希望尝试不同的做法,在某种程度上这些做法可能有助于实现更强大的民主。人们渴望从别人的所作所为中学习。我遇到的符合这一描述的记者越多,就越能看出他们正朝着大学迈进,但并不是想要去上课和想获得学位。

恰恰相反,他们发现了"顽固的"哲学问题,同时也是直接的和实际的问题。他们开始了一个实验性的课程,要求自己成为优秀的学习者,同时也要继续保持优秀的记者能力。他们面临着公民目标和职业承诺的深层次问题,他们无法在新闻编辑室的工作词汇中解决这些关切。他们需要不同的语言、不同的思维框架以及不同的任务定义,这一整套的智力工具能够帮助他们到达想去的地方。所有这些事务都是大学和大学老师的。

那时,我的角色是和这些记者一起在一个浮动的研讨会空间里思考,这个空间源于职业,而不是来自学术。因此,公共新闻是一种广泛调查模式的名称,它汇集了从业者和学者、编辑室生活和学术生活、公民目标和职业理想、民主和新闻界。在整个20世纪 90 年代，这项调查活跃在当地社区的记者中，决定着如何处理政治新闻、犯罪报道或当地学校的报道。在"智囊团"会议和专业会议上，公共记者聚集在一起互相学习，或解释和辩护他们的方法。在商业期刊和新闻评论的页面上都能看到，大家对方向的改变进行激烈辩论。它延伸到专业教育者和他们的学生身上，因为新闻学院了解到正在发生的事情并将其纳入了课程之中。

这一切我都以作家和演说家的身份参与其中，还有成千上万的人想参与其中：一些人通过做公共新闻工作参与其中，另一些人则通过研究结果和评价结果参与其中，还有一些人则仅仅通过争论来参与其中。显然，我同情记者这一边：记者们正在努力让自己的工作有一个更加公共的理解。对我来说，他们代表了一类与行业相关的大学，代表着一个学习社区，试着重新学习民主话语，与此同时推出报纸。我试图和这些有进取心的记者建立起合作的关系。在某种程度上，他们成为我的学科，因为我可以与他们分享重要的想法，我做的研究是调查这些记者在做什么，我实践的学术成果是帮助他们实践而设计的，这是一个正在进行的利用媒体力量的实验。[1]

大约 15 年前，医学界的一部分人进行了一个类似的项目。20 世纪 70 年代末的某个时候，他们开始问自己是否以错误的方式定义了使命。他们说，如果医生的工作（或护士的工作）不是为了治愈疾病，治疗病人，或治愈伤者，而是为了让人们保持健康呢？关注伤害和疾病，我们称之为医学疾病模型，也许这样太过

---

[1] 关于学者在公共新闻中的作用的思考，参见 J. Rosen, "Public Journalism: A Case for Public Scholarship," *Change* (May/June 1995): 34 – 38。

三、与社会其他部门的交互

狭隘了。也许这种狭隘的关注点,即倾向于将人视为病人,是因为成堆的问题导致每个人都不注意预防性护理。

对于那些开始这样思考的医学领域的人来说,需要一个新的术语来与主导框架——疾病模型相抗衡。当然,仅仅是认识到疾病模型存在,这本身就是一种进步,因为一旦事物被命名,它们就变得可以想象,它们的替代品也是如此。在这种情况下,最终出现的替代方案就被称为"整体医学"。

一开始,整体医学更多的是一个前提,一种可能性。前提是这样的:如果治疗疾病和治愈伤害是一种治疗方法,那么也许保持人们的健康,或者帮助人们保持自己的健康,是另一种治疗方法。采取另一种方法的人一开始并不清楚他们将要实现什么。然而这也是关键所在,为了发现整体医学是什么,他们必须开始交谈并采取行动,就好像这个叫作整体医学的东西已经存在了一样。

结果如何?今天,整体医学意味着一些非常重要的事情,即注意营养和饮食、强调运动与解压、在怀孕等关键时期进行预防性护理以及寻求更健康的生活方式。有些健康维护组织的概念源于整体方法。支持这一方法的不仅是整体医学的拥护者和信徒。在美国,几乎每一个关注公共话语的人——每一个阅读报纸上生活部分的人,都认识到了健康生活的重要性,包括永远不会称自己的治疗方法为"整体"治疗法的医生。从某种意义上说,整体医学已经取得成功,因为它失去了名称,成为公正的良药,成为医学领域良好实践的一部分。

当然,医学的疾病模型还没有消失。没有疾病模型,心脏外科医生会在哪里呢?但现在这一领域存在着挑战——一种不同的医学思维方式,即从前提开始,发展成为一种实践。这种实践有助于改变美国的医疗实践。像整体医学一样,公共新闻也希望从另一个地方开始,不是从报道破裂和崩溃的新闻开始,而是从询问健康公共生活的条件开始。公共新闻学反对限制社区生活的疾病模式,因为在这一模式中,只有开始崩溃,事情才会变得有趣。

但是,正如着重关注健康而不是疾病并不意味着医生可以停止治疗病人和伤者,强调社区的政治健康也不意味着记者可以忽视公共生活中不可避免的冲突和弊病。从其他地方开始,公民记者最终对自己的职责有了更广泛的观点。

所有这些都不需要彻底背离传统的第一修正案理念。正如一名来自《诺福克郡弗吉尼亚飞行员报》的记者所说——仔细倾听公民的想法,"这并不完全是一种顿悟"。再正确不过了,但也没有太多营养。饮食能塑造健康,这一概念没有什么"新"东西。但强调饮食与在疾病模型影响下形成的医学却背道而驰。当时,大多数医学院甚至没有营养课程,就像现在的公共生活运作中没有新闻学课程一样。

正如医学上的"新"方法可以很容易地被视为传统关心观念的回归——实际上是关于身体古老智慧的回归,公共新闻学也可以被视为回归到新闻传统上,即强调公共服务,强调与社区的重要联系。

结论性思考

走了多远?还有多远?我得出的答案是:通过帮助专业人士,高等教育可以寻找更深层的公民身份,找到与它们的恰当关系。在我的领域中,这意味着区分新闻业与公共实践和媒体与私营行业。对于媒体，我认识到学者传统的超然主张的重要性。对于目前受到媒体威胁的新闻业，我认识到有责任与那些试图重振新闻工作的人联系起来，支持更加健康的民主。通过对他们的探索，我发现大学的边界延伸到了校园大门之外。专业人士朝着更强烈的公民责任感前进，如果不提高其反思能力及改善调查习惯就无法实现这一目标，而这正是高等教育的事务。事实上，这可能是一种责任。

然而对我来说，参与公民责任是某种解脱。在公共新闻运动中，我发现了一种解药可以消除我自己作为一个对媒体抱憾的学者的失败感和绝望感。考虑到一些媒体的所作所为及其言论，我们有理由抱有希望。很多人还需要支持。我们还要做的是那些实际的但同时也是智力方面的工作。也许这就是我们应给予自己也给予学生的最初公民责任：在努力追求真理的同时避免变得愤世嫉俗。

（三）整合美国高等、中等和初等教育体系以提升公民责任

李·本森和艾拉·哈卡维

当目标本身的位置不正确时，课程就无法正确地运行。
——弗朗西斯·培根，诺夫姆·奥加努姆（1620）
学校制度一直是社会生活组织形式的一种功能。
——约翰·杜威，《教育学作为大学的一门学科》（1896）

因此，我认为，社区对教育的责任是其最为重要的道德责任。我认为，坚持把学校作为社会进步和改革的首要和最

有效的利益,这是每一个对教育感兴趣的人的责任,以使社会觉醒,认识到学校代表什么,并给予教育工作者足够的辅助,让他们能恰当地履行其职责。

因此,我相信,这样构想出的教育标志着科学和艺术在人类经验中最完美、最紧密的结合。我相信……教师永远是真主的先知,是真主国度的引导者。

——约翰·杜威,《我的教学信条》(1897)

民主被赋予了世界使命,它具有确定性。我想表明,大学是这个民主的先知,同时也是它的牧师和哲学家;换句话说,大学是民主的救世主,是备受期待的救世主。

——威廉·雷尼·哈珀,《大学与民主》(1899)

民主是美国的灵魂,也就是它的宪章神话,是它的终极目的(杜威)。因此,民主,尤其是其最具战略意义的组成部分——研究型大学,应该是美国教育体系的灵魂,是吗?从某种程度上说,实际上不是。直到现在,我们都对此抱有信心(并希望如此)。

唐纳德·肯尼迪(Donald Kennedy)最近出版了一本书——《学术责任》(*Academic Duty*),其中,我们认为美国高等教育正处于第三次革命的早期阶段。[1] 第一次革命当然发生在19世纪末。1876年开始于约翰·霍普金斯大学,加速采用德国模式以及美国独特的适应性使美国高等教育发生了革命性的变化。到了世纪之交,美国唯一的研究型大学已经基本建成。第二次革命

---

[1] D. Kennedy, *Academic Duty* (Cambridge, MA: Harvard University Press, 1997), 265–88, 299.

三、与社会其他部门的交互

始于1945年,当时万尼瓦尔·布什(Vannevar Bush)发表了"无休止的(研究)前沿"宣言,冷战到来,大型科学和企业大学迅速崛起。[1] 我们认为,第三次革命始于1989年。柏林墙的倒塌和冷战的结束为出现世界公民大学的"革命"提供了必要的条件,世界公民大学是一种新型大学,致力于推进民主教育并实现美国对所有美国人的民主承诺。

如何才能可信地解释世界公民大学的出现?在很大范围内(尽管过度简单),它被解释为一种防御性反应,作为对美国高等教育,特别是精英研究型大学的地位、财富和权力日益增长,以及美国城市日益的病态之间越来越明显、越来越尴尬和越来越不道德的矛盾的防御反应。

用18世纪末期奥利弗·戈德史密斯(Oliver Goldsmith)在《荒村》中的哀痛式论调来解释,20世纪末,当美国研究型大学空前繁荣时,"美国城市遭遇不幸,愈发病重,成为牺牲品"。如果美国研究型大学真的如此伟大,为什么美国城市如此病态?冷战结束后,矛盾日益明显,逐渐令人不安,渐渐不可理喻,日益不道德。

换言之,美国高等教育的权力与表现之间明显的矛盾导致了世界公民大学的出现。外部的加速和内部压力迫使研究型大学(非常、非常不情愿地)认识到,它们能够并且必须同时作为机构,提高知识普及度和其当地地理社区的幸福程度,即当地的生态系统,这对它们的"健康"和功能有着共生的影响。换言之,

---

[1] 关于对布什的报告《科学和无尽的前沿》(*Science and the Endless Frontier*)的极具洞察力的批判性分析,参见 D. E. Stokes, *Pasteur's Quadrant: Basic Science and Technological Innovation* (Washington, DC: The Brookings Institution Press, 1997)。

1989年之后,外部压力与开明的利己主义的结合促使美国研究型大学认识到,它们确实必须同时作为普遍的和高等教育的地方性机构发挥作用——不仅处在当地社区,而且也是当地社区的世界公民机构。

为了减少(如果不能避免的话)误解,这里强调我们的观点,即"第三次革命"仍处于早期阶段。正如以前的学术笑话所说,大学往往以失控冰川的速度移动。但是事情正在改变,正朝着正确的方向发展。积极变化的一个标志是"高等教育计划(higher eds)"的数量和种类在不断增加,这一术语比"高等教育机构"更为简便,而"高等教育机构"现在公开宣称它们希望与邻近的公立学校和当地社区积极合作。迄今为止,可以预见,公开的合作宣言远远超过了有形的、互动的、相互尊重的和互利互惠的合作。总之,一直都有进展。

为了加速重大变革的制度化进程并取得重大成果,我们呼吁以行动为导向,接受这一激进主张:所有高等教育计划都应明确将解决美国教育体系问题作为其最高的制度优先事项。我们认为,通过高等教育体系,对建立一个有效、综合、真正民主的学前教育体系给予积极帮助,应该成为美国大学和学院合作完成的主要任务。

主要任务并不意味着唯一的任务。显然,除了合作解决美国教育系统的问题外,美国高等教育发展署已经承担并还将继续承担重要的任务。如果空间允许,我们将试图详细说明这些其他任务将如何从成功的合作中获益。在这里,我们局限于两个必然命题的直接陈述:(1)解决教育系统的整体问题必须从高等教育计划水平的变化开始;(2)解决教育系统的整体问题要从长远来看,应直接和间接地给予高等教育计划更丰富的资源,以完成它

三、与社会其他部门的交互

们所有重要的任务。

我们承认,从短期来看,改变提出的任务需要高等教育计划经历痛苦,这是试图从根本上改变学术优先事项和文化的尝试所带来的。实际上,我们呼吁高等教育计划重新分配其人才(和其他)资源的最大份额,用以即刻改善邻近的公立学校和社区。鉴于它们目前竞争激烈,"纯研究"方向(定位?),我们又怎么可能期望高等教育计划积极回应我们的诉求,而不是报以嘲笑、鄙夷和轻蔑?我们提出的改变学术优先权的建议是不是太缺乏理智,太具有"革命性"了?所以读者会愤怒地拒绝,认为它是不负责任的、自我挫败的、妄想的乌托邦主义。用一句双关语表达:我们疯了吗?

我们可以不那么通俗地、更具学术性地提出这个问题:美国大学自我陶醉、日渐富有、声誉日盛、权势渐增、日益"成功",那么为什么还要它去完成这项艰巨的任务,即努力转变成公民机构,积极、全心全意地接受相互尊重的合作,把当地学校和社区作为新千年计划的充分必要条件呢?对此我们坚决主张,它们应该努力做到这一点,因为对机构来说,有一点很诱人:如果成功了,它们将更有能力完成自称的、高声鼓吹的任务,即推进、保存和传播知识,并帮助培养出发展并维护一个真正民主的社会所必需的受过良好教育、有文化、真正有道德的公民。[1]

我们认为,大学,特别是具有高度选择性的文理学院的精英

---

[1] 关于美国大学的民主使命的启发性讨论,参见 C. W. Anderson, *Prescribing the Life of the Mind* (Madison: University of Wisconsin Press, 1993); I. Harkavy, "School-Community-University Partner-ships: Effectively Integrating Community Building and Education Reform," *Universities and Community Schools*, 6, no. 1 - 2(1999): 7 - 24。

研究型大学,是整个美国教育体系的主要塑造者,这是不言而喻的。我们认为,教育系统日益成为现代信息社会的核心子系统——战略子系统,这也是不证自明的。与传统的马克思主义意识形态不同,相比任何子系统,它都能对整个社会系统的运作有着更大的影响。从系统的角度来看,总的来说,它具有最大的"乘数"效应,有直接和间接、短期和长期的影响。

如果过分低估这一情况,那么要全面发展世界公民大学将非常困难。世界公民大学致力于积极参与和务实地解决美国教育体系的问题。有很多事情要思考,要了解,要付诸行动。除此之外,要全面发展这种新型的美国大学,需要用一种更具说服力、更鼓舞人心、更智能的战略来对抗主导性的大科学及冷战时期的大学战略。幸运的是,我们不必发明一种全新的应对策略。相反,我们可以(在一定程度上)追溯未来。

二十世纪之交,芝加哥大学第一任校长威廉·雷尼·哈珀(William Rainey Harper)和芝加哥大学最杰出的学者约翰·杜威热情而雄辩地将学校教育置于美国知识和机构建设议程的中心。我们可以跟随他们的领导,站在他们的肩膀上,努力实现他们的愿景。

哈珀和杜威的愿景:教育和教育学作为美国无尽的边疆

1904年,杜威和哈珀吵了一架,随后离开芝加哥前往哥伦比亚。杜威愤怒的离开掩盖了他们二人整体视野和教育理念惊人的相似之处。引用历史学家乔治·马斯登(George Marsden)敏锐的洞察结果:

三、与社会其他部门的交互

在芝加哥大学,杜威是哲学院和新的教法学院(后来的教育学院)的院长,在新的教法学院建立了实验学校,并在那里测试了他的教育进步理论。杜威既发展了后来的工具主义哲学,又发展了以行动为导向的教育理论,他向哈珀证明了自己与他志同道合。杜威和哈珀都相信教育的救赎功能。杜威认为公立学校实际上是一个新建立的教会,教授美国民主的价值观[重点强调]。尽管杜威比哈珀更深入地研究了这一理论,但两人都认为科学是找到统一的社群主义价值观的关键,因为只有通过科学,才能消除迷信和宗派分歧,从而建立一个包容性的"真理共同体"。杜威给密歇根州的学生做的演讲——《基督教和民主》,与哈珀的《民主和大学》,尽管有一些明显的区别,但其实是一体两面。[1]

哈珀的贡献甚至比杜威更重要,即当确定大学是能创造真正民主社会的战略机构时,哈珀提供了至关重要的知识贡献。对于哈珀来说,美国大学有一个独特的目标:它的"神圣"目标是成为"民主的先知"。的确,没有其他的"博学的船长"——一群拥有宗教智慧的、杰出的、处于世纪之交的大学校长(与目光短浅的乡下愤世嫉俗者索尔斯坦·维布伦相反),他们使美国大学成为了主要的国家级进步机构——能如此激情、如此有远见地为大学的

---

[1] G. M. Marsden, *The Soul of the American University*: *From Protestant Establishment to Established Nonbelief* (New York: Oxford University Press, 1994), 250-51; A. W. Wirth, *John Dewey as Educator*: *His Design for Work in Education* (1894-1904) (New York: Wiley and Sons, 1964), 35-52.

民主潜力和目标进行设想。[1] 哈珀有着深刻的宗教信仰并愿意为进步的社会福音献身,他将大学概念化为圣地,旨在实现民主信条:"兄弟情谊,因此也是人的平等。"大学将通过"无论身在何处,无论是在学术界内,学术界外,还是在全世界,都为人服务",来实现这一信条。[2]

在1899年的《大学与民主》一文中,哈珀用强有力的、感人的语言表达了他极端反精英的、独特的美国式大学理念:

> 我认为,大学是民主的先知,是由天堂建立的、用以宣布民主原则的机构[重点强调]。正是在大学里,才有最好的机会调查过去的动向,向公众展示所涉及的事实和原则。作为思想的中心,大学是为了民主维护统一,这对大学的成功至关重要。大学是一类预言性的学校,未来的教师将迈出校园,带领民主走上正轨[重点强调]。大学必须引导民主进入新的艺术、文学和科学领域。正是这样的大学在为民主战斗,它的战争口号是"来吧,让我们一起思考"。正是大学,在最近的日子里,带着活泼的精神去安慰并帮助那些情绪低落的人,让他们在污秽和痛苦中安顿下来[重点强调]。正是大学,以公正的判断,在民主中谴责腐败的精神,但这种精神现

---

[1] 关于哈珀的激烈讨论和博学多才(captains of erudition)概念,参见 S. J. Diner, *A City and Its Universities: Public Policy in Chicago, 1892–1919* (Chapel Hill: University of North Carolina Press, 1980)。

[2] 引自威廉·雷尼·哈珀1899年在加州大学宪章日的演讲。"The University and Democracy," reprinted in Harper, *The Trend in Higher Education* (Chicago: University of Chicago Press, 1905), 21, 28–29.

三、与社会其他部门的交互

在又一次抬头,使民主的清白名声受到丑闻的侵害……

我坚持认为,大学是民主的预言家;过去的预言体现在其所有的变迁中;现在的预言在其所有的复杂性中;未来的预言在其所有的可能性中[重点强调]。[1]

对于哈珀来说,新的城市大学将是帮助美国认识和实现其民主承诺的战略代理人(即机构)。其他校长(例如,约翰·霍普金斯大学的丹尼尔·柯伊特·吉尔曼[Daniel Coit Gilman]、哥伦比亚大学的塞斯·洛[Seth Low])则积极抓住机会,通过工作建立机构来提高美国城市的生活质量,因为其遭受了工业化、移民、大规模城市化的创伤性影响,所以,大学遭遇了前所未有的国际经济紧急状况。[2] 但哈珀比他的同侪看得更远,走得更远。他预测,如果大学与城市环境进行有计划的互动,将导致一种积极的转变,即体制改革。1902 年,在尼古拉斯·穆雷·巴特勒(Nicholas Murray Butler)成为哥伦比亚大学校长的就职典礼上,哈珀预言性地赞扬了发生这种情况时所带来的非凡的知识和体制

---

[1] 引自威廉·雷尼·哈珀 1899 年在加州大学宪章日的演讲。"The University and Democracy," reprinted in Harper, *The Trend in Higher Education* (Chicago: University of Chicago Press, 1905), 19 - 20.
[2] 关于吉尔曼和洛以及他们通过与城市及其问题的联系来建设和加强霍普金斯大学和哥伦比亚大学的努力的讨论,参见 Harkavy, "School-Community-University Partnerships," 10 - 14; J. Elfenbein, "To 'Fit Them for Their Fight with the World': The Baltimore YMCA and the Making of a Modern City, 1852 - 1932" (Ph. D. diss., University of Delaware, 1996); T. Bender, *The New York Intellect: A History of Intellectual Life in New York City, from 1750 to the Beginnings of Our Time* (Baltimore, MD: Johns Hopkins Press, 1987), 279 - 84。

的进步。[1]

> 一所能够适应城市影响的大学,将承担起城市文明的一种表达,并被迫满足城市环境的要求,最终将与位于乡村或小城市的大学有着本质区别[重点强调]。这样的机构将及时与其他机构区分开来。向内和向外,它都将逐渐呈现出新特点,并最终形成一种新的大学类型[重点强调]。

实际上,在同一个演讲中,哈珀引用了杜威的基本实用主义命题,即当人类有意识地努力解决社会面临的中心问题时,知识往往会发生重大的进步。"城市大学发现,今天……在美国和在欧洲的最大城市,"哈珀宣称,"它们自己组成一个阶级,因为它们不得不去处理那些不涉及位于稍小的城市大学工作的问题,仅是因为这个国家的大城市代表着国家丰富多彩的生活,所以从某种意义上说,城市大学最真实。"演讲结尾,他宣称,在纽约市所有卓越的大学中,哥伦比亚大学是"最伟大的"。哈珀确信,在芝加哥,芝加哥大学占据了这一崇高的地位。[2]

令人费解的是,在漫长的职业生涯中,杜威几乎没有注意到大学在履行美国民主承诺方面所能发挥的强大作用。然而,他和哈珀都强烈认为高等教育应首要关注学校训练、教育和教学法。考虑到他们的基本信念,即构成了民主社会基本制度的是民主学

---

[1] Harper, "The Urban University," reprinted in Harper, *Trend in Higher Education*, 158.
[2] Ibid., 158-60.

三、与社会其他部门的交互

校,那学校教育成为他们的中心关注点就不足为奇了。根据杜威的观点,大学应该持有这样的观点——"教育不仅仅是严肃和长期的学习,还是这类学习最重要的主题[重点强调]"。和哈珀一样,杜威也强调了如果大学把重点放在教育和训练上,会给学校带来巨大的人才优势。提高教育水平的问题繁多而复杂,研究涉及"公民……州(和联邦)管理局""儿童社会学"、历史、心理学、哲学和"既是政治的,又是经济的问题"。因此,杜威认为,"教育的科学研究"应该代表大学工作及其使命最佳的自我意识,大学的使命包含对于大学本身和社会的使命,就社会的使命而言,大学既是牧师(minister)又是机关。[1]

不幸的是,在离开芝加哥前往哥伦比亚后,杜威基本上专注于"哲学的重建",几乎没有实际而直接地将大学与中小学联系起来。例如,未能利用师范学院可动员的非凡教师资源帮助在纽约市建立民主社区学校,从而将教育作为具体现实实践,而不是学术抽象理论的一门学科加以推进。与杜威不同的是,在1906年英年早逝之前,哈珀几乎都在实际参与公共教育。尽管作为芝加哥大学的校长,哈珀在工作上过度操劳(这导致他后来英年早逝),但他还是积极地在芝加哥教育委员会任职。1894年,在杜威抵达芝加哥之前,哈珀一直倡导并努力构建从学前到大学的整体教育体系。在哈珀的宏伟愿景中,芝加哥大学是一个由大学、学术界和学院组成的网络高度一体化的活跃中心。对他来说,"真正大学的范围(sympathies)将特别广泛,所以能接

---

[1] From John Dewey's 1907 essay, "Education as a University Study," as reprinted in *John Dewey: The Middle Works, 1899-1924*, vol. 4, 1907-1909, ed. J. A. Boydston (Carbondale: Southern Illinois University Press, 1976), 158-64.

触到各种教育问题"。[1]

为了在实践中实现美国民主的承诺,哈珀不遗余力地将教育学发展成为一门优秀的大学学科,并使教学成为一门无论教哪个学龄阶段的学生都"平等"的职业。1896年,杜威开办实验学校,那一年哈珀热情地宣称"愿意为教育学系做任何其他机构没有做的事"[重点强调]。哈珀还特别坚决地向一位大学的受托人建议,赞助一份专注于大学预科的杂志不符合大学的尊严,"作为一所大学,我们对教育学的兴趣高于一切[重点强调]"。[2] 从逻辑上说,哈珀对教育学的贡献源于他在对一般的美国大学和特别的芝加哥大学的愿景中提出的两个重要命题:

1. 教育是一切民主进步的基础。因此,教育问题就是民主问题。[3]

2. 相比任何其他机构,大学更能决定学校教育体系的性质。引用他的话:"通过学校制度(不管其自身如何,大学决定着并在更大程度上控制着学校制度的性质)……通过学校制度,我们这片广阔土地上的每一个家庭都能与大学取得联系,因为(该制度)是以老师或老师的老师为出发点的。"[4]

我们判断,哈珀和杜威的"大学—学校伙伴关系平台"(估且

---

[1] University of Chicago, *The University and the City: A Centennial View of the University Chicago* (Chicago: University of Chicago Library, 1992), ix‑x; Wirth, *John Dewey as Educator*, 46‑48. The quoted phrase can be found in Harper, "The University and Democracy," 6‑7.

[2] 引自 Wirth, *John Dewey as Educator*, 47‑48。哈珀精辟地预言了美国民主承诺的实现需要提高各级教育的地位,使其至少与任何其他职业的地位平等,参见 *Trend in Higher Education*, 186‑94。

[3] Harper, "The University and Democracy," 32.

[4] Ibid., 25.

这样比喻)是创建"美国新世界公民大学"的合适的启动平台。我们认为,美国学者面临的任务是在21世纪实现哈珀和杜威的梦想。原因有许多,其中一个原因是,现在中央地方教育引起了公众的关注和争论,现在的条件比以往任何时候都更加有利,可以创建他们所设想的以训练/教育/教学为中心的大学。[1] 此外,还有许多具有重大国家意义的地方,比如大学与学校的合作关系,包括我们自己的大学——宾夕法尼亚大学,为实践中发展哈珀预言的"新型大学",提供了实地基础。这是一种新型的大学,在这种大学中,教育和教育学是制度和社会进步的无尽边疆。

"民主权力下放革命"实践:宾夕法尼亚大学与当地公立学校的接触

1985年,宾夕法尼亚大学与当地公立学校建立了一个综合性的学校—社区—大学合作伙伴关系,即西费城改良组织(WEPIC)。当然,在15年的运作中,该项目有了显著的发展。此外,它还催生了各种相关项目,这些项目还使宾夕法尼亚州与当地社区和西费城的公立学校合作。从一开始,我们就将宾夕法尼亚与西费城改良组织的合作概念化,即旨在建立互利互惠、相互尊重的大学—学校—社区伙伴关系。近年来,我们开始将这项工作从更广泛的角度概念化,也就是说,作为(字面上)推进"民主

---

[1] 在其他强烈支持以教育学为中心的大学与中小学教育有效结合的"有影响力的人"中,舒尔曼是最有说服力的一个;参见"Professing the Liberal Arts," in *Education and Democracy: Re-imagining Liberal Learning in America*, ed. R. Orill (New York: College Entrance Examination Board, 1997), 151 – 73。

权力下放革命"的部分激进尝试。[1] 我们认为,正是从这一"崇高的平台"出发,对宾夕法尼亚的工作(以及其他许多与当地公立教育机构合作的高等教育机构的工作)的概述最容易理解。

可以说,约翰·加德纳(John Gardner)是"新美国世界公民大学"(我们称之为"美国新的世界公民大学")的主要发言人,他一直在思考并撰写组织下放以及该大学对将近一代人的潜在影响的文章。对他来说,组织的有效运作需要计划周密、深思熟虑而非偶然的职能转移:

> 我们发现了近几十年来规模较大、有组织的系统的一些重要特征,如政府、私营部门,它们安排了大部分当代生活的内容。这样的特征之一(也许是最重要的特征),就是通过这种系统故意地将主动权向下和向外分散来遏制制度的集中化倾向。近25年来,各大公司和政府都一直在努力解决这一问题……
>
> 对政府来说,这意味着各州和城市要扮演更主要的角色,但各州和城市都没有完全准备好……地方政府必须与非政府部门建立合作关系……
>
> 那么,大学和学院如何才能提供帮助呢?[2]

---

[1] 哈卡维在众议院银行和金融服务委员会住房和社区机会小组委员会上的证词中论述了民主权力下放革命的概念。(Washington, DC: U. S. Government Printing Office, 1997)

[2] J. W. Gardner, "Remarks to the Campus Compact Strategic Planning Committee," San Francisco (10 February 1998).

三、与社会其他部门的交互

实际上,加德纳大力拓宽了哈珀和杜威的愿景,为高等教育计划提供了多方面的"当代生活",包括建设社区、召开公众讨论会、教授具有公益精神的领导人、持续举办公民和领导研讨会以及提供广泛的技术援助(广泛的设想)。他强调,一场有效的、富有同情心的、民主的权力下放革命,需要的远不止是在联邦、各州和地方政府之间以及各级政府机构之间实行新形式的互动。对于加德纳来说,政府自身的整合并没有意义,公共部门、营利部门和非营利部门之间的新型互动也是强制性的,政府必须作为合作伙伴发挥作用,有效促进社会各部门,包括高等教育机构之间的合作,以支持并提高个人、家庭和社区的水平。[1]

为了实现加德纳对大学的观点(以及像欧内斯特·伯耶尔、德里克·博克、李·舒尔曼[Lee Shulman]和亚历山大·阿斯汀这样具有极大影响力的思想家的类似看法),我们提出了民主权力下放革命。[2] 在我们提出的"革命"中,政府是一个强大的催化剂,在很大程度上提供了创造稳定持续有效的合作关系所需的资金。但是,政府只能作为第二层的服务提供者发挥作用,大学、社区组织、工会、教堂、其他自愿协会、学龄儿童及其父母以及其他社区成员将作为第一层的业务合作伙伴发挥作用。也就是说,各级政府和各部门将为援助提供保障,并为福利服务提供大量资

---

[1] J. W. Gardner, "Remarks to the Campus Compact Strategic Planning Committee," San Francisco (10 February 1998).

[2] See E. L. Boyer, "Creating the New American College," *Chronicle of Higher Education*, 9 (March 1994): A48; D. C. Bok, *Universities and the Future of America* (Durham, NC: Duke University Press, 1990); Schulman, "Professing the Liberal Arts"; A. W. Astin, "Liberal Education and Democracy: The Case for Pragmatism," in *Education and Democracy*, 207–23.

金。然而,地方的个性化和关怀服务实际上将由社会的第三层(私人部门、非营利部门、自愿协会)和第四层(个人,即家庭、亲属、邻居、朋友)提供。换言之,政府的主要责任不是提供服务;它将主要承担宏观财政责任,包括提供充分的资金。

这一战略要求创造性地和变通地使地方机构(大学、医院、基于信仰的组织)的工作适应当地社区的特定需求和资源。它假定学院和大学同时构成卓越的世界、国家和地方机构,也可能构成特别强大的伙伴,是"锚定者"和创造性的催化剂,能改变并提高美国城市和社区的生活质量。

然而,对大学来说要发挥潜力,真正为民主权力下放革命做出贡献,它们要做的事情与现在相去甚远。首先,"行动"的改变需要高等教育部的认可,因为现在大学的工作是问题的主要部分,而不是解决方案的重要部分。为了解决问题,高等教育计划必须全心全意、全神贯注于这一艰巨任务,即致力于转变自我、成为具有社会责任感的公民大学。要做到这一点,它们必须改变它们的制度文化,制定一个全面的、现实的战略。

目前正由宾夕法尼亚大学以及越来越多的其他城市高等教育学院制定该战略的一个部分,即重点发展大学辅助社区学校,旨在帮助教育、激励和服务学校所在社区的所有成员,并参与其中。该战略假定社区学校可以作为焦点,帮助创造健康的城市环境,大学在这种环境中可以发挥最好的作用。更具体讲,与高等教育发展计划一样,该战略假定,公立学校可以作为改变环境的机构发挥作用,并成为广泛伙伴关系的战略中心,真正吸引各种社区组织和机构。公立学校"属于"社区的所有成员。因此它们特别适合作为邻里"枢纽"或"节点"来发挥作用,在这些"枢纽"

三、与社会其他部门的交互

或"节点"周围可以产生并形成地方伙伴关系。当扮演这个角色时,学校作为社区机构发挥着卓越的作用……然后,它们可以为重大的社区问题提供一种分散的、民主的、以社区为基础的对策。

大学辅助的社区学校重塑并更新了一个古老而独特的美国理念,即社区学校可以有效地作为核心社区机构,提供综合服务并激励其他社区机构和团体。这一想法启发了睦邻安置计划早期的工作人员;他们认识到了社区学校在社区生活中的中心地位,并称赞其潜力,即作为社区稳定和改善的战略基地。在20世纪初,值得注意的是,非常积极、社会关注度高、极具创造力的睦邻安置计划的工作人员,如简·亚当斯和莉莲·沃尔德(Lillian Wald)等率先把社会、卫生和娱乐服务转移到美国主要城市的公共学校。实际上,睦邻安置计划的领导认识到,尽管安置点很少,但公立学校非常多。杜威关于"学校作为社会中心"(1902)的想法是经过在赫尔馆的启发性工作和与简·亚当斯一行人的讨论后直接形成的,这一点不足为奇。那篇演讲影响深远,杜威在其中明确地向他们致敬:

> 我认为,每当把学校作为一个社会中心来构建我们的理想时,我们要特别考虑提高社会安置水平。我们要看到的是学校,每一所公立学校,都在做着同类的工作,这些工作目前由一两个分散在城市各处的安置点经手。[1]

---

[1] From John Dewey's 1902 essay, "The School as Social Centre," as reprinted in *John Dewey: The Middle Works, 1899 – 1924*, vol. 2, 1902 – 1903, ed. J. A. Boydston (Carbondale: Southern Illinois University, 1976), 90 – 91.

然而,杜威没有注意到社区学校可以发挥两个极其重要的作用:(1)学校作为一个社区机构积极参与解决社区基本问题;(2)学校作为一个社区机构,通过让幼儿参与真正的世界、解决社区问题来教授其知识与道德。他确实认识到,如果社区学校要真正成为社区中心,就需要更多的人才和更多的支持。但据我们所知,杜威从未将大学确定为广泛、持续、全面支持社区学校的关键来源,甚至根本算不上来源。

为了说明大学辅助的社区学校能够为有效、富有同情心、民主的权力下放革命做出贡献,能够实现杜威乌托邦式的世界民主的共同体目标,[1]我们概括地引用了高等教育部目前正在全国各地进行的"创建社区学校"的一些成果:本科生,以及牙科、医学、社会工作、教育和护理专业的学生,都在根据他们的专业知识学习;公立学校的学生也将他们的教育与解决现实世界的问题联系起来,并为其他学生和社区成员提供服务;成人也参与了当地的工作培训、技能提升培训,并参加继续教育。许多社区,都为学龄儿童及其家庭提供了有效的服务整合(不同于异地服务)。

然而必须强调的是,目前正在开发的大学辅助社区学校在有效调动其社区潜在的强大、未开发的资源方面还有很长的路要走,从而使个人和家庭既能传递又能接受本地服务的照顾。为了

---

[1] 关于杜威的世界性民主社区和大学资助的社区学校的乌托邦目标的更全面讨论,参见 L. Benson and I. Harkavy, "Progressing Beyond the Welfare State," *Universities and Community Schools*, 2, no. 1-2(1991):2-28; L. Benson and I. Harkavy, "School and Community in the Global Society," *Universities and Community Schools*, 5, no. 1-2(1997):16-71。1989年,我们创建了大学和社区学校,作为促进大学和当地学校,特别是大学资助的社区学校之间互利、创新伙伴关系的手段。

说明这一点,我们简单地列举了在宾夕法尼亚大学所经历的"叙述历史";它既表明我们已经走了多远,也表明我们还需要走多远。

宾夕法尼亚州和西费城公立学校:通过反思性行动学习

跟随着哈珀、杜威和加德纳的杰出领导,我们相信,正如所有美国大学一样,宾夕法尼亚大学最重要、最基本、最持久的责任是帮助美国在实践中实现《独立宣言》中的平等承诺:在一个相互依存日益加深的社会里,成为一个完全民主的社会,一个开创性的民主国家,民主模范的"山上之城"。既然有了这一主张,宾夕法尼亚大学如何才能完美地履行其民主责任? 基于以下所述的原因,我们认为,最好的办法是有效地整合并彻底改善整个西费城教育系统,从宾夕法尼亚大学开始,并涵盖西费城的社区所有学校。

宾夕法尼亚大学与西费城公立学校合作的历史是一个艰难的组织学习过程;随着时间的推移,我们的理解和活动不断发生变化,这一点怎么强调都不为过。[1] 例如,正如下文所讨论的,宾夕法尼亚大学最近开展了两项目标远大的新型冒险活动:(1)领导一个由高等教育发展署、医疗和其他非营利机构、营利公司和社区组成的团体,以改善西费城 26 所公立学校的状况;以及(2)与费城学区和费城教师联合会合作,在校园附近开设一所大学辅助的公立学校。

---

[1] 关于组织学习概念的启发性讨论,参见 W. F. Whyte, ed., *Participatory Action Research* (Newbury Park, CA: Sage Publications, 1991), 237–41。

这一水平的活动既不容易也不能直接完成。此外,宾夕法尼亚大学目前才开始开发其自身的资源,其目的是与其邻校互利互惠,并促进学校、社区和大学发生重大变化。值得注意的是,我们已经把我们的工作看作一个以行动为导向、面向现实世界、以问题为基础的学习总体理论的具体例子。我们所看到的现实世界的战略问题,从宾夕法尼亚大学开始,已经开始并将继续从根本上提高整个西费城教育系统的质量。看到我们的工作,就我们现在所设想的,成为一个复杂的城市生态系统的战略学校组成部分,我们深信,这是一个重大的概念和理论进步的一部分。

1985年,当第一次开始研究大学与社区的关系时,我们并没有把学校、问题导向的学习或大学视为城市生态系统的高度战略组成部分。这是讽刺的也是有益的。让我们立刻担心起来的是,西费城正在明显迅速恶化,这对宾夕法尼亚大学造成了毁灭性的后果。宾夕法尼亚大学该怎么办?我们致力于本科生的教学,设计了一个荣誉研讨会,旨在激发本科生批判性地思考宾夕法尼亚大学能做些什么来弥补其"环境状况"。出于各种原因,前任历史教授,现任校长谢尔登·哈克尼(Sheldon Hackney),同意加入我们1985年春季学期的研讨会。研讨会的题目表明了普遍关注的问题:"城市的大学和社区关系:以宾夕法尼亚大学与西费城的过去、现在和将来作为案例研究"。

研讨会开始时,我们对杜威的社区学校理念一无所知,对社区学校实验的历史一无所知,也没有考虑过宾夕法尼亚大学与西费城的公立学校合作。就现在的目的而言,我们不需要列举审判、错误和失败过程的复杂与痛苦,这让我们和学生看到,宾夕法尼亚大学补救其迅速恶化的"环境状况"的最佳策略,是利用其巨大的内外部资源帮助从根本上改善西费城公立学校以及临近的社区。在研讨会的过程中,不经意间,我们重塑了社区学校的理念。

我们逐渐认识到(或多或少是偶然地意识到),公立学校可以有效地作为真正的社区中心,为整个社区的组织、教育和改造服务。它们可以通过为西费城改善服务队(WEPIC)提供社区服务来做到这一点,该服务队由学校人员和社区居民组成,他们将从宾夕法尼亚大学的学生、教师和工作人员那里获得战略援助。换言之,研讨会帮助创立了WEPIC,帮助将传统的西费城公立学校系统转变为一个"革命性"的新系统,即以大学为辅助、以社区为中心、解决社区问题的学校。

高校社区学校理念转化为实际行动

考虑到宾夕法尼亚州长期顽固地在体制上抵制参与西费城问题、可获得的资源有限以及将传统的市内公立学校转变为社区学校的内在困难,我们决定,最佳的策略就是在一所学校取得显而易见的成功,而不是在许多学校获得不明显的变化。在继续西费城改良组织的项目的同时,我们决定集中主要精力在约翰·特纳中学上,这主要是因为其校长的兴趣和领导。

以前在全国各地的社区学校和社区教育中进行的实验主要依赖于单一的大学单位,即教育学院,这是这些实验失败的一个主要原因,或者说这个原因最大程度地限制了成功。西费城改良组织的大学援助概念更为全面。从特纳中学的实验开始,我们就理解了这一概念,即从宾夕法尼亚州的所有学校、部门和行政办公室获得援助,并与之进行互利合作。然而,由于各种原因,很快我们就理解了,发展和维持特纳项目的最佳方法就是启动一个以学校为基础的社区卫生项目。

1990年夏天,由于特纳的社区卫生计划取得进展,人类学系主任、营养人类学的世界领袖、弗朗西斯·约翰斯顿(Francis Johnston)教授决定参与该项目。为了有效地做到这一点,在1990年秋季学期末,他修订了人类学210,使之成为一个我们称之为战略的、以学术为基础的社区服务研讨会。人类学210在宾夕法尼亚大学有着悠久的历史,主要研究人类学和生物医学之间的关系。这是一门本科生课程,旨在将宾夕法尼亚大学的医学预科培训与人类学系的医学人类学专业课程联系起来。在宾夕法尼亚大学的本科教育中,医学预科生非常重要,人类学系的医学人类学课程在世界上享有盛誉。约翰斯顿教授决定将人类学210转化为一个以学术为基础的战略性的社区服务研讨会,这是特纳社区学校项目发展的一个重要里程碑,是宾夕法尼亚大学与特纳学校之间关系的一个重要里程碑,以及我们与西费城公立学校之间总体工作的一个重要里程碑。

自1990年以来,学习人类学210课程的学生在特纳学校开展了各种活动,重点关注饮食、营养、生长和健康之间的互动关系。研讨会是逐渐围绕以学术为基础的战略性社区服务来组织的。约翰斯顿教授开始越来越多地把自己的研究和出版集中在与特纳学生和社区居民的工作上,在这之后,他逐渐成为值得其他人类学教授和研究生注意的榜样;他们现在正在把教学和研究与特纳计划或其他西费城公立学校的西费城改良计划项目结合起来。更重要的是,人类学210不仅影响了人类学系(人类学系最近在公共利益人类学方面发展了一条学术轨道),它的成功也辐射到了其他部门和学校。毫无疑问,宾夕法尼亚大学扩大战略的、以学术为基础的社区服务运动日益取得成功,这一项目和约翰斯顿教授都发挥了重要作用。[1]

目前,宾夕法尼亚大学已经组织的此类课程大约有80门,并且在1998—1999学年开设了42门。此外,宾夕法尼亚大学各部门和学院中,越来越多的教师正在认真考虑如何修改现有课程或是开发新课程,学生将从创新的课程机会中获益,成为积极的学习者,并能创造性地解决现实世界的问题。

社区伙伴关系和校长及教师领导中心

1992年7月,由于宾夕法尼亚大学与西费城的合作日益取得成功,校长哈克尼创建了社区合作中心。为了强调对该中心的重视,他将其设在校长办公室,并任命我们中的一人(艾拉·哈卡维)担任该中心的主任(同时继续担任于1988年创建的宾夕法尼亚大学公共服务计划的主任)。

从象征意义和实际意义上讲,该中心的建立代表了宾夕法尼亚州与西费城或费城关系的重大变化。作为一个企业实体,大学现在正式地、有组织地寻找使用其巨大的真正资源(广泛构想)的方法,以提高当地社区的生活质量——不仅体现在公立学校方

---

[1] 关于约翰斯顿教授工作的更完整叙述,参见 L. Benson and I. Harkavy, "Anthropology 210, Academically Based Community Service and the Advancement of Knowledge, Teaching, and Learning: An Experiment in Progress," *Universities and Community Schools*, 2, no. 1-2 (1994): 66-69; I. Harkavy, F. E. Johnston, and J. L. Puckett, "The University of Pennsylvania's Center for Community Partnerships as an Organizational Innovation for Advancing Action Research," *Concepts and Transformations*, 1, no. 1 (1996): 15-29.

面,而且体现在总体上促进经济和社区的发展。

以该中心的名字强调伙伴关系是经过深思熟虑的。事实上,该中心承认,不能像长期以来习惯的那样,宾夕法尼亚大学现在不能试图单干。该中心的创建也是在内部进行的。这意味着,至少在原则上,现在校长将强烈鼓励所有部门认真考虑,在宾夕法尼亚大学改善校外环境质量中可以发挥的适当作用。1994年朱迪思·罗丹(Judith Rodin)成为宾夕法尼亚大学校长后,该战略的实施速度加快。罗丹是西费城人,毕业于宾夕法尼亚大学,出任校长的部分原因是她强烈承诺会改善宾夕法尼亚大学的当地环境以及会将宾夕法尼亚大学转变为美国领先的城市大学。

罗丹把彻底改革本科教育作为首要任务。为了实现这一深远的目标,她成立了教务长本科教育委员会,并负责为宾夕法尼亚大学21世纪的本科经验设计一个模型。在宾夕法尼亚大学的守护神本·富兰克林的带领下,教务长委员会强调了以行动为导向的理论与实践的结合,以及"与广泛、国际和费城当地定义的社会及社区的物质、伦理和道德关切的接触"。教务长委员会定义了21世纪的本科生经验:

> ……为学生提供机会,让他们了解成为积极的学习者和积极的公民意味着什么。这将是一种学习、了解和行动的经验,这将促进学生积极参与教育过程。[1]

---

[1] Provost's Council on Undergraduate Education, "The 21st Century Penn Undergraduate Experience: Phase I," *University of Pennsylvania Almanac* (May 1995): S-1.

三、与社会其他部门的交互

为了在实践中应用这种受富兰克林启发的方法,教务长委员会把以学术为基础的社区服务定为21世纪宾夕法尼亚大学本科教育的核心组成部分。

根据教务长委员会确定的主题,宾夕法尼亚大学1994—1995的年度报告题为《理论与实践的统一:宾夕法尼亚大学的独特性质》。罗丹校长描述了宾夕法尼亚大学将理论与实践联系起来所付出的努力,她指出:

>……理论和实践之间的相互关系是繁杂的,其中有一些已经超越了单纯的概念化工作。其中之一是理论在服务社会方面的应用,以及应用于作为学生学术研究活动的社区服务上。"理论和实践的互动维度,再没有其他地方能如此清晰地体现出来[重点强调]。"

250多年来,费城一直植根于宾夕法尼亚大学"实践"的意义上,提醒我们,服务人类,服务我们的社区,正如本杰明·富兰克林所说,是"一切学习的伟大目标和终点"。今天,成千上万的宾夕法尼亚大学教职员工和学生,教授西费城中小学校的学生,将其作为学术课程的一部分,涉及了历史、人类学、古典研究、教育和数学等不同学科,认识到了理论与实践的统一。

例如,人类学教授弗兰克·约翰斯顿(Frank Johnston)和他的本科生在西费城特纳中学教授学生营养知识。古典研究教授拉尔夫·罗森(Ralph Rosen)利用现代费城和五世纪雅典来探索社区、邻里和家庭之间的相互关系。历史教授迈克尔·扎克曼(Michael Zuckerman)的学生与西费城的中小学生接触,帮助他们共同了解美国民族认同和民族性格的本质,以及其不连续性。[1]

1994—1995的年度报告阐明并提出了一个基本而深远的文化转变,这种转变已经开始在整个大学内发生。罗丹担任校长的第一年年底,宾夕法尼亚大学对本科教育的重视程度显著提高,将理论与实践(包括源自当地社区并在当地社区应用的理论与实践)的联系定义为本·富兰克林式大学的标志,并确定了聚焦西费城及其公立学校的以学术为基础的社区服务的定位,将其作为一项强有力的综合战略,推进大学范围内的研究、教学和服务。

校长可以发挥领导作用,但正是教职员工开发与支持课程及研究项目,使得大学与当地学校和社区长期保持联系。更具体地说,正是通过教师的教学和研究,最终才能持久地与当地学校建立联系。因此,我们高度重视增加以学术为导向的社区服务课程的数量和种类。在很大程度上,得益于罗丹校长的大力支持,以学术为基础的社区服务课程数量呈指数级增长:从1992年该中心成立时的11门到1999年春的80门。由于对这些课程十分积极的反应,从根本上改变了宾夕法尼亚大学本科课程,这一长期进程已经有了加速的势头。除了前面提到的公共利益人类学轨迹的发展,经过多年复杂的谈判,最近还在城市教育中创建了一个新的跨学科的辅修课,本科生为此欢呼雀跃。作为文理学院(SAS)和教育研究生院(GSE)的联合项目,新的辅修课由来自人

---

[1] University of Pennsylvania, *Annual Report*, 1994 – 1995 (President's Report), Philadelphia, 1996.

三、与社会其他部门的交互

类学、古典研究、地球与环境科学、教育、英语、历史、语言学、数学、社会学和城市研究专业领域的教师顾问授课。无巧不成书,在1998年秋季出版的《文理学院校友出版物》(专注于城市危机)中,院长塞缪尔·普雷斯顿(Samuel Preston)表示了他对城市教育辅修课的大力支持,同时也表示了他对增加以学术为基础的社区服务课程数量的大力支持:

> 与教育研究生院一起,文理学院正在提供一个新的跨学科的城市教育辅修课。辅修课试图研究公共教育在课程工作、实地研究和实践研究中的危机,这些都是利用宾夕法尼亚发展的邻里学校的网络进行的。通过宾夕法尼亚大学社区合作中心,文理学院与西费城社区密切合作。宾夕法尼亚大学的一些教师将研究重点放在费城社区,定期教授课程,让学生与当地学校的学生取得联系。宾夕法尼亚大学的学生与周围社区的学生一起收集数据,进行访谈,并探索社区问题,如营养不足,或家中存在铅和其他毒素。这些服务学习课程是宾夕法尼亚大学动员学术资源与邻校建立互利伙伴关系的一种方式。调查显示,学生对社区服务经验如何丰富本科教育充满着热情。因其对学生的价值和对社会的益处[重点强调],文理学院的目标是发现更多用以教育的服务性学习的方法。[1]

---

[1] S. H. Preston, "Dean's Column," *Penn Arts and Sciences*, Philadelphia (Fall 1998): 2.

学院院长理查德·比曼（Richard Beeman）热情地回应了院长普雷斯顿的支持。直到最近，美国早期的历史学家，也是我们的长期朋友和同事，理查德·比曼一直公开怀疑主要研究型大学的以学术为导向的社区服务的价值。但在1998年春季对教职员工和学生发表的演讲"以学术为导向的社区服务：从怀疑论者到皈依者"中，他公开"承认"（原文如此）他经历了一些类似心灵和精神"转换"的经历。将"个人转化"解释为"制度行动"，比曼院长目前正在领导文理学院内的一所实验学院的发展，在这所学院中，以问题为导向的学习和以学术为基础的社区服务将发挥核心作用。引用他在上述《文理学院校友出版物》中的陈述：

> 你们不知道我有多相信这些课程所做工作的价值。这给我们的学生一种以问题为导向的学习经验，所有的研究文献表明，最好的学习不是学习理论和抽象形式，而是学习解决具体问题。我致力于让一流的教师参与到这项工作中，这是对宾夕法尼亚对大学本科教育贡献的一个重要定义[重点强调]。[1]

文理学院是宾夕法尼亚大学的几所学院之一，近年来，它加强了与西费城公立学校的联系。宾夕法尼亚大学的机构承诺也大幅增加。罗丹校长越来越多地将城市议程作为其管理的核心内容，并强调了宾夕法尼亚大学在西费城工作的五个主要活动领域：清洁、安全、文化多样性和令人兴奋的社区；零售业改善；住

---

[1] Preston, "Dean's Column," 9.

三、与社会其他部门的交互

房改善;提升经济发展;以及最为集中的优秀公共学校。

1998年6月,罗丹校长宣布,宾夕法尼亚大学将接受服务于西费城公立学校的两个集群资源委员会的领导,并与费城学区和费城教师联合会建立创新型伙伴关系,在西费城建立一个新的pre－K－8(从托儿所到八年级)公立学校,并接受大学辅助。集群资源委员会的领导范围包括与宾夕法尼亚大学合作紧密的学区、非营利机构、营利公司和社区团体,协调、利用和倡导26所西费城公立学校的儿童及其家庭所需的支持和服务。每个集群包括一所综合高中及其"支线"下的中小学。

建设和发展一所大学辅助的公立学校,将其作为西费城和整个城市其他公立学校的示范学校,无疑是罗丹校长扩大对学校改进承诺中至关重要和最具创新性的组成部分。学校在宾夕法尼亚大学校园附近,将建在宾夕法尼亚大学捐献的土地上,并为大约700名儿童提供服务,每年该所学校会从宾夕法尼亚大学获得1000美元的运营补贴。实际上,在描述这一举措时,罗丹校长对威廉·雷尼·哈珀一个多世纪前为一所以学校/教育/教学为中心的城市大学提出的愿景给予了回应和扩展:

> 如果我们的社区要蓬勃发展,就必须为地区儿童提供良好的学校。多年来,宾夕法尼亚大学的学生在地方公共学校参与了宾夕法尼亚大学社区合作中心的学习项目。宾夕法尼亚大学的学生、教师和工作人员将继续在这些学校和其他邻近学校教授学生、担任导师,并提供其他帮助。现在,除此之外,该大学可能会进一步履行这一承诺,并与其他人合作,在大学城(紧邻宾夕法尼亚大学校园的社区)建立宾夕法尼

亚大学辅助 K-8 学校。计划尚处于早期阶段,但我们认为这可能是一种重要的合作方法,将为区域青年创造更多的教育机会,增强地方结构,加强社区、教育研究生院和宾夕法尼亚大学其他学院之间的关系。[1]

宾夕法尼亚大学与当地学校关系的加速变化不是典型的,不是宾夕法尼亚独有的,但很重要。或多或少,全国范围内的类似变化证明了"大学公民责任运动"的发展,这一运动旨在构建真正的民主教育体系和推进美国的民主发展。遗憾的是,篇幅短小,我们无法详细解释,只能简单地引用马里兰大学系统的校长唐纳德·N. 兰根伯格(Donald N. Langenberg)的话。提到得克萨斯大学埃尔帕索分校和当地公立学校开展的合作企业是全国运动的典范时,他指出,它们成功合作给大学观察员们上了一堂强有力的课:

> 我们开始强烈地相信,中小学也开始相信,没有我们,他们就不能改革……
> 这并不是告诉他们如何去做,而是我们两个体系共同努力解决教育系统的问题[重点强调]……我们为公立学校提供教师,并招收它们的学生。因此,我们双方的问题是一致的[重点强调]。[2]

---

[1] J. Rodin, "Penn and West Philadelphia: A New Model for Progress in the Community," *The Pennsylvania Gazette* (November 1997): 10.

[2] *The Chronicle of Higher Education* (20 November 1998): A20.

总结与展望

兰根伯格校长的观察使我们清楚地回到了杜威—哈珀—加德纳愿景的核心内容：教育年轻人，让他们在一个完全民主的社会中发挥积极、知情、聪明、有道德的公民的作用，这需要从学前教育开始，到大学教育再到之后的继续教育，形成高度互动、高度协作、有效整合、真正民主的教育体系。哈珀、杜威、亚当斯、加德纳、波伊尔、博克、肯尼迪、舒尔曼、阿斯汀和其他人均拥有彻底改进教育体系的设想，并以不同方式努力实现目标，距离实现这些设想，美国社会还有很长的路要走。然而，时代在变化；在整个教育领域都可以找到进步的迹象。在其他改变的原因中，我们认为，美国高等教育及社会的革命方兴未艾，正在把冷战时期须消耗巨资的大学转变为世界公民大学，这是一个独特的"新型"美国机构，致力于建立真正的民主教育体系，致力于民主社会的全面发展。[1]

---

[1] 关于美国民主承诺的最近一次热烈而富有启发性的讨论，参见 H. C. Boyte, "Off the Playground of Civil Society: Freeing Democracy's Powers for the 21st Century," (Paper presented at Duke University, 23 October 1998)。由于篇幅有限，我们未能详细阐述"真正民主的教育制度"和"完全民主的社会"的概念。不过我们在即将出版的新书中进行了阐述：*Progressing Beyond John Dewey: Radically Reconstructing American Universities to Construct a More Democratic Society* (co-authored with our colleague, John Puckett)。《纽约时报》(1999年3月1日)第5页的一篇热情洋溢的文章有力地支持了我们的论点，即如果大学真的把解决学校教育问题作为头等大事，它们将获得丰厚的回报。标题是"对教育学校的大笔捐赠唤起了人们的希望，一种趋势正在开始：2100万美元专用于康涅狄格州大学的创纪录的捐款"。文章指出，"这是有史以来对教育学院的最大一笔捐赠"，引用了最近对教育学院的其他巨额捐赠，并引用了宾夕法尼亚大学教育研究生院院长富尔曼的敏锐观察："这些(大额)捐赠可能预示着一个新时代的到来……(因为)捐赠者声明改善教育与根除可怕疾病同等重要。"

革命要取得成功,需要代理人有足够的献身精神、足够的智慧和足够的力量来实施激进的行动计划。在哈珀和加德纳的启发下,我们建议美国大学扮演这一角色。这是典型的美国式的建议。它呼吁研究型大学带头改革美国整个的教育体系。更具体地说,我们提出的"美国风格,学校改革"要求每一位高等教育工作者把"家庭社区"的根本整合和改进放在首位,因为这些最能直接影响其"健康"和功能,包括所在的社区,学校系统和社区生态系统。

最后简要地重述一下我们的研究。无论是弗雷德里克·杰克逊·特纳(Frederick Jackson Turner)的西部边疆先驱还是万尼瓦尔·布什的大科学,纯粹的研究前沿构成了美国真正的"无尽边疆"。美国真正的无尽边疆是民主教育的边疆。"征服"边疆将不断地帮助美国履行其民主承诺,尊重其宪章神话,并实现其最终目的。是时候在实践中实现哈珀—杜威对美国以独特的学校/教育/教学为中心的大学愿景了。我们相信,实现这一愿景将会构成美国高等教育史上最进步、最深远、最具美国风格的第三次革命。

(四)在数字时代下支持社区参与

佩内洛普·埃克特和彼得·亨舍尔

在我们快节奏、越来越数字化的生活中,很容易产生这样的印象:价值观正在改变,正在失去某些东西。几乎每一代人都会将下一代人的变化视为传统价值观、技能和知识的丧失。但通常新的价值观、技能和知识会取代原来的一部分,并最终融入传统的行为方式中。公民责任的锻炼,即认识到人有义务与他人一起为自己的社区服务,表现在现今几十年中正在进行重大变化的一个领域。我们认为,这些变化非但谈不上损失,而且还是重要的新开端。

目前,人们认为现在的年轻人较少参与社区活动,这一观点有统计数据做支撑。相较于他们的父母而言,现在的年轻人更少参与政治活动。1998年,在18岁到20岁之间,投票的人数不到总人数的20%,只有16%的人自愿参加政治活动。[1] 有证据表明,这些年轻人对成为一个"……关心国家大事的优秀美国人"并不积极,[2] 对自己美国人的身份不太重视。[3] 这些报告的措辞往往是负面的,有一些东西是老一辈人看重而年轻人看轻的。这样的差异意味着公民责任的丧失,但是,得出这样的结论之前,我们需要考虑一下正面因素。什么是这一辈人看重,而老一辈人看轻的呢?得出年轻人没有社区义务感的结论之前,我们需要问问他们是如何看待服务的,以及他们是如何定义社区的。他们是如何看待自己与国家、当地社区和其他社会结构的关系的呢?改变的很可能不是承诺的效力,而是形式及解释。

---

[1] National Association of Secretaries of State, "New Millennium Project. Part I. American Youth Attitudes on Politics, Citizenship, Government, and Voting" (Lexington, KY: Author, 1999), 15. National Association of Secretaries of State, 501 Darby Creek Road, Lexington, KY 40509.

[2] Ibid., 16.

[3] W. Rahn, "Generations and American National Identity" (Paper presented at the Communication in the Future of Democracy Workshop, Annenberg Center, Washington, DC, May 1998), 8-9.

我们所知道的公民责任

我们对公民责任的理解基于一种地方性组织参与的传统。20世纪80年代中期到80年代末,我们中的一位(亨舍尔)担任旧金山副市长,负责城市和县城管理及项目。在这段时间里,他亲眼目睹了一个有着共同目标的公民群体,他们一致的、顽强的努力能够取得怎样的成就。从众多的例子中,我们重视以下几个:为经济适用房建立一个广泛的选区;鼓励选民登记;号召集体改革重要的市政厅的日常运作;改革城市宪章;为新的主图书馆创建选区;设立专项资金,恢复缆车系统;建立一个非凡的基层结构,承诺与艾滋病斗争,支持艾滋病患者。在所有这些事件中,普通公民以非同寻常的方式推动着伟大的事件形成,都是在本地有组织的积极分子团体内完成的。这种参与,传统上我们认为是"公民责任"的典型实践,直接位于人们工作和生活的地理社区。为人们提供了与邻居共事的机会,也为人们控制社区环境留下了烙印。

年轻人很少加入这种公民参与。但这是否意味着他们不积极参与自己社区的活动?1999年,国家秘书协会(NASS)的一项研究表明,尽管人们对政治参与的兴趣和参与度正在下降,但年轻人的志愿服务数量却呈上升趋势。年轻人不是通过政治参与或公民组织来实现他们的目标,而是寻求个人联系,直接与那些需要他们服务的人接触,而不是与跟自己一样的人参加项目。人们更可能在收留无家可归者的收容所、慈善厨房、医院和学校找到这些年轻人,而不是在社区和民间组织的会议上。虽然可能对抽象的国家忠诚不感兴趣,但他们会将良好的公民身份与对他人的直接责任联系起来。根据国家秘书协会的报告,在18岁到20

岁之间的受访者中,有94%的人认为,"作为一个公民,我能做的最重要的事情就是帮助他人"。很明显,人们仍然深度致力于公共服务,但这种服务的形式和条件正在改变。对他人有很强的责任感,但却是个人一对一的责任感。这是否意味着社区参与度的下降?人们常说的个人主义有没有兴起?

如果我们认为年轻人应该在公民责任领域做的事情,他们不做的话,我们可能会问那他们在做什么以及为什么。如何让年轻人更加有效地参与到我们传统形式的社区服务中,在投入更多的精力之前,我们应该努力认识并理解他们所从事的服务的性质。尤其是,强调一对一服务的意义是什么?

我们发现,参与直接地方志愿服务的这一代人也参与网络空间活动。对年轻人参与网络活动这一现象的刻板看法是,他们的活动是非人化的,同时也使人非人化。把时间花在电脑上被视为反社会,是在逃避社区参与。一般说来,年轻人玩电脑,其电脑活动显示出他们失去了与他人交往和自我娱乐的能力。我们注意到,在一定程度上,这种担忧来自上一代人,他们从小看电视长大,他们的长辈就会担心他们与那种媒体的接触过于被动。虽然电脑游戏可以单独玩,但玩家的角色却不是被动的。但这并不是全部理由。玩电脑游戏的人往往会发展出许多技能,其中最重要的就是基本的电脑技能。许多年轻人在成长过程中对电脑的熟悉程度和轻松感,大多数长辈永远都不会知道。"数字时代"对大多数人来说是压倒性的,给许多人极大的迷茫感。但对于今天进入大学的大部分年轻人来说,数字世界是家。数字世界提供的参与形式很可能对这些人从事各种活动的方式产生了深刻影响,包括他们参与社会和政治环境的方式。

许多人都把数字技术看作对传统活动的支持,当然这种功能也非常重要。互联网对增强传统政治参与形式具有许多启示。对于同城群体,在线社区网络可以增强和增加当地参与和公民生活的可能性。由于万维网的通信能力,推动政治进程也不再需要组织大量的人来了。全国各地的公民都在通过电子邮件和网络动员,大量的人游说他们在当地、州府和华盛顿的代表。所有的指标都表明,此类交易数量激增,甚至迫使最有"网络恐惧症"的公职人员关注并提供在线访问。在某种程度上,这相当于将活动转移到一种新的媒介上,加速了传统活动,也加剧了传统活动,但它并未对政治进程的执行方式造成严重的质变。然而,网络空间现在能为单个人或少数个人提供资源,让他们以令人吃惊的新方式,发起政治或社会进程或运动。这个现实正在成为重新定义个人与社会关系的一部分。

新技术和网络为志同道合的人加入新的非正式社区提供了帮助,这些社区不局限在同城,也不要求面对面的接触。同时,在线下面对面的接触时,线上建立关系和社区也很常见。但最关键的是,社区正在通过新型通信技术被重新定义。人们不再依赖当地的网络来寻找志同道合的人。各种各样的团体都是线上的,完全基于共同的兴趣和活动,跨越地理区域。这也改变了迄今为止,如儿童、老年人和各种各样的少数群体边缘化的状况。"老年人在线网络""网络噪音"和"星球大战"等线上团体为人们提供了机会,形成了新的联系,而不仅仅局限于特定的地理区域。现在的孩子们可以组织粉丝俱乐部、在线讨论小组,这对他们来说很有意义。在这些社区中,过去感到被排斥的人们找到了权力和声音,可以在不依赖现有制度权力结构的情况下参与其中。网络

三、与社会其他部门的交互

提供了资源,可以脱离当地参与,即可以参与有共同利益和共有关切的国际社区。虽然网络引诱人们远离地理上的地方性接触,但他们也能与远方的亲朋好友分享;虽然它弱化了各种地方的(和国家)忠诚度,但这会让他们成为世界公民。

网络还提供了与信息交互的新方式,即支持更为协作的知识构建方式。人们不仅仅在网络上收集既定的事实,还与其他人接触,分享他们的兴趣爱好,交换信息,并且互相帮助,探索这些信息的意义和用途。正是脱离政治进程的这一代人深度参与了信息的民主化,即将知识和信息从拥有巨大资源的人手中解放出来,并将其开放给任何能上网的人。网络组织正在开放知识,正在讨论迄今为止仍然神秘的领域,如健康和金融投资,自由软件运动正在侵蚀对操作系统和软件开发的控制,这些控制一直掌握在几个强大的公司手中。

这些活动与政治参与相关,但与我们过去的活动大不相同。年轻一代有自己的工作平台。他们不是想着参与既定社会和政治组织,成为下层人员,也不是想着创建具有这样传统意义的组织,而是利用互联网为相对平等的多人到多人的参与创造机会。哪怕不加入我们这一代的组织,他们也会在网络支持的社区或一开始就是线上的社区中找到有意义的参与形式。这些社区不受地域限制,更多的是地域之外的问题、原因或主题。

我们面临的挑战是找到并支持"旧的"和"新的"之间的联系,即更传统的参与形式与新兴形式之间的联系。在两者之间架起桥梁需要我们找到相互学习的方法。正如网络明显无结构的社会空间可能给老一辈人造成困扰一样,年轻人进入当地社区也可能存在障碍。对于什么是有效公民参与,我们的想法需要改变,以反映新的现实情况。我们必须认识到有多种参与的方式和多种有效的方式,但在所有情况下,关键是参与的机会。人们寻求机会,向对他们来说最有意义的社区做出贡献。对于老年人来说,这些社区可能是本地的;对于年轻人来说,则可能是越来越虚拟的。老年人可能低估了虚拟社区参与的潜力,因为他们无法想象自己在虚拟社区中的地位。同样,年轻人可能很难找到方法,让他们平等的参与方式与当地社区参与形式同步,而当地参与形式目前已被合法化为社区参与。在这两种情况下,挑战就是学习新的参与形式,但这种学习需要有途径。

参与途径是学习的关键

途径一直是我们在学习研究所(IRL)发展的学习理论的中心主题。我们的工作就是试图了解人们在日常生活中是如何学习的,以及学到了什么。日常生活中人们随时在进行非正式学习;在为了进行重要而有意义的活动时,人们有想要和需要知道的东西时,也要学习。我们研究在社区中如何组织学习,即它是如何服务于社区社会生活和社区居民的。

让·莱夫(Jean Lave)和艾蒂安·温格(Etienne Wenger)在研究所的重要工作为以社区参与为基础的社会学习理论提供了指导。考虑到人们是如何在学徒期学习的,莱夫和温格提出了"实践社区"[1]的概念,即将知识、学习和社会实践结合在一起。实

---

[1] J. Lave and E. Wenger, *Situated Learning: Legitimate Peripheral Participation* (Cambridge: Cambridge University Press, 1991); E. Wenger, *Communities of Practice: Learning, Meaning and Identity* (Cambridge: Cambridge University Press, 1998).

践社区是人们围绕某些目标聚集在一起的社区。这个目标可以是任何东西——演奏音乐、卖药、发明小东西、学习数学,甚至是成为集体。在这个共同的目标下,人们团结在一起,发展和分享做事的方式、说话的方式、信仰的方式,简而言之就是实践,把这作为他们共同参与活动的一个功能。同时,社会关系围绕着活动而形成,活动通过关系而形成。专业知识、专长和参与形式成为个人在社区中身份和地位的一部分。人们学习的不是孤立的事实或技能,而是学习参与实践的方式。莱夫和温格[1]强调了学习与社区参与之间的关系,指出学习是通过参与社区实践来完成的,在这样的社区中,一个人的生活包括不断变化的参与形式。新来的人可以通过观察和日常工作来学习,然后逐渐接近实践的中心。一个人的身份及其社区的参与形式会随着知识的改变而改变;而参与的愿望将成为学习的强大动力。在学习研究所,对学习的追求引导我们了解各种实践社区,从参与非正式游戏的青春期前的儿童到大型保险公司的理赔员都有。无论我们走到哪里,我们都见证了人们不仅通过参与学习,而且为了参与而学习。学习不仅仅是个人的知识积累问题,还是与他人共同参与有意义的活动。

因此,学习不仅与动机紧密相连,而且与个人的身份紧密相连。我们是谁和我们想成为谁是学习的驱动力。无论我们谈论的是学徒、帮派、大学运动队,还是经验丰富的软件工程师团队,这种见解似乎都是正确的。我们是谁与我们知道什么,以及我们想成为谁与我们学到什么,它们之间有着密切的关系。因此,有

---

[1] Lave and Wenger, *Situated Learning*.

学习途径不仅意味着指导的可获得性,而且意味着能接触到有意义的参与形式。为了学习,人们需要接触社区活动的形式,接触并获得经验,并承诺以增加参与可能性的形式奖励学习。学习是一个社会转型的过程,它改变了学习者对自己在世界上的意义的认识,改变了其对社会贡献的潜力。

这一观点促使学习研究所制定了七项基本的学习原则:

1. 从根本上讲学习是社会性的。学校和工作通常需要参与者在学习和社会成就之间进行选择。这个选择永远不应当出现。使一个人成功和有所成就的一个重要因素,是他拥有将工作与社会生活结合起来的能力。围绕工作、知识和对所在社区的贡献,他能建立身份和联系。然而,社会现在期望的是大多数学生和工人之间不同的生活方式,即保有学习、工作和社会活动之间的距离。

2. 知识融入社区生活。无论是家庭、科学团体、跳绳团体、爵士乐队还是设计团队,知识、活动和社会关系都紧密地交织在一起。在这个共同的目标下,人们团结在一起,发展和分享做事的方式、说话的方式、信仰的方式,简而言之就是实践,把这作为他们共同参与活动的一个功能。这些非正式的团体被称为"实践团体",因为它们不仅是由成员身份来定义的,而且是由共同的做事方式来定义的。每个人都属于许多实践社区,并想获得其成员资格。在实践社区中,社会关系围绕着活动而形成,活动通过关系而形成,专业知识和专长成为个人在社区中身份和地位的一部分。因为共享知识是这项活动的基础,学习是人们获得会员资格和参与社区活动的方式。

3. 学习是一种会员行为。学习的动机是希望加入一个实践

三、与社会其他部门的交互

社区。学习不仅是个人的活动,也是与他人交往的主要工具。它能让人们进入并参与新的实践社区,也让他们能够不断地改变自己在社区中的地位和对社区的贡献。每一个学习行为都会改变人与社区的关系,即改变一个人的身份。在学习中提高和激励的关键在于对参与的渴望与新知识在促进参与的作用之间的密切联系。

4. 懂得就是参与实践。学习是我们知识和理解的不断转变。在我们的日常生活中,我们的知识不断地增长,因为我们与其他人一起努力。我们观察各种情况,参与各种活动,从中收集知识。有时,我们有意识地尝试学习一些东西,但大多数时候,我们甚至没有注意到我们在学习。只有在课堂上才能呈现抽象的知识,也只有在课堂上人们才能通过抽象的表现来展示知识。非正式学习似乎比课堂学习更容易,不一定是因为我们正在学习的东西更简单,而是因为它嵌入活动中,所以我们熟悉,也能够理解新的信息。

在新情况下能够迅速适应并学习的人,是指人们能够了解情况的特点、与已经了解的情况之间的关系、需要学习的内容以及为了能够富有成效地参与到情况中所需要的新知识。这种活动需要对自我能力和参与权充满信心。

5. 参与和授权密不可分。个人从他们对社区的贡献能力和贡献量来感知自己的身份。有意义的社区参与包括影响社区生活的力量。因此,为学习提供最多资源的环境及情景将为参与者有意义的和积极的参与提供条件,在这些环境和情景下,他们参与的实际行动不仅对他们有影响,而且对整个社区也有影响。

6. "学习失败"是排斥参与的常见结果。学习需要获得机会,做出贡献也需要机会。只被授予边缘或暂时的会员资格时,人们很难学习。有限的参与特权意味着没有贡献和赋予意义的权利,因此不会提供参与学习的机会。这种更深层次的观点需要对歧视和排斥的手段及含义有着更深入的理解。

7. 我们已经建立了一个终身学习的社会。学习是人类的自然组成部分。我们都知道什么才是加入重要社区的原因。人们一直在学习,但他们所学的并不一定符合他们的最佳利益或社会的最佳利益。人们学习能参与社区实践的东西,不仅仅是任何实践社区,还是那些在他们看来真实、可用,并且参与有可能有意义的社区。依赖于有意义的参与及参与机会,人们可能会在各种社区中追求自己的前途。正是这种有意义参与的需求同时激励了帮派成员和荣誉学生、科学家和小商贩、公务员和毒贩。

代沟

学习不仅仅能获得知识,还能改变身份:我们是我们所知道的人,是我们为之学习的人。当我们学习的时候,无论变化是多么微小,我们的可能性,我们的视角,以及我们在世界上的位置都会发生变化。为了发现如何增加学生将公共服务融入生活的机会,研究高等教育的时候,我们需要考虑学习、参与和认同之间的关系。在高等教育中,学习的关注点主要集中在学科问题上。但是许多其他的学习也在非正式的活动中进行,也在教室、图书馆和实验室中进行。学生如何整合所有这些学习,将决定他们将成为什么样的人,以及毕业后在世界上生活的方式。他们对公共服务的承诺很可能取决于他们能够在多大程度上将服务融入到所有这些学习中。

三、与社会其他部门的交互

我们可能会研究在我们的学院和大学中形成的实践团体的性质,即在日常活动中学生有什么机会融入更广泛的社会关切和他们的社区服务,以及有什么机会在这些关切的周围发展持久的实践社区。大学生的身份在本科期间经历了巨大的转变。他们发展了新的关系网络,新的生活方式。当他们进入校园或在家庭生活与大学生活之间取得平衡时,他们渐渐参与各种各样的实践社区。他们参与实践社区,是建立在友谊、室友、饮食、社会活动、班级、学习小组、团队、音乐团体、政治组织、女生联谊会、兄弟会和在线聊天团体基础上的。他们探索学术领域,最终选择专业。这样做,他们可能成为一个部门的一部分,或一个专业群体的一部分。他们找到平衡所有这些参与形式的方法,其奋进的能力取决于他们形成和参与这些实践社区的自由和关心,取决于他们发展强有力和有意义的参与形式的能力,以及他们整合这些形式的能力。

学生能否在社区服务中茁壮成长并取得成功,取决于他们能否将这项活动与其他兴趣以及校园的生活融为一体。对于大学来说,通过变得越来越同质化和精英化的方式,支持学生扩大关系网络是非常容易的。挑战在于使学生能够参与超越校园的持久实践社区,使他们能够与其他年龄段和其他背景的人进行持续交流。这种参与不可能是远离学校安全环境的个人行动。它必须为学生提供有意义的参与形式,使他们有代理感,并与他们希望服务的实践社区直接联系。而且,这种参与时间必须足够长,提供连续性的感觉让人拥有体验。除了个别课程、季度、学期或学年,学生还能有什么样的连续性?

我们的学校、学院、大学和社区面临的挑战是支持学生参与服务，并支持他们将这种参与融入到自己的意识中。这就意味着，我们要注意能为服务的实践社区提供哪些有意义的参与形式，还要去认识这些实践社区以及它们自己发展出来的那些参与形式。如果考虑到这一代人对直接进行一对一接触的偏好，那么我们需要研究这种可以在其中展开的接触结构。鉴于现在这一代人能够接触到在线活动，我们需要研究在线实践的变化方式，研究增强我们自己的社区服务的方式。他们的愿望可能更多地与向他人提供途径有关，即分享声音和分享信息来源的途径。我们认识到这种关切和这种行动的价值了吗？我们支持它吗？我们找到它与其他服务形式的联系了吗？

学生参与网络世界，给他们的参与形式，以及他们对自己与社会其他部分的关系的感受带来了微妙的差异。当我们考虑如何让年轻人参与我们的项目和梦想时，我们需要与他们分享。我们需要认识到数字时代所带来的公众参与形式的变化，以及引起这些变化的利益和必要性。年轻人并不是简单地跳上网络，盲目听信互联网提供的东西。他们利用互联网提供的机会改变公众参与形式，以使其符合他们心目中的直接参与、信息免费和民主的理想。

老一辈人发明了信息技术，但如何与这一知识分支共存却正是年轻一代发现的。那些我们认为对公民参与和公民责任来说至关重要的传统活动，年轻人已不再感兴趣，当面对这一问题时，我们应该认识到，年轻人的公民责任远没有消失，但这一点我们还没有做到。我们只是没有看到年轻一代的新参与形式，即在线上和线下都发展起来的新参与形式，也没有认识到对声音的渴望，以及产生这些新形式的新型民主价值观。如果不从表面看的话,我们可能会看到"社区"这个简单的单词是怎样被重新定义的,是怎样被重铸的。在向数字时代过渡的过程中,我们见证了社区形成、动态和目标的巨大变化。如果我们不能理解这些社区,我们就失去了认识公民参与的机会,失去了欣赏其变革的机会;关于这些社区中正在形成的知识和身份,如果不能理解其性质,那么我们就不能希冀将它们应用于我们认为重要的项目;如果不能理解年轻一代认为重要的项目,那么我们自己的项目也很可能会过时。

四、基于高等教育不同部门的视角

（一）基于社区大学的视角

保罗·A.埃斯纳

马里科帕社区学院区向服务学习的过渡和促进社会责任提升的道路是漫长而令人担忧的。这个过程之所以漫长有以下几个原因：在马里科帕，我们开始引进社会责任的理念，并将其介入早期校园契约倡议的创始阶段。20世纪80年代末，在乔治城大学时，我代表社区大学部门参加了最初的校园契约执行委员会。那时，我积极参加商业高等教育论坛，其中一些成员，尤其是斯坦福大学的唐纳德·肯尼迪、乔治城已故的蒂莫西·希利神父（Father Timothy Healy）、布朗大学已故的霍华德·斯瓦雷尔（Howard Swearer）和美国教育委员会的弗兰克·纽曼，他们都参加过关于美国高等教育的学生不愿意从事公共服务的讨论。

当时，汤姆·沃尔夫（Tom Wolfe）正在创作《虚荣的篝火》，而关于垃圾债券的丑闻占据了新闻的版面。几位高等教育领导人，诸如弗兰克·纽曼和唐纳德·肯尼迪开始提出这样一个问题：

我们的"最优秀和最聪明的人"是否能够被说服去选择公共服务行业,如教学、社会工作,以及重新制定我们的社会议程,从而用最好的创新力和创造力来解决不断增长的和愈加明显的社会问题。我记得在亚利桑那州凤凰城的一次会议上,我坐在商业高等教育论坛的一张桌子旁,聆听上述领导人的讲话。

加州大学洛杉矶分校的亚历山大·"桑迪"·奥斯汀(Alexander "Sandy" Astin)继续报道他对新生的学习生活态度的纵向研究结果。在那时,这些研究显示了学生包括志愿从事公共服务在内的个人目标的下降表现。此外,这些研究中的学生对象,他们在20世纪50年代和60年代早期渴望寻找有意义的哲学,但如今却已经颠覆了这种个人信念和价值观,反而要在生活中"领先"——这对大多数人来说就是意味着找到一份好工作。"我也是"一代在很大程度上是追求专业学位和职业成功,简而言之,就是以"好工作和赚大钱"为主。他们似乎从来不设定帮助他们找寻"自身"(价值观)的目标。

当时高等教育界流传着一个笑话:据说,一位读过奥斯汀研究报告的高等教育政策分析家表示,他对近80%的学生的目标是赚钱感到震惊。接着,第二位分析家表明:"80%的人想赚钱,这个说法并不准确。只有60%的人想赚钱,另外20%的人想赚大钱!"

总的来说,高等教育在提供专业化、强大的职业生涯与就业市场的良好定位的同时,也带来了包括积极生活方式在内的价值体系。因此,在20世纪80年代初,高等教育之歌开始哀叹我们的学生丧失了社会责任感。

这种社会责任的丧失对社区大学来说并不是一个大问题、大打击。似乎是我们被保护得太好了,所以不视其为问题。我们认为,这可能是这些学生的一个问题,他们大部分是寄宿学生且比社区大学的学生更加富有,大多数过着"雅皮士"或"婴儿潮"的生活。

我们在马里科帕遇到的最早的挑战是试着分析校园契约对社区大学运动的意义。苏珊·斯特劳德(Susan Stroud),当时是布朗大学校园契约办公室的执行主任,她来到了马里科帕社区学院。我们同大学校长、教师以及学生就志愿精神的价值观和对社会责任的承诺展开了公开谈话。有人可能会说,我们像一场有组织的政治运动一样"解决"了这个问题。当马里科帕社区学院的人们听到关于志愿精神的价值观和对社会责任的承诺的消息时,并没有从椅子上跳起来。事实上,人们的普遍反应是,"校长在说什么?他为什么要说这个?"但借此机会,我们对大学的学生活动和学生服务人员产生了浓厚的兴趣。

马里科帕社区学院的学生政府的理念,是教授领导和领导技能,这是学生政府长远目标的一部分。此外,学院的各个社团、委员会和学生网络都与学生政府的工作流程紧密相连,尤其是他们的预算分配系统,通常允许少量资金流入学生社团和学生活动。

最适合将早期志愿服务和学生活动结合起来的地方是马里科帕的盖特威社区学院,那里有一个悠久的传统,即顾问们通过各个部门,特别是联合卫生部门,将社团活动与志愿者计划联系起来。当我到达马里科帕社区学院时,我首先参加的一个会议就是社团主席会议,他们对一年来的工作情况进行了总结,几乎所有的总结都涉及在日托中心向小学和学龄前青少年讲解口腔卫生知识等活动。学生在培训项目中所获得的能力,往往会被应用转化到社区中的志愿服务工作当中。在盖特威社区学院现阶段的服务型

四、基于高等教育不同部门的视角

学习中,一个显著例子是他们的供暖、通风和空调项目,该项目的技术人员会到社区为老年人提供蒸发冷却器以防夏季高温。

马里科帕社区学院虽实现了服务型学习与志愿服务的结合,但是在提升学生社会责任感的项目设计中缺乏战略重点。

校园契约的形成以及弗兰克·纽曼等人的全国性对话的"萌芽",帮助我们深入思考了马里科帕社区学院更广泛的服务学习战略。早些时候,我们带弗兰克·纽曼到马里科帕演讲并参加我们的领导早餐会,其中包括大约300名经理、高管和教员。这次会议在斯科茨代尔社区学院举行。就在纽曼向马里科帕领导层发表讲话的那天,他被两三个全国新闻界成员叫离我们的会议,对已经开始形成的校园契约倡议的核心价值发表评论。

纽曼在致辞中强调,我们需要着眼于技术、项目管理和管理之外的创新。他要求我们真正致力于为常见问题找到不寻常的解决办法,如辍学危机、家庭分崩离析、社区检查和社区建设等。纽曼希望我们成为创新的社会工程师和企业家,成为社区大学致力于发展的培训及外延项目的企业家。

在纽曼访问后的几个月里,我们传阅了罗伯特·贝拉(Robert Bellah)的《心的习惯》。我想我给马里科帕社区学院的领导们寄了大约200份。在国家社区学院校园契约中心的早期咨询委员会会议中,我们邀请了贝拉博士向我们的内部社区和咨询委员会发表演讲。我们围绕贝拉的著作进行各种各样的对话,并试图思考他的书是如何反映我们自己的专业社区的。我们得知的坏消息是,在马里科帕,围绕校园契约倡议建立的哲学和意识形态的平台并不牢固。我们在寻找哲学的理论基础;而贝拉的书帮助我们思考了更大的社会困境,即分离、孤立和缺乏个人成就感,甚至

214

在像我们自己这样成功的生活中也是如此。但我们至今尚未建立一种严密的哲学框架来指导我们在社区学院中更广泛地探索校园契约活动。否则校园契约仍然是一个"硬性推销"。

然而，社区学院确实采取了一种非常务实简单的方法，将学生志愿服务的大部分兴趣融入了学院能力的更传统的扩展中，也就是说，学生活动的途径，是通过学生社团在社区开展志愿服务工作。我们在马里科帕的早期构想是从社区学院如何发展公共政策和社会服务中心开始的。在马里科帕，我们中的一些人曾梦想，如果我们能让学生在无家可归的收容所、厨房或危机托儿所做志愿者，我们就能把他们带到一个更具反思性的阶段，他们会开始问我们为什么会在社会或社区设立危机托儿所。我们希望这种反思能够达到一个更加成熟的阶段，即让学生们学会对社区进行基础性和分析性研究。就危机托儿所来说，学生们可能会问他们自己：亚利桑那州的儿童政策是什么？它是什么样子的？与其他州相比，我们的立场如何？对于一个城市、地区、国家，甚至是更重要的民族，一个全面连贯的儿童政策涉及什么？

我们希望这些志愿活动以及由此开展的反思、分析工作能够发展成一项重大的研究工作；我们希望它能在大二末期成为一篇类似于顶点课程的论文；或者某个学生可能决定在一个处理诸如儿童政策、文化、成人和青少年监禁等问题的立法委员会实习；我们希望这些学生能够深入学习理解采取证词、听证会程序、立法程序以及法定语言的写作等等。

在讨论这一构想的同时，我们被授予了组建全国社区大学校园契约中心的职责和许可。布朗大学的工作人员为组织一个与社区学院合作的中心提供了小额的资金支持，建立了一个为促进

四、基于高等教育不同部门的视角

公民责任和志愿服务的项目提供最佳实践平台的信息交换所。马里科帕校园契约中心承担了提供信息工作坊的责任,负责举办社会责任项目的培训,并为此类项目制定统一规范的概念框架与制度要求。

与此同时,我们在全国范围内选聘了一名常务董事——莱维尔·康斯(Lyvier Conss),一个业务能力强、心胸开阔的领导者,与我们共同组建校园契约中心。莱维尔首先访问了几个州,建立了特殊利益集团。与此同时,她与社区学院广泛的教职员工群体建立起联系,这些教职员工十分坚定并且已经开始在他们的校园内开展志愿服务项目和服务学习活动。她还与几个州的校园契约建立了关系,这是在州内建立和促进社区学院获得关于最佳实践的优质信息和良好数据的结构的重要环节。

此外,国家社区学院校园契约中心在亚利桑那州斯科茨代尔市举行了一次年度会议,约有 300 至 400 名国家校园契约领导者参加。这些领导者聚在一起讨论服务型学习的项目设计、重要议题和实际问题。许多发言者和学者参加了这次年会,共同塑造服务型学习的长远发展模式。康斯同时管理着一个庞大的通信网络和一个识别系统,可以在全美数百所社区大学中推动校园契约议程。她还将自己的项目与马里科帕的其他单位建立合作关系,其中包括国家领导力发展研究所,这是一个促进妇女在社区大学担任管理和首席执行官职位的机构。她曾与马里科帕国家学院的系主任和中级学术管理人员合作,几乎在每个国家高等教育协会都举办过论坛,当然,也包括美国社区大学协会。康斯是美国社区大学协会社会责任项目的主要发言人,与美国社区大学协会的工作人员一起工作;她在美国高等教育协会、美国教育委员会、社区学院理事会协会和许多其他组织中主办或参与组织论坛,这些论坛提供了深入理解此项重要议程的受众群体,使得议程的主旨思想深植于全国社区大学的理念之中。

在试图描述马里科帕对社会责任的承诺时,我将描述三至四个社区大学大力参与促进社会和公民责任的领域。梅萨社区学院的苏·麦克阿维(Sue McAleavey)和特里·皮卡(Terry Pickeral)开发了一种模式,概述了服务型学习和志愿服务的动机。他们认为,动机可以通过人道主义、精神承诺、宗教信仰或志愿服务和社会责任概念中的其他动机而产生。我说过,校园契约的早期形成并没有为学生为什么愿意献身于他们的社区提供一个基本的支持前提。马里科帕在早期阶段就曾为之激烈争论。如果我没记错的话,在校园契约的执行委员会会议上,甚至至今都没有关于这个问题的讨论。事实上,贝拉和他的团队在伯克利所做的一个早期调查,形成了《心的习惯》[1]的核心问题——"人们为什么要志愿服务?"贝拉的研究团队认为,这一点在扶轮社、教会和志愿者组织中根深蒂固,但同时提出了一个更大的问题——如果年轻的一代对社区问题的参与意识或主人翁意识发生转变,社会是否会被这些承诺所吸引。有人可能会说,即使是当选为公职的决策者,我们也没有看到他们的态度发生有希望的变化,他们往往受到单一问题的影响,而且比以往任何时候都更有可能支持更多的自由市场力量作为解决大多数社会问题的基本方案。认为所有船只都将在有利的经济浪潮中上升的观点不

---

[1] R. Bellah, R. Madsen, W. Sullivan, A. Swidler, and S. Tipton, *Habits of the Heart：Individualism and Commitment in American Life* (New York：Harper & Row, 1985).

仅仅是一种渗透普及的哲学,还是保守派的一个固有前提,在政策制定方面,保守派似乎比以往任何时候都要多。

麦克阿维和皮卡[1]将服务学习和志愿服务的动机分为以下几类:

1. 慈善:为帮助贫困者而给予的东西;慈善行为,例如捐赠金钱、衣物。倾向于立即(或是短期)提供援助,例如在危机托儿所志愿服务。

2. 慈善事业:致力于增进人类福祉,例如捐赠、慈善援助、公民组织参与、筹款。倾向于比慈善机构更长期更持续的努力。

3. 社会正义:倡导道德正义;公平或公正的品质,例如,召集民选官员、写信、游说、发起特殊利益团体、公民参与等,往往旨在改变社会机构在审查获取资源阻力方面的做法。

4. 社会转型:基于平等、正义和免于压迫的自由,对不同社会秩序的承诺。重点是通过社区发展来增强那些被宣布为"贫困"的人的能力。将"委托人"转变为服务提供者的过程,而不是有时被视为问题的一部分的"代理"参与,例如社区动员、民间学校、合作社、食品驱动等。

从一开始,马里科帕就试图建立志愿者服务和公民责任,这不仅仅是学生的一种偶发性体验,更是一种长期的行为建构。苏·麦克阿维的检验和动机是如何看待学生参与社区工作的重要前提。在马里科帕社区学院,我们几乎没有什么进展,因为在我们与四年制大学的校园契约网络中,最常引用的模式是动员寄

---

[1] S. McAleavey and T. Pickeral, "Motivations for Service-Learning/Volunteerism," unpublished document for the Maricopa Community Colleges (1998).

宿学生接触贫困社区并进行辅导、提供咨询支持、像哥哥姐姐一样的角色塑造以及支持课后娱乐活动的模式。我们通常认为,这些都是短期的,但是很有价值,而且基本上还是慈善性质的。如果我们的学生在一个流动厨房做志愿者,我们最终希望他们问我们为什么会有流动厨房。我们希望学生们能看到一个更大的社会角色以及他们自身能力的发展,改变他们在社区中看到的事物秩序。

然而,他们必须有渠道、工具和技能来转移到这些不那么偶然的、更长期的参与。圣母大学的马洛伊神父(Father Malloy)建议校园契约执行委员会思考我们感兴趣的人类发展理论,以此过渡到"为什么实施校园契约?"马洛伊神父曾表示,他年轻时在拉丁美洲的实习经历对他来说具有决定性意义。我们在玛丽贝丝·梅森(Marybeth Mason)的一个班上看到过这种情况。梅森当时是钱德勒-吉尔伯特社区学院的一名教员,她向我们描述了这样一个学生:她的总体行为举止是"阴郁和绝望"的,这个学生来到梅森的作文课上,穿着黑色的衣服、涂着黑色的眼影、染着黑色的指甲油。总的来说,她的整个形象都是黑色的。由于在社区的托儿所里与贫困儿童一起工作,这个学生开始扩展她的视野,并逐渐改变了她的性格。她变得热衷于与孩子们一起工作、开始穿亮丽一些的衣服、变得更加开朗,并开始把与孩子们一起工作当作一种人生事业。我知道,人们不能概括出这个特殊的学生因为志愿任务而经历的发展阶段,但有钱德勒-吉尔伯特社区学院的教师认为,志愿服务应该在该学院的许多课程中有所体现,这是必要的(与87个不同机构联合起来引导学生认真完成指定作业),是帮助尤其是年轻学生在更积极的、个性化的和建设性的基础上规划其发展阶段的基础。

梅森是马里科帕社区学院在服务型学习和志愿服务发展教学方法方面的杰出领导者之一。当她还是钱德勒-吉尔伯特社区学院主校区服务型学习活动的教员时,就负责将服务型学习融入某些英语系课程。冒着过度简化哲学的风险,她认为:"社区是学生更大的世界空间。"因为志愿者的经历对学生来说可能是一个决定性的时刻,所以梅森解释了个人的自我概念、生活空间和更大的可能性是如何为那些即使只有有限志愿者经历的学生打开的。

对一些教员来说,以一种对社会负责的方式从事志愿活动意味着生活空间的扩大、自我概念的修正和个人的全面成长。其他老师也对我说,即使是过了青少年阶段的人,也会对他们的自我价值、他们在社会中的地位以及他们对生活意义难以捉摸的感觉犹豫不决。我们知道,青少年通过正常的发展,是非常有主见的,并且经常充满怀疑——"我太胖了,我不太聪明,我太高了,我能力不足,我不受欢迎"。这种自我怀疑会延续到更年轻的大学生身上,甚至可能是一些年长学生的症状——尤其是那些怀疑自己的归国学生,他们的生活已经被裁员、离婚和其他生活中的混乱所破坏。

钱德勒-吉尔伯特社区学院在学生中几乎全面推广志愿服务,马里科帕社区学院对此感到十分满意和激动。然而,在早期阶段,我们没有看到梅森和她的一些同事们为学生们计划的更为长远的发展方面。

钱德勒-吉尔伯特社区学院是马里科帕体系中最新的学院之一,它很早就建立了社会责任的框架。他们没有为实现这一目标而创造一种边缘化的结构,而是将一整套学生服务、活动、职能和结构结合起来。他们把学生生活和学生责任联系起来。这不仅仅是一堆程序；整个学生活动计划都是在教师的支持下进行的，教师会仔细评估学生的预约和任务，这样学生就能得到符合他们兴趣和发展阶段的志愿者安排。

这是一项艰巨的任务，87个不同机构的志愿服务的部署和后勤工作要求彻底改变钱德勒-吉尔伯特社区学院的传统学生活动和学生服务机构。

马里科帕最近创建了威廉斯校区，这是钱德勒-吉尔伯特社区学院的一个有趣的扩展。威廉斯校园是一个空军基地，之前叫作威廉斯空军基地。这种再利用创造了一个机会来设计一个学术村和一个创新的学习环境——梅森这样描述它：

> 我们的学习型社区整合了一年级的写作、电影、文学和计算机技术……旨在鼓励学生研究、阅读、写作或回顾和讨论感兴趣的话题……本系列综合课件围绕"在变化的世界中创建社区"这一主题展开，让学生体验在变化的世界中创建社区。

基本上，我们鼓励学生学习世界各地的知识，从巴西电影到西班牙西南部文学。梅森认为，对于学生来说，理解在建立家庭和社区时如何解决冲突，社区在各自的文化和地理环境中的差异如何，以及如何根据地区的位置、国家、价值观和区域文化重新定义社区，这些都是非常重要的。

网景和微软报告是本课程的一项要求。学生必须参加校外文化活动，如艺术展览、多元文化节和音乐表演，所有这些都与他们的阅读有关。服务型学习的一个要素是要求学生审视价值观，澄清态度和社会道德,并通过课外的社区服务评判个人发展和公民责任的不同观点。根据梅森的课程描述,课堂上所学的一切都必须延伸到现实世界有意义的环境中。

学生们被分配到"东庇护所"这样的地方做志愿者,这原先是一个为无家可归的家庭提供过渡性住房的项目。他们可以选择一个位于我们称为威廉斯的学术村的学前教育项目。学生们参加社区活动,他们听各种各样的演讲,实施以社区为基础的组织项目。梅森让学生阅读桑德拉·希斯内罗丝(Sandra Cisneros)的《芒果街上的小屋》等作品,研究西班牙文化中家庭和社区之间的纽带。学生们看例如《街区男孩》《北方》《费城》《长脚女佣》和《愤怒的葡萄》等电影。[1] 她让学生们思考社区的概念。像在沃茨社区中的"社区"概念与中美洲移民家庭的"社区"概念或理想中的"社区"相比,有很大的不同。她让他们思考某种紧密联系的社区,例如,同性恋者,由于他们与艾滋病毒相关的经历而作为一个社区团结在一起。

当学生们按照梅森的顺序完成了文学、电影、写作和技术应用课程时,他们就有望能拥有更深刻的社区意识。他们以志愿者、助手和实习生的身份融入不同的社区,并且相信深刻的社区意识将让他们成为更有效的社区命运的推动者、领导者和塑造者。

玛丽贝丝·梅森把我们早期的校园契约构想理想化了。她不仅有一个学术村,在那里她可以找到许多活生生的例子,像流离失所和被隔离的学生,而且她可以给学生一个反思的学术环

---

[1] M. Mason, excerpt from the syllabus for the Williams Campus, "Creating Community in a Changing World" (1998).

境,这样他们可以充分发展自己作为未来公民和领导人的最大能力。

梅森和她的同事们对这个学术村所做的工作有太多的特点,无法把它们一一列出且不失公正。然而,希望这些简短的描述能说明她为了建立一个我们都属于其中的更大的人类社会所付出的努力。

另一个全面广泛的服务型学习承诺发生在盖特威社区学院,这是马里科帕社区学院系统中的另一所学院。我之前提到过,盖特威社区学院通过其俱乐部理事会和学生活动议程,参与志愿服务、培养社会责任。由于盖特威社区学院在其课程设置中有许多技术性和职业性项目,从护理、影像医学和呼吸道护理,到法院报告,该学院为所有教职员工和领导层制定了一份总体计划书,以支持服务型学习企业。以下是盖特威社区学院的学生开展的各种服务型学习项目的示例。[1]

护理。学生们组织健康普查,并向当地小学的学生提供预防性健康保健信息(卫生学)。他们还参加了社区卫生博览会、流感疫苗诊所、治疗竞赛和马里科帕县社区卫生免疫计划,并为盖特威社区学院汽车专业和文科生举办了普及预防措施讲习班。

影像医学。学生们在当地商场举办的健康博览会上,为乳腺癌意识和早期检测站收集和宣传材料,并进行信息展示和示范。学生与"拯救家庭"合作,为儿童及其监护人举办基础的健康护理及卫生资讯讲座。

---

[1] M. Bush, Director, Community Partnership Programs, Gate Way Community College, personal communication, November 5,1998.

四、基于高等教育不同部门的视角

外科手术技术/围术期护理。学生们参加各种各样的社区服务活动,包括当地的健康博览会和治疗竞赛。外科技术专业的学生可以在注册护士第一助理学生的指导下,进行猪外科手术来锻炼技能。

卫生单位协调。学生们参与了一些项目,包括"美丽的替代品"——一个为癌症女性重建自我形象的地方项目。学生们还协助信息亭和急救站进行治疗比赛,并协助当地小学进行健康普查。

呼吸道护理。学生们设计并向当地的中学生展示"吸烟危害"和"吸入剂危害"项目。学生们还计划和开展校园活动,响应美国戒烟日,参加当地小学的健康普查,并在治疗比赛中协助建立信息亭。

协助物理治疗师。学生在当地中学对儿童进行脊柱侧凸检查,并向盖特威社区学院护理学生讲授健身操。

普通商业和计算机信息系统。学生们参加当地中小学的招聘会。

法院报告。学生们在当地的高中进行展示,并在盖特威社区学院为听障学生做笔记。

汽车技术。学生们与亚利桑那州汽车服务协会合作,为当地的老年人社区和盖特威社区学院开设汽车保养培训班,并参加当地小学和高中的招聘会和职业意识讨论会。

供暖、通风和空调。暖通空调专业的学生为低收入者或者被AZ基金会认定的菲尼克斯居民区的老人维修蒸发冷却器并提供服务。

荣誉。学生结合服务型学习体验来支持他们完成荣誉项目的研究。此外,学生在相关的服务型学习项目中担任领导角色,这是他们荣誉要求的一部分。每个部门的教师都指定学生参加领导课程和课程特定的服务型学习项目。

西班牙语。学生们在当地小学为孩子们准备并阅读西班牙语故事。

英语。学生与当地小学的学生一起从事语言艺术/写作实验室项目和辅导活动。学生在四月创意写作月期间担任当地中学举办的创意写作比赛的评委。

心理学。发展和异常心理学专业的学生在各种各样的机构提供服务,包括"领先"、男孩女孩俱乐部以及无家可归者收容所。

阅读。学生参加当地小学的阅读/辅导课程,以及当地收容所的家庭扫盲项目。

社会科学。学生在当地的人力服务机构和学校提供项目服务。服务内容包括为无家可归者提供食物、协助老年家庭举办娱乐活动和青少年逃亡计划、支持当地学校的课堂教师,以及参与节日食品/玩具的收集和分发。

数学。学生辅导当地的中小学生。

通信。学生协助当地一所小学的孩子们给圣诞老人写信,作为范布伦协会圣诞愿望项目的一部分,并参加当地一所小学的午餐时间阅读/辅导计划。学生们还协助了3000多名参加者注册参加治疗比赛。

在盖特威社区学院,独立的志愿服务被视为太单一了。与钱德勒-吉尔伯特社区学院和梅萨社区学院一样,盖特威社区学院的工作人员帮助教师用对志愿者服务的反思作为课堂讨论的内容,以及在履行社会责任方面进行强化、做出反应。在盖特威社区学院,他们认为,要经历服务型学习体验,就应该要求学生通过"什么""那又怎样""现在怎么办"进行不断反思的询问。

针对"什么"问题,要求学生回答"在服务站点发生了什么?你提供了什么服务?你和什么人打交道?你的角色是什么?你观察到了哪些职业机会?"然后要求他们以书面形式描述这些经历。

问题"那又怎样"指"服务的意义是什么?这对你个人意味着什么?你对服务站、人员和经验有什么负面和积极的感受?你学到了哪些可以提高你的课堂教学能力的东西?你从你的服务站人员那里学到了什么,他们和你有什么相似之处和不同之处?你运用了哪些在课堂上学过的技能和知识?你缺乏什么技能或知识?你如何才能获得这些必要的技能?"然后要求他们检查这些问题。

"现在怎么办"引出了如下问题:你的服务会对终身学习过程产生什么影响?你的经历对日常生活有什么影响?你获得了什么样的真知灼见可以帮助你的职业生涯或职业选择?这段经历与你的未来有什么联系?在社区参与、公民身份和公民责任方面,这些经历教会了你什么?你的服务体验与"大局"(如重大社会变化、社区的全球变化、范例转变、社会契约)有什么关系?

在马里科帕学到的经验教训

关于服务型学习,我们和马里科帕项目主管达成一致,认为有许多影响成功和导致失败的因素。以下是我们学到的经验教训:

首席执行官必须要起带头作用

更重要的是,首席执行官不能只说不做,他们应该"言行一致"。马里科帕社区较小的学院之一,南山社区学院的校长约翰·科尔多瓦博士(Dr. John Cordova)就树立了这样一个榜样。尽管忙于管理大学,这位校长还是抽出时间在学校的日托中心做志愿者,为学前班的孩子们朗读。他还与社区团体合作进行领导力培训,传达个人成长的原则。科尔多瓦积极劝告社区的问题青年,试图引导他们走上正轨。

建立社会责任感需要整个学院的广泛支持

从学院的一个部门启动志愿者项目是可行的,例如学生俱乐部,但最好是建立一个全校范围的战略。

志愿者项目很容易被边缘化。重要的是要避免它被认为是"那边的志愿者项目"。我在这里所描述的项目应该能体现在学生服务、体育项目、校长办公室,甚至是保管和运营领域等各个方面。服务型学习应该无处不在,每个人都有权参与。

尽管首席执行官的承诺很重要,但项目不应自上而下组织严密

服务项目和志愿服务项目应具有自我组织的特点。它们应该拥有发现和创造的机会,应该不断地"深思熟虑"并付诸行动。多方面的、自我组织的努力和新的创新应在开放的结构中成长。

有利的基础设施应准备就绪

应该存在一些智能协调。协调各机构的学生和工作人员的

安置,提供与接待机构匹配的志愿者评估。

必须保持宣传和预算研究。应考虑并确保在评估和战略上与其他学院目标保持一致方面发挥咨询作用。传播良好的信息和为志愿者提供培训都是必要的,他们可以决定一个项目的成败。坚实的责任不会出现在脱离实际、无支撑和独立的环境中。最好的项目需要融入许多大学主流。

马里科帕社区学院的领导和国家政策规划者可能低估了志愿者体验的兴趣和热情

高等教育的各个部分很容易模式化。我们中的一些人认为在像马里科帕这样的社区大学里,50%的学生全职工作,80%的学生全职或兼职,对服务性学习兴趣并不大。

学生的特点容易被过度概括。事实上,社区大学生对服务型学习有着强烈的意愿。许多人在生活中"坎坎坷坷",一些人在抚养孩子,还有许多人能带来特殊的知识和资源。我们的许多年长的大学生在来之前已经有了堪称模范的志愿服务经验。

来自梅萨社区学院的苏·麦克阿维和来自盖特威社区学院的玛莎·柏金(Martha Bergin),都是马里科帕服务型学习的领导者和政策智多星,他们都建议我们不要低估服务型学习强大的教学杠杆作用。麦克阿维和柏金都看到了学科在服务型学习下活跃了起来。柏金写道:

> 有更多的教学方式……身体上、智力上、道德上和情感上的参与有助于支持整体学习。我的意思是,要保持独立是很困难的。我认为,与服务相关的学习体验涉及或触及核心

价值体系,对我来说,这里引用了对情绪智力的理论解释,我将在这里解释这些学习过程,并解释我所说的"整体"学习。[1]

服务型学习是一个缓慢的演化过程

服务型学习至少应该是一个十年的过程。米歇尔·布什、莱维尔·康斯、麦克阿维·苏、玛莎·柏金和玛丽贝斯·梅森都认为,我们应该准备长期的服务型学习,大概率是因为它与学习组织的支持和基础设施的一体化程度极高。服务型学习不是"速战速决"或一时风尚。它需要毅力和持久力。马里科帕社区学院的工作人员和教职员工已经坚持了很长时间。他们重新组织、修订和完善战略,他们仍在探索服务型学习的力量。

篇幅上不允许我把许多马里科帕领导人提供的证词和评论放在这一章。这本书的编辑让我对马里科帕对社会责任和服务学习的解释进行评论,因此我的评论仅限于马里科帕的经验。在这一领域中,我们校园契约中心的其他许多作为领导者的社区大学也很突出。还有许多国家(社区大学)领导者我都没提到,例如布劳沃德社区大学、丹佛社区大学以及其他许多引领服务型学习并将其融入到学校的使命与愿景中的社区大学。

这是我们对马里科帕的期望,同样也是我们对许多国内同事们的期望。服务性学习将充分融入到每一位社区大学领导者的个人思想意识中,并贯穿高等教育的重要环节——大规模社区

---

[1] M. Bergin, in-house memo, January 27,1999.

四、基于高等教育不同部门的视角

运动。

最后,我将引述玛丽贝斯·梅森的一段评论。她通过一种强有力的方式做了经验总结:

> 服务型学习对我产生影响的第二个方面是非常个人化的层面。当我开始要求我的学生去志愿服务时,我自己也变成一个更坚定的服务者。与此同时,这种新的投入成为对社区需求的高度理解。我接触过受虐待和被忽视的儿童,住在应急临时住所的无家可归的家庭,为逃离虐待而寻求藏身之所的妇女以及许多孤寡老人。我曾亲眼见到贫困与歧视的影响,卫生保健、保险、儿童保育的缺乏,教育的匮乏,吸毒酗酒成风、信用卡透支成瘾、合理生育控制及性教育项目的缺乏以及家庭支持的缺乏。但是我也见到儿童的适应力和意志力,爸爸妈妈们的坚韧与决心,讲述并倾听代代相传的故事的乐趣以及学生们在给予时脸上的满足感。我曾为自己同在非营利机构的志愿服务者成为朋友而兴奋不已。当他们日复一日地进行志愿服务时,我观察并学习他们的无私奉献、机智灵敏以及专业素养。如今,我和我的家庭一同进行志愿服务。在服务过程中,我们多次被提醒,我们现在拥有这一切是多么的幸福。这并非是旧调重弹,我必须赞同我的学生们常说的一句话:"当我去志愿服务时,给予一点,回报万分。"[1]

---

[1] M. Mason, in-house memo, January 29,1999.

（二）基于综合性大学的视角

朱迪斯·拉玛利

什么是公民社会？

《凯特琳评论》在十多年前发表了一些关于公民社会概念的文章，公民社会[1]被描述为"一张涵盖了社团、组织和机构的大网，公民根据他们的特殊兴趣，通过习惯和爱好聚集在一起。教育、宗教和商业，这些民间实体代表了文明世界的人类生活"。通过建立的社会资本[2]，这种关系网产生了必要的资金，以弥合个人利益与政府工作之间的差距，在这个过程中的某个地方产生了政治资本，让调解成为可能。

以这种方式构想的公民社会的问题在于，构成这种结构的社团往往掌握在精英手中，因此，只有精英才有话语权。迈克尔·施德森（Michael Schudson）[3]提出了这样一个观点：18世纪美国政治中的"好公民"就是指绅士。"19世纪的统治是由多数人组成的政党；20世纪的美国政治是由每个人统治的，而现在，没人统治。"[4]

大卫·马修斯认为，在一个看似人人都有发言权，却又没人有真正发言权的世界里，包括教育机构在内的公民团体可以取代公

---

[1] R. J. Kingston, "Editor's Letter," *Kettering Review* (Fall 1998): 5-7.
[2] R. D. Putnam, "What Makes Democracy Work?" *National Civic Review*, 243 (1993): 101-07.
[3] M. Schudson, *The Good Citizen* (New York: Martin Kessler Books, 1998), 7.
[4] Ibid.

众,并从实际上更广泛地阻碍参与公民生活。[1] 马修斯描绘了我们这个时代真正的公民社会的图景:"公民社会,只有人民在有机会学习到倾听一切声音的重要性,甚至是倾听他们不喜欢的观点时,学到通过冲突来解决问题的重要性时,学到建立共识以便行动的重要性时,才变得民主。"让我们以公民社会的定义为目标,讨论一所综合性大学如何以这种集体方式为社区的能力发展发挥积极作用。

从大量关于公民社会的文献中,我们可以追溯到亚里士多德的《政治社会》和后来罗马的《社会文明》,布鲁斯·西弗斯(Bruce Sievers)描述了当今公民社会的基本特征。[2] 它们是:(1)存在一系列调解机构或非政府组织,如学校、教堂和媒体;(2)通过确保决策的合法性和公平性来维持这些调解机构所需的程序规则和价值;(3)个人权利;(4)作为个人权利必要补充的共同目的和公民责任感。

什么是公民道德?

公民道德在传统意义上指公共利益和实现公共利益的持续愿望。[3] 在这一定义的基础上,我们就可以做出这种假设,即社区领导"既有机会也有动机获得必要的知识,并有在这一知识基础上稳定行动的倾向"。

---

[1] D. Mathews, "Afterthoughts," *Kettering Review* (Fall 1998): 74 – 76.
[2] B. Sievers, "Can Philanthropy Solve the Problems of Civil Society?" *Kettering Review* (December 1997): 62 – 70.
[3] R. Dahl, "Participation and the Problem of Civic Understanding," in *Rights and the Common Good*, ed. A. Etzioni (New York: St. Martin's Press, 1995), 261 – 70.

我们目前关于公民参与的讨论是由两种潜在的恐惧推动的。[1] 它们是:(1)我们正在失去信心,不再拥有可以单独或集体控制影响我们生活的力量;(2)从家庭到社区再到国家,我们担心社区的道德品质正在我们周围瓦解。"在传统的现代和古典的民主定义中,流行的主题是'我们',但在一个完全由主权、自治团体组成的社会世界中,基于排他性的分离、自我利益和自我定义上,我们被一个客观的、遥远的、未知的'他们'所取代。"[2] 在这种不安的环境下,是时候朝着更广泛、更丰富的社区意识和公共目标努力了。

我们应该朝着什么样的民主而努力?

R. 瓜拉西和 G. H. 康威尔(G. H. Cornwell)呼吁一种新的民主的工作模型,混合了民主的传统经验,"一个完全不同的理想型民主社会,差异和联系可以共存,但有时会被理解成分离的、矛盾的、相互冲突的"。[3] 在我们日益多样化和多样性的新的民主适应中,我们需要建立一个社会,在这个社会中,任何个人"都可能同时拥有许多身份,权力、威望和社会地位都是多样的和非等级的"。我们必须同时保持联系、独特和不凡。一所学院或一所大学可以树立这种更广泛、更包容的民主和公民道德观念。这就是我们所说的高校行使公民责任的意思。

---

[1] M. J. Sandel, *Democracy's Discontent: America in Search of a Public Philosophy* (Cambridge, MA: Belknap Press of Harvard University, 1996).

[2] R. Guarasci and G. H. Cornwell, *Democratic Education in an Age of Difference* (San Francisco: Jossey-Bass, 1997), 2 - 3.

[3] Ibid.

四、基于高等教育不同部门的视角

具有讽刺意味的是,当今公共事务的纯粹复杂性意味着大量存在于我们的高等教育机构以及其他民间团体中的"专家"和"专业人士",一般来说,他们并不比普通公民更有能力去促进民主更新。如果这是真的,我们必须花一些时间来描述我们需要的各种能力,以便促进真正的社区参与。

如果我们的目标是一种真正的多元文化和开放的民主生活方式,我们就需要找到切实可行的方法来提高公民能力以及我们自己的能力,以这种复杂、相互联系和独特的方式生活。事实上,我们必须探索多元文化主义的真正意义是什么,并在我们的学校、校园和社区中培养一种真正的多元文化能力,以及共同开展公共工作的能力。不管我们的任务和责任范围是什么,这都是事实。

根据 K. 曼宁(K. Manning)和科尔曼-博特莱特(P. Coleman-Boatwright)的说法,"多元文化组织是一个真正致力于成员多元化的组织;对保持开放、支持和响应的环境非常敏感;在其持续的运作中努力并有目的地加入多元文化的元素;是……对所面临问题的真实回应"。[1] 要做到这一点,校园社区必须高度重视共同的价值观,注重有效和包容的沟通,以及文化知识。这样做的机构可以丰富学生的教育经验,促进个人成长和社会的健康,并通过大学社区关系支持社区和工作场所。换句话说,校园社区本身可以作为一种民主的运作模式,作为"一种与他人共同解决问题的方式,而不仅仅是一种政府制度"。[2] 简单地说,民主不是一种政府制

---

[1] K. Manning and P. Coleman-Boatwright, "Student Affairs Initiatives Toward a Multicultural University," *Journal of College Student Development*, 32, no. 4 (1991): 367-74.

[2] Mathews, "Afterthoughts."

度,而是一种生活方式。再次用杜威的话来说,这是"一种相互关联的生活方式,在这种生活中,互惠和联系是必不可少的"。[1]

大学承担公民责任意味着什么?

一所承担着公民责任的大学,将自己的目标设定为,通过我们作为学者和管理者的期望、我们对学生的期望,以及与我们不可分割的更广泛的社会与机构关系的性质和意图,努力促进民主的更新。

任何教育机构增强公民责任的最基本手段都是:(1)通过课程设计找到一种将学习与社区生活联系起来的方法;(2)成为社区建设的中心。除这些基本手段外,一个机构将利用其基于传统、机构历史和资源基础的独特优势,通过奖学金、外联或参与加强社区生活和社区容量来识别和解决问题。在任何情况下,该机构所做的都是帮助其学生、教员、工作人员和所服务社区的公民学习如何共同做出明智的选择,这是公民责任的基本技能和公民社会的核心能力。[2]

将学习与社区生活联系起来

将教育与民主、学习与生活联系起来的这种想法,没有人能比约翰·杜威所做得更好。[3] 对于杜威来说,教育并不是为遥

---

[1] R. D. Boisvert, *John Dewey: Rethinking Our Time* (Albany: State University of New York Press, 1998), 105.

[2] D. Mathews, *Is There a Public for Public Schools?* (Dayton, OH: Kettering Foundation, 1996); Kingston, "Editor's Letter," 7.

[3] Boisvert, *John Dewey*.

远的未来做准备,它本身就有意义。正如他所写,"教育不是为生活做准备。教育本身就是生活"。杜威认为,民主和教育本身都必须是一种"生活方式",建立在成长、个性和不断进行的与生活相关的实验的概念之上。在哪里进行这样的实验会比在我们自己的校园里进行更好?在我们这个时代,教育和生活之间不再有明确的界限。如果我们所有人都是终身学习者,那么负责任的社区生活将取决于我们共同学习的能力以及我们将所学知识应用于共同发现更大利益的目标。

如果我们真的相信"通往公民社会的必经道路是大学"[1],那么我们必须把我们的学术团体看作头脑和心灵的产物。达蒙认为,年轻人需要三个特征才能有意义地参与公民生活。这些是"知识能力,如推理技巧、识字能力以及为做出明智判断所需的历史和经济知识。第二,道德品质,如对诚实、公正、社会责任的奉献,以及使民主话语成为可能的宽容。最后,社区组织的实践经验,年轻人可以从中学习如何在群体中、在结构化的环境中工作"。[2] 任何机构,无论其使命是什么,都可以利用课程的媒介及其对学生的要求,作为履行公民责任的工具。

社区生活的中心

大卫·马修斯认为,作为社区生活中心的机构,学校改革必

---

[1] W. Damon, "The Path to a Civil Society Goes Through the University," *The Chronicle of Higher Education* (16 October 1998): B4 – 5.
[2] 我想补充一点,所有文科领域的知识都是必不可少的,包括科学和数学、艺术和文学。

须重新被定义为"社区建设"。[1] 他认为,学校和公立大学的使命,通过外推法,都应该源自学校或大学所服务的社区的宗旨和经验。一开始,我们的学校被"特许承接我们国家的重要工作"。[2] 在某种意义上,无论正式还是非正式,一个地区性综合性机构或一所州立大学也被特许做这项工作。我自己的学校机构,佛蒙特大学和州立农业学院,一个公共研究赠地大学,在我们的章程中被正式称为"国家工具"。无论这个章程是真实的还是比喻性的,在决定一个特定的机构如何阐释它的公民使命时,它都是一个重要的因素。

综合性大学与地方主义

综合性大学是指具有一定研究和研究生规划能力,与特定地区关系密切的大学。通常,这些机构的使命包含特殊的责任:满足特定地方和特定人口的需要。因此,定义一个地区是什么,以及这个概念如何塑造一所综合性大学行使公民责任的方式是很重要的。

在城市地区,地方主义的发展尤为明显。为了反映这一现象,尼尔·皮尔斯(Neil Peirce)使用了"公民国家"一词来描述经济活动、治理和社会组织的关键性融合,在过去十年中,这种融合已经开始取代单一民族国家成为政治、社会和经济活动的中心。[3] 这一趋势可能无法被充分重视,政治边界和地理边界为

---

[1] Mathews, *Is There a Public for Public Schools?*
[2] Ibid.
[3] N. Peirce, Citistates. *How Urban America Can Prosper in a Competitive World* (Washington, DC: Seven Locks Press, 1993),12.

全球化时代让路,综合性大学的区域关系正发挥着日益增长的作用,提供一个通信、合作和伙伴关系网络,可以加强这些经济和社会中心日益重要的关系。

人们越来越清楚,"知识、学习、研究、信息和技能是商业的原材料",[1]以及能够重建公民社会意识的基本要素。在世纪末研究型大学的系列报告中,凯洛格国家和赠地大学未来委员会选择将这一现象称为"学习型社会"的出现。在威廉·道奇(William R. Dodge)的著作《区域卓越》中,他谈到了为了国际竞争和区域繁荣,在区域基础上的合作意味着什么。[2] 道奇认为许多区域方法比传统的政府形式能够更好地应对如下挑战:(1)多维度的复杂问题;(2)公民退出公共言论和公共生活;(3)政治边界与区域实际维度的脱节;(4)日益扩大的财政、经济和种族差距,特别是在中心城市和周围郊区及远郊环境之间,造成社区分裂;以及(5)全球竞争的挑战。

作为一个国家,我们应该组织起来应对市、县、州和国家层面的挑战。同时,我们的实际问题也在周边、地区和国际层面上显现出来。我们所拥有的政府和民间组织的解决问题和提供服务的能力正被地区挑战的规模和复杂性所压倒。正如道奇指出的那样,"这些机制大多缺乏及时性、灵活性、包容性、稳定性或影响力"。[3] 能够在物质、智力和经济上弥补这些差距的唯一社会

---

[1] N. Peirce, Citistates. *How Urban America Can Prosper in a Competitive World* (Washington, DC: Seven Locks Press, 1993),12.
[2] W. R. Dodge, *Regional Excellence. Governing Together to Compete Globally and Flourish Locally* (Washington, DC: National League of Cities, 1996),20.
[3] Ibid.

实体是综合性大学或州立大学。在许多情况下,如果这个地区包括其他州或不止一个国家,那么一个机构是不够将其囊括的。在这种情况下,一个综合性机构只有与服务于跨国家或国际边界地区的其他部分的高等教育机构开展有意义的合作,才能发挥真正的区域作用。要想在地区范围内思考和行动,我们必须重塑政府,建立一种不同的、可接受的、反应迅速的教育体系,将经济和社区发展战略放在通常的政治管辖区之外,并直面复杂的社会和环境问题,因为这些问题会影响我们的努力,限制我们的选择。[1] 能够把所有这些元素串在一起的唯一的线就是综合性大学或州立大学。

区域公民的属性与社区意识

约翰·加德纳[2]在区域范围内定义了公民美德和公民责任的品质和属性。这些属性可以作为我们检验综合性大学如何有助于创建区域战略和区域公民身份的指南。[3] 以下是加德纳和道奇略作修改后的清单:

- 整体性和包容性,融合多样性。
- 共享价值的合理基础。
- 关心、信任和团队合作。
- 有效的内部沟通。

---

[1] N. Peirce, "New Lessons in Regionalism," *Connection*, XIII, no. 2(1998): 37–42.

[2] Dodge, *Regional Excellence*.

[3] J. Gardner, *Building Community* (Washington, DC: Independent Sector, 1991).

- 对社区重要性的肯定和信心。
- 社区之外的联系,尤其是贫富之间的联系,它们与社区之外的世界保持开放、建设性和广泛的关系。
- 开发该地区年轻人的想象力和加强公民责任。
- 一个有前瞻性的观点,检验和试验各种选择的意愿。
- 一种使所有当事人参与进来的方法。

综合性大学如何行使公民责任

作为高等学府的大学,有三条可以建设公民社会的途径,分别是研究、教学和服务。这一切可以用传统的方式表达,也可以用创新的融合方式表达。它也可以在当地、区域或更大范围内表达,这取决于该机构的使命和资源基础。我们将关注综合性大学的区域和地方作用,并认为尽管这些机构中的许多人希望接受传统研究型大学的价值观、特点和结构,但实际上,是时候超越这种模仿形式,考虑用一种全新方法去阐释如何利用传统的研究、教学和服务活动,接受区域和社区议程,为学生提供示范性的教育体验,为教职员工提供有价值和激励的职业生活。在凯洛格国家和赠地大学未来委员会的讨论中,我们发现用更丰富、更多维的术语——取代传统术语的发现、学习和参与——来研究、教学和服务是很有帮助的。这些术语中的每一个词单独或与其他术语结合起来,都为一所综合性大学如何利用其智力资源及其关系来促进公民美德和公民社会提供了一个令人耳目一新的视角。

发现

强调从研究转向发现,从教学转向学习的起源可以追溯到欧内斯特·伯耶尔。1990年,伯耶尔发表了《学术反思》[1],开辟了一种新的谈论学问的方式。通过重新审视智力工作的性质,伯耶尔开始了一次谈话,逐渐引出了一种思考知识是如何被创造、解释和分享的新方式。他建议,在不抛弃传统的价值观,即明确目标、严谨、意义和完整的基础上,这些一直是最好的学术作品的特征[2],在许多环境中都存在着发现、分享和应用,并且会涉及许多不同的参与者。今天,我们可以在大多数综合性大学找到各种学术成就的例子——基于实验室的和基于社区的,个人的和合作的,学科的和跨学科的。在所有这些情况下,我们可以识别多个参与者以及多种设置和查询模式。所有这些查询的形式都有助于我们实现创造、解释和分享知识的使命,而且它们都是同样有效的。然而,它们并没有被许多教师同等地接受为学术著作。

通过拓宽对合法学术工作的定义,包括与社区参与者合作创建学术议程的概念,我们创造了教师和学生可以开始建立基于社区调查的基本方法,这种调查可以提高社区做出明智抉择和共享决策的能力。许多综合性机构仍在努力模仿最著名的研究型大学的形式和价值观,可能会发现难以理解的更广泛的概念。然而,包括波特兰州立大学和俄勒冈州立大学在内的一些机构,已经将自己对伯耶尔学术工作定义的解释纳入了它们的晋升和任期指导方针中,并制定了以协作或社区为基础的方式记录和评估学术工作的方法。

---

[1] E. Boyer, *Scholarship Reconsidered: Priorities of the Professoriate* (Washington, DC: The Carnegie Foundation for the Advancement of Teaching, 1990).

[2] C. E. Glassick, M. T. Huber, et al., *Scholarship Assesses Evaluation of the Professoriate* (San Francisco: Jossey-Bass, 1997).

学习

为了支持完全接受公民使命和公民责任,必须引入第二个关键的理念性变革,即从强调教学和教师作为知识的首席讲解员和传递者的作用,转变为强调学习的中心性和学生在从事学术工作时作为参与者的作用。这种转变打开了利用课堂以外的环境来促进学习的可能性,为学生提供了更丰富的学习方式,同时也为社区提供了一些有价值的东西。这样,学生既能养成公民美德的习惯,又能协助学校履行集体公民责任。

参与

真正的创业型大学必须具备灵活性和创造力,支持和鼓励富有想象力的行动的能力,以及识别和成功管理风险的能力,所有这些都是成功创业者的特征。一所大学还必须能够创造支持创业活动的条件,如果全州的问题是其使命所在,这种创业活动将加强其所服务的区域和国家的经济基础,并为该区域的公民和国家创造机会。作为21世纪的一所参与型大学,这既是我们的挑战,也是我们的机遇。

大多数综合性机构在未来几年必须接受以下主要参与目标的一些变化:

- 创造受过良好教育和技能娴熟的劳动力。
- 建立知识和创新的基础,支持高质量的生活和经济发展。
- 支持良好的学校和健康、可持续的社区。
- 生成支持有效自然资源管理和维持环境质量的知识;在农村地区,这包括对工作景观和可持续农业的关注。

● 与组织和社区合作,确保当地和区域社区的每个居民都有成功的机会。

为实现这一目标,一个机构应考虑采用三种相互促进的相关战略:

1. 为学生终身学习做好准备的**教育改革**,强调每一个学生都要有严谨的学习态度、教育规划以及从学校过渡到职场的机会。

2. 注重长期劳动力发展的**员工发展战略**,以及雇主和雇员的即时培训需求。这些方法应强调职业导向,而不是工作导向,并促进社区和社区(人口足够多的地方)领导层的发展。

3. 与教育和研究投资有效结合的**经济战略**,这些投资与旨在提高社区或地区生活质量的社区发展战略有意义地联系在一起。

传统上,大学使用外联、专业服务或公共服务等术语来描述知识在劳动力发展、经济和社区发展等当代问题上的应用。渐渐地,这些概念(指教师角色和大学使命的有效部分)正被纳入一个更广泛、更全面的术语,即参与。

什么是参与?它与传统的外联和服务有什么不同?专业服务或外联主要是单向的知识和技术转让过程,即从大学到主要赞助者。在契约中,参与是指以共同的目标、共同的议程、商定对大学和社区参与者都有意义的成功定义为特征的主动行动,以及对大学和其他参与者提供的公共和私人资金的某种集中或利用。由此产生的合作或伙伴关系是互利的,并可能培养各方的才能。

机构更有可能选择利用外联来解决相当直接的问题,并发起参与活动来解决更复杂的问题,这些问题缺乏明确性(即当问题或解决方案不明确时的模糊问题),或者必须利用多个机构的杠杆融资来探索这些问题的解决方案。参与有许多有益的附加作用。除了促进创造更大的社区能力来识别和解决重要问题外，参与还为所有参与者提供了发现、解释和分享知识的机会——换句话说，参与终身学习。

玛丽·沃尔肖克在她的文章《知识无国界》中讨论了我们国家的研究型大学可以做些什么来支持经济和社区发展、促进专业实践和工作场所的发展、维持这个国家的公民生活和民主。[1] 这些论点也适用于综合性大学。正如沃尔肖克所指出的那样，由于研究成果和范式的转变，艺术、人文、社会科学、生物和物理科学以及职业领域等所有知识领域都发生了重大的转变。"新知识的这种发展不断地改变我们如何理解和塑造物质世界、经济世界和社会世界的理念。"[2]

越来越多的人"必须不断地将新知识融入他们的日常活动"[3]，我们所有人都需要一个知识库，从中我们可以作为专业人员、公民和家庭成员做出明智的判断。我们认为，美国的公立研究型大学将在我们的一生中发挥主要作用，通过产生新知识，成为知识的来源，并支持社区探索和处理当今社会复杂问题的能力，从而提高我们人类的能力。承担这一责任的机构可以称为"参与性大学"。

直到最近，终身学习还被认为是个人职业和个人发展。罗格斯大学伊格尔顿政治学院最近完成的一项调查显示，91%的受访

---

[1] M. Walshok, *Knowledge Without Boundaries* (San Francisco: Jossey-Bass, 1995), 97–102.
[2] Ibid.
[3] Ibid.

者同意,"终身学习"的定义是"智力和职业更新的过程,这一过程既能促进个人的充实,也能促进职业的发展"。然而,少数受访者对这一定义持异议,原因有几个:

1. "更新"一词没有考虑到不断创造、获取和应用知识的需求,以及与"反思实践者"相关的学习模式。

2. "个人充实"一词忽视了终身学习对促进有效公民身份和社区发展的重要性。

3. 这个定义只关注个人,没有考虑到在社区和组织中人们的智力和解决问题的能力的培养。

4. 这个定义没有强调运用技能解决新问题的重要性。

大多数继续教育部门将持续为专业人员提供有价值的方案。然而,现在越来越清楚的是,以社区为基础的终身学习是维持我们的民主生活方式的必要条件。我们需要了解一个开明和有能力的公民对民主生活方式的重要性,并通过产生更大的社会资本和人力资本,为维护我们的社区意识做出贡献。这种学习的挑战必须被整个大学界所接受。它们代表了全面发展的参与方式的一个关键组成部分,因为对个人和共享终身学习("学习社会")的支持对于创建公民社会的能力至关重要。

罗伯特·普特南研究了这个国家的民主复兴,"通过与提高个人生产力的物质资本、人力资本工具和培训的概念进行类比,'社会资本'是指社会组织的特征,如网络、规范和社会信任,促进协调和合作,实现互利共赢"。[1] 普特南在对意大利社区结

---

[1] R. D. Putnam, "Bowling Alone: America's Declining Social Capital," *Journal of Democracy*, 6, no. 1(1995).

构的研究中发现,公民参与和有效政府之间的关系实际上是完美的。[1] 他认为,为了振兴我们的民主,我们应该"首先在我们的社区重建社会资本,恢复我们的公民联系"。在之前几代,公民和服务组织以及教会团体是社区生活的纽带。今天,建立社会资本的机制可能是大学参与社区和经济发展,分享学习经验,并将以社区为基础的学习机会纳入我们的课程。这些经历也为我们的学生在毕业后能成功地领导和服务做好了准备。

学习社区的创建

作为一个负责任的公民,大学的集体行为意味着什么?新形式的公共学术(发现)、社区或服务学习(学习)和社区大学联盟(参与)的理论基础是复杂的。这些活动可以响应:

● 培养具有公民意识的学生的需求日益增长。
● 培养学生在工作场所取得成功的必要性。
● 满足社区复杂的社会、经济和文化需求的愿望。
● 开放社区作为扩展课堂的价值,以鼓励更丰富的学生学习。
● 越来越多的人期望大学和学院将成为社区中的好公民,并协助经济和社区发展,在许多情况下,还有助于社区和社区生活的振兴。

对公民责任和社区参与的承诺,也为密歇根州的大卫·库珀(David Cooper)提出的问题给出了答案。库珀对加州大学洛杉矶分校最近一次对大学新生的调查结果做出了回应,他认为:"令人

---

[1] Putnam, "What Makes Democracy Work?"

遗憾的事实是,加州大学洛杉矶分校的调查揭示的更多是成人世界,而不是在成人生活的门槛上试图保持平衡的年轻人。在他们成长的岁月里,我们为他们提供了什么样的道德和情感智力、自我更新和社会理想主义的内在资源?"[1]

实现所有这些目标有许多方法,但特别适合综合性大学当地和区域重点的方法是创建学习社区,利用社区发现的问题促进发现和应用。亚伦·布劳尔(Aaron Brower)和卡伦·德廷杰(Karen Dettinger)在菲斯·加贝尼克(Faith Gabelnick)[2]及其同事的研究基础上,对这种模型的特质下了很好的定义。[3]

> 学习社区……必须整合学术主题和社会互动,同时为智力刺激环境的出现提供物理空间或设施。此外,学习社区的设计必须在学生的职业、道德和公民中形成一个三合一的责任。

在波特兰州立大学,已将一个名为"大学研究"的社区基地纳入其整个通识教育课程中,学习社区的概念已经扩大到一年级、二年级和三年级,包括一个专门的空间和一个独特的

---

[1] D. Cooper, "Running on Empty: Are College Freshmen Really So Stressed Out?" *The National Teaching and Learning Forum*, 7, no. 1(1997): 6.

[2] A. M. Brower and K. M. Dettinger, "What IS a Learning Community?" *About Campus* (November/December 1998): 15–21.

[3] F. Gabelnick, J. MacGregor, R. S. Matthews, and B. L. Smith, "Learning Communities: Creating Connections Among Students, Faculty, and Disciplines." *New Directions for Teaching and Learning* (San Francisco: Jossey-Bass, 1990): 23.

四、基于高等教育不同部门的视角

课程设计,在利用社区本身作为智力刺激环境的高年级形成了顶点课程。[1] 虽然波特兰州立大学的例子特别全面,但许多学校已经开始通过各种形式,包括服务学习、实习、实践和顶点课程,让学生参与通识教育或是专业教育的社区学习。[2] 有时,个别学生之间以及机构与社区机构、组织和协会之间有足够的互动,这种特殊的学习社区的发展,有时会随着时间的推移而持续,有时会随着关系的形成和改变而出现或消失。

在许多情况下,一个机构会选择建立一个持续的学习环境,在这个环境中,本科生、研究生、实践者和教师以一种混合了应用研究、改进专业实践和为专业做准备的活动的方式进行交互。当完全发展时,这些实体获得了自己的生命。这种模式在教师教育方面发展得特别好,专业发展学校和学校发展机构已经存在了十年或更久。以佛蒙特大学和埃塞克斯联合学校(Essex Junction Schools)的长期合作为例,在这种情况下,佛蒙特大学扮演着类似于综合性机构的区域性角色,这既是由于它的州使命,也是由于佛蒙特州的规模和规模的作用,佛蒙特州的人口比大多数大都会地区都要少。根据教育学教授约翰·克拉克(John Clarke)和他的同事所说,一个基于问题的学校发展过程,

---

[1] M. F. Reardon and J. A. Ramaley, "Building Academic Community While Containing Costs," in *Handbook of the Undergraduate Curriculum*, ed. J. G. Gaff and J. L. Ratcliff (San Francisco: Jossey-Bass, 1996), 513 – 32; C. R. White, "A Model for Comprehensive Reform in General Education: Portland State University," *Journal of General Education*, 43, no. 3(1994): 168 – 229.

[2] B. A. Holland and S. Gelmon, "The State of the 'Engaged Campus'," *AAHE Bulletin*, 51, no. 2(1998): 3 – 6.

……集合全校教师的精力和才能,集中解决学校改革过程中出现的具体和紧迫的问题。透过数年的教学及学习问题同步进行小组调查,我们可以把学校发展与专业发展联系起来,建立一个能够持续长期教育改革的专业社区。[1]

在这种不同的学习社区中,适应教学的一些小步骤逐渐迫使整个系统发生变化。反过来,埃塞克斯联合学校的学校与社区、州和全国教育改革的变化结合起来,变得更有意义。他们正在向大卫·马修斯的社区学校的理想迈进。在这个例子中,佛蒙特大学的作用是帮助人们聚集在一起,通过它的教师和师范生的研究能力,帮助巩固和诠释教师所做的工作。通过几年的过程,这种互动也提高了学校教师的研究能力,让他们能够基于共享的知识体系做出明智的教育选择,这些知识体系可以共同作用,产生关于无法给出简单答案的复杂问题的答案。此外,佛蒙特大学能帮助满足埃塞克斯联合学校边缘以外的更广泛的连接需求,约翰·加德纳认为这对有效的社区建设至关重要。

佛蒙特大学和埃塞克斯大学的关系说明大学必须满足基本理念条件,才能充分融入它所服务的社区。它还特别有效地利用了参与的概念来处理复杂和定义不明确的问题。传统的外联和协商模式在处理这类模糊问题上效果不佳。这里所采用的是一种学术调查的形式,在一个由大学教师、学生和学校教员组成的混合团队中进行。为了实现这一目标,佛蒙特大学教育与社会服

---

[1] J. H. Clarke, S. D. Sanborn, et al., *Real Questions*, *Real Answers* (Alexandria, VA: Association for Supervision and Curriculum Development, 1998), vi, ix.

务学院的教员必须接受对学术的更广泛定义,并在推动埃塞克斯联合学校形成真正的学习/学术社区方面发挥不同于传统教员的作用。这个过程也改变了学校的探究文化。正如克莱克和他的同事们所报告的那样:"从背景和行动研究中收集关于问题的新信息,可以防止一个团队成为又一个委员会,让成员在已经知道的基础上坐下来讨论建议。"[1]

伙伴关系

在迈向 21 世纪之际,我们可以看到一种新的由社区和区域面临的日益多维度化和相互关联的挑战所引发的区域发展方法。合作和长期伙伴关系尤其适合作为解决教育、医疗保健、公共安全、经济发展、创造就业机会、矫正和社会服务或劳动力发展等大规模体制改革的一种手段,这些体制目前面临着社区的挑战。[2]下面是我们从已经建立的伙伴关系中吸取的一些教训。我将大量借鉴荷兰与格尔蒙、荷兰与拉马雷[3]的观点来阐述这些教训。

1. 每个伙伴关系都有独特的要素,都是由每个参与小组或组织所面临的历史、能力、文化、使命、期望和挑战所决定的。然而,必须保持不变的是,任何合作关系都必须以大学的学术实力

---

[1] J. H. Clarke, S. D. Sanborn, et al., *Real Questions*, *Real Answers* (Alexandria, VA: Association for Supervision and Curriculum Development, 1998), vi, ix.

[2] B. A. Holland and J. A. Ramaley, "What Partnership Models Work to Link Education and Community Building?" Report prepared for the Joint Forum of the U. S. Department of Education and U. S. Department of Housing and Urban Development, Portland, Oregon, 1998.

[3] Holland and Gelmon, "The State of the 'Engaged Campus'"; Holland and Ramaley, "What Partnership Models Work to Link Education and Community Building?"

和哲学为基础。另一个不变的特征必须是,社区的需求和能力必须有助于解释大学建立伙伴关系所采取的方法。

2. 理想的合作关系将大学的学术优势和目标与社区的资产和利益相匹配。

3. 不存在普遍的"社区"。要理解组成一个特定社区的要素以及人们如何体验社区成员关系是需要时间的。要确定谁能代表社区发言并不容易,因为大学本身不是一个整体。通常,伙伴关系会因社区自身的竞争利益而支离破碎。

4. 除非该机构作为一个整体,将参与的价值和有效性视为合法的学术工作,并提供道义上的支持和具体的资源,否则参与仍将是个别定义的和零星的。这种有限的干预措施无法在解决社区问题所需的规模上影响更大的体系。

5. 花点时间思考大学到底能为合作伙伴带来什么是很重要的。研究能力有限、研究生项目少的大学很难提供许多社区需要的应用研究和技术援助。有时可以与研究型大学结盟,以协调和集中教职员工和研究生对当地问题的研究兴趣。如果没有足够的研究能力,最好将参与视为课程的主要功能。

6. 由于相互学习,良好的合作将继续发展。为了取得成功,合作应建立在新的信息收集、交流和反思模式之上,使各方都能参与决策和学习。这需要时间和面对面的交流。

7. 一些社区的合作已经到了筋疲力尽的地步。通常需要确定方法来帮助社区组织和小型机构建立成为有效合作伙伴的能力。

8. 除非在项目或合作的早期就开始识别和招募额外的人才,否则早期的热情可能会被疲劳和精力耗尽所取代。无论是在大学社区,还是在更广泛的社区,都不能指望少数专心致志的教师承担起整个参与和公民责任议程,也不能指望少数社区领导人和志愿者随着时间的推移承担起持续的努力。大学及其合作伙伴都需要找到方法让社区中真正具有代表性的人才参与进来。

9. 与任何其他重要努力一样,社区伙伴关系必须伴随着对"证据文化"的坚定的承诺。从所有参与者的角度对伙伴关系的工作情况进行持续评估是很重要的。

为支持有意义的参与创造条件

大学和学院不能再自给自足了。然而,要纳入一个强大的研究和教育社区基础,需要进行重大变革:(1)为教职员工提供奖励或福利的可能性;(2)个人影响力和激励性领导;(3)在结构上对外部影响开放的机构;(4)教育规划和目标,认识到积极和负责任的服务学习的价值,可以真正地影响社区;(5)愿意采用共同议程和共享的资源基础,机构仅对其进行部分控制。

无论当地情况、体制传统和历史如何,都必须具备一些条件,才能使基于社区的战略发挥作用。首先,社区工作必须被视为一种有意义的教育经历和一种合法的学术工作模式。第二,对教师和学生工作的评价必须包括对社区学术的质量和影响的严格衡量,专业服务也必须被视为员工工作的一个组成部分。第三,必须提供调解结构,帮助教职员工和学生确定基于社区的学习和研究机会,提供技术支持,帮助他们利用这些机会,并从他们自己的角度和从社区及其优先事项和经验的角度评估这些项目的结果。最后,必须为教师、工作人员和学生提供机会,使他们能够与来自不同学科的伙伴以合作的方式参与研究和课程计划,大量进行社区参与。

一个机构进行机构范围内的转型改革是不寻常的。然而,有时必须从这个角度来考虑,以便使一个机构有可能将公民责任纳入其所有教育和学术活动当中。高等教育一直在以微妙的方式发生着变化,但这些变化往往是随机产生的,通常不会扩散到源头以外。要使一个机构有意地朝着所希望的方向前进,必须具备四个条件,如果这些条件还不存在,就必须设立这些条件。这里将对这些问题进行总结,对进一步探讨这一问题感兴趣的人可以参考波特兰州立大学的案例研究,这是近年来少数几个经历真正变革的机构之一。[1]

1. 必须为系统性或转型性变革提供一个令人信服的理由。如果没有令人信服的理由和他们的努力会得到支持和承认的信心,大多数人是不愿意开始重大变革的。

2. 目标必须明确。在理由清楚的同时,目标也必须清楚。否则,就无法判断所付出努力的价值,也无法说服诚实的怀疑论者相信这项工作的价值和合法性。

3. 规模的重要性。大多数的改变都太小,而且是零敲碎打的,无法在组织中产生真正的影响。第一个项目的选择至关重要。

4. 良好的校园环境很重要。在大多数机构中,改革面临许多障碍。必须花一些时间来确定阻碍变革的因素。

变革观察家和实践者之间仍存在争论,即在没有一些严重和

---

[1] J. A. Ramaley, "Large-scale Institutional Change to Implement an Urban University Mission: Portland State University," *Journal of Urban Affairs*, 18, no. 2 (1996): 139 - 51; J. A. Ramaley, "Shared Consequences: Recent Experiences with Outreach and Community-Based Learning," *Journal of Public Service and Outreach*, 2, no. 2 (1997): 19 - 25.

四、基于高等教育不同部门的视角

持续的危机的情况下,是否会发生大规模变革。鉴于高等教育的传统优势和企业压力的缓慢增长,我们有责任在强制执行任务之前,预测社会和经济状况的变化并对其做出反应。不幸的是,在某些情况下,变化显然是由外部任务、严重的财政危机或令人不安的内部问题驱动的。

在美国,无论是在企业环境还是高等教育中,发生的大多数变化都采取了重组的形式,即缩减规模,通常涉及预算削减,从而使一个机构减少开支;或者重新设计,使一个机构能用更少的钱做更多或更好的事。

只有在少数情况下,企业或大学才真正考虑过再生战略。哈默尔(G. Hamel)和普拉哈拉德(C. K. Prahalad)所说的再生策略,是指在没有危机的情况下,有可能实现目标、意义和方向的再生。[1] 未来的成功将在与今天不同的背景下上演。在未来,学生的学习内容、学习地点和学习方式以及由谁来促进学习都将发生变化。换句话说,我们可能会看到一个成熟行业的参与规则发生变化;重新划定行业内的界限;甚至可能是一个全新的产业。[2] 对于高等教育而言,这可能转化为转型的机构、新的学习型企业以及新的合作与伙伴关系。

以下是一个机构应该问自己的几个问题,以便确立明确的目标作为一个起点,在不引发危机而产生变革需求的情况下,进行有意或变革性的变革[3](以哈默尔和普拉哈拉德为例,1994)。

244

---

[1] G. Hamel and C. K. Prahalad, *Competing for the Future* (Boston: Harvard Business School Press, 1994).
[2] Ibid.
[3] Ibid.

下面这些问题不应只被问一次,而是应该不断反思:
- 我们的核心价值观是什么?我们的使命是什么?
- 我们可以从自己的历史和传统中吸取什么教训?
- 未来我们需要哪些新的核心能力?
- 我们必须保留和提高哪些核心竞争力?
- 哪些组织价值观和原则将指导我们的决策?
- 我们必须建立什么样的新教育模式?
- 我们需要建立什么样的新联盟?
- 我们必须培育哪些有前途的项目?
- 我们必须采取哪些长期监管举措来重塑我们在地区、州或全国范围内运营的市场?
- 我们必须为哪些新学员服务?
- 我们将如何创造资源来投资新能力?

改变的一个重要步骤是在开始之前牢牢掌握你的实际情况。评估在机构环境中的服务或参与作用的一个有效方法是使用荷兰[1]开发的矩阵,该矩阵创建了一个低、中、高和完全整合服务的机构使命。扫描是全面的,包括使命本身的措辞、晋升、任期和雇佣政策、组织结构、学生参与、教师参与、社区参与以及校园出版物和通信的内容、视角和目标受众等。

如果你的机构已经对服务或参与做出了强有力的承诺,你可以寄希望于使用盖尔蒙等人[2]开发的模型对这项工作的有效性

---

[1] B. Holland, "Analyzing Institutional Commitment to Service," *Michigan Journal of Community Service Learning*, 4 (Fall 1997): 30–41.

[2] S. B. Gelmon, B A. Holland, et al, *Healthy Professions: Schools in Service to the Nation* (Portland, OR: Portland State University, 1997).

四、基于高等教育不同部门的视角

和影响进行评估。这种方法提供了一种理念,从教师、学生和社区参与者以及相关组织(包括校园社区)的角度评估社区影响。如果你现在正在考虑扩大参与范围,你可能需要考虑在流程的早期引入数据收集和质量评估主题。

一旦一个机构决定了它希望如何与外部环境进行互动,那就是时候为变革设定一个方向了。描述变更过程有很多方法,我使用的这一个——基于我在波特兰州立大学的经历,以及我与其他寻求进行真正变革的机构的对话——有四个阶段。这个模型源于迈克尔·海菲茨(Michael Heifetz)最初在《领导变革,克服混乱》[1]中提出的概念。在一个大型组织中,可以同时进行许多相互关联的变化循环。

意向和大规模变化的步骤是:

1. 准备一个可接受的环境。

2. 选择第一个项目。

3. 建立联系并持续变革。

4. 使用与社区组织者在基层使用的相同技术,重新平衡机构,建立可持续变革的支持者群体。

5. 巩固和学习经验,为下一个周期奠定基础。

大多数校园需要一些如下所述的干预措施,来为有意义的改变创造一个接受的环境:

1. 通常需要重新定义教师角色和奖励,并且必须在教师工作和完成机构使命所需的任务之间建立有意识的联系。这通常

---

[1] M. L. Heifetz, *Leading Change, Overcoming Chaos* (Berkeley, CA: Ten Speed Press, 1993).

需要重新制定晋升和任期的标准和组成部分。

2. 一个机构的大多数程序和政策都是随着时间的推移而积累起来的,并且往往过于复杂,同时在无意中未能促进或奖励为实现未来期望变化所需的行为和工作关系。此外,新技术的引入以及与其他组织的新工作关系改变了所需的支持结构类型和支持人员的能力。旧的工作分类系统和传统的员工发展形式往往无法跟上这些变化。

3. 许多机构没有考虑到学生作为学习者、外联和公共服务的参与者、研究活动的参与者以及机构服务社区的成员在塑造机构方面的重要性。

4. 在许多机构中,个别部门是独立的实体,会对以部门为中心的活动予以激励,但不参与有利于机构但不直接有利于部门的跨学科工作或校园活动。

5. 使各部门的工作符合整个机构的需求的一种方法是,在部门一级的目标和优先事项的设定与机构目标之间建立直接关系,并将资源生成部分与对校园目标的贡献有机联系起来。

为了使战略资源循环发挥作用并实现可持续发展,一个机构必须具备三个要素:(1)将愿景和目标转化为目标和目的的清晰性;(2)对其活动如何产生和消耗资源的清楚了解;(3)提供良好衡量结果的证据文化,它能很好地衡量各种方案、活动所取得的成果,并提供一种模式来确定目标的未来设定和资源分配以结果为导向。[1]

---

[1] J. A. Ramaley, "The Making of a Budget: Strategic Thinking at a Public Research University," *Vermont Connections*, 19 (1998): 8-15.

结论

一所拥有强大公民使命的大学可以同时完成许多目标。公民使命代表着对威廉·沙利文几年前提出的挑战的有力回应,当时他问"高等教育是否有能力和意志,通过领导、机构设计、教学和研究,为公众创造一种新形式的智力生活"。[1] 不断增长的服务学习和参与运动的基本原理是复杂的。这些模式使一个机构能够应对日益增长的对具有公民意识的毕业生的需求,这些毕业生在工作场所也具有竞争力;满足我们社区复杂的社会、经济和文化需求;在社区和区域内建立行使知情权的能力并建立一个公民社会。在表达对文明、社区和参与的深切承诺的同时,大学还可以增强其完成学术、领导和教育这一核心使命的能力。

(三) 基于文理学院的视角

格雷戈里·普林斯

高校有义务向学生和社会宣传公民责任。这一义务要求他们试图启发学生的行为模式。亨利·大卫·梭罗(Henry David Thoreau)将负责任的公民身份定义为"公民不服从",他曾恰当地说,"一个由正直的人组成的团体是有良知的团体"。[2]

---

[1] W. M. Sullivan, "The Public Intellectual as Transgressor," *Higher Education Exchange* (Dayton, OH: The Kettering Foundation, 1996): 17-22.

[2] H. D. Thoreau, *Walden and Civil Disobedience*, ed. O. Thomas (New York: W. W. Norton, 1966), 225. 对梭罗的所有进一步引用都来自这篇文章。

公民责任与教育多样性

自第一个殖民地以来,促进民主价值观、公民责任和良好公民意识一直是美国高等教育的核心功能。最早的大学对神职人员进行培训,通常前提是毕业生有助于维持一个秩序良好,社会、道德和经济健康的社会。例如,达特茅斯学院(Dartmouth College)成立于 1769 年,是为了培训牧师,因为教会需要牧师,这些教会将为城镇提供精神支持,而创始人希望这些城镇将建立于他们在康涅狄格河谷上游地区所拥有的土地上。简而言之,牧师和教堂具有经济价值和精神价值。

教育是创造社会基础设施和传播其价值的不可或缺的一部分。公民基础设施是公民责任的同义词,对已建立的清教徒和教会信仰的虔诚和承诺也是如此。在新的世界里,公民责任是目的教育的核心,它不是一个独立的概念,而是大学教育的全部。

三个世纪以来,公民责任所包含的内容、教育机构如何促进了公民责任的演变,成为制度分化的一股特别强大的力量,尤其是在高等教育阶段。以赠地大学、技术大学、军事学院、综合研究机构、寄宿制文理学院和社区学院为代表的多样性,从一个共同的开端发展而来,它们需要新的概念来教育公民,使其过上富有成效、负责任的公民生活。美国高等教育制度多样性的范围,从根本上取决于对公民责任所涉及的问题以及如何促进或灌输公民责任的不同看法。赠地大学的核心任务是通过产生新知识及其在具体问题上的应用为社会服务。19 世纪末,在对技术和进步充满信心的时代成立的技术大学,延续了这一传统,相信受过良好科学技术训练的公民将确保社会的福祉。自 20 世纪 60 年代以来,社区学院将其使命定义为成为帮助公民在经济、政治和社会上进入社会的门户。国家从这种多样性及其促进公民责任方面的集体效应中受益匪浅。相反,任何单一形式的高等教育都不应在这一努力中享有特权。

然而,随着20世纪90年代的临近,高等教育正在经历另一场变革。以西方州长大学和凤凰城大学为例的"及时"(Just-in-time)教育可能对美国高等教育多样性所体现的对公民责任的潜在承诺提出特殊挑战。这些机构强调高等教育对公民和社会的经济效益;也许这是经济生产力第一次成为公民责任的全部,而不仅仅是一部分。公民教育已被纳入及时库存管理。今天,任何关于公民责任教育的全国性讨论都面临着这样一个挑战,即越来越多的人关注如何把培育经济生产型公民作为高等教育的核心,而没有意识到,负责任的公民政治成员还必须具备社会批评和积极行动的能力。

通识教育与文理学院

文理学院仍然是"新世界"殖民地最激进的发明和持久的社会力量之一。这些机构通过将功利主义的目的与知识是一个相互联系的整体的假设相结合,创造了一种批评和改变文化的形式,而不仅仅是传播文化。18世纪的牧师不仅研究神学,还研究作为上帝创造和上帝秩序的一种表现形式的全部知识。二分法在这个一体化的世界中并不存在。知识被分成若干部分,但这些部分被视为一个不可分割的整体。

这些机构的核心是通识教育,它将知识的整体性纳入到为个人在社会中发挥生产性和建设性作用做准备的过程中。具有讽刺意味的是，这种教育代表了社会中一种保守、整合和稳定的力量，引入了一种从未预料到的不稳定、更新、变革导向的方法。在早期殖民地建立的以教会为基础的整体社区中，将知识的全面性作为牧师最佳准备的基础，这是合乎逻辑和完全合理的。对作为一种职业教育基础的全部知识的熟悉被许多人视为所有职业教育的逻辑方法。

启蒙运动、美国和法国的政治革命、民主文化的发展、科学方法的出现以及其他深刻而多样的文化力量开始将通识教育的普遍性从内容基础转变为观念基础，正如整个社会开始强调程序公平和良好社会中权利的重要性一样。如果部长们需要研究知识的整体性，那么寻求领导社会的其他人也会从同样的广度中受益，因为知识本身就是一个整体。如果所有人都会受益，那么利益必须从一个人获得的特定知识重新定义为获得该知识的目的。随着更多的学生和目的得到满足，这些目的会变得更加普遍。

通识教育逐渐成为一门如何思考的教育，而不是一门思考什么的教育。内容只是满足批判性思维能力发展的一种手段。在18世纪末和19世纪初，假设这种"手段"，即通识教育的内容是普遍的，并可以提供判断标准，那么就有可能接受通识教育的批评性或质疑性维度。以知识的综合性、普遍性为基础，提出促进科学推理和批判性思维的教育理念，对公民责任教育和公民政治责任教育的内涵产生了深刻的影响。

19世纪中叶，对促进批判性思维的强调不可避免地引入了公民责任教育的概念，即需要通过衡量社会规范、行为和价值观来建设性地、批判性地对待所研究知识的整体性中隐含的理想。19世纪末20世纪初的改革和进步社会运动继续加强了这一重点。

公民责任仍然是通识教育的核心任务,但逐渐开始囊括促进改革和改进的责任。它鼓励社会批评和社会变革,而不是盲目地接受过去和现在。即使批评的实践和社会变革的声音经常是沉默的,其标准在修辞学上也可以接受,偶尔也会产生重大影响。从废奴主义者到进步主义者,再到新的商人,通识教育既影响了他们,又受到社会变革时期的影响。

在第二次世界大战、朝鲜战争和麦卡锡主义的压制下,批判性社会思潮的声音于上世纪50年代末在美国校园里再度融合,在国外的革命和激烈的社会抗议以及国内的动荡中被激起。例如,在耶鲁大学,来自匈牙利革命的难民和来自南非的反种族隔离学生难民激起了批判的质疑。这些"移民"学生分布在许多校园,他们行使了通识教育固有的关键能力,发现他们的社会需求,并采取行动以极大的代价带来变革。他们的行为和存在对美国校园和美国大学生产生了深远的影响。

1955至1957年间,本科生的人口结构发生了巨大的变化。第二次世界大战和朝鲜战争后通过《退伍军人权利法案》继续接受教育的学生经历过这一体系,随后取而代之的是那些对第二次世界大战没有直接记忆也没有经历过大萧条的年轻学生。新生们多年来并没有因为战争而不重视他们的生命。相反,他们对原子世界、冷战和全球毁灭的可能性有了新的恐惧感。

1960年代在民权运动和反战运动中爆发的质疑和骚乱始于1955年之后,当时至少有一些年轻的学生,面对艾森豪威尔时代的自满,开始询问他们在社会中应该扮演什么角色,以及为什么他们不以法文、匈牙利文或苏特文的方式"活跃",或者南非学生并不像在进入大学之前已经经历了很多生活的年长的学生那样积极。他们的存在有什么理由？他们的事业应该是什么？对于参与"二战"和朝鲜战争的退伍军人来说，公民责任教育似乎和1655年的清教徒教育一样明显和简单。对于20世纪50年代中后期进入大学的18岁的年轻人来说，意义远非那么明确，而且，在一个繁荣的和平时期的美国，这一代人有幸思考和扩展建设性的批判性思维。

对学生的不安以及他们对目的的疑问，都来自学生本身。要强调的是，通识教育已经成为一种心态，就算并不甚于，也至少等同于一个知识体。北卡罗来纳州格林斯博罗市的北卡罗来纳农业技术州立大学的一组学生就是一个例子。一个星期天的晚上，这群学生问他们为什么不可以在市中心的杂货店吃饭，面对他们所认为的严重不公正，他们作为负责任的公民应该做些什么，如果他们被剥夺了基本的尊严，他们的生活会有什么样的意义。

两天后，格林斯博罗大学的学生们对民权运动产生了深远的影响。它也重新定义了促进公民责任的意义。北卡罗来纳州的学生决定采取行动，而不仅仅是知晓；他们认为公民责任是促进变革，而不仅仅是维护秩序。他们就公民责任、公民权利和实践学习发表了声明。一个星期天晚上，一小群学生在一所大学宿舍里的谈话导致了一场美国社会抗议的重大行动。一个模式出现了，它符合通识教育鼓励困难的社会论述的长期传统以及对我们社会的反思，这是教育公民责任和负责任教育的"关键"因素。这一因素在社会中并不总是被接受的，但却是造成社会深层次紧张局势的原因之一。

对于这些学生的老师来说，问题和不安也在增加。20世纪50年代下半叶，阿姆赫斯特学院、史密斯学院、蒙特霍约克学院和马萨诸塞大学阿姆赫斯特分校的教员得出结论，通识教育需要彻底变革,并为这一变革制定了一个模式——"新学院计划",它影响了一系列新学院,并且12年后,在马萨诸塞州阿姆赫斯特市、罕布什尔学院正式开放。这项计划致力于的主张正如其座右铭所宣称的那样,"光知道是不够的"。

1960年,许多人谴责通识教育的成果,而代际紧张关系也在加剧。20世纪60年代的驱动力当然是世代相传的,但在这些差异之下,深层次的问题继续分裂着社会,所有这些问题都集中在公民责任的意义上。教育要培养负责任的公民,前康涅狄格州教育专员安德鲁称之为"怀疑尊重"。

如今的文化战争,即关于非西方价值观在审视社会价值观和原则时的相关性,表明了"怀疑尊重"的价值。那些抨击多元文化主义的"相对主义"的人讽刺地放弃了通识教育的一个中心原则,即将知识的整体性作为发展批判性思维的基础的重要性。他们攻击多元文化主义,认为这是一种相对论思想的源头,所有的传统都被赋予同等的价值,而那些提倡多元文化主义的人会争辩说,在通识教育中,做出价值判断的责任需要包含所有的知识。

这些争论不可避免地使促进公民责任的义务复杂化,因为"公民"的定义已经扩大到全球范围而不仅仅是当地社区。当全球多样性受到重视时,公民责任要复杂得多,人们希望保持文化多样性的丰富性,而不是把所有的文化汇成一种。现在,我们认识到并庆贺,"合众为一"有不止一个含义,我们可以通过从丰富和多样性中获得力量而成为一个整体,或者我们可以通过追求一致性和相似性而成为一个整体。

公民责任教育的概念成为衡量和区分高等教育面临的大多数关键问题的试金石,因为它是教育机构与整个社会的需求和期望互动的地方。每个机构将以不同的方式对待它,但如果要与更大的社区建立有效的关系,每个机构都需要明确地,而不仅仅是含蓄地理解其中心性。

公民责任的矛盾心理

对于公民责任教育的矛盾心理产生于未能理解这个词的含义是如何成为我们社会主要政治和社会闪光点的核心的。对这种矛盾心理来源的全面研究无法在一篇有限的文章中完整体现出来,但两位作家罗伯特·贝拉和迈克尔·桑德尔提供了重要的见解。[1] 贝拉的《心的习惯:美国生活中的个人主义和奉献精神》《美好的社会》和桑德尔的《民主的不满:寻找一种公共哲学的美国》,都在追求一个共同的主题,即是什么削弱了美国的公共哲学。贝拉认为,美国对个人主义的公共哲学发展过度,未能形成一种强调社区价值的公共哲学。在《美好的社会》一书中,贝拉扩展了这一观点,指出在强调个人价值的同时,社会不可避免地削弱了制度,忽视了制度在实现个人主义和自由方面的重要作用。

迈克尔·桑德尔的《民主的不满》对这一挑战进行了深刻的探讨。桑德尔认为,我们的社会自建立以来就面临着他称为"程序共和"和"实质共和"价值观之间的矛盾。前者认为政府的主要职责是:

---

[1] R. Bellah, *The Good Society* (New York: Random House, 1996); R. Bellah et al., *Habits of the Heart: Individualism and Commitment in American Life* (Berkeley: University of California Press, 1996); M. Sandel, *Democracy's Discontent: America in Search of a Public Philosophy* (Cambridge, MA: The Belknap Press of Harvard University Press, 1996),4. 对桑德尔的所有进一步引用都来自这篇文章。

>……提供一个权利框架,尊重作为自由和独立自我的人能够选择自己的价值观和目标。由于这种自由主义主张公平的程序优先于特定的目的,它所提供的公共生活可以称为程序共和。[1]

相比之下,实质性的共和党理论认为自由取决于"分享自治",这一概念不仅仅是投票,而且涉及话语权:"这意味着与其他公民讨论共同利益,并帮助塑造政治团体的命运。"桑德尔总结说,两个多世纪以来,美国的程序共和在我们的社会中引起了不满,因为它所信奉的公共哲学不能"保障它所承诺的自由,因为它不能激发自由所要求的社区感和公民参与感"。[2]

程序共和的中心原则,即政府应"在美好生活问题上保持中立",在其起源上是当代的理念。[3] 通识教育,通过强调关键的分析技能作为其中心原则,独立于任何知识体,与程序共和的发展相平行。确定公民责任教育不仅是一个难题,更是一个终极问题。它需要为国家发展一种新的公共哲学,使教育能够超越程序共和和实体共和之间日益扩大的分歧。

今天在美国,关于福利、平权行动、外交关系、生殖健康、社会保障、教育,甚至对克林顿总统的弹劾都表明,当这两个概念失去了曾经的自然联系时,就会产生危险。碎片和缩小的焦点已经破坏了曾经是一个完整(即使不完美)的整体。关于如何教育公民责任的问题,只有在社会回答了整个社会能否重建,其缺陷是否

---

[1] Sandel, *Democracy's Discontent*.
[2] Ibid., 7.
[3] Ibid.

能得到纠正这个问题之后,才能得到回答。

《民主的不满》继续向程序共和的拥护者发出更为直截了当的警告。如果实体共和消失了,什么样的特征可以塑造美好社会的争论也随之消失,那么由此产生的真空可能会被那些支持简单、僵化、排他性立场的人所填补,否认了美好社会的复杂性,这一点可以从基督教作为美国政治力量的崛起来证明。桑德尔指出,由于缺乏先见之明,在这一主题的发展中,"如果没有一个涉及公共问题道德层面的政治议程,人们的注意力就会集中在公共官员的恶习上"。[1]

高等教育如果要成功地教育公民责任,它必须愿意参与这场讨论,并且必须愿意证明公民如何能够讨论形成一个负责任的和包容的社会所依据的价值观和实质。尽管从后现代主义到冲突解决的许多知识分子都倾向于拒绝接受这种责任,但是避免这种讨论会危及我们的民主。要发展这种公共哲学,社会必须公开和诚实地对待过去和现在公共哲学的失败。仅仅谴责奴隶制是不够的。作为一个社会,我们必须讨论什么是适当的赔偿或补偿,我们必须审视这种导致越来越少的个人控制着越来越多的国家财富的公共哲学。

我们的政治言论也受到了影响。尽管自由主义者关注程序价值观,保守主义者关注实质价值观,但他们都发现自己的立场是不足的。平权行动揭示了这种困境。在关于平权行动的辩论中,那些通常主张需要对实质性价值做出承诺的人又回到程序共和的语言中,认为任何法律都不应根据种族或性别选出一个群

---

[1] Sandel, *Democracy's Discontent*, 323.

四、基于高等教育不同部门的视角

体。赞成平权行动的人辩称,必须对歧视的影响进行实质性测试。如果不平等是由于过去的歧视而存在的,那么社会有义务纠正过去的不公正,即使这意味着限制没有造成这种歧视的一代人的程序权利。

公民责任教育

尽管社会所面临的公民责任问题可能很复杂,但推进公民责任所应采取的教学策略却相对简单。公民责任教育必须从关于程序共和和实质共和之间紧张关系的全国性广泛辩论开始,并必须接受出现新的公共哲学。共和的两个愿景必须通过公共演讲整合成一个整体。这些问题经常在公众场合被讨论,但通常没有广泛的努力把所有可能感兴趣的人,特别是年轻人包括进去。让他们加入关于权利、自由和社会责任性质的全国性谈话中,将是最有效的公民责任教育。

我们必须首先就公民责任展开对话,了解我们如何进行公民责任教育。如果社会没有首先解决桑德尔和贝拉强调的紧张关系,就不可能存在任何成功的公民责任教育方法。在一个致力于公民责任教育的社区中,在政治和社会问题、国际争议、个人价值观和标准方面的中立变得不再可能。对中立的渴望和其他单一因素一样,与公民责任教育的混乱有关。

公民责任教育必须遵循以下准则:

1. 综合的、整体的知识观;
2. 以包容的眼光看待公民政体,以颂扬其多样性;
3. 同时对责任做出全球性和地方性的定义;
4. 对人类和自然环境的综合看法;

5. 强调培养怀疑尊重的教育;

6. 一种以探究为基础的主动学习模式,学生在此模式下解决实际问题,并将行动与反思、分析和评估相结合;

7. 致力于促进建设性的社会变革——这一承诺要求个人和独立于个人的机构与社会进行建设性、公开的参与;

8. 理解公民责任概念的复杂性;

9. 致力于确立基本原则,拒绝极端的道德中立和简单化、排他性的道德判断。

教育机构提供了许多领域来应用这些指导方针,并将它们整合到文科教育中。当然,由学生组织或学院赞助的社区服务项目可以说是一个重要的组成部分,但当它们发生在反思、分析和质疑需要什么样的社会变革来缓解最初需要社区服务的环境时,它们就能够发挥作用。公民责任教育是发展对社区中其他人的支持行为模式。例如,在今天的大学校园里,其中一个最困难的问题围绕着言论自由的含义以及大学应该如何应对言论自由的问题展开。当言论自由保护种族主义和性别歧视言论时,人们情绪最高,但正是这种情况提供了公民责任教育的最佳机会。它们帮助学生理解这些问题的复杂性,从而避免简单、公式化的解决方案。抽象问题之所以成为现实,是因为该机构必须对个别案件和政策做出判断,并且必须以某种形式让社区参与测试判断和响应。

作为一个需要做出判断的个人例子,当我刚到汉普郡学院担任校长时,我建议我们应该用我所说的"话语原则",对高等教育的福祉至关重要的原则,来处理这些困难的对话和辩论,就像言论自由对社会整体而言至关重要一样。话语原则重视真理和寻求真理,但要求个体利用一切可得的证据和理性、逻辑和相关性规则来追求真理。原则不允许数据失真,不管结果有多重要或分歧的个性化有多重要。如果这些原则不适用,专门质疑真理的机构就无法生存,更不用说繁荣了。

10年来,社区对这些原则在不同环境中的应用进行了激烈的辩论,但迄今为止,社区从未挑战过这些原则作为评估行为的工具的存在或效用,甚至在必要时对社区成员进行纪律处分。社会已经承认,作为一个整体的社会,言论自由标准的中立性不能真正适用于学术界。如果真是这样的话,显然有权发表他们工作报告的科学家就不会因为故意歪曲实验数据而受到惩罚。[1]

公民责任与文理学院

文理学院在促进美国公民责任教育方面的独特地位在于它们的寄宿性质,而不仅仅在于它们对通识教育的承诺。它们向教育工作者提出挑战,要求他们通过提供"实验室"来测试这些理论,使学生摆脱对理论和与公民责任相关问题的被动学习。两个

---

[1] 汉普郡学院使用的话语原则是:
1. 重视真理和寻求真理的过程本身就是目的;
2. 承担责任,尽最大能力利用现有证据以及理性、逻辑和相关性规则,尽可能接近真相地阐述立场;
3. 公开倾听,始终认识到新信息可能会改变一个人的立场;
4. 欢迎评价,接受甚至鼓励不同意见和批评,甚至为自己找出削弱我们立场的东西;
5. 拒绝将分歧归结为人身攻击或对群体的攻击;
6. 重视礼貌,即使意见不一致;
7. 拒绝这样的前提,即无论目的多么有价值,都可以证明违反这些原则的手段是正当的。

多世纪以来，文理学院在将这种"实验室"概念作为其教育使命的重要组成部分的程度上发生了巨大的变化。如果他们拒绝这种机会，就大大减少了促进公民责任的机会。作为大多数文理学院的标志，在生活和行动的住宅区内提出的与通识教育原则的结合，是一种强有力的教育形式，即使在要求个人做出判断和遵守原则的同时，这种教育也会灌输反思和怀疑尊重。寄宿制文理学院在高等教育中具有无与伦比的潜力，可以将知识和行动整合到一个整体的教育社区中。不幸的是，许多这样的大学没有抓住这个机会。然而，规模较大的大学在自己的范围内创建文理"荣誉"学院，这种努力显示了这种教育形式的价值。

由于寄宿制文理学院承担着建设性批评和促进建设性社会变革的责任，它们也面临着植根于其寄宿性质的特殊挑战。特别是学生（但社会依然作为一个整体）有特殊的机会履行公民责任的义务。这些学院的寄宿维度要求年轻人将从通识教育中培养出来的怀疑态度演变而来的价值观付诸实践。寄宿维度创建了一个实验室，在这里，公民责任可以得到提升、测试、执行、改进，然后定期进行回顾与反思。寄宿制文理学院隐含的一个假设是，光知道是不够的。个人必须把理论和原则转化为日常公民生活的行动。

维护一个实际上是一个用来检验和促进公民责任的实验室的居住环境的承诺，对这些机构设定了一项特殊的职责，以帮助产生一种新的公共哲学，它保留和扩展程序共和所获得的价值，但又重新引入了实质性的共产主义价值。通过创建可管理的、综合的生活和学习社区，他们充分地体现了公民责任教育的指导方针。这些社区在一定程度上反映了国家社区的多样性，丰富了"实验室"的经验。

四、基于高等教育不同部门的视角

宿舍生活是学生面临许多公民责任问题的社会环境,它提供了最明显的实验室环境。无论是噪声控制、垃圾收集,还是物质使用,为年轻人创造一个自行安排社会活动的机会,也能提供良好的学习环境。所有的寄宿教育机构都提供这种机会。寄宿制文理学院具有规模优势。更多的人会认识彼此,制定安排的过程也将减少匿名性。然而,最终真正的问题是,一个机构——学院或大学——准备在多大程度上把公民责任作为明确的目标,而不是隐含的目标。

尽管宿舍提供了一个宝贵的实验室,但在许多校园里,公民责任方面最引人注目的"可教时刻"都嵌入了委员会的工作中,而这正是无数高雅学术嘲讽的对象。显然,大型州立大学、社区学院、私立大学和寄宿制文理学院为这项饱受诟病的服务提供了无数的场所,尽管如此,它还是创造了一种关于公民责任的"真实世界"教育体验。然而,寄宿制文理学院的优势在于其规模和涵盖整个企业的能力。学生可以实际地参与学术问题、社会问题、学生生活问题和工作条件问题。更重要的是,他们处在一个可以鼓励参与和塑造公民责任行为的物质环境中。寄宿制文理学院有一个优势,因为它可以发展出允许个人关注整体、克服特殊利益的碎片化观点的机构和政策。但是,无论是在大学里,还是在寄宿制文理学院,这个过程从来都不简单,因为所代表的视角不同,也关涉权力的问题。

在许多大学里,当辩论、谈判和决策被归结为权力斗争时,委员会工作就失去了蕴含着公民责任、引人注目的"可教的时刻"。在这种时候,学生们会失去对权力和结果或效果之间的区别的理解。我不得不补充说,教员和行政人员经常成为同样斗争的受害者并且出现了紧张局势。

我自己的校园也有很多这样的争吵,像所有的校园一样。但是,通过牢记公民责任教育包括探究性、主动性学习的理念,汉普郡学院为学生创造了一个全面的环境,让他们在学习过程中应用所学知识。在探究性、主动性学习中,学生通过反思、分析和评估来解决实际问题。汉普郡学院希望它的学生在他们的个人学术项目上行使非凡的决策权,他们必须与教员协商并签订合同。同样的道理也适用于由教师和学生起草的宪法管理的社区生活。即使在最敏感的领域——评估和重新任命教员——学院也希望学生作为社区的正式成员参与进来。

当然,汉普郡只是众多学院中的一所,这些学院不仅培养学生,而且期望学生全面参与学院的治理生活和委员会工作。仅举两个例子,万宝路学院(佛蒙特州)和培泽学院(加州克莱蒙特市的一所学院),以一种包容的、城镇会议式的校园管理模式运作,预计社区所有成员都将参与其中。该系统是有效的,可能部分是因为社区的规模,但在很大程度上也是因为社区将校园治理视为向社区每个人提供的教育的正式、完整、明确的一部分。

康涅狄格学院发展了一个富有想象力的框架,在其中进行对话,促进公民责任教育。在管理流程、治理和咨询委员会方面,学院界定哪些团体在制定政策方面有发言权、哪些团体有投票权、哪些团体有否决权。教职员工和学生学习如何在决策治理体系中使用"发言权、投票权和否决权"来达到有效性,而角色的明确有助于减少张力,并将社区讨论的焦点从谁有权力转移到如何使用该体系来确定自己的立场在制定政策方面最有效。"发言权、投票权和否决权"创造了一个强有力的实验室环境,参与者可以

四、基于高等教育不同部门的视角

在其中践行公民责任。

在最后一个领域,规模对于寄宿制文理学院有利也有弊。一个机构要建立必要的实验室环境,让学生了解公民改善工作的复杂性和兴奋性,该机构本身,独立于学生和校友,必须解决重要的社会和社区问题,无论是城市更新、教师改进,还是军备控制。小型机构在就如何作为一个机构达成共识方面可能具有优势,但他们经常(但肯定不总是)可能拥有更少的资源来实现真正的社会变革。

许多机构拒绝这种要求实现社会变革的呼吁,理由是它们是教育,而不是服务、不是组织,因此不应采取立场。对机构在促进公民责任方面的作用的这种限制具有可怕的后果。它鼓励学生在公共辩论中将机构看作中立的一方,与解决社会问题脱节。正如教职员工和管理人员为与他们一起在委员会任职的学生建立公民责任一样,作为公司实体的机构必须"说到做到"并树立榜样。没有这一关键步骤,我们就不能期望恢复对机构失去的信心;我们就不能够更新"实质共和"。

机构必须首先根据他们为学生提供的教育质量来判断自己。然而与此同时,他们判断自己的次要标准必须是该机构独立于其学生和校友作为一个机构的差异。规模较小的机构在制造这种差异方面会有更多困难,但他们可以这样做。位于康涅狄格州哈特福德的三一学院在推动校园周边城市更新以及支持物质变化的计划方面发挥了重要作用。许多学术机构正在发挥这一作用,这些活动提供了一个绝佳的机会让本科生参与促进公民责任的活动。

服务学习课程在整个高等教育中不断涌现,当服务机会涉及社会条件的关键方法时,这些课程就提供了另一个教育公民责任的机会。汉普郡学院一直有社区服务要求,但部分要求是学生反思他们提供的服务的各个方面,制定策略或参与可能导致社会变革的活动,而不仅仅是服务。其核心计划由公共服务和社会变革中心领导,这两者总是必须联系在一起。

有良知的法人团体

在教育公民责任方面,文理学院最终必须使梭罗在"公民不服从"理念中提出的道德良知问题对学生产生实质性意义。所有教育机构都有责任。每个人都必须确定它有哪些特殊特征可以用来实现这一目标。对于寄宿制文理学院来说,它的特征就是规模和寄宿。对于赠地大学而言,它是公共使命和平台,确保社会即使不同意也会关注。然而没有人没有任何机构都有保持中立的能力,正如梭罗所说"正确地认识和行使正义,并按原则行动"违反了通识教育的主要目标:使个人做出明智的判断并以人道和负责任的方式行事。

(四)基于传统黑人学院的视角

格洛丽亚·迪恩·兰德尔·斯科特

背景

探索传统黑人学院为学生准备公民参与的经验始于美国共和国早期,其宏伟目标是建立真正的民主。当亚历克西斯·德·托克维尔对美国的"实验"进行早期观察时,他最为着迷的是这些美国人倾向于与邻居一起参与社区事务。他进一步指出,这可能是民主的真正力量,如果公民不再参与其中,民主实验将很容易走上旧政府和意识形态的道路,成为无政府状态或寡头政治。然而,当托克维尔写作时,他的观察主要集中在白人身上,因为黑人除了财产之外没有地位。直到内战结束后,黑人才开始真正有机会接受教育或参与公民活动。从那时起,传统黑人大学在促进公民参与方面发挥了特殊作用。尽管首次对奴隶进行正规教育是在东北部,但大多数黑人教育机构是在南部成立的。

介绍

从1837年(切尼州立大学)到1947年(得克萨斯南部大学),在这110年的时间里,美国建立起了很多传统黑人学院和大学。其中17所是赠地学院和大学,(根据第二次《莫里尔法案》)专门为17个南部和边境州的非裔美国人服务而设立,遵循最初的公共和收费政策,以提高美国农村地区的生活机会和生活质量。在发起和实施学生公民参与计划方面,这17所赠地学院和大学的推广中心是公立高等教育的先锋。最早的机构在内战后就立即形成了公民参与计划;他们的任务都是期望他们的学生能够承担公民责任,而刻意的、故意的努力将是机构目标和使命的一部分。简言之,这些机构预计将提供指导、培训和实践公民参与和社区建设的机会,例如为家庭提供住房的合作项目,类似于"人类栖息地"项目。

这些传统黑人学院和大学位于俄亥俄州、宾夕法尼亚州、马里兰州、哥伦比亚特区、特拉华州、弗吉尼亚州、西弗吉尼亚州、北卡罗来纳州、田纳西州、南卡罗来纳州、乔治亚州、佛罗里达州、阿拉巴马州、密西西比州、路易斯安那州、得克萨斯州、阿肯色州、俄克拉荷马州和密苏里州。许多机构与教会有关，由宗教教派和弗里德曼管理局建立。160年来，他们对黑人社区的社会、政治、经济、个人和教育发展负有主要责任。这些机构的任务是培养大量能够传授知识并成为专业人士的黑人，教育黑人工人在努力实现更大的美国社会平等的同时，能够挑战对黑人社会生存的持续威胁。这种功能的二元性定义了传统黑人机构与学生之间的关系和方向，以及他们在162年存在期间对公民参与的定位。

当黑人学院刚成立时，其学生的社区参与就扎根于他们的出生社区。即使在地理上不相邻，"黑人社区"的发展也始终被认为是镇、市、州所有黑人公民的责任，最终在20世纪60年代，变成是该地区和国家的责任。传统黑人学院和大学在为学生准备公民参与方面的经验与学院的使命密不可分。

最初的两所培养非裔美国人的医学院——霍华德大学医学院和梅哈里医学院提供了一个社区参与的例子。它们都为贫困的非洲裔美国人以及其他种族的人提供医疗服务。梅哈里医学院的学生每年都会去传统黑人学院和大学及非裔美国人社区中心提供体检，这是他们（服务学习）对社区承诺的一部分。

公民发展的建构是传统黑人学院和大学心脏的右心房，与其左心房——教学、左心室——创造新知识相结合，构成了美国高等教育的核心：教学、研究和公共服务。然而，传统黑人学院和大学作为右心房，一直有着第四个目的：追求社会正义，这是公民参与和加强民主的核心。在许多情况下，社区都是围绕这些机构建立起来的。教会和学院是唯一"把人们聚集在一起"的社会机构，是共同利益和努力的中心。高等院校是非洲裔美国人发展的核心。

四、基于高等教育不同部门的视角

20世纪60年代,传统黑人学院和大学的学生在领导运动使整个国家参与追求社会正义时,采取了最高和最密集的"公民参与"形式,这是共和国历史上第一次有这样的学生参与规模。这一行动体现了传统黑人学院和大学的双重使命,即培养受过教育的民众,并引导学生为公民参与做好准备。

1970年,福特基金会资助了一个大型会议,用来探索黑人学院的未来。本次会议的成果是在代达罗斯的夏季期刊《黑人学院的未来》上发表了15篇文章。其中4篇文章为当代探索"历史上的黑人学院和大学在培养学生公民参与方面的经验"提供了背景,从而为深入讨论黑人的长期和短期目标提供了催化剂。许多机构及其成员将改善美国黑人状况的具体责任的期望内化为在更大的社会中创造文明的主要方式。在许多传统黑人学院和大学中,服务学分很早就以实习、实地工作和特别研究的形式出现,并成为传统课堂作业的一个组成部分。从19世纪80年代末开始,通过志愿任务来支持社区组织的行为一直持续至今,目前参与的期望是使正式的服务学习计划和要求一定数量的志愿时间成为通识教育课程的一部分。

1971年,麦克·琼斯(Mack Jones)将传统黑人学院和大学的服务职责定义如下:

> 自成立以来,黑人学院就有着固有的对立目标。白人社会,就像社会上享有最高地位的群体一样,以牺牲黑人为代价保持其统治地位,而黑人则寻求获得平等地位,两者都试图利用黑人学院作为他们斗争的工具。这一假设必须成为任何有关黑人学院成功履行对更大黑人社区责任的明智讨

论的焦点。[1]

美国前卫生、教育和福利部长、美国住房和城市发展部长、驻卢森堡大使帕特丽夏·罗伯茨·哈里斯(Patricia Roberts Harris),将黑人学院和大学描述为主要的黑人社区雇主,并通过其毕业生不断增加其对黑人知识分子的支持。"通过这个选区的产生,黑人学院和大学创建了一个社区——中产阶级黑人社区。整个社区的创造和补充是黑人学院和大学所扮演的最重要的角色。"[2]

传统黑人学院和大学在创建一个受过教育的中产阶级选民中发挥了关键作用,他们认为和理解公民参与是黑人生存和民主生存的首要因素。黑人社区对他们所在地区的黑人学院和大学的学生抱有很高的期望。各大学和学院为学生提供了无缝、连续、有计划的参与。在19世纪末和20世纪初,有一种现象并不罕见:学校关闭一段时间,把学生送到附近的社区,或者遥远的社区,帮助房屋和社区建设,或"教会的兴起",或教授简单的阅读和数字。

各院校对学生在公民参与领域的高度期望,为后来形成的几种紧密联系的关系提供了信息和行为基础。这些关系的发展是由于选民们对学生时代学习和实践文明礼仪、承担公民责任抱有很高的期望。这些大学和学院经常让学生参与到民间探索中来,

---

[1] M. H. Jones, "The Responsibility of the Black College to the Black Community: Then and Now," *Daedelus*, 100, no. 3(1971): 732 – 45.
[2] P. R. Harris, "The Negro College and Its Community," *Daedelus*, 100, no. 3 (1971): 700 – 31.

四、基于高等教育不同部门的视角

以抵制种族障碍。假设学生要受教育,那么早期他们就要参与多种形式的"激进主义",教堂、政治团体,黑色组织、业务,民权组织(如早期的全国有色人种协进会[NAACP]、后来的全国城市联盟[NUL]以及学生非暴力协调委员会[SNCC])都为大学生参与提供了诸多机会。来自基层社区的"草根"参与的概念在黑人大学生中得到了极大的发展。人们期望他们,如 W. E. B. 杜波依斯(W. E. B. Dubois)所描述的"天才第十人",将"在公民事业中引领竞争"。大学校长们在每天和(或)每周的教堂节目、晚祷或集会上,经常呼吁大家注意大学生的公民责任,因为他们是大学教育的接受者。

该机构试图有意地创建一个"社区",以及一个由受过教育的非裔美国人组成的社区,他们能够并将促进黑人社区的政治、社会和经济活动。最早在美国形成的最强大的学生政治团体是在北卡罗来纳州罗利的萧伯纳大学校园里成立的,这并非偶然。SNCC 成为为非洲裔美国人争取社会公正的最强大的力量。它的起源早于"Weathermen",它的主题是非暴力,与 Weathermen 的暴力形成对比。事实上,许多人认为 1958 年马丁·路德·金牧师在班尼特学院教堂的演讲"点燃"了来自班尼特学院、萧伯纳大学和北卡罗来纳农业技术州立大学的学生们的兴趣和参与的火焰。SNCC 成立后不到一年,这些学生就参加了静坐,并将抵制运动推向了一个新的高度,这种抵制运动在阿拉巴马州得到了有效的运用。抵制过程是由历史上的黑人学院和大学的学生组织、支持和推向成功的。记录北卡罗来纳学生公民参与情况的简短编年史如下:

- 1958 年 2 月 11 日,马丁·路德·金博士在北卡罗来纳州格林斯博罗的班尼特学院发表演讲；因为害怕遭到某种报复，当时没有其他机构或教堂允许他发表演讲（当时有很多当地大学的学生在场）；

● 1959年3月，金在逸夫大学发表演讲；SNCC成立于北卡罗来纳州罗利的萧伯纳大学；

● 1959年10月，班尼特学院的学生计划抵制格林斯博罗市中心的商店，并将该抵制活动推迟到学期结束后；

● 1960年2月1日，来自北卡罗来纳农业技术州立大学的四名学生在北卡罗来纳州格林斯博罗的伍尔沃斯学校上课；

● 来自北卡罗来纳农业技术州立大学的学生和班尼特学院发起了一项非常可行且有效的学生参与社会正义的核心公民参与活动，并把种族主义作为一个主要的社会政策问题，通过公民参与来解决。

这些学生完成了大学学业后，成为黑人中产阶级和受过教育的阶级的核心和边缘，把公民参与的责任转移到他们成年后在他们生活和工作的社区和城镇中。他们把公民参与带到了美国的公司董事会并挑战国家的许多社会政策问题。传统黑人学院的管理人员、教师和工作人员在大学期间的早期期望和指导，不仅培养了黑人中产阶级，而且培养了社区和公民参与的领导者。

佐治亚州亚特兰大市莫尔豪斯学院前院长本杰明·梅斯博士（Dr. Benjamin Mays）通过每周关于公民参与的演讲，设定了他的期望：莫尔豪斯学院的学生将学习、参与文明礼仪。他经常在莫尔豪斯学院、班尼特学院和其他学院发表演讲，其中一个演讲的题目是"危机时刻为年轻人创造的生活"。这篇演讲的核心是激励学生们创造性地生活，以便管理他所定义的美国社会革命——1954年5月17日,最高法院判决,布朗诉教育委员会案[《美国判例汇编》第347卷第483页(1954)]。他表示,这一决定引发了"人际关系的危机"。他从本质上告诉学生们唯一的出路是公民参与。他说:"它在美国,尤其是在南方,引发了一场社会革命,因为我们还没有准备好,我们不愿意实行民主,我们还没有准备好,我们也不愿意实行基督教。我们生活在危机之中……在这样一个时代,你怎么能创造性地生活呢?"[1]

班尼特学院名誉校长威拉·比阿特丽斯·普莱尔博士(Dr. Willa Beatrice Player)也定期与班尼特的学生以及许多其他学院和大学的学生交谈,包括俄亥俄卫斯理公会。她在1959年给学生们的一次演讲中说,她经常使用"动荡和挑战"的范例。

> "由于美国最高法院命令在住房、娱乐、交通和公共教育方面取消种族隔离,我们在人际关系方面正处于彻底绝望的痛苦之中。公民权利的每一项新进展都反映了个人和人际关系中的新痛苦,因此我们的时代经常受到暴力和暴民统治。我们生活在一个巨大动荡的时代,人们拒绝接受基本观念,即所有人都是按照上帝的形象塑造的,因此应该有平等的机会提高地位。"[2]

很明显,传统黑人学院的几位校长与学生之间的日常互动经

---

[1] B. Mays, "Creative Living for Youth in a Time of Crisis," Bennett College, Annie Merner Pfeiffer Chapel, Greensboro, NC (30 March 1958).

[2] W. B. Player, "Over the Tumult—The Challenge," (Delaware, OH: Ohio Wesleyan University, 1959).

常激发学生的期望,即传统黑人学院的学生应该加入到最高形式的公民参与中来。这个活跃的、以中产阶级为经济目标的核心公民群体,从他们的大学经历到成年,都对不断提升公民参与度抱有很高的期望,希望他们通过不断提升公民参与度,从一个好公民成为领导者,这让美国和我们的民主制度受益匪浅。这就产生了一种共同的责任感:"你是你兄弟姐妹的守护者;事实上,你们被期望成为我们民主制度中文明的守护者。"

传统黑人学院还提供了改变美国黑人地位的核心领导力量。当代美国黑人的这种核心领导力是由传统白人和传统黑人机构培育出来的。然而,黑人院校为黑人学生颁发的学士学位所占比例很高,尽管他们只招收了不到黑人学生总数20%的学生。如果你仔细观察黑人在社会、政治、经济和教育发展方面的公民参与和领导力,你会发现,传统黑人学院和大学里的黑人比例高得出奇。通过W. E. B. 杜波依斯—布克·T. 华盛顿辩论,以及主要来自黑人学院的黑人领袖的继任,很明显,黑人学院的一项贡献是创建了公民参与的核心概念,将培训、期望和执行传递给下一代。

许多黑人学院和大学被"拖拽"到了另一个意识层面,因为他们的学生在20世纪五六十年代通过大规模的校内外示威,在结束种族隔离方面发挥了作用。传统黑人学院的中产阶级毕业生在支持公民权利方面继续发挥着重要作用。如果黑人大学仅仅增加有文化、有能力投票的黑人公民的数量,它的贡献将是巨大的。黑人受教育阶层的新成员"……他们需要服务于一个社区,填补一个没有其他人服务或服务不好的空白"。[1]

---

[1] Harris, "The Negro College," 731.

四、基于高等教育不同部门的视角

教育研究员伊莱亚斯·布莱克(Elias Blake Jr.)为黑人学院定义了领导角色并为其分类。他说：

>……随着这些学校进入第二个百年,它们的作用必须多样化。它们继续以不同的方式对美国黑人的未来产生至关重要的作用。在支持一个真正多元化的社会方面,它们必须发展出某种独特性。美国不尊重分歧,尽管其官方言辞……高等院校现在应该开始考虑它们在重塑美国文明中的作用。[1]

人类学和社会学教授圣克莱尔·德雷克(St. Clair Drake)在他的文章《美国社会秩序中的黑人大学》中写道:"我们可以想象一群大学生勤奋地攻读学位,但都把一些时间——而不是全部——用在社区项目上……或者是研究生和专业学生在发展自己的技能时与黑人社区保持联系。"[2]他还建议,在录取学生进入大学时,应考虑"领导潜力和目标的严肃性",以强调对能将公民参与作为大学和/或大学经历的核心的毕业生的迫切需求。这一重点将促进在实行真正文明和实现公平的民主体制内建立一个文明社会的责任。

当代的服务、社区服务、服务学习或公民参与运动,对这些学院和大学来说,只是它们自成立以来所做承诺的延伸。这些机构

---

[1] E. Blake Jr., "Future Leadership Roles for Predominantly Black Colleges and Universities in Higher Education," *Daedelus*, 100, no. 3(1971): 745.

[2] S. Drake, "The Black University in the American Social Order," *Daedelus*, 100, no. 3(1971): 890.

最初的建立,与产生它们的社区和它们必须在社区中形成的极端需求有着千丝万缕的联系,也与它们与教会共同承担责任和任务的期望有着千丝万缕的联系,为社区内的个人和集体社会提供充分教育和人的发展的机会。这清楚地将传统黑人学院与传统的白人主流学院和大学区分开来,这些学院和大学大多没有历史或早期的重要使命来资助解决社区问题或响应人类需求。

传统黑人学院有几个项目是"辅导"项目,意思是介绍黑人历史,并促进人们认识到在过去三个世纪里黑人在美国做出了许多贡献。除了这些教育项目,传统黑人学院经常参与社区重建和改善学院附近社区的结构。这些活动包括为黑人青年组织娱乐活动、课后活动和星期六活动;解决冲突;学前教育活动;并提供校园物理设施的使用。通过这些活动,黑人大学致力于社区的创建以及社区的服务。

案例研究

案例研究是了解传统黑人学院在传统上和目前如何为学生的公民参与做准备的一种方法。以下案例研究表明,传统黑人学院在公民参与和服务学习方面与其他机构类似。我们讨论了一个私立和两个公立的传统黑人学院:北卡罗来纳州格林斯博罗的班尼特学院、北卡罗来纳农业技术州立大学以及得克萨斯州休斯顿的得克萨斯南方大学。

班尼特学院是一所小型的、寄宿的、能授予学士学位的、隶属于联合卫理公会的女子私立学院,在1998—1999学年举办了125周年庆祝活动。北卡罗来纳农业技术州立大学是一个中等规模的公立赠地、国家支持、能授予博士学位、男女同校、拥有109年历史的大学。得克萨斯南方大学是一所具有 52 年历史的中等规模、公立、州立、能授予博士学位的大学。

这些机构都以学生参与服务和公民参与而闻名,尽管这些项目通过不同的方式表现出来。班尼特学院和北卡罗来纳农业技术州立大学以学生领导、组织和管理非暴力追求社会正义作为文明和公民参与的行为而闻名。案例研究数据来自文件、第一手参与的报告和对机构的观察。在这三个机构中,它们的使命和宗旨都包含着某种形式的公民参与。

班尼特学院

班尼特学院于 1873 年在一座教堂的地下室里成立。100 多年来,班尼特学院一直在向学生展示公民参与的连续性。从班尼特神学院最早的时候起,重点就包括了一个精心设计的目标,即帮助沃纳斯维尔地区的公民。学生在社区中的互动有助于支持新成立的机构,是一个共同的生存行动。一个早期学生,大卫·德维特·图尔皮(David Dewitt Turpeau),以传记形式描述了学生如何经常进入社区帮助和提供家庭支持。在社区中教成人阅读(早期识字课)是该学院服务承诺的基础。

神学基金会为"服务团"提供了基础,有大量的早期参与的例子,包括帮助建造房屋(人类风格的早期栖息地)、耕种食物供应地、帮助社区提高集体力量以及帮助印度。公民要提高自己的"命运"。班尼特教导学生参与并认真对待公民责任和公民发展的使命。

班尼特学院早期就获得了"积极主义机构"的称号,并通过当代的积极主义表现、学生之间的公民责任以及整个机构的"企业集体"公民责任来保持这一地位。它认真对待美国高等教育的公共服务和外联使命,并通过不断鼓励其学生、教师和工作人员进行公民参与来体现这一使命。

班尼特学院通过其对社会正义的根本追求来促进和推动公民参与。该学院一直与东南格林斯博罗社区紧密相连,格林斯博罗是该市的一个地区,在历史上和现在都是非裔美国人最集中的地区,也是整个城市的中心。

在最初的53年里,班尼特学院是一所男女同校的学校,学生们通过各种外联机构帮助改善社区。帮助家庭管理;幼儿教育和日托;提供食物的花园;公民参与(即帮助公民学习政治结构,并在最终获准时帮助公民注册投票);参与辖区活动;在投票扩展到非裔美国人时协助进行投票表决;自愿辅导社区的儿童。学院一贯对社区儿童进行某种形式的外联教育,教师们也自愿参加这些改进活动。学校拥有的书籍和其他文献可供社区居民,特别是宗教社区使用。文化活动与社区共享并向社区开放。校园设施被用作"社区聚会场所",学院为城市黑人图书馆——卡内基黑人图书馆提供了44年的服务。

1926年,在班尼特重组成为班尼特女子学院的时候,对学生的服务期望实际上是在重组的原则中"内置"的,即"提供一种能够培养出强大、有功能和有生产力的妇女教育"。社会正义主题继续作为公民参与的一种形式。公民参与也被视为学生为公共和政府服务工作做准备的一种方式。学生们通过定期课程和特别的"工作计划"课程来学习如何"倾听我们所服务的社区"。

班尼特妇女过去60年的公民参与包括在改善邻近社区和遥

远社区生活、更广泛的非裔美国人社会,尤其是妇女生活方面发挥的主要领导作用。参与的内容包括:参与社区关于以非裔美国人为主角的电影审查的演讲;集约选民登记和投票活动;重组社区的实体建筑;为社区青年提供援助课程和冲突解决培训;志愿教学和支持峰会;社区青年歌剧营;通过有组织的社区演讲与格林斯博罗政府领导人互动。班尼特学院的妇女们继续保持并超越了她们将永远处于公民参与的最前沿的期望。

在这项《认真对待女性》的研究中,"受访者谈到了班尼特对社区服务的承诺。目前,学生毕业时必须完成40小时的社区服务。虽然这是一个新的要求,但学生们明确表示,社区服务和行动主义一直是班尼特的重要组成部分"。[1] 社区参与或公民参与有助于学生成功、有助于学生的全面发展,为学生提供榜样并有助于学生获得领导技能。学院致力于激励、促进和教授公民参与,以培养学生和校友主动做有利于自身和对社区有益的事情。

当代公民参与通过美国陆军服务学习计划、项目安全网、学习/服务计划、成人计算机扫盲计划以及班尼特学院校园女童子军赞助的女童子军来体现。该学院发起了美国非营利、入门级教育的人道主义证书计划,直接将公民参与与当地青年和经济弱势家庭融合在一起。班尼特大学生志愿军代表着公民参与的明确遗产。

---

[1] E. M. Tidball et al., *Taking Women Seriously: Lessons and Legacies for Educating the Majority*, American Council on Education Series on Higher Education (Phoenix: Oryx Press, 1998), 94.

北卡罗来纳农业技术州立大学

在历史和当代的意义上,北卡罗来纳农业技术州立大学在为学生准备公民参与方面有着深远意义的记录。它是一所公共的、州政府支持的、按《1890年莫里尔法案》接受资助的赠地大学。北卡罗来纳农业技术州立大学通过四个主要方面为学生的公民参与做准备:鼓励学生自治会领导人学习大学及其所服务社区的政治框架;学习如何互动,帮助满足青年和成人的人类需求;学习如何加强社区组织,以负责任和知情的公民身份参与;以及注册护士如何提供不同学科的辅导课程。工程和规划专业的学生与影响格林斯博罗非裔美国人社区的重建项目进行互动。

许多其他学术部门在公民责任和参与过程中吸引学生、教师和工作人员。例如,社会工作部在20世纪70年代成立了一个城市研究所,负责城市问题的研究、培训和发展。学生们被安排到各机构学习倡导社区参与城市问题。在过去的25年里,该研究所已经成为学生和社区参与影响格林斯博罗社区决策的主要培训和教育来源。

学生志愿者团体为非裔美国儿童提供了其他学校和课程。知名毕业生利用他们的培训,在公民参与中创造自己的职业生涯,并通过静坐和抵制那些拒绝为非裔美国人服务的企业来追求社会公正。纳尔逊·约翰逊(Nelson Johnson)牧师就是这样一个毕业生,他创立了格林斯博罗穷人协会(GAPP)和一个充满公民参与的信仰团体。另一位毕业生杰西·杰克逊(Jesse Jackson)牧师,创立了"人民团结拯救人类"(PUSH)。机构参与为学生准备公民参与的副产品之一是享受这些学生作为积极、富有成效、参

四、基于高等教育不同部门的视角

与其中的公民的未来参与。

北卡罗来纳农业技术州立大学以其学生公民参与、社会政策修订和更广泛的种族授权而闻名于世。带领伍尔沃斯静坐示威的四名学生,通过他们的行动,展示了他们的正式教育过程的实施,以及非正式教育过程的影响,比如国家领导人的演讲引发了人们对公民责任的思考。1958年马丁·路德·金博士在班尼特学院的演讲为班尼特学院和北卡罗来纳农业技术州立大学的学生提供了更为充足的动力,最终组织了整个城市来解决种族歧视问题。北卡罗来纳农业技术州立大学的学生通过各种形式的实践工作,通过新的"外部教育"结构和外联工作,直接、即时接触到公民参与。

274

得克萨斯南方大学

自1947年成立以来,得克萨斯南方大学(前身为得克萨斯州黑人学院)一直致力于教育学生并通过公民参与指导他们的服务学习。一位名叫赫曼·斯威特(Heman Sweat)的黑人男子申请进入得克萨斯大学法学院。他的申请被拒绝了,因为他是黑人。他控告那所大学拒绝他入学。得克萨斯州立法机构的回应是:在得克萨斯州立大学为黑人开办一所法学院,这样黑人就可以上法学院了。很久以后,南方各州通过一项地区契约,同意为那些想要进入南方职业学校(如法律、兽医、医疗和牙科学校)的黑人支付就读北方学院和大学的费用。

得克萨斯南方大学的第一批学生参与了社区推广活动。他们让黑人社区参与支持更好的教育机会。夜校的学生参与了社区公民权的发展,以帮助"新机构的诞生,这将为南部黑人带来新的教育机会"。这些学生在休斯顿组织了社区,并鼓励学童和成人参与得克萨斯州南方大学的发展。学校的孩子们五分一毛地捐钱给基金会,为得克萨斯州南方大学的第一座建筑购买砖块。通过学生的参与,得克萨斯大学所在的第三区社区全面参与了该大学的发展。整个第三区社区成为得克萨斯南方大学的利益相关者,社区的各个部门为第三区的黑人公民提供了不同的贡献和期待。第三区里的一所当地高中——杰克·耶茨高中,立即与该大学建立了"学前合作关系"。得克萨斯大学的学生为杰克·耶茨高中的学生辅导学术科目、讲授戏剧和辩论,并提供从歌剧到轻喜剧的多种音乐形式的演出。艺术系给很小的孩子提供参与机会。艺术家约翰·比格斯(John Biggers)教授通过得克萨斯州南部的艺术项目和在当地公园和住宅项目中建立艺术项目的学生,为社区推广艺术。大学的体育项目通过学生运动员为社区带来了"英雄",他们在第三区激励了年轻的黑人男孩。在大哥哥大姐姐和男孩女孩俱乐部对黑人青少年关闭的时候,得克萨斯州南部体育馆和室外运动场在1949年和1950年为青少年提供了"兄弟"互动。这些传统仍在延续。这是公民参与的双向性质的一部分。这所大学在很大程度上是社区的一部分,它建立并加强了公民关系。

该大学继续促进其学生高度参与社区服务,并在第三区促进与其相邻社区的发展(智力、社会和经济)。它已经扩展到城市的所有地区和黑人居住的周边农村地区。1947—1997年,学生准备公民参与的工具和过程包括三类:(1)以学科知识为基础的学术服务学习活动,包括实习、指导和监督下的实地实习任务;(2)学生的领导力培训;(3)形成社区活动。团结伙伴关系以改善社区的实际状况,并协助社区居民的经济和社会发展(包括成立社区发展公司,该公司由前公共事务学院的学生协助运营)。

该大学积极参与制定对学生参与的高期望。得克萨斯南方大学于20世纪70年代初改组为首批城市大学之一,在1985年10年后的校园契约形成过程中,内部开发了许多方法和程序。20世纪60年代,休斯敦警察向为争取非裔美国人的社会正义而示威的学生开枪,一些学生被打死。一幅由艺术学生创作了40多年的壁画描绘了得克萨斯州南部学生的公民参与范围。这幅壁画位于得克萨斯州南方大学校园最早的建筑之一的墙壁上,对于休斯顿的孩子和其他艺术家以及研究和撰写现代民权运动的历史学家和政治科学家来说,这仍然是一个重要的外展项目。

得克萨斯州南部致力于促进和实施积极参与:支持社区发展,使人们能够成为社区的积极成员并参与劳动;推动美国教育从幼儿到成人教育的转变;通过商科专业学生的志愿活动鼓励经济赋权;通过法律系学生的志愿活动促进公民和法律的对话和行动。这一承诺通过以下两个主要举措体现出来:(1)经济和社区发展——为非营利组织、企业和组织建立经济授权区,并在第三街区房屋项目中让本科生和研究生参与其中;(2)建立伙伴关系,特别是与休斯顿黑人商会建立伙伴关系,进一步发展学生参与的社区。

结论

有充分的证据表明,黑人学院和大学从成立到现在都接受了这样一种理念:知识是推动工作和服务于人类进步的动力。当我们接近新千年的门槛时,教育、社会、文化、经济、商业、政治和宗教需求仍然要由机敏的技能和才能来有效地满足。

在许多方面,需求比以前更加集中,从目前的社会和种族分歧,到"富人"和"穷人"之间日益扩大的经济差距,再到技术革命。为了满足这些需求,历史上的黑人大学不断修订、更新和改善其教学环境,将服务、公民参与、社会责任和对未来的最终责任与培养下个世纪领导者所需的教育结合起来。历史留下了巨大的遗产,并将这些机构锚定到位,以应对当代的挑战。

传统黑人学院和大学将继续做出有意义的贡献,并将被视为在学习和服务方面拥有独到观点的倡导者。历史上的黑人学院和大学有责任继续发扬他们的传统,通过积极的公民参与和公民责任,确保为服务和终身生活和学习做好准备。

(五)基于宗教式大学的视角

威廉姆·拜伦

因为文字很重要,所以有必要从我对"宗教为本"的学院和大学的理解开始讨论。

除了马里兰大学的博士研究生和哈佛大学的短暂研究生工作外,我在高等教育方面的经验一直都与在天主教学院和大学的工作有关。我属于一个宗教团体——耶稣会,它与美国的28所大学和世界各地的许多其他大学有着特殊的关系。除了在几所天主教大学担任院长、总统、教员外,我还在美国天主教学院和大学协会的200多个会员机构中担任过顾问、客座讲师或受托人,我曾在意大利、中国台湾、智利、爱尔兰和印尼的天主教大学任职。这一章是关于公民责任和与教会有关的高等教育,它会反映出我的上述经历。

使用"宗教为本"一词,可能不是表达教育机构与其赞助宗教之间关系的最佳方式。在1998年秋季出版的《P/PV新闻》(一家总部位于费城的研究和服务项目评估中心——"私营/公共企业"的出版物之一)的以下标题中,词语的选择具有指导意义:"以信仰为基础的机构作为服务于高风险青年的地方合作伙伴的锚定"。使用"以信仰为基础"这一表达说明了很多。研究人员喜欢这个词,因为它有助于他们得出非公共教育部门服务学习项目的基本原理(信仰、理性和行动之间的联系)。(宗教有什么不同吗?)那些被称为"宗教为本"的或"教会相关"的高等教育的赞助者之所以喜欢它,是因为他们知道一个宗教教派的学术屋顶几乎总是能覆盖有着坚定但不同信仰承诺的教师和学生。在大多数与教会有关的高等教育机构中,信仰被认为是一种价值,它将受到学术界所有成员的尊重,即使并非所有人都有相同的信仰。事实上,在这些机构中,信仰承诺的多样性被认为是学术环境中一个丰富的元素。

我个人倾向于用"信仰相关"这个词来描述本章讨论的机构。它们不一定被任何教会"拥有和经营",尽管它们可能与宗教当局有一种特殊的关系,这种关系不仅仅是历史上的,而且关乎以尊重和服务来表达的现实生活。通常,学校自治和学术自由将成为这些学校的特征;公民权威将授予其章程,区域认证机构将对其进行认证,管理将委托给独立的、自我延续的董事会。

美国现代天主教学院是由国家特许成立的,并由一个通常与独立的董事会相同的公司所有。在某些情况下,像耶稣会士、方济各会士、本笃会士、圣十字会、慈悲姐妹会、基督教兄弟会或其他数十个团体中的任何一个,这样的宗教团体将提供一个可识别的传统、一种"精神",以及一个由宗教教职人员和管理人员组成的核心团体,使企业具有鲜明的特色。通常,这种特殊的"精神"是理解特定机构的关键,并帮助年轻人为公民参与做好准备。

这种精神并不是天主教特有的。布兰迪斯大学或叶史瓦大学有一种精神,一种独特的教育和培训方法;太平洋路德会、南卫理公会、贝勒大学、杨百翰大学,或任何其他受宗教启发、信仰坚定、与教会相关、以宗教为本的学院或大学,作为美国宪法保障宗教信仰自由行使的制度证据,也都是如此。

为什么与大学有关的教堂有意义?

在回答与信仰相关的大学如何为学生的公民和政治生活做准备的问题之前,以及在解决这样一个机构作为负责任的"公民"的适当角色的并行问题之前,我想先提出一个观点,为什么这些机构首先是从事高等教育的。在这里,我将从我的耶稣会士、天主教的经验讲起,为了说明,我将用我现在为之工作的乔治敦、耶稣会士和天主教大学,以及我曾经任教、现为其董事会一员的马里兰州的洛约拉学院为例。

任何耶稣会工作的核心都是发展人类潜能。在耶稣会的观点中,人类潜能的积极一面一直延伸到永恒,走向与人类潜能的创造者的结合。消极的一面则指可能永久性的疏离,指向永久性挫折。

正规教育的利益与人类发展的各种积极的可能性是同时存在的。在耶稣会超过450年的历史中,他们认识到了这一点,并且几乎从一开始就选择了正规教育,从我们所称的中等教育开始,作为他们在发展人类潜能方面工作的一种非常有价值的工具。

四、基于高等教育不同部门的视角

　　高等教育以一种特殊的方式接触到各种积极的可能性。在教育发展的初级和中级阶段所获得的技能和成熟使在后期阶段有意识地追求智慧成为可能。不仅是信息、技术、积累的经验在与高等教育相关的人类发展阶段,智慧才是一种真正的可能性,而不是信息、技术或积累的经验。在这一层面上,教育者有权将他们自己组织成可能成为或产生智慧的社区的探究型社区。在高等教育的层次上,教育者有责任为智慧和反思的人的形成而努力。

　　让我引用耶稣会第34届大会附在我们宪法上的《补充规范》。(大会是耶稣会中最高的立法机构;正如数字名称所表明的,在耶稣会的整个历史中,只产生过34个。)我们更新的宪法及其《补充规范》于1996年出版。在这里,正如《补充规范》(第289号)第一段中所表达的,耶稣会士是否回答了"为什么我们在高等教育中"?

> 　　大学和高等院校在整个人类社会的形成中发挥着越来越重要的作用,因为我们的文化是由关于道德的争论、未来的经济和政治方向以及人类存在的意义所塑造的。所以,在我们能够做到的范围内,我们必须确保耶稣的社会存在于这些机构中,无论是由自己还是由他人来指导。因此,教会必须继续致力于大学工作。[1]

　　在耶稣会看来,高等教育是一种媒介,而不仅仅是一种手段。它有内在的价值。像它所做的那样,包括对智慧的追求,从纯人

---

[1] *The Constitutions of the Society of Jesus and Their Complementary Norms* (St. Louis, MO: The Institute of Jesuit Sources, 1996),305.

类的角度来看高等教育是很有价值的,因此值得人类努力奉献。但是高等教育的价值,无论是手段还是媒介都超越了人类、触及了神圣。这就是为什么在我看来,一所完全世俗的大学并不是真正的大学。如果说"大学"接近于一个信仰层面,探索超越性和对启示的检验,那么它就很难在其利益上具有普遍性,因此就会对这个名称存疑。

耶稣会在高等教育中的宗旨是调动发展人类的思想和心灵。耶稣会信徒相信,这一运动的方向是敬虔的,这就是为什么他们相信神学是大学教育的重要组成部分。规范是真理(这也是耶稣会信徒相信哲学属于课程的原因)。人们所希望的结果是智慧,因此强调了人文科学在耶稣会教育中的重要性。在耶稣会的理解中,智慧是上帝赐予的礼物,使受赠者能够理解过去或现在事件中真正重要和真正有意义的东西(人文学科帮助学生发现这一点)。虽然没有人能够预测未来,但聪明的人在整理过去和现在事件中真正重要的事情方面有经验,在走向未知的未来的路上能处于有利位置并做出明智的选择。

更具体地说,现在,这意味着什么?

马里兰州的洛约拉学院由耶稣会士于1852年建立,1998年秋季成立了一个"关于耶稣会和天主教身份的中部诸州工作组",其成员是耶稣会士、世俗人士以及校园社区的代表,男女皆有。其任务是编制一份文件,供计划在下一学年访问该学院的再鉴定小组审查。本文件强调了学院耶稣会的特点,部分内容如下:

1599年,西班牙耶稣会士迭戈·莱德斯马(Diego Ledesma)列举了耶稣社会参与教育的四个原因:(1)给予学生"实际生活的好处";(2)为正确管理公共事务做出贡献;(3)为人类的理性添加光彩并进行完善;(4)成为"宗教的堡垒,引导人们坚定、快捷地达到其最终目的。莱德斯马的定义明确地集中在耶稣会教育对学生的期望上,任何忠实于耶稣会精神的使命宣言都必须将学生和我们对他们的责任放在中心。莱德斯马的话被翻译成20世纪末的美国术语,但仍然清楚地指出了耶稣会教育的主要特点:(1)它非常实用,专注于为学生提供知识和技能,使他们在任何领域都能脱颖而出;(2)它不仅实用,而且本身也关注着价值观问题,教育人们成为好公民和好领导、关心共同的利益并能够利用他们受的教育服务于信仰和促进正义;(3)它颂扬人类全部的智力和成就,自信地肯定理性,不是与信仰对立,而是作为信仰的必要补充;(4)它把所做的一切牢牢地放在基督徒对人类的理解之内,人类是上帝的产物,其最终的命运是超越人类的。用耶稣会第34届大会法令的话来表达这些目标就是,耶稣会的教育鼓励学生和他们的老师不仅要为了自身的利益寻求知识,而且要不断地追问关键问题,即"知识是为了什么"。它还坚持认为,对这一问题的回答是在积极的智力活动的背景下形成的,这种活动包括调查证据,包括基督教信仰沉积的证据。[1]

洛约拉学院与世界各地的其他耶稣会学校、学院和大学一道,正在努力实现耶稣会总会长佩德罗·阿鲁普(Pedro Arrupe)

---

[1] Memorandum, Office of the Academic Vice President, Loyola College in Maryland (20 November 1998).

于 1973 年 7 月 31 日在西班牙瓦伦西亚举行的第十届欧洲耶稣会校友国际大会上提出的理想。阿鲁普神父指出：

> 如今,我们教育的首要目标是塑造"人为他人";人不是为自己而活,乃是为神和他的基督而活,为那为普天下生而死的神而活;人无法想象连对邻舍的最基本的小爱都给予不了的上帝之爱;人要相信不为人类伸张正义的上帝之爱就是闹剧。[1]

整个演说是有争议的,因为它呼吁变革,并明确指出耶稣会的方向是促进社会正义。"(男)人为他人"这一主题(后来被编辑成"人人为他人")很快传遍了世界,并在耶稣会教育界获得了越来越广泛的接受度。

正确的口号或短语可以为一个机构设定方向,甚至可以定义教师和学习者互动的文化。"人人为他人"的口号为耶稣会的教育工作设定了目标,将教育过程转变为社区服务,并帮助教育工作者培养学生的公民责任感。把他们的工作记录下来,并接受他们成为官员,确保崇高的理想成为决策和行为的基础。

以同样的方式,"别人优先"的理念设定了基调,并表达了男孩们在纽约西港尚普兰湖达德利营地所享受的主要价值。达德利最初由基督教青年会(YMCA)赞助,现在是一个培养基督教价值观的非宗教营地,是美国最古老的男孩夏令营。我过去曾在那

---

[1] P. Arrupe, *Men for Others*: *Education for Social Justice and Social Action Today* (Washington, DC: Jesuit Secondary Education Association, 1974), 1-2.

四、基于高等教育不同部门的视角

里做过访问牧师,作为星期日礼拜堂服务职责轮班的一部分。有一次我问一个 8 岁的胖乎乎的初次露营者,他对达德利营地有什么好感,他立刻回答说:"这里没有人取笑你。"一句格言、口号或主题可以帮助塑造一种文化、塑造性格和引导行为。

1992 年 8 月,美国历史上最悠久的创建于 1789 年的耶稣会大学乔治敦大学的一群教职员工和管理人员起草了一份讨论文件[1],提交给校园社区,作为制定全校战略计划的基础文件。这份文件重申了"耶稣会的教育理念,即追求为世界服务的知识"。它用我至今仍觉得有说服力的文字阐明了这一概念,我现在提供的例子将表明,这一声明可能会影响课程决策和课外服务机会,旨在培养学生的公民责任感。

> 乔治敦大学寻求成为一个将理解与承诺结合在一起的地方;以对社会生活的责任感来寻求真理;把在教学和研究方面的学术成就与美德的培养相结合;在这样一个社会中,人们受到教育,坚信只有慷慨地为他人服务,生活才会过得好。

请注意声明中的四个主题:
- 承诺。
- 对社会生活的责任。
- 培养美德。
- 坚信只有慷慨地为他人服务,生活才会过得好。

---

[1] Georgetown University, The President's Strategic Planning Task Force, Strategic Plan for Georgetown University. Discussion Draft of August 1992, Part II.

通过将这四个主题缩减为四个词——承诺、责任、美德和服务——你就有了四个支柱来支撑本科教育经历,而本科教育经历反过来又将成为一个平台,支持大学生毕业后参与公民生活。考虑一下像"慷慨地为他人服务"这样的口号的潜力,它们能把一个特定的校园与其他校园区分开来,确实能创造一种有利于公民美德培养的独特校园文化。

为公民生活和政治生活做好准备

公民社会理事会是由美国价值研究所和芝加哥大学神学院联合成立的。1998年,公民社会理事会发表了一份报告,呼吁全社会讨论道德与维持健全社会和政治秩序之间的联系。[1] 该报告总结出了五个"主要主张":

- 民主取决于道德真理。
- 大多数道德上的分歧都需要彬彬有礼、接受他人意见以及服务真理的合理论证。
- 民主体现了所有人都拥有同等尊严的真理。
- 公民社会体现了我们本质上是社会存在的真理。我们与他人进行合作的目的是了解自己是谁以及如何生存。
- 民主的公民社会是一种生活方式,它使我们充分地追求、实现并传递道德真理。[2]

在宗教基础上开办的或与信仰有关的教育机构都十分支持这些主张。这些主张必然会成为这些机构试图通过培养学生的

---

[1] *A Call to Civil Society: Why Democracy Needs Moral Truths* (New York: Institute for American Values, 1998).
[2] Ibid., 27.

公民意识来做些什么的基础。然而,这次的号召是由24名学者、牧师和社会评论员组成的跨学科团体发出的,他们希望所有人都明白,在他们看来,"公民社会"是公共辩论中的"新名词"。

这个平淡无奇的世界突然鼓励公民参与,举办家庭聚餐、家长会以及青少年足球活动,这已经具有了深远的公共意义。尽管民主党人和共和党人有各自的追随者,彼此之间怀有恶意的政治氛围,但如今,他们同样称赞"公民社会"这个概念。事实上,从家庭的分裂到选民参与的减少,公民社会越来越受到吹捧,人们称之为治愈任何问题的一种新发现的神奇药物。然而目前,该术语有点像罗尔沙赫氏实验:它可能意味着任何人想要的意思。

对我们来说,公民社会特指既不是由国家创造,也不是由国家控制的关系和制度。公民社会包括家庭、社区生活以及宗教协会、经济协会、教育协会和公民协会的网络体系,它能够培养个人的能力和品格、树立社会信任、帮助孩子们成为善良优秀的公民。

归根结底,公民社会是我们共同生活的一个领域。我们在这个领域中一起回答最重要的问题:我们的目的是什么?行动的正确方式是什么?共同利益是什么?简而言之,该社会领域不仅仅关注管理或手段的最大化,还关注道德的形成过程和最终结果。[1]

---

[1] *A Call to Civil Society*: *Why Democracy Needs Moral Truths* (New York: Institute for American Values, 1998), 6.

与教会或信仰相关的学院和大学都可能会肯定道德形成的重要性。按照这一呼吁,他们希望在培养个人成为"好公民"的过程中"培养个人的能力和品格"。当他们告知自己的教育目标时,他们绝不想将"礼貌"和"公民"的概念分开,更不用说反对了。他们教授(并期望)校园文明,并希望学生们在毕业后能承担公民责任。

在詹姆斯·尤尼斯(James Youniss)和米兰达·耶茨(Miranda Yates)的重要作品中,礼貌和公民很好地融合起来。他们的研究表明,参与社区服务和公民活动对年轻人的政治理解和未来的公民参与有积极的影响。[1] 在他们与杰弗瑞·麦克莱伦(Jeffrey A. McLellan)[2]撰写的一篇文章中,耶茨和尤尼斯为一个人如何成为成年人的问题提供了一个发展性视角,这些成年人的公民参与将有助于改善社会。在他们看来,民间社会是"由正在构建其公民身份的个人"构建的。[3] 这些研究人员关注的是心理认同以及心理认同在服务背景下的发展。

我们的论点是,在青少年时期参与有组织的团体会对个

---

[1] 美国天主教大学的尤尼斯和布朗大学的耶茨是《青年的社区服务和社会责任》(*Community Service and Social Responsibility in Youth*, Chicago: University of Chicago Press, 1997)的合著者,也是《公民身份的根源:青年社区服务和行动主义的国际视角》(*Roots of Civic Identity: International Perspectives on Community Service and Activism in Youth*, New York: Cambridge University Press, 1999)的编辑。

[2] J. Youniss, J. A. McClellan, and M. Yates, "What We Know About Engendering Civic Identity," *American Behavioral Scientist*, 40, no. 5 (March/April 1997): 620–31.

[3] Ibid., 621.

人产生持久的影响,原因有两个。首先,在实践层面,它向青少年介绍成人公民参与公民社会所需的基本角色和过程(即组织实践)。其次,在个人层面上,在年轻人参与团体活动阶段的适当时刻,它有助于他们将公民参与感融入自身。这种参与促进了公民性格融入到身份的构建中,而身份的构建反过来又持续存在,并将公民参与感带入成年期。因此,公民身份的形成是一个跨时间的假设发展性环节,以及在公民参与程度上划分成年人的一个因素。[1]

这种发展动态如何运作？耶茨和尤尼斯认为,如果人们青少年时期参与社会,那么他们会看到：维持公民社会的行动是相互依存的;团体纪律为共同目的服务;参与者之间的分歧可以解决;并且"可以协调多种观点"。[2]

耶茨和尤尼斯认为,通过为青少年提供有意义的参与体验,教育者可以让他们发现自己的能力、评估自己的责任感、得到政治活动参与感,并致力于道德伦理的意识形态。[3] 简单地说,行动对于同一性发展至关重要。没有行动,任何教育都是不完整的,更不用说公民责任的教育。

代顿大学的教务长、圣母会的牧师詹姆斯·赫夫特(James L. Heft)问道："品格可以教导吗？"[4]他还断言,品格教育"不可避

---

[1] J. Youniss, J. A. McClellan, and M. Yates, "What We Know About Engendering Civic Identity," *American Behavioral Scientist*, 40, no. 5 (March/April 1997): 623-24.

[2] Ibid., 624.

[3] Ibid., 629.

[4] *Journal for a Just and Caring Education*, I, no. 4 (October 1995): 389-402.

免地像工匠做工一样（单调）"。

有一句古老的中国谚语说道："不闻不若闻之，闻之不若见之，见之不若知之，知之不若行之。"因此，将才智与纪律、纪律与美德分开是错误的。这就是为什么许多支持品格教育的人强烈建议为学生提供各种形式的服务，将他们带到自己之外的世界，让他们知道他人的需要。[1]

马里兰州洛约拉学院是一所耶稣会机构，拥有一个价值观服务中心。大约20年前，该机构并入了圣艾格尼丝山学院。圣艾格尼丝山学院是一所由慈善修女会创立的女子文理学院。马里兰州洛约拉学院有长达72页的1997—1998学年《社区服务机会》手册。这本手册对"为什么服务"这一问题做了以下答复。

● 不论年龄、经济手段、教育、体力、背景、文化或种族如何，帮助有需要的人，向不同于你的人学习。

● 与其他学生志愿者以及你所服务的人一起开发和体验社区活动。

● 检验自己对世界的价值观、态度和信念。

● 了解我们社会的经济、政治和文化结构如何影响他人。

● 发现或确定你与上帝的信仰关系，并通过服务反映出这种关系。

● 根据耶稣会/慈悲传统，培养终身服务习惯、关心他人、理解社会正义。

---

[1] *Journal for a Just and Caring Education*, I, no. 4 (October 1995): 400.

四、基于高等教育不同部门的视角

- 将巴尔的摩教理问答视为课堂学习的一部分。
- 培养领导技能。
- 在你的学术或未来职业领域获得经验,同时改变你的生活和他人的生活。[1]

某种形式的志愿社区服务是教育的重要组成部分,洛约拉学院希望能提供这样的教育;学院认为服务是其计划的一个显著特点,有助于将其与其他学院和大学区分开来。洛约拉学院的学术规划人员承认,"服务学习如爆炸一般席卷全美的大学校园"。他们设计了一个"服务式领导"计划,以满足学生通过服务学习培养领导能力的需求,"我们在洛约拉学院的经历使我们相信,我们需要一个结合服务学习和领导力的发展性基本计划"。[2]

教育工作者对于确保服务和学习之间的紧密联系有着可以理解的关注。可以想象,一个大学生能有四年的服务期,或者一年四次的服务。换言之,通过服务大学生是不可能不成长的。可能发生的情况是,在发展中大学生的心目中,校外服务体验与在校园课堂和图书馆接触的理论和历史之间没有任何学习联系,然而这些理论和历史恰恰能够使服务体验变得有意义。在许多情况下,宗教院校都有面对这一问题的经验。与宗教教派相关的神学院通常都有强制性的实地教育计划,旨在帮助正在走向圣职的青年男女不仅体验牧师或社会部门的形式,而且从该领域汲取经验,更好地理解教科书中的神学。

---

[1] Center for Values and Services, Loyola College in Maryland, 1997–1998, *Community Service Opportunities*, 5.
[2] Internal Working Paper, Office of the Academic Vice President, Loyola College in Maryland (undated; distributed to the Board of Trustees 19 November 1997).

无论是被任命为神职人员,还是即将毕业于以宗教为基础的高等教育机构的世俗人士,该机构的宗教赞助机构都希望,未来几年的学习能培养出拥有两个世界的公民。这样的公民终身致力于服务,进而推动共同利益的发展。

尽管尤尼斯和耶茨在他们的著作《社区服务和社会责任青年》(1997)中得出一些结论,这些结论是基于天主教高中生以及他们的实证研究得出的,但他们自己的实证研究还补充了研究成果,并对服务于青少年的实证文献进行了详尽的回顾,为有兴趣阐明作为坚实服务型学习计划基础的学习理论的高校提供了非常有用的理论基础。他们的工作有助于我回答这个问题:与信仰相关的学院或大学如何有效地为学生的公民参与做准备?

尤尼斯和耶茨提供了反映其论点的10个想法,即"服务可以为青年提供具体的机会,使他们在社会框架内更好地了解社会成员,了解未来承担的社会责任"。[1] 10个想法都涉及共同主题——鼓励青少年步入社会,让服务成为个人身份的组成部分。不能将服务作为一个独立的经历直接提供给年轻人,它需要融入他们的生活之中。这个过程具有发展性。

读者可以通过查阅尤尼斯和耶茨的书籍,以获得更为全面的解释。[2]

1. 有意义的活动。服务质量是重点,而不是服务数量。尽管与"创造工作"的情况相反,但有意义或有质量的经验应当包括决策的责任;个人价值观的鉴定和反思;与成年人密切合作;面

---

[1] Youniss and Yates, *Community Service*, 135.
[2] Ibid., 136-52.

对新情况；因个人的工作受到批评或获得信任。

2. 重视帮助他人。应注意避免过分强调为服务者带来好处的经验。应强调帮助他人树立关心的态度，培养社会正义感。

3. 清晰的意识形态的融合。这意味着将服务与学校的定义目标或宗旨关联在一起，或者至少解释该服务与其办学理念的一致性。在以宗教为基础的机构中，这通常更容易做到。

4. 小组行动代替个人行动。团队意识感很重要；集体行动是在明确界定"我们"意识的基础上蓬勃发展起来的。

5. 与同伴进行反思的机会。对经验的反思至关重要。个人论文有助于反思；同行讨论组是个人反思的重要补充部分。

6. 作为模范和整合者的服务组织者。一些成年人创造服务机会，并与学生们一起工作。他们提供"信息"可以存在的事例，这些事例令人钦佩，同时也可以进行模仿。

7. 作为模范的站点主管。在服务站点全职工作的人"可以成为道德承诺的模范，他们提出自己对社会问题的看法，为试图缓解这些问题提供动力。工作人员成为教育工作者，虽然他们的能力可能受到时间和资源的限制，但当服务组织者挑选站点，并与这些站点的工作人员建立关系时，我们不应忽视他们的潜力"。[1]

8. 确认参与者的多样性。一般情况下，参与者、站点主管、服务组织者和服务接收者的组合将是多种多样的。这可能会产生人们都承认的不适感，这是因为种族、阶级和性别的多样性会影响服务体验；作为反思服务经验的一部分，我们应该探讨这一点。

---

[1] Youniss and Yates, *Community Service*, 145.

9. 成为历史一部分的感觉。这种感觉能够使服务对个人发展产生强大的影响。"当青年人相信他们的行为有助于创造历史时,他们就会投身到服务之中。另一方面,当人们视服务为一种孤立或脱离语境的活动时,他们就会理解青年人为何能够保持偷窥者的闲散角色了。"[1]

10. 责任。服务有助于学生关注自己的责任,而不是自己的权利和自由。

在将"责任"列为他们的第十个"观点"时,尤尼斯和耶茨观察了学校里赞助服务体验的一位魅力型教师,他们把焦点放在老师个人及其信念上:"归根到底,'我们要么关心这些问题,要么不关心这些问题'。如果你关心这些问题,那么你会想了解得更多、想要知情、想能批判性地思考,从而想要准备好对这个世界做出回应。"为了强调这一点,这名老师引用他的学生的一个摘录,该摘录源于马丁·路德·金的最后一篇演讲:"当人们正在追求正确的事情,并愿意为之牺牲时,胜利是没有终点的。"[2]

我想重新讨论我在本章前面提到的问题:对于服务学习,州立或公立学校与基于信仰而成立的教育机构之间是否存在一些区别?我认为有区别。这种区别与教育机构的信仰承诺或信仰相关性有关。如果信仰维度是机构目的和身份的一部分,那么在机构的宗旨中就能体现出来。因为信仰是个人的,所以机构的价值承诺可能更容易变得内化和个性化。一名学生可能会解释说,这种校外服务是成为一名天主教徒、一名犹太人和一名长老

---

[1] Youniss and Yates, *Community Service*, 149.
[2] Ibid., 151 (emphasis in original).

四、基于高等教育不同部门的视角

教会员的一部分。此外,如果学校强迫将某种形式的服务作为课程要求,且这一要求得到宗教原则的支持,那么更有可能取消该服务。另一方面,如果服务是自愿的,那么我们可以通过相同的宗教或道德原则来提高自愿行动的积极性,这些原则即正义和爱。

在阐明参与服务的原因时,根本原因存在差异。但这并不表明,提供的服务质量更高或与为世俗目的、公民目的和爱国目的而提供的服务有所不同。因此可以说,在服务提供者个人身份的发展中,这种差异将被隐藏。一些学院和大学因为信仰而成立,对于教育活动的政治方面和道德方面,它们提供的服务不太可能会模糊两者之间的区别。尤尼斯和耶茨将为强化这种区别提供帮助。

这里我们考虑一个概念,如可以从政治或道德意义上解释的社会责任。人们可以通过履行公民职责对社区负责。例如,以表决的方式进行投票。或者一个人将社区的福祉置于个人利益之上,在道德意义层面上承担责任。在政治和道德之间,我们并没有说明决定使用哪些标准。我们认识到,意识形态的力量使政治上的优先地位看起来好像是道德上的必然。[1]

如同耶茨和尤尼斯所做的那样,"将社区的福利置于个人利益之上",我认为,欣赏共同利益的原则更容易出现在与信仰相关的、有宗教目的的和有道德原则的教育环境中。根植于宗教信仰的机构试图推动社区发展,控制、遏制或消除个人主义。它们不希望自己的毕业生和以下描述一样:

---

[1] Youniss and Yates, *Roots of Civic Identity*, 13.

顾名思义,个人主义者并非试图建立一个社区,而是旨在摆脱社会限制的束缚。他们在松散的组织结构中茁壮成长。在这种松散的组织中,他们可以自由行动,无须做出长期的承诺,还能够与其他个人主义者谈判自己的交易。对他们来说,福祉就意味着拥有追求自利目的的自由。这是一种狭义的自我幸福,是一种不受干扰的消极自由的理想。[1]

大多数与信仰相关的学院和大学都声称,他们正在培养有良知、有能力和致力于共同利益的人们。为增加实现这一目标的可能性,他们精确地将服务机会融入到教育体验之中。

暂时忘记以宗教为基础的机构的使命陈述、修辞或教育理想的表达,学校类型或学校特征影响学生在服务中的参与度是一个已被证明的事实。1997年,一份关于学生参与服务活动的全国性研究得出以下结论:

私立学校的学生比公立学校的学生更有可能报告他们参加了社区服务(66%对47%)。这种差异在将与教会相关的学校的学生与公立学校的学生进行比较时最为明显(69%对47%)。与教会相关的私立学校的学生也不同于一般情况,他们更有可能定期参加社区活动(40%),而不仅仅只参

---

[1] M. Douglas and S. Ney, *Missing Persons: A Critique of Personhood in the Social Sciences* (Berkeley: University of California Press, 1998), 122.

加一两次(18%)。[1]

当然,这些数据并不能表明任何持续影响公民行为的因素,也不能表明学校服务为学生的品格塑造做出过贡献。这项研究假设服务经验会产生积极影响,并将会持续一段时间。对于我所说的与信仰相关的学校,数据只是显示了其更高的参与率。

作为负责任公民的与信仰相关的学院或大学

"商业社会责任"课程是乔治城商学院高年级学生必修的课程。在该课程中,我发现,我曾和我的学生一起使用过的社会责任模式[2]与适用于任何学院或大学的社会责任模式之间存在平衡关系。但在目前的情况下,这种模式特别适用于以信仰为基础的学院或大学。如果一个商业组织要对社会负责,那么它应该是经济状况良好、遵纪守法、坚守道德和拥有慈善之心的。因此,我们必须采用四层参考框架来检验所有私营部门和商业公司的社会责任。这些标准是:(1)经济;(2)合法;(3)道德;(4)可自由支配/慈善事业。第四层简单来说就是做一个好的企业公民,即使利润、法律和严格的道德义务并不要求这样做。

一所与信仰相关的大学渴望拥有负责任的机构公民身份,它应该是这样的:(1)学术健全;(2)在所有适用的法律机构、专业

---

[1] U. S. Department of Education, Office of Educational Research and Improvement, National Center for Educational Statistics, *Student Participation in Community Service Activity* (April 1997),13－14.

[2] See A. B. Carroll, *Business and Society: Ethics and Stakeholder Management*, 3rd ed. (Cincinnati, OH: Southwestern College Publishing, 1996),35－40.

机构和认证机构指导方针内运作;(3)内外道德一致;(4)以积极而有意义的方式出现在校外社区之中。在这种情况下,第四点意味着使用制度性思维和"力量"(即机构的声望、联络方式、作用和影响变化的能力)来获得更广泛的社区利益(共同利益)。

多萝西·戴(Dorothy Day)认为彼得·莫林(Peter Maurin)是她发起天主教工人运动的导师和推动者。彼得·莫林表示,世界的问题在于,总是思考的人从不采取行动,所有行动的人从未思考过。作为一个好法人,高等教育机构必须做到两点。它能够进行思考;有时,它需要鼓励和激励才能走出学术圈——成为制度变革的参与者或推动者。例如,考虑投资组合管理、投资和购买政策,以及在与教育没有直接关系的公共政策中对有关或争取改变的公开声明。

当涉及非纯粹学术性的行动时,与信仰相关的机构自身往往很难发现人们可能称之为"得体感"的东西。例如,自 1967 年以来,不仅仅是天主教徒的学院和大学,所有天主教徒都对罗马主教国际会议发表的下列文字的意义和含义感到困惑(该宗教会议是由来自世界各地的全国或地区性圣公会代表、依据职权的参会者和一些教皇任命的代表共同组成的):"在我们看来,代表正义和参与世界变革的行动是福音传道的一个组成部分,或者换句话说,是教会拯救人类、帮助人类从每一种压迫中解放出来的使命的一个组成部分。"[1]如果该机构主张信仰罗马天主教会,那么这样的声明应该得到尊重和些许回应。该声明与代表正义的"构

---

[1] "世界上的正义"(Justice in the World),1971 年 9 月 30 日—11 月 6 日在罗马举行的罗马天主教主教会议编写的文件;reprinted in Michael Walsh and Brian Davies, eds., *Proclaiming Justice and Peace: Documents from John XXII-John Paul III* (Mystic, CT: Twenty-Third Publications, 1984), 190。

成性"性质的行动(不仅仅是反思)有关。例如,构成福音价值观可能与明确布道、目的和机构身份有很大关系。事实上,即使是一个谨慎避免将宗教和政治混为一体、对教会和国家的独立领域敏感的与信仰相关的机构,响应公民身份对其来说都是特别的。然而,正如这些机构所坚持的那样,宪法没有规定教会与社会分离。与信仰相关的大学和学院意识到其在公民责任和宗教忠诚这两个领域的职责。在道德和政治秩序中,它们必然会采取自认为适当的社会责任措施。

作为公民行动者和年轻人的机构教育者,与信仰相关的学院或大学不可避免地生活在相互重叠的影响范围内:学院和社区、信仰和理性、大学城居民与师生关系以及思想和物质。

罗约拉·伊格纳提斯(Ignatius of Loyola)是耶稣会秩序的创立者,他希望其学院能够位于学生们可以"倾听城市对话"的地方。与许多以信仰为基础建立的机构一样,出于合理的教育原因,在耶稣会学院成为负责任的法人的道路上,耶稣会学院希望自己的学生和学校通过言语和行动的方式参与交流。

(六)基于研究型大学的视角

玛丽·林登斯坦·沃尔肖克

本章提出的问题是,需要什么来吸引美国的国家知名学院和研究型大学进入其社区的公民生活。作者认为,解决这一问题的办法在于,通过合作的议程设置、研究和学术工作,更好地将学术知识和公民知识联系起来。

引言

在当今的许多大学中,特别是研究型大学和全国著名的文理学院,对于这些学校在其所在地区的公民问题上应该扮演何种角色(如果有的话),人们有着很复杂的矛盾心理。这些具有全国知名度的校园具有学术"文化"的特点。这种学术"文化"划清了"反思"和"参与"的界限,并在大多数情况下以全日制寄宿学生和全职终身学术生涯为基础,庆祝学术"生活方式"。从日常事务和解决的问题中,这样的校园通常重视这种"距离感"。很多时候,他们的实际位置都与农村、郊区、公园般的环境或更多城市景观中的围墙飞地隔离开来。

作为一名专业人士,我既是毕业于这类机构的学生,又是知名研究型大学社区的热心成员。因此,我坚定地致力于他们的核心使命,坚持他们开展"业务"的方式。在我对"新的""以知识为基础的"世界的性质的理解中,我与诸如我的校园里的主流观点存在分歧,在这个世界中,我们发现了自己,以及这对学院核心知识工作的影响。其影响远远超出了出于政治或经济需要或服务学习规定而经常采取的外展活动,服务学习规定增强了学生的体验,并增加了新学生的招聘工作。它对于我们如何定义人们需要了解我们什么,谁有资格成为专家,以及如何将社会中的知识和学术知识联系起来,有着根本的意义。

大学(如我的大学)继续用三条腿的凳子这个隐喻来定义他们所做的知识工作——研究、教学和公共服务,每一条腿都独立而不同。大学(如我的大学)在服务中没有看到真正的"知识利益",虽然他们对全职的教学/学习活动非常投入,但对大多数年轻学生来说,随着"终身"学习者的日益增长,他们还没有理解知识需求和智力回报的程度。尽管我们的基础研究和学术为大多数的发展提供了宝贵资源,这些发展从根本上改变了知识在工作中的开发和使用的传统范式,但我们仍然在知识工作的零散产业模式上进行制度运作,组织和社区生活。作为一名教育工作者,学院内部的这种公民脱节以及如何解决这一问题是我的中心工作。与那些具有明确城市使命或对职前教育和职业教育有着强烈承诺的大学一样,那些以基础研究和学术文化为基础的机构同样具有重要的公民角色(尽管是独特的角色),这是我的信念与经验。我还认为,机构(如我的机构)在社区中发挥着至关重要的作用。通过适当地发挥这种作用,机构的核心知识工作将得到加强。

知识对公民问题的重要性与日俱增

加利福尼亚大学的保管人员处于"在线状态"。清洁和维护任务以及用品和材料的库存都采取计算机化。在多数的城市学校校区中,人们会使用40门或40门以上的语言,而全国各地的每一个学区都在讨论双语教育的成本和效益。现代通信对全球的繁荣和互联互通做出了巨大贡献,同时也催生了100个频道环境。这些频道每天24小时都会播放有争议的电台谈话节目和琐事新闻版面。在塑造新经济的技术方面,随着20%的人口接受越来越多的教育以及能够"识字",50%的城市男性有色人种纷纷辍学。这些问题中的每一个都不为学者或普通大众所理解。正如公民和社区如何理解这些问题需要学术界的知识资源一样,学术界如何研究和阐明这些问题也需要实际经验的指导。

技术、人口统计学和全球经济正在改变地方日常生活的内容。因此,曾经属于"知识分子"、国家政策制定者与联合专栏作家的宏观趋势和问题,以具体而复杂的方式塑造了地方工业、政府和公民协会的话语和决策。即时通信和网络化运输系统与资本流动、全球制造和分销系统相结合,这就使"本地"创新和"本地"人才在无需离开家的情况下就能在世界舞台上发挥作用。西雅图的比尔·盖茨(Bill Gates)、奥斯汀的迈克尔·戴尔(Michael Dell)、佛蒙特州的本(Ben)和杰瑞(Jerry)以及圣地亚哥的伊莱·卡洛维(Eli Calloway)表明,财富、权力和影响力正从少数几个主要中心转移到具有重要经济、社会、文化和日益增长的政治势头的区域中心网络。

在这些地区,生活变得更加复杂,在实践和知识方面都比以前的时代更具挑战性。在这样的环境中,知识本身以及成熟学院和大学固有的知识发掘、开发、验证和传播能力的种类,代表着一项重要的区域资产。在这样的环境中,日常生活的内容也具有了足够的广度和深度,能够进行严谨的科学和学术探究。在过去,人们认为威尼斯、巴黎、伦敦或纽约等地是知识和学术发酵的主要地方。在这个新的"知识时代",许多地方都有这样的愿望:欧洲的斯德哥尔摩、巴塞罗那和格拉斯哥,美国的匹兹堡、亚特兰大、查塔努加、圣地亚哥和波特兰。圣地亚哥位于世界上人口最密集、经常发生越境事件的边境之一。波特兰领导全国应对维持宝贵自然环境的艰巨挑战,同时建立具有全球竞争力的行业。匹兹堡和查塔努加是将衰败的工业城市核心转变为宜居城市的全球典范。亚特兰大的例子说明了国家工业和高科技如何从根本上改变农业经济。

这些例子证明了塑造各地公民生活和地区背景的复杂性,因此它们是相互关联的。这些地区也正是全国高等教育机构的所在地。尽管如此,我国著名大学和学院的关注点与各地区的公民需求和关注点之间仍然存在脱节。

学院与社区之间的脱节

现在很多人都在谈论为什么美国的大学和学院会被孤立于知识问题、社会问题和人类关注的问题之外。其范围包括观察基础研究和独立奖学金的假定优越价值,"价值中立"分析的需求,关注年轻人成为有效公民和工人所需的能力,以及专注于为从事公共服务的教师创造新的"激励和奖励"。但单凭这些不足以解决持续存在的深层文化和功能鸿沟。

著名的市场研究员、作家和公共议程的主席丹·扬克洛维奇(Dan Yankelovich)表示,在制定克服这种脱节的具体策略之前,有10个校园特征需要加以解决。1999年1月,扬克洛维奇在美国高等教育协会(AAHE)的一次重要集会上发表演讲,分享了他对学术界文化和实践的看法。这些看法进一步证明了大学与社区之间持续缺乏有意义的联系这一观点。引用他的观点,其中包括:

1. 兴趣水平低。与大多数专业人士不同的是,学者有权将自己的兴趣和注意力集中在他们自己的工作中。在研究型大学里,人们很少将这些兴趣集中在他们所居住的社区。

2. 专业化。当地社区或地区的问题很少与学术知识的划分与细分的方式相对应。

3. 缺乏激励。学者,尤其是年轻的教师,很少有动机,有些甚至没有动机去参与当地的事务：它不会给任期或晋升带来帮助，反而将他们与地位低的"应用型知识"联系在一起。

4. 无效的假设。学者们倾向于认为，适当的行动方案来自对问题的正确定义，然而这种假设往往在行动世界里无法成立。

5. 不同的时间框架。作为社区成员，学者们很少有相同的时间框架和紧迫感来解决问题。

6. 语言。每个领域都发展自己的术语和修辞，这阻碍了与社区的沟通。

7. 事实/价值区分的无关性。当人们将事实和价值观作为一个不可分割的整体时，特别是社会科学家在这样混合的环境中会感到不舒服。

8. 亚文化价值观的差异。学术亚文化的价值观与更大社区的价值观截然不同，这使它们之间产生了分歧。

9. 对权力感到不自在。学者们在权力世界中经常感到不自在，因此常常无法正确评估社区中运作的政治交叉压力。

10. 意志/技能困境。最棘手的社区问题涉及意志/技能困境：缺乏解决问题的意志和相关技能的问题。大多数学者不熟悉处理这些问题所需的知识策略。[1]

扬克洛维奇提出的关键点在于，因为它只假设了一种有效的知识形式，即与科学相关的知识，所以大学运行的知识范式与社区的知识范式是不一致的。社区借鉴了许多范式，对于学者来说，如果要进行真正的讨论，理解和参与这些范式以及他们自己

---

[1] D. Yankelovich, Panel Presentation Remarks presented at the American Association for Higher Education meeting, San Diego, CA, 23 January 1999.

的范式是至关重要的。

在所有这一切中最重要的是,公民参与的挑战是知识和文化的挑战,同样也是一个榜样、奖励和激励的难题。正如下一节所述,情况也是如此,校园决定如何克服这种脱节将因校园文化、历史、能力以及社区的特殊需求和环境而发生巨大变化。

在扬克洛维奇发言的同一届美国高等教育协会会议上,著名的传播学教授迈克尔·施德森和麦克阿瑟(MacArthur)研究员提出,解决扬克洛维奇所述障碍的策略因机构"类型"而异。在研究型大学中,如何解决这种脱节更可能与一些活动有关。这些活动与其知识发掘和发展中心的身份产生共鸣,而不是与一整套全新的与"服务"相关的激励和活动相结合。

在上述美国高等教育协会的同一次会议上,迈克尔·施德森和本文作者是新产生的、由皮尤(Pew)资助、与丹·扬克洛维奇合作的加州大学圣地亚哥分校的公民组织的联席董事,我们描述了在一所研究型大学的背景下进行这种合作的目标和主要活动。施德森指出:

> 加州大学圣地亚哥分校的身份和成功取决于其研究记录。协作的前提在于,研究人员对自己所在社区的生活更加关注,他们将成为更为机警的、有进取心和见多识广的学者。这对社会科学系的教员和研究生尤其适用,但也适用于艺术、人文、医学和自然科学系的学生。[1]

---

[1] 施德森在美国高等教育协会会议上做的小组报告,1999年1月23日,加利福尼亚州圣地亚哥。

300　　我强调,公民合作的一个主要目标是将研究型大学的学术知识与更大社区的公民知识联系起来,提高每个人解决社区问题的能力,扩大人文社会科学学院的知识视野。对于加州大学圣地亚哥分校(UCSD),我们希望通过以下活动弥合当前其学术和公民知识之间的差距:

1. 进行对话、圆桌会议和委托撰写论文,以便更好地了解学术和公民知识的形式。

2. 建立研究型大学如何从其社区中学习的模式:例如(a)设计将公民知识引入学术话语的机制;(b)通过小型研究资助和鼓励思考、写作和研究圣地亚哥的活动,为社区的教师和学生创造学习机会。

3. 确定有关圣地亚哥的重要数据库和公民知识来源,并将这些数据与加州大学圣地亚哥分校的类似学术知识来源联系起来。

4. 向社区介绍加州大学圣地亚哥分校等大学所拥有的资源和独特的研究能力。

5. 赞助会议、集体研究企业、期刊和编辑书籍,这些书籍用以描述我们正在学习的内容。该内容既与地区有关,也与我们有意缩小学术知识和公民知识之间差距的过程有关。

施德森提出的这些详细观点表明,与高等教育论坛中通常讨论的方式相比,思考公民参与和贡献的方式有所不同。然而,这是一种定义机会和挑战的方式,这两者都与研究型大学的文化产生共鸣,补充了其他大学所追求的许多更直接的服务、技术援助、应用和合同研究活动。它为关键会议、讨论和分析活动的举行打开了大门。这些活动可以填补区域知识空白、增强公众对问题的了解并对政策产生一定的影响。即使是为了完成施德森的提议，也需要重要的态度转变、新功能和支持性的制度机制。

缩小学术知识和公民知识之间的差距

具有学术深度的学院和基础研究型的大学是其所在社区的独特资源。由于他们的研究方法、公开无私的传统以及学习方向（学习方向通常是分析性、反思性和批判性），在有争议的问题和矛盾的立场上，他们非常适合当对话的召集者和调解者，即在以零散的专家和特殊利益政治为典型特征的地区充当"调停人"。在图书馆、实验室、档案馆、数据库和专题专家的形式下，这些机构拥有支持研究和奖学金的基础设施。这就使它们有能力挖掘新的知识，广泛搜索信息和独有的知识资源，填补重要的区域"知识空白"。最后，他们参与国内外话语和专业知识网络，这使他们能够将地区关注事项和能力与全球资源联系起来。然而，如果要在公民环境中实现这些能力，他们需要解决三个关键问题：

1. 建立一种支持多方对话和共享专业知识的文化；
2. 整合致力于知识传播和融入学院的专业人员；
3. 发展具有资源和计划能力的体制机制，支持旨在结合学术知识和公民知识需求与兴趣的倡议。

第一个特征的关键维度在于，大学是社区中众多知识资源之一，而不是"唯一的"以及"首要的"知识中心。它需要那些准备好向社区学习和教学的教师，其定向是真正的兴趣、好奇心以及尊重中的一点。反过来，这促进了探索发现以及交流对话，从而开始产生相互理解和信任。有了这一点，在鼓励互相学习和共同制定议程的氛围中，对于更大的问题，就有机会成为更大群体的召集者。

圣地亚哥对话是一个基于大学的跨境区域研究政策分析和社区对话倡议的很好的例子。它源于最初一系列支离破碎的对话,这些对话涉及各种各样有思想但彼此无关联的人,涉及发展圣地亚哥地区的新兴力量。他们特别关注的是缺乏能够将过去的成就与未来的承诺结合起来的领导能力。借鉴这些早期的对话,圣地亚哥对话召集了一小部分学者和社区领导。他们最初认为需要一个社区"愿景"过程,但他们希望首先了解更多关于变化地区的信息。在一位有思想的学者(现为对话的主任)的推动下,确定了更多需要了解的关注话题。这引发了一系列与来自全国各地拥有相关知识或经验的从业者和学者的"对话"以及数据收集和一些鲜为人知的区域性课题的新研究。

在一年内,圣地亚哥与提华纳关系的重要性(令大多数人惊讶)成为影响该地区未来发展的关键因素之一。传统的城市领导人不知道的是,提华纳的发展速度和经济复杂程度堪比圣地亚哥。通过对话,他们发现日本航空公司每天都有直飞美国罗德里格斯机场的航班;提华纳的制造基地发展迅速(如索尼工厂,该工厂生产了在北美销售的50%的索尼电视机);普华永道和麦肯锡等专业事务所的办公室在提华纳开业;人口统计分析显示,在提华纳,受过良好教育、富裕的人的人数显著增加。圣地亚哥对话的报告以及与墨西哥学者、实业家和专业人士的早期交流活动,彻底改变了人们对该地区能力和未来机遇的认识。这种共同理解建立了深刻的承诺,承诺支持将圣地亚哥对话作为一种区域"知识"资源。六年多来,最初的探索性过程已经发展为一个多方面的项目,包括区域对话、研究项目、社区论坛和领导简报,其

四、基于高等教育不同部门的视角

中领导简报由季度期刊、时事通讯和关于区域问题的定期政策文件提供。

圣地亚哥对话每年以私人渠道的方式得到 100 多万美元的资助,现已发展到拥有 120 名成员、300 名同盟和 12 名工作人员。它是在一个探索和对话的过程中发展起来的,在社区和学术界建立了广泛的利益相关者基础。它不是针对提案请求(RFP)的公共服务计划,该计划会在资金枯竭时结束。它是一种由大学赞助的、以社区为基础的体制机制,以实力和诚信服务于重要的公民目标。它不断地充当相互脱节或相互矛盾的兴趣的召集者,通过话语和知识的发展来阐明重要的区域问题。因此,它建立在其研究型大学所在地独特的文化和能力的基础之上。

对于建立公民联系,将新型知识分子和知识专业人士融入大学生活的构成中同样重要。在研究机构中,教员依赖研究助理、博士后学生、综合图书馆和装备精良的实验室,他们腾出时间写书和研究新课题,寻找项目资助和奖学金来集中精力。当他们在期刊上发表文章或在大学出版社发表文章时,他们也会求助于知识渊博的编辑。以一种智力意义的方式参与公民议程,这需要由不同能力的个人组成的各种类似团队。

圣地亚哥对话再次成为一个很好的例子。它拥有多元化的"能力者"。这些人擅长使用网络和推动对话、擅长阐明问题和识别专家资源、能够及时进行研究和政策分析、能与不同选区和媒体沟通,能够筹集资金和培养成员、支持者。所有这些人才都与专家团队"合作",在诸如跨境卫生问题、区域基础设施需求、缩小公立学校的成就差距或可持续经济发展等问题上,提供学术上可信和有价值的知识。一批具有学术资格的专业人士致力于实现知识的公民利益,他们为与教师的合作带来了独特的技能和视角。在专业领域内,这些教师具备能力和专业知识。这种组合是无与伦比的。

确保对话和协作的文化以及与专家教师合作的知识专业人员代表了将学术和公民知识联系起来的两个基本要素。第三个要素是支持性体制机制。体制机制是稳定的、资助性活动、办公场所、项目和产品。这些活动和项目代表了教师、其他知识专业人员和社区资源之间的合作关系产生的可交付成果。它们是将学术和公民联系起来的"点"。这些支持性机制需要校内和社区的领导支持;校园和社区的定期拨款和实物捐助;学术和公民领域的共同治理和问责;有纪律的活动和产品时间表;针对关注点、结果和活动,承诺与选区广泛沟通。在没有专业技能和知识渊博的合作伙伴的情况下,对于大量教师来说,融入现有的研究和教学任务不是一件轻松的事情。传统的学术部门和学校最初是为教育年轻人和从事学术工作而组织的,它们没有足够的能力处理这些事情。然而,它们代表了校园学术知识与社区团体、公民知识资源以及及时就区域趋势和问题建立双向桥梁的能力和资源。在这里可以看出,圣地亚哥对话的例子是具有启发性的。

在启动阶段,就议题和资助者而言,圣地亚哥对话是机会主义的,通过及时有效的事件、研究和报告建立其信誉和支持基础。通过缓慢的制度化进程,圣地亚哥对话保留了机会主义的倾向和做出响应的能力,同时管理一套连贯的年度项目和产品。其中包括每年四次的会员资格审查(这种审查是由工作人员支持的研究小组就当前感兴趣的问题开展的);专题教师和学生进行的研究以及由全体会议推出和由圣地亚哥与提华纳的公司联合资助的政策文件;出版季刊;墨西哥和美国高级官员提出的关于跨境问题的 3 至 4 个领导论坛;影响该地区问题的社区论坛;与民选官员举行的定期午餐圆桌会议。特别活动中的"朋友和捐助者"也成为年度计划的一部分。在所有这些事件、活动和研究项目中,圣地亚哥对话有助于不同教员和社区成员的共同参与。所有这些活动都代表了学术目的和公民目的相结合的"制度机制"。它们确保了对话持续进行和共享议程设置,并建立了广泛的网络化"学习社区"。

结论

本章首先关注的是全国知名高校的独特特征。与所有大学一样,这些学校也面临着公民参与的新要求。正如有思想的分析师和作家丹·扬克洛维奇所述,本章概述了一些特殊的参与障碍。本章接着提出,因研究型大学所代表的知识传统和拥有的知识发展能力,它们可能会做出独特的贡献。然而,如果大学要充分发挥这些能力,发挥其作为话语群体召集者、问题及时澄清者和公民抉择表达者的急需作用,那么它们需要具备三个基本特征。这三个特征包括对话文化和共同议程设置、愿意与新类型的知识专业人员合作以及致力于资金筹措和有效管理的体制机制。这些特征为连接学术知识和公民知识创造了一个"有利环境"。圣地亚哥对话是以大学为基础、以社区为依托的跨境论坛。本章以圣地亚哥对话如何形成和发展为例,向读者提供了如何缩小学术知识和公民知识之间差距的观点和实际例子。

五、特殊的挑战

（一）公民参与和学术学科

爱德华·左克时

然而，我们都很清楚，美国现阶段的政治知识普及程度不足、政治参与度不高、政治热情缺乏，这些都严重威胁着美国民主政治的活力和稳定性。我们认为，美国政治教育在各方面都存在不足。

——美国公共行政协会特别工作组关于21世纪公民教育的研究，《政治学》(1989)

做出借用教育来提高公民参与度的设想很容易，然而真正想要实现这个设想却很难……如果你主张在一个冷漠的社会推行旨在宣传积极公民权的课程，那么实行的改革并不能带来预期的改变。

——辛迪·劳尔·沙克特，"公民教育：美国政治学协会三家早期委员会及其与我们这个时代的关联性"，《政治

学》(1998)

　　这一行动的影响范围只局限于外部:只有系的全体教员参与其中……系是机构为了实施促进学术进步的策略而设立的单位。

　　——D.肯尼迪,"又到一个世纪的结束,高等教育的再次革命",《改变》(1995)

　　教师强调,学科上适当的奖励和识别体系主要决定他们如何分配自己的时间。对于很多教师来说,他们的首要事项是由学科标准和期望决定的,而不是由机构的优先事项决定的。

　　——R.M.戴蒙德和B.E.亚当,《学科发言权:奖励教师学术的、专业的以及有创造力的工作》(1995)

界定问题

　　本章开篇引用的四种表述共同表明,想要成功设想并实施一种通过高等教育来提高公民参与度的策略是很难的。前两种表述表明此项工作的意义十分重大:现阶段"政治教育各方面都存在不足"[重点强调],并且,即使改正了政治教育现存的缺点,如果我们的补救方法是在一个"政治冷漠的社会"中使用,那我们仍然得面临失败。后两种表述直接阐明了寻找与教育相关的有效补救方法需要面临的挑战;也就是说,大多数情况下,那些机构性指令在遇到混乱的系自治时,会很难实施下去,而且,机构的优先项可能还没有学科规范的意义大。

　　该项工作早期和现阶段的一系列指导思想,与美国高等教育协会关于学科服务式学习的专著系列拥有同等地位。然而,该项工作实际上是由另一家全国性组织——校园契约启动的。

校园契约成立于1985年,该组织"由各高校校长组成,旨在通过让学生参与公共和社区服务[1],从而帮助学生实现作为公民的价值以及掌握行使公民权的方法",该组织很快就发现了此项工作比预期的要困难很多。因此,它委任了蒂姆·斯坦顿(Tim Stanton),时任斯坦福哈斯中心副主任,寻找促进该组织更好发挥作用的方法。斯坦顿在1990年发表了一篇题为《将公共服务与学术研究相结合:教师角色》的报告,报告指出尽管教师参与是几乎任何一种长期机构事业的关键,但"……除了一些例外情况,人们发现教师缺席公共服务活动,已经成为一个普遍问题。之前人们很少意识到,教师应该支持学生为公共服务而做出的努力,以及为学生树立进行公民参与、发挥公民领导力的好榜样"。在此基础上,该组织及其各州附属组织和包括独立学院理事会在内的其他组织,都收获了教师这一得力助手。

为保证教师的参与,一个全新的国际组织在校园契约的支持下应运而生,并自称为"无形学院"。起初,有关该组织的设想为:

> 该组织是一个服务于全体教师的组织,它会为全体教师提供自由的空间去探索服务式学习带来的难题……该组织会保证全体教师的发言权,即可以和校园外展机会联盟的学生、校园契约的校长一样,有机会在全国范围内发声。[2]

---

[1] Campus Compact: A Season of Service 1997-1998. Providence, RI: Campus Compact.

[2] J. Wallace, "Invisible College History," *1997 Invisible College National Gathering*, Program 5.

五、特殊的挑战

正是在这一新组织成立的背景下,编纂一系列有关服务式学习与学术学科书籍的计划才首次成型。1994年5月,我正式成为该系列丛书编辑。

最终,由于当时的副总统卢·艾伯特(Lou Albert)的承诺,该系列书籍阵地转移到了美国高等教育协会,该协会愿意而且有能力为其提供所需资源,直到书籍出版。在300多个学术工作者将近四年的努力下,目前,该专著系列即将完成。事实证明,在社区活动有利于政治参与这一论断上,该专著在整个学术圈不仅仅是同行查阅的示范,它也已经成为继续、加深话题——从事此项工作对于学科圈究竟意味着什么——的利器。

意识到学科的战略性地位,这一点具有难以低估的重要性。当然,学科从设立到分属不同的系,它们的影响就正如本章开篇第三、四段引文说明的那样。从机构层面来看,如果政策得不到正确实施,那么教师的做法会由系而不是行政部门来决定;从文化层面来看,教师的学科安排是优先于机构首要事项的。换句话说,尽管对于公民教育和公民权利来说,校长领导力和机构使命很重要,但是如果没有机构教师——属于以学科为基础设立的各个系——的积极配合,恐怕连有限的目标都无法完成。东密歇根大学卓越教学教师中心主任黛博拉·德祖(Deborah DeZure),在阐述其所在中心的以学科为关注点的成功策略时指出:

> 尽管集中式服务有多种用途……但教师很少这样做,很多教师会以其偏离学科教学关注点太远而拒绝集中式服务。对很多教师来说,教学就意味着教历史、音乐或者生物。在

他们看来,教学进步应该更多地体现为学科方面的进步,即作为教师的他们可以带着对学科的期待,去探索教学中遇到的不同问题,去发现学科价值和教学方法。[1]

通过机构的努力(早期是由校园契约最先开始),一个对特定学科十分关键的补充已在美国高等教育协会的专著系列中被发现。甚至在系层面,针对公共工作的特定策略以及学术严谨的公共工作[2]具体模式都近在咫尺。然而,同样重要的是,该专著系列在帮助解释和宣传一种论断——在特定学科环境下做此项工作意味着什么——上所起的作用。尽管最初受到了公众的质疑,但与该专著系列18个学科/跨学科领域一致的国家组织已经证明它们是最有力的联盟,因为它们促进了论断的宣传,也使得社区参与/公民素养被提上了国家教育日程。确实,如果美国高等教育想要重新定位自身,以此来满足21世纪的公民资格需求,那么这些组织一定会对其帮助很大。

学科传统

在更好地实现公民参与这件事情上,那些将学科视为主要障碍而不是潜在帮手的人,几乎不会受到人们的指责。浏览一些文件,比如浏览戴蒙德和亚当所著的《学科发言权》(国家学科协会对教师法定职责的描述),或者美国高等协会的《各领域调查报

---

[1] D. DeZure, "Closer to the Disciplines: A Model for Improving Teaching Within Departments," *AAHE Bulletin*, 8, no. 6 (Feb. 1996): 9–12.

[2] H. C. Boyte and N. N. Kari, *Building America: The Democratic Promise of Public Work*, (Philadelphia: Temple University Press, 1996).

告》(国家学科协会对大学本科专业目标的描述)就能发现,在很大程度上,人们很少会意识到,公民参与也是学科对自身意义理解的一部分。但是这并不稀奇,因为在很多情况下,这些国家协会的理事会成员都是一些学者,而他们往往致力于研究。事实上,许多学科持续遇到内部分歧问题,即学科分支之间的分歧对传统学科造成了威胁,它们试图打破传统学科,将其变成一个由很多新的、狭义上的学术领域构成的集合。

这个问题并不是功能性组织存在的唯一问题。历史、传统,甚至知识动力似乎都取决于学术领域那些权威人士,他们支持狭隘的学术、忽视公民参与。实际上,一些人提出现在的学术布局——特点为学科分裂和学科日益专业化,是自然发展的结果,它不仅符合19世纪人们对现代大学的早期定义,还符合那些更早、意义更深刻的设想——勒内·笛卡尔的设想和17世纪提出的现代科学构想。举例说明,布鲁斯·威尔希尔(Bruce Wilshire)提出"笛卡尔哲学思想预见到当代研究型大学及其教师的问题:尽管大学研究能力很强,传授的知识很丰富,但它会偏离人类主要的现实情况……"。[1] 这种偏离导致无法直接参与"客观问题"的解决,在解决此类问题时,现代科学普遍有效、适用的方法能得以使用,并且,大学唯一的任务就是把问题分配给不同的学科研究者:

> 现在的大学——知识工厂——产生、存在于一个现代

---

[1] B. Whilshire, *The Moral Collapse of the University: Professionalism, Purity and Alienation* (Albany: State University of New York Press, 1990), 40.

神话里,在这些大学里,科学不断完善,即我们不断更新基本的研究方法,不断掌握物理学的基本定律,不断满足了解和掌控世界的需求,从而准确定位每一科学专业,逐个等待研究结果,如果我们愿意的话,还可以把结果加到一起。[1]

这一概念模式的结果已经开始带来深远的影响。这些影响不仅包括对所有主观事物有效知识研究的排除,还包括学术"职业化"概念——实际上适用于从非专家学者中分离出来的一些人的发展。19世纪晚期,一个理想的科学方法在整个学术圈迅速盛行起来,威尔希尔是这样描述其盛行过程的:

> 不断提高专业化水平的趋势不仅局限在科学领域。一种代表着熟练和专长的长期精神特质产生了一种潮汐力,促进了人文学科的发展。19世纪七八十年代,除了教师团体的出现,还有200个学术团体得以成立。每个大学都根据这些学术类专业协会划分成了不同的系。随着某些专业领域的教师学者在全国范围内为人们所熟知,当局便获得了这些教师学者的帮助。专业团体开始替当地社区承担一些职责。某些专业的先进个人积极履行公民义务。[2]

诚然,许多在当时兴起的新专业(例如:社会学和政治科

---

[1] B. Whilshire, *The Moral Collapse of the University: Professionalism, Purity and Alienation* (Albany: State University of New York Press, 1990), 45.
[2] Ibid., 64.

学),它们的最初目标就是推动社会变革与服务于社会。然而,随着当时那个先进时代的结束,政治保守力量以及"一战"带来的失望,共同将学术研究推出了直接社会应用范畴。[1] 随着冷战的到来,及其保守派的反击,直接社会应用再次成为右派直接打击的对象。[2]

然而,比右翼政治势力的恐吓更有说服力的是政府金钱的吸引力。美国与苏联的竞争意味着,技术专长和专业化的重要性已经上升到国家层面,而且,更多技术领域的进步,再一次在高等教育领域产生了连锁反应。正如莱旺廷在其文章《冷战与学术变革》中所说:

> 虽然(由于政府投资研究)机构有权控制……有利的雇佣条件,以此直接获得自然和一些社会科学领域——主要集中在大型研究型学校——的学者,但总体来看,它也改变了机构和学者之间的关系……科学上的教学减负意味着人文学科的教学减负。[3]

而且,充足可用的研究资金,不仅使得研究重心进一步朝着专业领域倾斜,还再次强调了一种明显趋势——向现代大学刚成

---

[1] P. Smith, *Killing the Spirit: Higher Education in America* (New York: Penguin, 1990), 130, 303.
[2] Ibid., 245.
[3] I. W. Lewontin, "The Cold War and the Transformation of the Academy," in *The Cold War and the University: Toward an Intellectual History of the Postwar Years*, ed. N. Chomsky, R. C. Lewontin, I. Katznelson, L. Nader, and D. Montgomery (New York: The New Press, 1997), 30.

立时的那几十年学习：取代学术声望的地位,重视当地(政治)参与的趋势。[1] 因此,即便不是学术界与具体社会问题解决越来越远的直接原因,这些学科也至少是起了"引导"作用。

当一个人将美国"二战"后的霸权与其倡导的行为主义作为一种美国特有的认知方式相结合时,[2]他就能明白为什么在冷战的几十年里,公民参与中的学科撤离达到了新高。

变革的迹象

在佩吉·史密斯(Page Smith)的作品《美国高等教育：对灵魂的抹杀》中,经常可以看到他对当代高等教育的激烈抨击,他认为,高等院校所谓的科学目标,即针对社会科学及其不断偏离政治参与轨道而设立的目标,"已经无计可施了"。[3] 不管这种说法合理与否——尤其考虑到上部分提到的概念型模式和组织机构的强大力量——它都很清楚地表明,冷战的结束至少使得一些学科开始意识到自身的意义以及对于更大的公民整体应肩负的责任,这堪称新进步,同时还促进了其他重要新进步的产生。

确实,甚至从戴蒙德/亚当和美国大学协会的早期言论中,人们也可以发现许多或微妙或明显的暗示：人们经常认为,美国的国家学科协会像巨石那样坚不可破,但它们其实也会受到社会的

---

[1] I. W. Lewontin, "The Cold War and the Transformation of the Academy," in *The Cold War and the University: Toward an Intellectual History of the Postwar Years*, ed. N. Chomsky, R. C. Lewontin, I. Katznelson, L. Nader, and D. Montgomery (New York: The New Press, 1997), 27.

[2] N. Chomsky, *Objectivity and Liberal Scholarship* (Detroit, MI: Black & Red, 1997).

[3] Smith, *Killing the Spirit*, 237.

影响。因此,举例说明,美国地理学家协会关于教师角色和奖励的言论,实际上将地理这一学科能解决实际世界的问题,看作自身的一大优势。[1] 美国化学协会对应的言论,通过一些方式表明了令人震惊的事实:

> ……为了激发小学生对科学的兴趣而提出新方法,以及通过课本、专著、报告或者出版物来传递洞察力,都是学术研究的重要形式。对外展领域——比如一个对化学来说十分重要的领域——的兴趣,相对来说还是比较陌生和不足的[重点强调]。[2]

或者,从美国大学协会关于学生目标的合订本中选取一个事例,我们可以在美国心理学协会发表的报告中看到以下内容:

> 我们建议在全部本科心理学专业都增加一个额外的组成部分。一个注重人际交往技巧和团体合作过程的实验室,就包括在我们建议的所有模式内,该实验室旨在发展学生的小组合作能力。只要可能,我们建议该实验室(或者大四的应用型项目)可以和一个社区服务部门相结合……当面对人的一系列需求时,有监督的社区服务可以逐渐灌输一种责任

---

[1] Diamond and Adam, *The Disciplines Speak*: *Rewarding the Scholarly, Professional & Creative Work of Faculty* (Washington, DC: American Association of Higher Education, 1995), 40.

[2] Ibid., 53.

感,这对成为有见识的公民十分关键。[1]

类似性质的建议可以在两卷中的其他几个学科的学科声明中找到。

像刚刚几段引文中显露的那些情绪,清楚地代表了公民意识在一种文化中的不同表达,这些表达一开始看起来都不容易改变。我在上部分提到过来自研究机构专业学者的影响力,他们影响着国家各学科协会理事会。一个人很容易就能得出这样的结论:是他们个人和职业的影响,而不是对于公民义务的随意言论,促使学科的良好文化持续得以展现出来。然而,实际上在这方面,最近也出现了一些显著的进步。举例说明,管理学院和国家传播协会即将就任的主席都坚定承诺要重视服务和社会参与——这一承诺已在其各自协会的国家计划制定中产生了重要影响。在其他学科(美国社会学协会和美国政治科学协会)方面,有影响力的研究成员,已将非精英式社区参与加入自己的日程,他们表达自己心声的权利,比以往任何时候都更有效。

于是问题就出现了:刚刚所指的那些现象,代表了一些更大范围、更深层次的趋势吗？在这里工作,除了局部因素,我们还能发现一些其他事情吗？

在一篇研究基础广泛、包含多部分内容、题为《美国文科教育条件》的文章中,作者布鲁斯·金鲍尔(Bruce Kimball)表示,美国

---

[1] American Association of Colleges and Universities, *Reports from the Field* (Washington, DC: American Association of Colleges and Universities, 1990): 164.

五、特殊的挑战

高等教育格局中现存一系列"七个……文科教育上的最新进步",这些进步"都可以看作'实用'的,从概念意义来看,它们植根于实物主义思想,从原则层面来看,经实用史观检验,它们合乎情理"。

一种说法认为,实用主义全面影响着文科教育:实用主义通过学术堤坝,来给文科教育灌输自己的思想,这些堤坝可以使文科教育长期脱离文科科目,因此,一个有关文科教育看法的广泛共识出现了,即可将其定义为"实用的"。[1]

这七个新进步包括:(1)多元文化论;(2)价值与服务;(3)社区与公民身份;(4)通识教育;(5)学院和高等教育系统其他层次院校间的共性和合作;(6)把教学转化为学习和探究的过程;(7)评价。[2]

金鲍尔认为这些新进步都拥有新实用主义身份,不管人们能否接受这种说法,想要否认他更基础、更具描述性的说法——这些进步不断为我们所熟悉,甚至代表了我们教育格局的普遍特征——好像很难做到。以本章之前引用过的美国化学协会和美国心理学协会的言论为例,前者对于"学院和高等教育系统其他层次院校间的合作"表达了担忧之情,而后者明确指出了"社区与公民身份"的重要性。

当然,提到实用主义思想,立刻就能想到约翰·杜威的主张,他强调要重视反思性实践和民主审议上的教育权力。最近,

---

[1] B. A. Kimball, *The Condition of American Liberal Education: Pragmatism and a Changing Tradition* (New York: College Board Publications, 1995), 89.
[2] Ibid., 97.

一些有影响力的教育思想家已经开始重新思考这些概念,他们认为,建立在经验基础上的建构主义教学方法[1]和/或课上和课下[2]的民主实践,都应该成为未来高等教育的一部分。就这一点而言,有趣的是,人们会注意到这些主张将以多种不同的方式被运用到学科思考和领域关注中。

举例说明,几个以技术为主的学科(如工程学、化学和会计学)最近出台了新的指导方针,规定了今后学生们应具备的能力。这些指导方针包括引自会计教育改革委员会专著——《有意学习:会计课程中的学习过程》当中的非技术类、与公民权相关的规定,如"个人价值和社会价值的意识","能和来自不同文化背景、不同知识层次的人们进行沟通"和"了解商业、政府和非营利组织活动及其举办环境"等。[3] 实际上,这些新的能力要求更侧重一般交际和社会沟通技巧,而不是任何形式的特定学科专有技术。

---

[1] C. Argyris, *Reasoning, Learning, and Action: Individual and Organizational* (San Francisco: Jossey-Bass, 1982); D. A. Schön, *The Reflective Practitioner* (New York: Basic Books, 1983); D. Kolb, *Experiential Learning: Experience as a Source of Learning and Development* (Englewood Cliffs, NJ: Prentice Hall, 1984); D. A. Schön, *Educating the Reflective Practitioner* (San Francisco: Jossey-Bass, 1987).

[2] B. R. Barber, *An Aristocracy of Everyone: The Politics of Education and the Future of America* (New York: Ballantine Books, 1992); T. L. Becker and R. A. Cuoto, eds., *Teaching Democracy by Being Democratic* (New York: Praeger, 1996); Boyte and Kari, *Building America*; C. A. Rimmerman, *The New Citizenship: Unconventional Politics, Activism, and Service* (Boulder, CO: Westview Press, 1997); C. D. Lisman, *Toward a Civil Society: Civic Literacy and Service Learning* (Westport, CT: Greenwood Publishing Group, 1998).

[3] Accounting Education Change Commission, *Intentional Learning: A Process for Learning to Learn in the Accounting Curriculum*, Monograph, 1995, 94-95.

看向学术文化谱系的另一端,我们会发现最近"演说家和哲学家"之间的差异开始受到重视。[1] 这种差异——重视原因、分析过程的私人领域和重视语言、行动的公共领域之间的差异——在学科间已经很普遍了,比如在英语和传播学之间就存在这种差异。随着修辞传统的支持者越来越多,它促使学科的关注点从探寻合理确定之事和逻辑差异上,转移到了关于政策和政府有效性的问题上。不用说,后一种教育传统十分符合实用主义价值观。

最后一个事例。在本部分内容的一开始,我提到了一位著名历史学家佩吉·史密斯的主张,他认为社会科学已经"无计可施了",这意味着旨在研究科学客观性的社会科学已经没太大用处了,因此人们应该重新思考参与的价值,将其当作一种做学问的方式。在最近一篇题为《重视证据:服务活动与了解社会现象》的文章中,哲学家休·莱西(Hugh Lacey)[2]直接指出社会科学的传统主张与价值无关。

> 虽然透彻的理解不利于思想意识和幻觉的产生,但它也会受到价值观的影响。通过价值观,我们不能直接获得那些有可能得到的东西,但是价值观可以帮助我们调整值得调查研究的可能性范围,而且,在与人类相关的事情中,只有当人们拥有确定的价值观、希望那些可能性可以成真并积极付诸行动去实现它们,某些可能性才能成为现实。

---

[1] Kimball, *The Condition of American Liberal Education*, 3.
[2] H. Lacey, "Listening to the Evidence: Service Activity and Understanding Social Phenomena," in *Beyond the Tower: Concepts and Models for Service-Learning in Philosophy*, ed. N. Chomsky et al. (New York: The New Press, 1998).

莱西将理解、价值观和参与联系在一起,并在其文章中对比了日益增多的社会科学家的工作,对这些社会科学家来说,参与式行动研究——对社区内部的研究和借助社区进行的研究——已经开始取代单纯的应用研究,即关于社区的研究。

医疗行业的概念重建有一些转变,包括纠偏临床实践变成预防性社区实践,管理教育的"离散转变"[1]变成在现实世界中学习,以及对"公共历史""公共科学"和"公民新闻"重燃的兴趣。综合考虑,所有这些转变和其他在很大程度上基本无关联的现象至少暗示了三件事情。首先,金鲍尔和其他人做出的评论——某种转变正在发生,从概念层面来看,那种转变很大程度上与美国实用主义观点和价值很相似——可能是正确的。第二,任何正在发生的事情都是"当地"回应的集合,这些回应可以带来完好的学术典范,该典范在冷战的几十年间已经形成自己的议程。金·瑞思(Gene Rice)所提出的要整体改变教师的期望,对这一主张做一些必要的修改,也能应用在这里:当"来自于较早时期的一系列行为准则"继续盛行时,教师们也开始"回应那些由不断变化的议程带来的必要的事情"。[2] 第三,这些最前沿的新发展也许能有效促进公民责任和公民技能进入高等教育的议程,但是它们不能完全保证这种改变——即使是教育上的进步转变——能给公民生活带来重大变化。

---

[1] D. Bilimoria, "The Editor's Corner," *Journal of Management Education*, 22, no.3(1998): 265 – 68.

[2] R.E. Rice, *Making a Place for the New American Scholar*, Working Paper Series: Inquiry # 1 (Washington, DC: American Association for Higher Education, 1996): 2.

今后的任务

如果本章前两部分内容有一些正确性的话,那我们最后的一个任务是告诉大家应该怎么做,考虑到学科、围绕学科而设立的系和服务于各学科的国家学科协会的重要性,上文提到过的符合实用主义概念的新方法可以战略性地用来促进公民觉醒。在我看来,任何战略性计划都必须从一个无可争议的事实开始:多学科观点和多学科身份——无论它们如何被误导或者甚至产生相反效果——对于大部分教师来说都很重要。因此,如果行动计划试图掩盖各学科对其概念和文化的继承,那么这些行动计划就都不会成功。总的来说,我们之前提过的美国地理协会的进步主张清楚地说明了这一点。它的主张包括了有关外展的一部分重要内容以及地理学家能用来接触他们同行以外人员的许多方法,报告警告道:

> 不能将公民责任的实现和公民政治义务的履行相混淆。一个缺乏学科知识或教师专门技术的,或者两者都不具备的活动,无论它再好,都不能在教师奖励评价中获得成功。[1]

从广义上来看,地理学家在这里提出的"公民责任"和"政治义务"之间的不同,能给大多数传统学科的成员提供很重要的借鉴意义。一个受过某一学科训练的人,在承认其他学科的各种公民机会的同时,认真捍卫自己的有限机会,在我看来,这是再普通

---

[1] Diamond and Adam, *The Disciplines Speak*, 41.

不过的事了。除非教师们能感受到要求他们做的事情真正符合他们的职业形象，否则他们是不会做那些事情的。

接下来，我们的第一项任务就是把各学科囊括到公民觉醒的议程中，这项任务可以帮助教师们通过自己的词汇、优先项和修养来想清楚公民觉醒意味着什么。为了完成这项任务，我们需要借用哈里·博伊特和南茜·N.凯莉[1]提出的"公共工作"概念——这些概念允许各学科保留某种形式的独特所有权和质量管理权，尽管直接服务于公共利益的是不同项目。在这里，国家学科协会能发挥很重要的作用，因为只有通过它们自己教师和主席的付出，公民参与才能以最有效的方式变得自然化。

其次，在推广公民参与这个概念时，我们需要掌握更多技巧并且更加灵活一些，这和第一项任务并不是毫无关联。最近的作品，比如 C.A. 日耳曼（C. A. Rimmerman）的《新公民资格：非常规政治学、行动主义和服务》[2]，对我们非常有帮助，它们激励我们以新的方式看待公民参与和公民技能。日耳曼并没有直接挑战 R.D. 普特南[3]及其对"社会资本"——即网络、规范和信任，能让参与者共同努力、从而更有效地完成共享目标——大幅下降的警告，[4]然而，日耳曼将普特南的书概括为"一种回复，一些人认为，对美国政治和参与决策缺乏兴趣的公民影响了他们的生活质量和方向，这本书可看作对这些人的回复"。[5] 基于

---

[1] Boyte and Kari, *Building America*.
[2] Rimmerman, *The New Citizenship*.
[3] R. D. Putnam, "Bowling Alone: America's Declining Social Capital," *Journal of Democracy*, 6, no.1(1995): 65 – 78.
[4] Ibid., 67.
[5] Rimmerman, *The New Citizenship*.

五、特殊的挑战

哈伍德集团的研究,日耳曼认为"公民参与的关键……在于改变的可能性,而不是成功的确定性",[1]确实,"选民出席人数持续减少,与此同时,公民行动主义暴增"。[2]

因此,实现"新公民资格"的方法在于把握有意义的社区参与机会——不管这种参与从传统意义上看属不属于"政治的"。日耳曼将其主张概括为以下内容:

> 支撑参与式公民资格概念发展的是一种信念,即社会各层次教育都应该培养学生积极参与的能力——包括在社区、工作场所以及基层公共政策决策中的参与。学生们应该以正确的方式看待自己的公民身份,这样他们就不会只是单纯为定期选举投票以及只能通过电话访谈节目来发泄自己的挫败情绪了。一门基于公民批判教育理论的课程,能够帮助学生发现公民生活中的这些可能性、阻碍以及克服阻碍的方法。其目标应是挑战传统的政治社会化进程,使其无法讨论公民的其他概念。[3]

基于新公民资格和对多学科视角的尊重,人们可以设想出一门课程,在那里,各学科和各系积极探索不同的方式,借助这些方式,它们传授的专业技术知识和技能在公共问题解决的背景下能够得到进一步应用和发展。

但是,该学科策略的第三个方面仍然需要去探索和实施。依

---

[1] Rimmerman, *The New Citizenship*, 43.
[2] Ibid., 46.
[3] Ibid., 112.

靠对多学科视角的尊重和扩大的公民资格概念这两点,并不能将社区服务和公共工作转化成公民觉醒。要想成功实现该转化,必须将这两点和反思性实践文化相结合,在这种文化的影响下,教师和学生的参与积极性很高,而且它还可将教师和学生的参与转化为公民知识。这种实践才是事情的关键,因为美国高等教育对于这种自我意识提高的过程还没有太大兴趣。然而,如果缺乏反思,即使是很好的社会事业,也不能成为真正的公民行为或上升到解决公共问题的层面。相反,它们很可能仍被看作孤立的"技术"介入,即单纯依靠特有的专业技术知识而存在的社会事业,它们对于我们如何才能通过合作恢复我们在社会各部门的公共生活毫无借鉴意义。

结语

过去四年的时间里,我一直致力于编写一套共 18 卷的系列丛书,其内容是关于在学术学科领域以及借助学术学科开展的社区工作,因此我敏锐地意识到我们的教师和学生拥有大量的公众关注和公民创造力。在刚开始构思这套丛书的时候,之所以选取一些学科作为代表,其中部分原因是希望能论证一些事情,即高等教育的所有领域确实都是需要公民参与的,而且重要的公共工作都是可以实现的。历史学家、哲学家、雄辩家、会计师、生物学家和工程师共同证明了这一点。来自高等教育每一个领域的教师和学生——世俗的私立研究型大学和社区里的宗教文理学院——一起展示了,当高等教育机构主动寻求和周围那些支持它的社区合作时,哪些事情是可能发生的。

与此同时,我从被写入这几卷书籍的学生评论中得知,对于

五、特殊的挑战

美国各个领域成百上千或者成千上万个学生来说,这种参与不仅能起到非常大的变革作用,而且已经开始带来一些变化了。从这一点看,日耳曼关于"新公民资格"的建议十分切题。但是,我们仍然处于这项事业的起点。所以,很少有教师将与社区相关的工作作为他们学科训练或者一般学术经验的一部分,为了学术交流而在这个领域建立模式、制定指导方针和确定场所十分有必要。这一专著系列本身代表了一个重要的起点,但也只是一个起点。越多教师的态度从"为什么这么麻烦?"变成"我可以从哪里学到更多呢?",公民参与和教师发展的一致性就会变得越加急迫。

为了制定出适合这种发展的策略,国家学科协会和它们的地区附属机构将会是最主要的参与者,而这也是十分必要的。对比美国高等教育协会在其专著项目中详述过的学科和没有组织过类似活动的学科,我们已经可以发现,这两类学科在兴趣和动力方面各不相同。对于前者来说,专门为一个特定的学科支持者而写的一篇同行评议文章,已经帮助其他出版物制定了计划——组织特殊会议,在学科内部整体提高此项工作的可能性。对于后者来说,旨在替代传统学科范例的那些选择,仍然比不过个体成员的私人兴趣。

本章以美国政治协会的主张开篇,即其研究公民教育的特别工作组认为:"……都很清楚,美国现阶段的政治知识普及程度不足、政治参与度不高、政治热情缺乏,这些都严重威胁着美国民主政治的活力和稳定性。"我们也以这一评论结尾是恰当的,因为它不仅再次强调了任务的重要性,而且,它本身还是一个国家学科协会倡议的结果。除非我们可以"交叉引用"我们的努力——"垂直方向上"完成机构组织任务,"水平方向上"完成多学科附属机构任务——否则我们的努力将会缺乏多维性特征,如果我们想要改变长达一个世纪的公民离散轨道和几乎是虚构的学术文化惰性,这一特征将是我们所需要的。

(二)阐释公民角色:公民教育和机构服务的评估及问责策略

简·V.威尔曼

高等教育如何评估解释其公民教学和社区服务角色呢?坦白来说,不是很好。尽管对评估和问责制的关注程度很高,但高等教育的公民教育和服务角色仍然是看不见的、未报告的,而且在很大程度上是不明确的。虽然学校服务角色(社区服务、应用研究和服务公众的学校公民活动)和学校公民教育角色增强了活动力度,但当它们分开时,区别是非常模糊的。同样,让学生具有社会责任感只是教授知识、技能、价值观以及积极参与政治民主进程的一个方面。公民贡献评估,还包括评估服务学习、校园环境、多样性、师生参与、社区服务(有时也称教工学校服务)。

这些评估可能会体现公民的贡献,但只是间接地,并且绝对不是和教学与社区服务角色都相关。此外,没有可以将学校公民评估和公共交流联系起来的思维导图,也没有可以解释公民教学和服务的思维导图。因此,公共政策讨论中缺少高等教育承担公民教育和服务的责任。由于没有模型,本章将就如何在机构和系统层面评估和解释公民贡献提出一些建议。

为什么做评估?

做一件事只需要一个理由,其他的理由都没用。而这个理由就是它是正确的事。

——康福德,《学术图表缩影:成为年轻学术政治家指南》(1923)

评估高等教育公民教学和服务角色的最佳理由可能是有助于强化这些角色,这是正确的做法,因为提高国家的公民生活质量符合公众利益。评估和问责制还将有助于将重点放在高等教育的社会贡献上,而不仅仅是高等教育中的制度改进。鉴于高等教育倾向于不加批判地将机构利益与公共利益等同起来,评估将有助于更好地关注公民角色的基本目标。此外,评估公民教学和服务并不是一种方法论或测量挑战,但需要对高等教育的公民角色的目标和宗旨进行更深入的探索。"公民学习和服务"的主题很难理解,即使找到简单的活动和结果,测量也需要就价值观和目的,术语定义以及解释成就证据的方法进行参与性对话。把参与对话放在测量情境中是一种有用的方法,一方面可以避免过度抽象化,另一方面可以避免过度意识形态化。

尽管基于制度的评估是一个很好的起点,但并不是将所有的学校承诺重新集中于公民教学和服务角色所需的全部。还需要在学校评估和公共问责制之间建立联系,以产生关于高等教育公民教学和服务角色的公共证据。问责制在系统和州层面把评估和绩效结合起来,目的不是改进制度,而是指导国家资源决策和执行绩效标准。因此,它们就成为社会期望从高等教育中获得的成绩的公共表达。高等教育如果没有努力将公民角色纳入公共问责议程,那么其成果的公共和政治衡量将继续关注更加实用并以满足当前政治环境和国际市场经济为目的的绩效衡量标准。

国家评估问责制现象：术语的定义

在过去15年中，高等教育在关注评估和问责制方面取得了巨大的进步。有的人倾向于把"评估"与"问责制"看成完全不同的类别，但实际上它们是同一连续体的不同方面。评估往往以制度为导向，以目标和改进为驱动，而问责制则是比较性的，并以绩效和资源使用为导向。将评估制和问责制分开考虑的想法源于让老师特别是让学院专注于围绕评估建立的制度改进战略。[1]从某方面来讲，评估推广前提是它的唯一合法用途是制度改进，并且学校评估的数据绝不会用于比较目的或资源分配。然而，许多州正在进行机构评估，并在全州范围内将它们捆绑在一起，形成公共报告卡，这些报告卡与资源使用信息融合在一起后被设为所有州的目标。在大多数情况下，这些报告卡是尊重制度个性化和改进的价值观的。几乎每个州都采用了某种形式将全州范围的评估与强化的公共问责制相结合，旨在促进制度改进和奖励底线绩效。学院应该创造性地思考如何积极地影响议程，而不是抵制评估和问责制。

密歇根大学国家高等教育改善中心的一项研究报告称，有42个州实施了高等教育评估政策，其中，大多数都是从专注于机构评估转向将评估与问责制联系起来。正在纳入问责制框架的绩效指标类型在很大程度上揭示了最有可能用于定义核心企业以及分配资源的指标。南卡罗来纳州和田纳西州是两个通常被认

---

[1] See, for instance, the "Nine Principles of Good Practice in Assessment," from the American Association of Higher Education (Washington, DC, 1994).

为是能在推进问责措施上走的最远(无论是好还是坏)的州。快速浏览一下这些州在报告中提出的以下措施:

南卡罗来纳州:教学支出;课程;任务陈述;计划和成就;教师资格证书;教师评估,包括学生、同事和任期后审查;教师补偿;课堂外教师对学生的价值;教师免费的社区和公共服务活动;班级规模;学生/教师比例;教师授课的学分数;全职教师与兼职教师的比例;使用最佳管理模式;行政与学术成本的比率;减少"不合理的重复"课程学分;一般间接费用;高中课堂地位;绩点和学生活动;毕业率;就业率;雇主对毕业生的反馈;继续接受教育的学生人数。

田纳西州:毕业生在经批准的普通教育标准化考试中的表现;毕业生在专业考试中的表现;校友和入学学生的满意度;计划认证;非认证本科课程质量的外部评价;通过外部审查提高硕士学位课程的质量;少数群体入学率和入学率与相关任务目标的比较;毕业率和保留率;战略规划过程中的成功制度;改进行动(纠正先前报告中发现的缺点)。[1]

可以毫不夸张地说,公民教学和服务几乎不在国家问责议程的雷达监视屏幕上。南卡罗来纳州即使不加甄别地接受了问责

---

[1] National Center for Postsecondary Improvement, *Benchmarking Assessment: Assessment of Teaching and Learning in Higher Education for Improvement and Public Accountability: State Governing, Coordinating Board and Regional Accreditation Policies and Practices* (Ann Arbor: University of Michigan, 1997), emphasis added.

制报告,也只是刚刚触及了这一主题,用一个与教师时间相关的"服务"指标来衡量,而教师的时间如果得到补偿,就不"算数"。其他形式的机构服务,包括有组织的活动(如博物馆和画廊)、公共诊所、与学校的合作、当地的经济发展以及对当地政府的服务,都没有提到;这也不是学生教学和学习角色的任何方面。(对南卡罗来纳州官员的调查表明,大多数机构没有填写调查表的这一部分,因此,没有数据可用。南卡罗来纳州减少了将绩效报告与资源联系起来的努力,所以他们的很多计划可能无法实施。)

问责制"运动"没有表现出消失的迹象。相反,方向似乎是朝着全州范围内的"绩效报告卡"发展,它成为资源分配、监管制裁或奖励的基础。高等教育面临着经验主义的风险,那些看起来不错的都是以尽可能低的成本交付教育"产品"的机构,包括大多数可预测的职业教育机构,这些机构表现出良好的毕业率和就业率。更重要的是,高等教育角色尚未被客观化的那些方面将进一步受到侵蚀,特别是教育学生成为有效公民的责任,以及通过服务为公共利益服务的责任,这些都会导致理性功利主义的发展。要想使公民的民主角色到保护、滋养和持续,发展评估和问责能力必须成为国家战略议程的一部分。

由于公共和私人非营利性高等教育的资金减少,公共问责议程也需要参与。国家与传统形式的高等教育之间的社会融资契约是建立在高等教育投资对社会有广泛的公共利益的基础之上的。[1]

---

[1] Carnegie Commission on Higher Education, *Higher Education: Who Pays? Who Benefits? Who Should Pay?* (New York: McGraw Hill, 1973); H. Bowen, *Investment in Learning: The Individual and Social Value of American Higher Education* (San Francisco: Jossey-Bass, 1977).

投资是以公共部门的直接拨款和非营利部门的免税地位进行的。非营利机构免税的理论是,特权地位是合理的,因为提供的公共服务本来就必须由国家支付。

尽管20世纪80年代末和90年代初的国家资金减少暂时有所缓解,但分析人士的共识是,高等教育公共资金的长期轨迹基本上是负面的,因为高等教育在公共财政结构中仍处于非常不稳定的地位。[1] 与此同时,由于资金短缺的市政府正在寻求增加收入的方法,独立机构的免税地位正面临着更多的威胁,尤其是地方财产税的损失。公共和独立高等教育都面临着同样提供高等教育的营利性、职业性和远程教育"新提供者"的竞争。[2] 这些新的提供者声称能够比传统学院更有效地提供教育"产品",并且它们没有直接税收支持和免税地位。然而,新的提供者通常不会要求在学生的教育或社区服务中履行更广泛的公民或社区服务角色。如果大学院校要在社会中保留其特权地位,包括公共支持和免税地位,就需要更加注意证明为什么要投资不仅仅负责教学和工作准备而且还有研究和服务社会作用的机构。

评估障碍

即使评估公民责任是"正确的事情",这也是一件棘手的正确

---

[1] B. Roherty, "The Price of Passive Resistance in Financing Higher Education," in *Public and Private Financing of Higher Education: Shaping Public Policy for the Future*, ed. P. Callan and J. Finney (Phoenix: Oryx Press, 1997).

[2] T. Marchese, "Not-So-Distant Competitors," *AAHE Bulletin* 50, no. 9 (May 1998): 3.

的事情。评估将迫使机构更多地关注公民角色问题,这可能会给机构带来一些代价。在评估中出现的失败可能会破坏已经脆弱的机构对服务和公民教育的承诺。因此,在开始评估和问责之前,有必要确定这些问题仍然存在于学院的原因,预测机构在评估中将面临的障碍,并制定成完善的战略来克服它们。

公民教学和服务角色不是优先顺位

公民教学和服务活动未被评估或考虑的部分原因是这些角色对于机构或其资助者——学生、父母、国家和其他赞助人来说并不是优先级。通过基础研究和应用研究,许多人认为高等教育的基本目的就是提供有效的本科教育,使学生做好就业准备并为经济发展做出贡献。学生调查显示,他们中的绝大多数人上大学是为了找到一份好工作,过上更好的生活。没有足够的资源允许机构做所有事情,所以对没有人特别要求的评估和改进可以适当地降低其优先级。

在学院或大学中学生没有工作任务

社区的公民教学和服务可能是每个人的责任话题之一,但实际上不是任何人的工作。学生的公民学习被认为是大学教育经验的副产品,即学生与教师、课程、辅助课程融合的产物。同样,许多人认为机构服务社会的方式是通过成功的教学和研究,而不是一套单独的活动。建立成功的评估策略既需要将评估的责任分配给机构中的某个人,也需要花一些时间来讨论校园生活的不同部分对公民教学和服务角色的贡献。

主题不明晰

没有一致的现有词汇可用于建构评估高等教育的公民教学和服务角色模型。公民教育意味着什么？应该如何衡量？什么是社区服务角色？社区服务角色由哪些活动构成？社区学院的社区服务责任有哪些方面不同于寄宿学校和研究型学校？这个角色的执行方式有哪些具体指标？如果没有办法使用易于识别的术语来讨论该主题，评估就没有意义了。

公民角色很难与教学研究角色分开

公民的教育和服务角色与该机构的教学和研究任务相互依存。从分析上来说，要将这些能力与制度有效性的其他方面分离开来，可能比教学甚至研究还难。"公民维度"的评估可以和其他评估分开吗？或是应该把它们分开吗？熟悉用典型的学术方法来衡量位于教学和研究之间的"联合产品"的人，对高等机构习惯于围绕这些问题开展教育也熟悉。当然，有一种更直接的方式来思考公民教学和社区服务，但问题是怎么操作？

服务活动不是学院或大学的行政责任

尽管许多以社区为导向的活动可能依赖于大学员工或大学生，但它们不是由学院或大学管理的，比如全国各地的大学研究园区或某些主要城市中心的一些大学或社区活动中涌现的一些活动。"服务""指导"或"研究"这些标签是否正确尚不清楚，但很清楚的是，就大学而言，它们如果没有在学院内部被编入预算，这些项目就不存在。要将这些努力记录为合法的机构活动或成果，就需要机构有一定的能力来了解如何跟踪人们及其贡献，即使与他们相关的资金存在于别处。

公民教育和社区服务问题太具主观性以至于"不安全"

这些不是共识问题。有些人认为公民教育是 K-12 学校的工作，而且不适合高等教育。有些人认为高等教育应该教育学生参与国际经济市场，而不是教育学生成为民主社会的有效成员。其他人则认为这些是同一枚硬币的两面。还有些人认为公民教育如性教育最好留给教会或家庭。

开始：培养成功的评估能力

机构评估

首先应该在机构使命的背景下进行机构评估，并将其作为质量的一个方面。但是可以确定的是清晰的术语概念需要先于评估，因此评估议程的第一阶段需要对有效公民身份和机构服务的含义进行调查，虽然从知识层面来讲，这一做法是合理的，但是，等待这些术语的概念明确意味着永远拖延更直接地参与议程。而推进机构评估更实用的做法是从机构层面开始评估议程，即在机构使命的背景下注重质量的维度，而不是完全独立于"正常的"制度质量衡量标准。将公民评估纳入机构质量审查的方法，也会直接把问题纳入通过项目审查、机构战略规划、认证和州问责报告的质量评估议程。这不仅有助于将公民角色纳入质量维度，而且有助于避免公民评估战略的重复工作和过高的成本。

领导层承诺

一项成功的评估战略必须从该机构领导层承诺参与议程开始。如果没有把加强公民教学和学习以及社区服务角色放在优先地位,那么这可能是不值得的。理想情况下,领导应该从大学校长开始,但不必直接涉及总统。事实上,可能会出现可见的总统领导层反击的情况。评估需要一批能够管理议程的核心人员,包括学术副校长、预算办公室、教师和学生。从这一内部领导核心出发,可以继续提升与其他人建立议程的联系能力,包括作为治理领域和社区领导者的第一优先成员。

测试利益相关者的看法并建立意识

评估过程应首先系统地了解主要利益相关者的看法和价值观,以确定公民教育和社区服务在其机构优先事项清单中的位置,并进一步了解不同群体用来描述"公民角色"的语言。这既可以用于评估机构内部的意见,包括教师、行政人员、理事会成员和学生,也可以用于评估外部社区的意见,包括商业界、家长、当地社区领导和全州选举产生的官员。调查问卷、访谈和焦点小组讨论都是进行此评估的适当工具。评估工具的设计应该考虑两个方面,一是为了获取相关人员如何思考和感知问题的信息。二是获取他们如何看待这些问题的价值观。这些问题不是人们平时会想的,但是当他们思考时,他们对此有积极的感觉吗?或者他们认为这是一个很好的协议并对此感兴趣吗?如果他们对公民教学或机构服务角色不感兴趣,那么他们认为高等教育的重点是什么?

认为公民捐款不是高等教育主要捐赠者优先考虑的假设很

可能是错误的,但对于许多利益相关者来说,这可能是一个潜在而非明确的优先事项。因此,他们认为,对公民教学和服务角色地位的一些初步评估对于制定加强这些角色的战略至关重要。

制定一个策略来维持基于价值观的对话

对感知的初步测试的价值之一是了解利益相关者群体在描述"公民"和"服务"问题上是否存在着显著差异,包括对其中的一些利益相关者而言,这个主题在意识形态上的负载程度。我们当前文化的一个不幸现实是,基于价值观的对话被认为是政治的或意识形态的,这对于校园社区的某些部分或某些公众来说可能是有问题的。某些大学可能比其他大学的问题更严重,比如与信仰相关的大学通常很少将价值观作为机构任务的评估维度。如果公众对公民角色的讨论被认为是被某个团体或另外一个团体"俘获"了,或者演变成一场文化恶战,那么对话可能很有趣,但不太可能是以任务为导向的。校园领导的早期职责之一是考察校园内的意识形态问题,并在这一过程中寻求包含意见平衡的不同群体。

建立评估模型

虽然把公民教学、服务和问责制议程结合起来的评估很重要,但在某种程度上,分开建立实际模型也很重要。每个模型应至少有三个要素:目标、指标和措施。我们可以重新汇总这三个部分的数据,并根据基础广泛的机构目标进行全面的机构评价。下面的评估模型样例对讨论具有较好的指导作用。

五、特殊的挑战

评估模型样例		
维度	教与学	机构社区服务	外部问责
目标			
指标			
措施			

一般情况下，指标应该是相当容易衡量的事物，并且能够产生可以随时监测的信息。寻找揭示深层真理的"完美"指标不大可能比易于衡量的指标更有帮助，并且这些指标能够随着时间的推移跟踪多个指标。评估应以现有的学生和机构评估工具为基础，尽可能获取可以代表公民角色各方面的信息，例如，大多数校园都有关于学生观念和兴趣的年度问卷。其他人则定期对雇主进行调查，了解他们的需求以及对学生和课程的满意程度。许多人试图用至少一个退休职工的样本进行"离职面谈"。为了收集用于评估公民教学和服务的信息，这些方法都必须易于操作。

寻求合作机构来建立公共问责议程

如果一个区域的大量机构加入多机构评估和问责议程，公共问责议程将大大加强。多机构战略对于捕捉学生教学角色的跨学校贡献尤为重要，因为大多数学生不再从一个或两个学校接受教育，而是"自我教育"，并且大部分是自学成才的，有时还会从一个学校迅速地转移到另一个学校。在此类议程上，与其他大学合作将建立超出单个机构贡献的公众解释力。这是一个特别适用于全州报告格式的多校园处理的重要议题。

保持质量评估简单明了

对高等教育的质量评估一不注意就变得太过错综复杂,以至于削弱了它们自身的重要性,而且过于复杂对目标和绩效的严格审查或对外交流能力都没有用。过度复杂性是协商过程中出现的非常自然和可预测的结果,协商是开发高等教育评估模型的常用手段。但是对于这种工作而言,简单明了可能会比复杂冗长更好。为了避免内爆问题,应该要求那些没有直接参与过程的、有学识的、可靠的人在不同的发展阶段对其进行批评,以帮助评估维持效用,如果可以的话,尽量使评估简洁。

从已有的研究中学习

虽然公民教学和服务贡献不是评估或问责措施的重点,但这些功能的某些方面在一些已经完成的评估中是潜在的。通过简要地查看已完成大部分工作的领域,可以吸取一些经验教训。简单地回顾一些最有可能发展的前人留下来的想法,并不是对研究的全面回顾,而是找一个特别的点开始评估。附录中提供了更多信息。

服务学习评估

在评估公民教学和社区服务方面做出最多努力的调查领域是服务学习的评估,其中一些机构和国家组织正在开展良好的工作。一些评估侧重于服务学习的学生学习成果,包括主动学习的自我报告、课堂社区、对服务和服务学习的态度、学术坚持、领导力和职业澄清。其他人关注的是社区方面的平等,以及校园和社区伙伴关系的健康和谐程度。研究表明,与服务学习相对应的学习成果类型既有认知也有情感。在认知方面,服务既可以帮助学生学习和保留课堂内容,也可以培养综合分析、梳理信息的卓越能力。在情感方面,学生的态度和价值观得到了积极正面的提高,包括自尊心、个人抱负、与他人合作的能力以及对威权主义的抵制。在情感和认知方面,通过这些学习成果能更好地讨论有效公民身份目标。

校园氛围和校园多样性倡议的评估

另一个有趣的研究领域是校园氛围和多样性,在这一领域,评估已经触及了高等教育的目标,即培养包括公民技能在内的人际交往能力。大部分工作背后的假设是,我们文化中不断变化的社会和经济结构将要求学生能够在种族和文化多样化的工作环境中协同工作。培养对他人价值观的尊重和敏感度,以及解决问题、团队建设和协作的技能,通常都是从这些活动中作为教学和学习目标而发展起来的。已经制定好的评估模型,可以帮助机构官员"测量校园学习环境的温度",这是一种确定目标和发展包容协作学习社区的方式。除了机构评估之外,研究还表明在不同校园环境中接受过教育的学生,尤其在与他人相处和倾听技能方面会获得积极的学习效果。因此,关于评估校园多样性和校园氛围的工作提供了一些关于如何界定和衡量"良好公民身份"方面的线索,并且将这些能力与教育质量的其他方面等同起来。

最近的两项研究成果十分有用:一是最近克雷蒙研究所达里尔·史密斯(Daryl Smith)做的多样性研究,该研究报告发表在美国大学协会(AAC&U)的专刊《多样性产品》上,还有一些由密歇根大学委托的研究,其中一篇未发表的文章中包含了《高等教育中的多元化需求》这一报告。这两份报告总结了一系列关于校园多样性对学生的影响的研究,史密斯的研究中附上了相关研究书目作为注释。密歇根州的报告包括帕特丽夏·古林的一项背景研究,她研究了学生在不同学习环境下的学习与她所说的"民主结果"之间的关系。她对来自国家和密歇根大学的纵向数据进行分析,结果表明,不同环境下的教育与民主结果之间存在一致的正相关关系,包括:

- 积极思考过程的增长反映了一种更复杂,更不自动的思维。
- 参与模式和动机。
- 学习各种知识和学术技能。
- 技能重视度。
- 公民参与,它是参与影响社会和政治结构以及社区服务活动的动机。
- 种族和文化参与,这是衡量文化知识和意识的手段,也是学生参与促进种族理解活动的动机。
- 差异包容性,这个概念包括一种信念,即基本价值观在种族和族裔群体中是共同的,包括对群体冲突的潜在建设性的理解,还包括相信差异不会不可避免地造成社会结构分裂。[1]

国民健康指数(INCH)

全国公民健康委员会 1997 年的报告对国家公民生活质量的恶化发出了警告,并发布了关于公民觉醒的多方面呼吁,包括有关学校、社区组织和教会的角色的具体建议。该委员会的建议之一是由"公民监察计划"的分支机构定期评估市民生活的质量,

---

[1] P. Gurin, "The Compelling Need for Diversity in Higher Education," unpublished expert report (University of Michigan, January 1999), 114.

以便公众和决策者保持对公民生活的认识,即公民生活是改善还是恶化。该委员会开发了一种评估国家公民健康的工具,称为"INCH"——国民健康指数。国民健康指数平均有 22 个不同的公民健康指标,均来自可以长期监测的一般可用数据,该指标分为五类:政治、信托、成员、安全和家庭(有关国民健康指数的更完整描述,请参阅附录)。

国民健康指数并不意味着衡量高等教育的公民贡献,无论是在学生教学还是社区服务方面。事实上,高等教育作为问题的一部分或解决国家公民健康状况恶化的措施并未进入国家委员会的视线。然而,将国民健康指数用来作为高等教育的公民贡献指数,可以开发适合高等教育的类别,而不是上面提到的政治、信托、成员、安全和家庭这五类。哪些衡量指标有意义最终由机构或州一级决定,但下面的指标可以成为示例,包括学生的学习成果;学生/社区参与(服务学习或其他志愿服务措施的学生人数);教师社区服务;机构/社区合作(临床、学校伙伴关系、住房、大学/社区活动服务的人数);医院和诊所服务的人数;K-12 合作伙伴的学生数量;校园日托中心的孩子;以及使用校园作为公益空间的措施(音乐会、公共辩论、体育赛事)。国民健康指数的好处在于,它可以将许多复杂的指标合成为一个可以随时间跟踪的综合指数。

公民机构研究:社区服务

虽然可以从文献中梳理出不同方面的公民教与学的替代措施,但对于机构服务于社会的措施却鲜有可借鉴之处。这可能是因为许多评估和问责制议程都侧重于改进教学和学习功能。还有一种情况是,一些原本可能被标记为机构服务的指标被"计数"为研究而非服务。

由弗兰·安斯利(Fran Ansley)和约翰·加文塔(John Gaventa)完成,并在1997年特刊《变革》杂志中登出的报告《重建高等教育的公民生活》[1]表明存在着一种新的社区——大学研究伙伴关系模式,他们称之为"新研究"。他们描述了一些新的计划和中心,这些计划和中心已经将大学研究与社区和政府需求联系了起来。有些旨在解决特定的主题或话题(例如,环境、城市规划、学校或住房),还有一些作为对行动研究感兴趣的教师与基于社区的组织联系起来的基础。

关于机构服务,南希·托马斯(Nancy Thomas)为新英格兰高等教育资源中心(NERCHE)提供了一种对不同类型的机构服务活动进行分类的模型:

1. 合作推广教育和继续教育方案。
2. 专业方案中学生的临床方案和实地学习机会。
3. 自上而下的行政举措。
4. 具有外联任务的集中行政-学术单位。
5. 以学术为基础的中心和研究所。
6. 教师专业服务和学术推广。
7. 学生倡议。
8. 具有经济或政治目的的机构举措。
9. 接触设施和文化活动的途径。[2]

---

[1] F. Ansley and J. Gaventa, "Researching for Democracy and Democratizing Research," in Special Edition, *Change Magazine*: *Higher Education and Rebuilding Civic Life*, (January/February 1997).

[2] See N. Thomas, "The College and University as Citizen."

五、特殊的挑战

另一种适用于机构服务的常见"评估"形式是关于大学服务活动的信息汇编。有许多机构努力将其社区服务活动编入综合报告中,这些报告汇总了对从基于社区的教师奖学金到临床活动、大学推广、社区政府合作伙伴关系以及社区组织的学生实习等一系列活动的描述。遗憾的是,这些报告没有将数据综合起来,并且没有总结对如何表征服务角色性质的概括。

机构和系统还定期改进它们对社区的经济影响的评估。有时是为了回应地方政府关于房产税免税的威胁,但也有其他原因,这些调查通过计算该机构的活动花费(雇佣人员、建筑承包商、购物者、医院、宿舍经理、研究承包商)将经济影响数据汇集在一起,并估计了关于本地企业大学活动的"倍增效应"。学生是一个很好的"倍增器"典范,因为他们经常光顾当地的电子社区企业。这些令人印象深刻的研究表明,学院和大学对当地社区产生了巨大的经济影响。虽然这些经济活动报告不能很好地代替社区服务贡献的评价工具,但它们确实激发了人们对经常围绕研究型大学开展的许多类型的"有组织的社区服务活动"的思考,也激发了人们对研究型大学在所有这些角色中承担良好公民责任的思考。它们也可能有助于为人们思考当前公众和学生关注的领域铺平道路,例如使用外国血汗工厂的劳动力来制作大学运动服。

大学评级服务

过去十年来,私立大学排名服务出现大幅增加,其目的是公开根据一些质量指标对高校进行排名。大学排名已经存在很长时间了,但是在20世纪90年代早期,大多数评级都集中在毕业生或专业课程。从那时起,本科院校不同指标的排名已经开始在几个全国性杂志年度报告的带动下多了起来。高等教育认证委员会(CHEA)关于排名服务的研究表明,大多数排名把"质量"等同于传统上的,同行对学校声誉和教学资源、教师资格、本科生选择的审查。但其中一些,特别是普林斯顿评论调查,旨在测试学生对大学质量的看法,包括学生服务、学生活动、校园精神生活和多样性等指标。对这些指南的回顾可以激发学生对与质量等同的类型的思考,以及对作为有效性维度的场所的坦率评价。

有一种排名服务是专门为评估机构对"品格教育"承诺而设计的,品格教育是公民教育的一个方面。"邓普顿大学和品格指导基金会"旨在通过"大学和品格指导"解决高校在品格教育中作用日益削弱的问题,该指南确定了有助于培养个人和公民责任生活的优秀大学课程。正如其材料所述:"充分的证据表明,我们国家的许多学院和大学都幻想着它们有责任教育出那些亲自定义和肯定道德和公民承诺的学生,但这个幻想破灭了。让学生为工作做好准备的明确、务实的任务已经推翻了鼓励学生过有道德和公民意识的生活这一更具争议性和艰巨性的任务。"许多领域都推广竞赛,包括确定示范性一年级课程、公民教育课程、服务学习、学术诚信和校长领导。用于对机构进行排名的标准包括:

- 有力的目标陈述,表明该机构使命中品格发展的优先性。
- 表明学校领导,包括其教师积极参与品格教育的证据。
- 项目长期性。
- 表明该计划对学生、教师、校园和社区产生积极影响的证据。
- 表明该计划对相当大比例的学生产生影响的证据。
- 将该计划融合到核心课程和学术研究领域。

- 提供课程信息、招聘和宣传、培训和协调的中心校园位置的证据。
- 外部认可或荣誉。
- 评估和证据。

学生学习成果研究

关于学生实际从大学学到的内容的研究有很多,其中一些研究提出的问题与关于大学和学生成果的具体关系的答案一样多。尽管如此,这些研究只是关于如何思考学生学习成果以及如何衡量它们的丰富资源。例如,亚历山大·阿斯汀开发了一种分类学来描述大学的学习成果,下面是简要的概括:[1]

成果	认知:高阶智力过程——知识获取、决策制定、综合推理	情感:态度和价值观、自我认知、理想抱负、性格倾向
措施	心理:通过测试或考试测量的个人内部状态或特征	行为:对个人的直接观察

对大学生的情感、心理、广泛的行为结果的研究表明,大学出勤率与理想的社会"公民"能力之间存在一定的相关性:[2]

- 个人自主权和独立能力。
- 不那么倾向于威权主义、教条主义和种族中心主义。

---

[1] A. Astin, *Assessment for Excellence: The Philosophy and Practice of Assessment and Evaluation in Higher Education* (New York: Macmillan, 1990); E. T. Pascarella and P. T. Terenzini, eds., *How College Affects Students: Findings and Insights from Twenty Years of Research* (San Francisco: Jossey-Bass, 1991).

[2] Pascarella and Terenzini, *How College Affects Students*.

- 人际关系。
- 成熟的和一般的个人发展。
- 智力取向。
- 原则性道德推理程度。
- 对服务他人和朋友感兴趣。
- 对时事、国内外政治感兴趣。
- 文化和审美的复杂性。
- 选举行为。

虽然对许多措施的研究都没有定论,特别是在大学里哪些措施对学生的学习结果产生了影响不是很清楚,但能力清单仍然有助于思考如何描述和记录可衡量的公民技能。

概况总结

高等教育在评估和解释其公民教学和社区服务角色方面做得很差。然而,评估是公民角色的关键战略工具。虽然没有现成的模型可以批量用于公民评估,但是已经有很多地方开展了类似工作,其经验可供借鉴。公民评估工作应该作为制度质量的一个维度来处理,并在个别机构的背景下构建。同时,应在发展公共问责能力的同时开展机构评估,因为外部公共沟通对议程的成功至关重要。这不是一个可以在机构研究办公室强制执行或完全由学术参议院掌握的狭隘的或技术性的工作;成功的公民能力评估需要机构领导的一些承诺才能起步,并且需要涉及来自不同领域的人,既包括行政界也包括学术界。制定评估战略应该预测到需要克服的特定体制障碍,包括确保关于目标和价值观的公众对话不会被社区内特定的意识形态派别左右的战略。使用随时可复制的数据和随时间变化的测量方法的仪器将非常有用。

对参与公民议程感兴趣的机构将发现，制定评估工具是一种特别有益的方式，可以让它们就目标、优先级、措施和有效性进行有意义的、任务导向型的对话。科学需要评估，但它不是火箭科学。只要身心投入和坚定意志，再加上点想象力，评估就可以而且应该进行了。

附录

美国教育委员会（ACE）高等教育和民主论坛可以成为机构社区服务活动的信息来源。美国教育委员会民主论坛于1998年6月在佛罗里达州塔拉哈西举行首次会议，要求参与机构提供其机构服务活动清单。该信息汇编可以通过请求会议的背景文件从美国教育委员会获得，通过联系：美国教育委员会，杜邦圈，华盛顿特区20036，（202）939—9331。

美国大学协会（AACU&U）与马里兰大学合作，开发了一个综合的资源共享网络，用于提供有关多元化举措的信息，包括一个关于校园多样性项目评估的研究数据库。除了提供了解更多有关文献的起点之外，这对于其他已经尝试过多元化计划的机构来说是一个很好的指南，这些机构可能对刚起步的机构有所帮助。美国大学协会，华盛顿特区西北路1818号，20009，（202）884—7419，网页：http://www.aacu-edu.org。此外，美国大学协会和马里兰大学数据库中关于校园多样性的信息可以通过网络访问http://www.inform.umd.edu/diversity 获取。

加利福尼亚州高等教育委员会制定了"校园氛围评估模型"，该模型已在加利福尼亚州的校园得到成功使用，而且西部学校和学院协会——加利福尼亚地区认证委员会鼓励学校参与自我评估校园多样性。该委员会还赞助了研究测量高等教育对加州经济贡献的项目;这种模型对于该类型中其他模型来说是一个好的起点。要了解更多信息,请联系加利福尼亚州高等教育委员会地址:1303J 街道 500 号,萨克拉曼多,CA 95815,(916)322—8028;和西部学校和学院协会 P.O. Box 9990,米尔斯学院,奥克兰,CA 94610(510)632—5000。

校园契约是由近 600 所高校和 20 个国家网络组成的全国性网络,致力于通过公共和社区服务实现学生公民意识和价值观发展。校园契约以服务学习、学生的公民发展以及成为公民的校园为导向,开展了大量有关服务学习及其结果的研究。除了掌握有关服务学习基本趋势的统计信息外,校园契约还提供参与服务式学习和社区服务的大学校园信息。欲了解更多信息,请联系:校园契约,Box 175,布朗大学,普罗维登斯,RI 02912,(401)863—1119,网页:http://www.compact.org。

国民服务公司是 1992 年由联邦立法建立的国家机构,旨在促进高等教育的社区服务。它是一个公私合营公司,负责监督三项国家服务计划——美国志愿队、学习和服务美国以及国家高级服务团队。创建公司的立法需要持续的评估活动,包括不断地定义绩效目标和衡量绩效目标。国民服务公司,华盛顿纽约大道 1201 号,20525,(202)606—5000,网址:http://www.nationalservice.org。

高等教育认证委员会(CHEA)编制了年度质量保证年鉴,高等教育外部质量保证审查形式的指南,范围从认证到国家许可,国家责任报告和外部评级服务。年历的副本可以在 1999 年 6 月之后从此获得:高等教育认证委员会,华盛顿特区杜邦学院 5 楼 1 号高等教育认证委员,邮编:20036,(202)955—6126,网址:http://www.chea.org。

高等教育研究所(HERI)——加州大学洛杉矶分校,是有关学生学习和大学成果的最佳国家数据库之一。高等教育研究所对大学新生的全国年度调查已经管理了25余年,并且拥有稳定的纵向数据来源,以及许多关于该主题的最新项目。欲了解更多信息,请联系该研究所所长亚历山大·阿斯汀及其助理琳达·萨克斯,洛杉矶加利福尼亚大学摩尔大厅3005号,CA 90095,(310)825—8331。

国民健康指数(INCH)中的五个元素以及它们的加权方式如下所示。这些数据是从1970年开始编制的,其中该指数的标准值等于100。国家公民觉醒委员会的最终报告可以从该网址获取:http://www.puaf.umd.edu/civicrenewal/finalreport/america's-civic-condition。

国民健康指数组成要素(每个要素占总数的20%)	成分和比重
政治要素	选民投票率(10%)和其他政治活动(签署请愿书、写信给国会、出席集会或演讲、为政党工作、发表演讲、撰写文章、写信给不属于改革团体的报社、竞选或担任政治职务)(各占1.1%)
信任	对他人的信任(10%)和对联邦政府的信心(10%)
成员	至少参加一个团体和/或教会(6.7%),慈善捐款(6.7%)和本地参与,参加当地会议,在当地委员会任职,担任当地团体的官员(各占2.2%)
安全要素	青少年人口中的青少年凶手(6.7%),对犯罪的恐惧(6.7%),人口调查报告的犯罪率(6.7%)
家庭要素	离婚(10%)和非婚生子女(10%)

印第安纳大学-普渡大学印第安纳波利斯分校,在整体制度

变革战略背景下,一直站在评估服务学习的最前沿。该校的评估既关注机构层面,也关注校园有效参与社区的程度,以及服务式学习对学生的长期影响。基于校园的评估有三个阶段:(1)开发一系列活动;(2)评定校园工作;(3)对未来工作的建议。此外,该校正在研究新的模型来评估长期和密集的社区工作对领导力发展、教育愿望和坚持、职业选择以及对非营利行业的理解的影响。印第安纳大学-普渡大学印第安纳波利斯分校,公共服务和领导中心,密歇根西街815号,印第安纳波利斯,IN 46202-5164,317)278—2370。

国家高等教育管理系统中心(NCHEMS)位于科罗拉多州博尔德市。国家高等教育系统管理中心副总裁皮特·尤厄尔(Peter Ewell)一直是学生学习评估的主要研究者和倡导者之一,该评估是衡量学校教学质量的一个重要指标。高等教育系统管理中心刚刚开始一个由皮尤慈善信托基金资助的长期项目,其目的是为"参与式学生"开发国家评估工具,评估学习经验和校园环境对学生学习的贡献。欲了解更多信息,请联系国家高等教育管理系统中心副主席皮特·尤厄尔,第30大街1540号,173号房间,博尔德,CO 80303,(303)497—0301。

波特兰州立大学学术卓越中心制作了一本优秀的手册——《评估服务学习的影响:战略和方法》,该手册不仅关注学生的学习成果,还关注评估服务学习的影响方式,包括学生、教师、社区和学校。波特兰州立大学学术卓越中心,P.O. Box 751-CAE,波特兰,OR 97207-0751,(503)725—5642。

坦普顿大学和品格指导基金会可以通过下面的网站进行访问:

http://www.templeton.org/character。

罗格斯大学沃尔特·惠特曼民主文化和政治中心一直是民主和文化研究的中心。其主任本杰明·巴伯已经开发出衡量公民身份维度的模型,这有助于确定高等教育公民教学角色的目标。欲了解更多信息,请联系沃尔特·惠特曼民主文化和政治中心,罗格斯大学,新泽西州立大学,希克曼大厅,道格拉斯校区,悉尼乔治街,(加拿大)新不伦瑞克,NJ 08901－1411,(732)932－6861。

进一步阅读参考书目

California Postsecondary Education Commission. "Toward an Understanding of Campus Climate: A Resource Guide." Sacramento, CA 1990.

——. "The Wealth of Knowledge: Economic Impact Assessments of the Economic Contributions of Higher Education." Sacramento, CA, 1992.

Campus Compact. *Service Counts*. Providence, RI, 1997.

Council for Higher Education Accreditation. *Almanac of Quality Assurance*. Washington, DC: The Council (forthcoming).

Ewell, Peter, ed. *Assessing Educational Outcomes*. San Francisco: Jossey-Bass, 1985.

Eyler, Janet and Dwight E. Giles Jr. *Where's the Learning in Service-Learning?* San Francisco: Jossey-Bass, 1998.

（三）高等教育中的公民觉醒运动：
运动的状态以及建立国家网络的必要性

伊丽莎白·奥朗德和马修·哈特利

引言

在这一章中，我们认为要让高等教育与早期更高的公民目标重新联系起来，需要社会运动。在本章的前半部分，我们将简要描述高校变革如此艰难的制度和组织原因。我们将解释社会运动理论是怎样影响系统性变革战略的。然后，我们将介绍几个提案和网络，它们现在独立致力于高等教育中的公民觉醒运动，我们认为这是运动不断壮大的有力证据。在本章的后半部分，我们会提出建立可持续公民更新网络的若干具体策略，并会概述最大限度地发挥这种网络影响的议程。

组织变革

每年春天的毕业典礼上，学生们都会被欢迎加入到"学者社区"。这气派的词组唤起了这样一种画面，那就是师生们在共同的事业中一起努力，设法解决我们这个时代的知识问题和实践问题。正如许多人所指出的那样，现实往往是相反的。当殖民地的小学院成为典范时，社区意识可能已经盛行，然而，将全体教员划分到不同的院系[1]和

---

[1] L. Veysey, "Stability and Experiment in the American Undergraduate Curriculum," in *Content and Context: Essays on College Education*, ed. C. Kaysen (New York: McGraw-Hill, 1973).

"学术革命"中,以及研究性大学的兴起,让教员对学科和研究的忠诚度越来越高。[1]

> 这已经从当地的公民社区……到国家和国际学科及次级学科的相关团体……中取得了对教员的认可度。在整个研究生院的准备过程中,教员们都是社会化的,他们以高度个性化和私有化的方式思考自己的工作,这使得人们很难相信有可能通过有效的合作行动促进变革。[2]

教师与学生相处的时间越来越少,兼职教师越来越多。在指责教授们之前,重要的是要认识到这种情况本质上是系统的。一个渴望追随契普斯先生脚步的教员必须二选一,要么发表文章,要么在常春藤盟校之外面临被驱逐的命运。

此外,在高校中领导变革是困难的。有人指出,管理一所大学的努力很可能会获得与驾驶"一辆在冰上打滑的汽车"一样成功。[3] 高等学校在本意上是权力划分的组织。虽然摄政者或董事会是最终当权人,但他们经常会被劝告去控制而不是管理。管理层由校长、高级行政部门和教师(或其代表机构)负责。然而,共享治理是有代价的。每个选区都有权否决任何提案。没有教师的认可,校长不能修改课程。如果教师的工作取决于其所在国家的

---

[1] C. Jencks and D. Reisman, *The Academic Revolution* (New York: Doubleday, 1968).

[2] H. C. Boyte, *Public Engagement in a Civic Mission* (Battle Creek, MI: Kellogg Foundation, in press).

[3] M. D. Cohen and J. G. March, *Leadership and Ambiguity: The American College President* (New York: McGraw-Hill, 1974).

学科同行制定的标准,那么他们可能不愿意在"本地"问题上(即委员会工作、重新设计新生的核心课程)投入时间和精力。[1] 因此,正如克拉克·克尔(Clark Kerr)所指出的,高校最终往往会保持现状,因为这是唯一一个不能被否决的选择。[2] 项目或院系继续相对孤立地进行运作。正如罗伯特·伯恩鲍姆(Robert Birnbaum)所观察到的,结果是大学变成了"学术控股公司"———一个由拥有共同品牌名称的半自治单位组成的集团。[3] 或者,正如一位智者所言,一个由共同停车规则组成的学术企业家团体。

这些组织性的特征使得校园既要界定其更广泛的目标,又要"实现"其使命,包括其公民使命,这些都具有挑战性。

社会运动理论

鉴于导致高等教育抵制创新并将教师的兴趣从"本地"问题上转移的这种组织特征,有没有一个改变的战略呢?默文·L.卡德瓦拉德(Mervyn L. Cadwallader)在介绍一期致力于公民参与的自由教育专题时,呼吁了进行"学术反革命"的行动。[4] 他观察到了在稳态组织中发生的变化——"类似于社会运动的事物不得不侵入并扰乱教师生活的正式节奏和模式"。在这一点上,探究

---

[1] A. W. Gouldner, "Cosmopolitans and Locals: Toward an Analysis of Latent Social Roles," *Administrative Science Quarterly*, 2, no. 3 (December 1957): 281–307.

[2] C. Kerr, "Postscript 1982," *Change*, 14, no. 7 (October 1982): 23–31.

[3] R. Birnbaum, *How Colleges Work: The Cybernetics of Academic Organization and Leadership* (San Francisco: Jossey-Bass, 1988).

[4] M. L. Cadwallader, "A Manifesto: The Case for an Academic Counterrevolution," *Liberal Education* (1982).

五、特殊的挑战

社会运动的特征具体是什么将会是有帮助的。

米兰博科尼大学的教授马里奥·迪亚尼(Mario Diani)综合并提炼了不同社会运动理论家的研究成果,得出了这样一个有帮助的定义:"社会运动是在一个共同的集体认同的基础上,参与非政治或文化冲突的多个个人、团体和/或组织之间的非正式互动网络。"[1]

这一定义来源于四个特点,迪亚尼认为这四个特点是大多数社会运动理论家所共有的。首先,社会运动由"非正式互动网络"构成。这些网络允许那些分享相似关注点或价值观的个人和团体彼此交流并协调他们的行动。第二,社会运动"需要一套共同的信仰和归属感"。也就是说,运动必须有目标感。然而,迪亚尼谨慎指出,"思想和方向的同质性"对于集体认同的发展是不必要的。人们支持一个特定的运动可能有大相径庭的理由。(考虑到马尔科姆·X[Malcolm X]和马丁·路德·金博士的不同意识形态,或者服务学习的理想主义和实用主义防御。)社会运动可以围绕集体议程或共同目标联合起来,而不是围绕僵化的意识形态。迪亚尼的第三个特点突出了矛盾在社会运动中的作用。社会运动需要一些反对意见,反对是必要的。

尽管一些理论家在社会运动和政治运动之间划清界限,但迪亚尼认为这些界限比实际情况更加明显。无论在哪种情况下,运动都试图通过促进或反对特定的社会变革来改变政治或文化背景。社会运动的第四个特点是它的活动"发生在制度领域和社会生活的常规程序之外"。也就是说,社会运动不同于由一个组织发起和

---

[1] M. Diani, "The Concept of Social Movements," *Sociological Review* 40, no. 1 (February 1992): 1–25.

管理所付出的变革努力。然而,迪亚尼指出,这一在20世纪70年代主导社会运动理论的特征已经受到质疑。一些理论家对社会运动的制度外特征是否与早期阶段有更准确的联系存在争议。在某种程度上,成功的运动往往会改变社会结构,包括其组织形式。

信息和专业知识网络

我们相信,进行一场强有力的公民觉醒运动是有可能的。这场运动是否会像先前的运动一样,席卷整个高等教育领域,并基本保持不变,或者是否会成为一个重要的标志性运动,仍然是个未知数。像所有的运动一样,公民觉醒是一条由几条溪流组成的河流。在高等教育中发展最好的是服务学习网络,它在过去十年中取得了显著的发展。用杰弗里·霍华德(Jeffery Howard)的话说,服务式学习是"社区服务的第一代堂兄弟,它也吸引学生为社会服务,并对学生公民道德的发展起到了促进作用"。不同之处就在于服务式学习"有意将社区服务经验作为学习资源加以利用"。[1] 学习可以通过共同课程服务体验中的反思性部分或将服务整合到学术课程中来完成。(就本章而言,校园契约学校中服务式学习的数据反映了后一种做法。)

当美国社会在其公民生活中遭遇危机时,服务式学习的兴起就并不是巧合。威廉·班纳特提出了不关心公共利益的"X一代"问题,而成立于1985年的校园契约和成立于同一时期的校园外展机会联盟(the Campus Opportunity Outreach League, COOL)则

---

[1] J. Howard, ed., *Praxis I: A Faculty Casebook on Community Service Learning* (Ann Arbor, MI: University of Michigan OCSL Press, 1993).

直接回应了威廉·班纳特提出的问题。同样,国民服务公司也是对"为国家做事"的年轻人重新获得社会地位的一种回应。

校园契约成员学校的数量反映了服务式学习的增长情况。从 1989 年只有不到 200 所的校园契约成员,到 1998 年底已经有近 600 所的成员学校,[1]反映了服务式学习的增长情况。另一个关键指标是这些学校中服务式学习课程的激增。1993 年,66%的校园契约成员学校报告了至少有一门服务式学习课程。到 1998 年,不但有 99%的学校报告了至少有一门服务式学习课程,而且几乎一半(48%)的学校有 10 到 39 门课程,1/5 的学校有 40 门或更多的课程。这一增长是个别校长和教员在校园推广实践中努力的结果。它还反映了目前广泛提供的教师讲习班、会议、小额赠款和技术援助材料,可从全国校园契约及其 20 个各州办事处和位于亚利桑那州梅萨市的社区学院专科中心获得。

许多其他国家组织已经成为服务式学习网络的组成部分,包括美国社区学院协会、美国高等教育协会(American Association for Higher Education, AAHE)和国家体验教育协会(the National Society for Experiential Education, NSEE)。他们的会议、出版物和讲习班也已向会员介绍了服务式学习,并提供了培训机会。在爱德华·兹洛特科夫斯基的编辑和领导下,美国高等教育协会出版了一套基于学科的服务式学习专著。国家体验教育协会在服务式学习方

---

[1] 校园契约是学院和大学校长的联盟,致力于为学生提供公民服务。它于 1985 年由布朗大学、乔治城大学和斯坦福大学的校长以及各州教育委员会成立,以回应那些拒绝"X 世代"以自我为中心的价值观并希望为其社区服务的学生。校园契约最初 5 年的重点是学生服务活动,然而,随着对服务学习教学法的兴趣日益增长,这一重点扩大了。服务学习被视为促进公民意识和将公民教育嵌入学院核心的更有效手段。

面有一个特殊的兴趣小组,像美国高等教育协会一样,在其年度会议上有服务式学习方面的会议。正如爱德华·兹洛特科夫斯基在本卷章节中提到的,在过去的几年中,一些学科协会也在促进服务式学习实践方面发挥了积极作用。在健康科学中,有一个特别活跃的校园网络致力于社区活动,被称为"校园社区健康伙伴关系",它由华盛顿大学的萨雷娜·塞弗(Sarena Seifer)领导,并由联邦政府和基金会资助。新英格兰高等教育资源中心(the New England Resource Center for Higher Education,NERCHE)为教师在区域内参与社区提供支持。

除了高等教育协会,联邦政府也是服务学习运动的主要支持者。国家服务公司是比尔·克林顿总统倡导的联邦机构,成立于1993年,为数百项校园服务工作提供了种子资金。

第二个关注公民生活更新的网络涉及公平问题和多样性问题。自1988年以来,美国高等院校协会(Association of American Colleges and Universities,AAC&U)一直在倡导高等教育多样性的事业。1992年,通过美国福特基金会的资助,美国高等院校协会推出了美国承诺项目。该项目在早期的倡议中增加了对民主的重视。它试图让校园参与讨论教师、员工和学生多样化的重要问题,并将多元文化教育引入课程——教育不但让学生接触到其他文化,而且也要求他们批判性地看待我们社会中的差异问题。目前,有127家机构参与了该项目。还有数百所学校受益于该项目的多样性网站,该网站旨在共享信息并突出最佳实践。在1998年秋,多样性网站每月获得超过10万的"点击量"。

第三个网络由承担社区伙伴关系的校园组成。许多校园都有合作项目,包括独立学院理事会、国家体验教育协会和校园契约组织在内的多个组织在其中开发了网络。城市学校有各种各样的媒介来讨论它们的活动。美国住房和城市发展部为96所学校提供了资金，作为其社区外展合作项目的一部分，加强了校园间的网络联系并记录它们的努力。住房和城市发展部（the U.S. Department of Housing and Urban Development, HUD）发布了三个描述各种项目的目录，并将参与者聚集在一系列区域会议中。

事实上，关于公民参与本身这个话题有许多倡议。与大多数高等教育协会代表的讨论提供了大量的例子。全国独立大学协会（the National Association of Independent Colleges and Universities, NAICU）在许多其他协会的支持下，领导着一个学生选民登记的活动。由美国凯洛格基金会资助的全美州立大学及赠地大学协会（NASULGC）最近发布了一份关于"参与式校园"的报告。在佛蒙特大学校长朱迪思·拉玛利的领导下，本报告旨在促进土地出让机构按照其最初任务的要求进行重新评估。凯特琳基金会和皮尤慈善信托基金支持的公共政策教育委员会有一项项目，旨在推动包括"29个大学"在内的"公共空间"项目。[1] 美国大学协会（the Association of American Universities, AAU）最近编制了一份包括所有成员公共服务工作的目录。美国大学人事协会（the American College Personnel Association, ACPA）将在其1999年的全国会议上首次专门针对"公民教育"进行讨论。此外，它们还与国际大学联合会等其他团体联合举办了第一次大型会议，此会议于1999年6月举办，致力于服务式学习。还有一个名为"新美

---

[1] Council on Public Policy Education, "The Prospects for Public Making Space in Higher Education," working draft (4 March 1998).

国大学协会"的团体,成立于 1995 年,是由 22 个私营的、综合性的、主要是宗教性质的机构组成的联合体,这些机构试图仿效欧内斯特·伯耶尔[1]的"新美国大学"概念,树立自己的榜样。从 1997 年开始,校园契约开始将其重点从服务和服务式学习扩展到"参与式校园",即一个旨在吸引校园学生、教师、员工和机构等所有人员参与公民教育和社区公民教育的校园。当然,还有关于高等教育和民主问题的精英论坛支持此卷内容。

除上述网络外,还有其他网络可能在公民觉醒运动中发挥重要作用。一个这样的网络由越来越多的学校组成,它们关注"学习成果",并与之一起重新审视教学质量。在教育部资金的资助以及美国高等教育协会和卡内基教学促进基金会的协助下,这些校园都在评估其机构的教学效果。对教学和学习的重视推动了校园内新的教学中心的建立。这些举措与公民觉醒运动的联系在于,注重教学和学习成果为服务式学习和公民教育的发展提供了丰富的基础。从事这一网络的人都认为,无论研究与本科生教学是否相关或成本如何,提高对研究的重视程度都是一个重大问题。

这些网络尽管存在,但它们之间的沟通却很少,协作更是少得多。另外,回到我们最熟悉的领域,服务式学习中心无论是在校园还是全国范围内都很少与其他社区伙伴关系联系在一起。如前所述,自 1995 年以来,住房和城市发展部在规划和研究司的大学伙伴关系办公室资助了社区外联伙伴关系中心。迄今为止,他们已经资助了 78 个这样的中心,涉及 96 个学校。尽管住房和

---

[1] E. Boyer, "Creating the New American College," *Chronicle of Higher Education* (March 1994): A18.

城市发展部通过给使用服务式学习的申请者打分,将服务式学习作为一种教学方法,但对校园内存在的服务式学习中心的认识却很少。[1] 在许多属于校园契约的学校中,社区合作中心的运作范围与基于社区的服务式学习中心不同。还有这样的情况,似乎很少有校园把教学中心和服务式学习中心联系起来。在许多学校中,这两种中心都是全新的、资金稀少的项目。这些都意味着学生们错失了从社区外联活动中学习的机会以及利用服务式学习课程深化社区伙伴关系的机会。

综上所述,高等教育的前景就像一片草原,草原上有许多不相连的筒仓,如果这些筒仓结合在一起,就可以为公民觉醒运动提供丰富的资源。用迪亚尼的话来说就是没有"归属感"——没有共同事业感。很少有人设想一个国家"通过达成基于具体改革需求的共识来实现"。[2] R. 瓜拉西和 G. H. 康威尔也表示赞同,他们指出,大学大体上反映了社会价值观,以及周围的社会道德混乱。在我们这个时代,自由社会选择了一种政治文化,在这种文化中,自治和繁荣是其"基本价值观"。[3]

这种集体行动的缺失,让外部世界无法注意到高等教育在重新发现其根源、教育学生实现民主以及利用其知识和资源为社区

---

[1] D. Cox, director of the office of University Partnerships, personal communication, (13 January 1999).

[2] R. Rorty, *Achieving Our Country: Leftist Thought in Twentieth Century America* (Cambridge, MA: Harvard University Press, 1997).

[3] R. Guarasci and G. H. Cornwell, "Democracy and Difference: Emerging Concepts of Identity, Diversity and Community," in *Democratic Education in an Age of Difference: Redifining Citizenship in Higher Education* (San Francisco: Jossey Bass, 1997), 6-7.

服务方面所做的许多努力。这些努力是无形的,这是一个显而易见的事实,由萨姆·纳恩和威廉·J.班纳特共同主持的全国公民觉醒委员会甚至没有提到高等教育是振兴民主参与的一个潜在来源。

致力于国家网络

虽然大多数工作都是单独进行的,但一些网络内的协作已经开始发生了。服务运动在很大程度上唤起了政治左派和右派对民主复兴的兴趣。服务式学习的支持者们共同努力,通过创建国家服务企业的联邦立法来支持学生服务。这些网络中包括国家和社区服务联盟、美国青年服务和全国青年领袖委员会等团体。

此外,美国高等教育协会还努力在高等教育协会之间建立一个全国性的公民教育网络,以支持各种形式的新型"强有力"的教学法,并与校园契约组织合作促进服务式学习。除了与美国高等教育协会、校园外展机会联盟、国家体验教育协会等传统联盟合作外,校园契约还于1997年开始了与美国高等院校协会的合作。国家服务企业明尼苏达大学的服务式学习信息交换所提供资金支持,这个交换所主要致力于初级和中等教育。1998年,皮尤慈善信托基金资助了一名校园契约的高级教员,帮助提高了学科社团在服务式学习中的参与度。高级研究员爱德华·兹洛特科夫斯基能够在华盛顿定期召集这些社团,并有能力向这些社团提供资金,以促进它们自己组织中的服务式学习。校园团队也将有机会把院系小组带到基于学科的研究所中,基于院系在各自的校园推进实践。更大规模的校园契约基础建设将提供途径把这些努力广泛传播到其他校园。同时,兹洛特科夫斯基将保持与美国高等教育协会的联系,在协会中他是一系列基于学科的服务式学习专著的总编辑。这个例子说明了基金会在促进协作活动方面的影响。

人们在就公民教育的更广泛理念展开全国性的讨论上也做了一些尝试。其中一项尝试是伙伴协定,该组织旨在就这一问题将基础教育、中等教育和高等教育结合起来。在高等教育领域,在托马斯·欧利希和塞尔达·甘森的领导下,美国教育理事会高等教育公民责任论坛于1997年成立,标志着公民责任已成为一个主流问题。该论坛于1998年6月在佛罗里达州立大学主办了一次关于公民觉醒主题的领导会议。出席会议的人普遍认为,阐明公民教育和公民责任的含义是有很大必要的。这卷内容就是对那个问题做出的一个回应。1999年春季,精英论坛计划并实施了一系列社区听证会议,并应校园契约的要求,于1999年夏季与校园契约共同发起了校长领导研讨会。这次研讨会上,公民觉醒运动的领导人和大学校长们共同呼吁了高等教育要涉及公民责任,并提出了学校为实现这一目标可以采取的具体步骤。

密歇根大学社区服务学习中心主任巴里·切考威(Barry Checkoway)博士于1998年12月在翼展会议中心组织了一次关于研究型大学公民责任的会议。之前提到的一些网络的领导者参加了会议(美国高等院校协会、美国高等教育协会、校园契约)。会议加强了对共同利益的认识,那就是共同利益可以通过共同的努力而变得更加强大。协议就一系列战略步骤达成了一致,包括撰写一份愿景说明、为机构公民参与制定新的措施、在民主国家组织一个年度教育学院以及确定具有强大公民潜力的新学术领域、项目和运动,并在这些领域之间建立联盟。由此而来的愿景,也就是《研究型大学公民责任翼展宣言》(1999),正在广泛传播。后续会议于 1999 年 7 月举行,年度会议尚在商讨。

共同的信仰

直到各个选区认识到它们之间的共同点,迪亚尼称之为"共同信仰",集体行动才能发生。在前一节提到的两次会议上,与会者达成了一个广泛的共识,即必须围绕公民教育制定一项共同议程。关于"服务式学习(service-learning)"一词中究竟要不要有连字符(-)这个问题,学界中激烈(且无休止)的辩论接踵而至,制定共同的议程似乎是一项艰巨的任务。关于民主的意义以及服务与公民的关系这两个方面,更深层次的辩论也加到了一个共同的议程中。哈里·博伊特和南希·卡里在他们的章节中指出,英联邦的概念可能会使我们超越社群主义者和自由主义者之间的极性。对许多人来说,服务并不等同于公民身份。

我们更加确信,在高等教育的公民教育和公民责任这两个主要且重要的方面,我们正逐渐达成共识。第一个方面是要下一代积极参与民主的人做好准备,这是由来已久的愿望;第二个方面是鼓励学校在自己的社区内扮演好机构公民的角色。实现这些目标需要我们能够定义公民技能并衡量它们是否已经实现。它还要求我们为校园与社区有效公民参与制定规范。大量的学术基础已经奠定,以界定和证明这些活动——也就是基础工作可能是构成重要团结和广泛共识的基础。

朱莉·鲁本(Julie Reuben)、哈克维、施耐德和其他人已经阐明了高等教育在培养公民方面的历史作用。他们有一个丰富的文献体系,这种体系中肯地描述了民主社会的技能意味着什么,[1]另一些人设计了一个衡量公民能力的清单,通过这个清单不难达成共识。公民能力包括:对政治、宗教和种族观点的容忍度、对投票和献血等任务的公民责任感、完成政府政治任务的代理意识、对问题的领导力和参与度、批判性思维、公众审议、采取集体行动的能力以及采取行动时的投入度。D.吉尔斯和J.艾勒[2]近期基于学生的书面作业和录音对话,对学生、社区的问题解决能力进行了客观描述和分析。欧内斯特·伯耶尔和其他人发表了强有力的声明,主张采用新的、更积极与更投入的教育学和学术研究形式。

这项工作的一个重要发现是,这些能力有很多可以通过参与服务式学习来发展。亚斯汀报告说,"参与服务式学习体验与35个不同的学术发展方面成正比,包括学术成果、公民价值观和生活技能"。[3]令人惊讶的是,对学生的影响程度取决于服务体验的质量和反思的深度。还必须指出,单靠服务学习课程,至少是目前所教授的课程,无法达到帮助学生克服对政府的疏离和愤

---

[1] B. R. Barber et al., "Democratic Theory and Civic Measurement: A Report on the Measuring Citizenship Project," Draft report (1997); H. C. Boyte and J. Farr, "The Work of Citizenship and the Problems of Service Learning," in *Experiencing Citizenship: Concepts and Models for Service Learning in Political Science*, ed. R. M. Battistoni and W. E. Hudson (Washington, DC: AAHE, 1997).

[2] D. Giles and J. Eyler, *Where's the Learning in Service Learning?* (San Francisco: Jossey-Bass, 1999).

[3] L. Knefelkamp and C. Schneider, "Education for a World Lived in Common with Others," in *Education and Democracy: Reimagining Liberal Learning in America*, ed. Robert Orill (New York: College Board, 1997).

世嫉俗的效果。[1] 服务式学习只是解决公民教育战略的一个重要部分。

在"校园作为公民"的这一领域，出现了越来越多的文学作品和体系。本文论述了服务式学习实践的制度化要素、作为学校和社区之间知识对话者的校园、教师在产生和分享对社区建设有用的知识方面的作用以及他们自己在社区中的专业服务，还有有效保持社区伙伴关系的组成要素。[2]

此外，越来越多的文学作品从各个方面捕捉到了公民责任的总体概念。印第安纳州的校园契约在1998年首次阐述了大学作为公民的理念。最近一本由R. G. 布林格尔和E. A. 马洛伊（E. A. Malloy）共同编辑的名为《作为公民的大学》的书出版了。同时，1999年2月，全美州立大学及赠地大学协会发布了关于参与校园的报告，为赠地大学开拓了新视野。最近，托马斯·欧利希和伊丽莎白·奥朗德在著名的总统委员会的帮助下，于7月4日发表了一份关于高等教育公民责任的声明。1999年6月30日至7月1日，在阿斯彭研究所举行的总统领导讨论会对该文件进行了校核和编辑，该讨论会由校园契约、精英论坛和阿斯彭研究所赞助。校园契约网站（www.compact.org）上的声明已由100位校长签署。

---

[1] Barber et al., "Democratic Theory and Civic Measurement."
[2] 有效、持续的社区伙伴关系的标准正在从校园契约与示范校园、HUD的受资助者、独立学院理事会城市机构倡议、NSEE的校园/社区工作等机构的合作中形成。有许多优秀的机构模式需要考虑，包括"参与式校园"，这是校园契约和NASULGC使用的概念。HUD维护着有效的校园/社区伙伴关系。美国大学教师联合会最近对其成员"为社区服务"的汇编（美国大学教师联合会，1998年）提供了关于各教职员工所做努力的信息。

五、特殊的挑战

事实上，有证据发现共同点也许不是公民觉醒运动最开始面临的挑战。经济学家杰里米·里夫金（Jeremy Rifkin）一直在公民教育的旗帜下努力召集各组织。里夫金带头推动他所说的从幼儿园到大学的"公民教育"。伙伴协定已经有 72 个组织成员，它们代表着美国基础教育、高等教育以及社区服务机构，像 4H 俱乐部。所有的组织都通过了一项促进"公民教育"的声明，该声明的内容包括服务式学习、公民教育、品格教育和社区教育等概念。

> 公民教育包括对教育改革做出的广泛努力，教育包括对所有公民的教育、品格教育、民主教育和服务式学习。公民教育的基本主题是所有年龄段的学生，当他们的教育经验足以把社区组织中的非正式教育与更正规的课堂学术教育结合起来之时，他们可以学得最好。将学校经历作为公民教育的核心，可以帮助下一代做好终身承诺服务民间社会价值的准备。[1]

不幸的是，伙伴协定的努力在高等教育或其他地方都鲜为人知。尽管杰里米·里夫金在这一课题上是很有影响力、很受欢迎的演讲者，但各组织联合组成的领导集体（包括校园契约）很难决定伙伴协定可以采取什么集体活动来促进公民教育。这是在教育方面，组织活动的困难中一个客观教训。围绕一套原则达成的共识是不够的。事实上，就像迪亚尼提醒我们的那样，共同的

---

[1] "The Partnering Initiative," The Foundation on Economic Trends, Washington, DC, 1998.

意义随着运动的扩展和发展而演变。最有效的能把人联系在一起的方式就是共同的目标。组织也需要在集体行动中看到一个明确的自我利益,这样在任何时间内都能维持它们的利益。[1]

反对

反对是建立联盟的一种强有力的手段。的确,迪亚尼指出运动需要反对。现在对高等教育的批判显然不利于把学校当作象牙塔的这种想法。人们十分希望看到课程与学生们的生活更加相关。所学课程应该让学生们知道我们社会面临的问题。教师从事社区研究不应受到惩罚。高等教育中的公民觉醒运动也是对高等教育相对孤立于当今紧迫的社会问题的一种反应。贫富差距不断扩大,内陆城市和农村贫困地区的非人条件依然存在。用加德纳的话说就是,一个地区的种族主义问题不可能自己解决,必须与民间组织、公司、学校、信仰团体、社区领袖、社会机构和许多其他人合作。[2] 加德纳认为:"高校必须全心全意地参与周围社区的生活。我说的是一种机构承诺,而不仅仅是零星的教师热情。"他指出,很少有大学,尤其是精英大学,做出了这一承诺。[3] 加德纳阐述了学院里的一些人的观点,他们认为学院和大学作为机构,需要在自己的环境中利用自己的资源来促进社区的改善。这些机构正在反对这样一种趋势:高等教育不是自己

---

[1] S. Lloyd, "Collaborating for Change in Chicago," unpublished paper, John D. And Catherine T. McArthur Foundation (December 1993), 9.

[2] J. Gardner, Speech to Campus Compact Strategic Planning Committee (10 February 1998).

[3] Gardner, Speech to Campus Compact.

社区中的好公民,而是用铁门将自己包围起来,只为研究贫困人口的行为而接触贫困社区。

公民教育也反对教育的消费模式——大学是学生为个人利益购买的"服务"。相反,公民教育认为高等教育是为共同利益服务的。学生需要培养公民能力,例如参与公民讨论和辩论的能力、有效的沟通能力,以及与不同的人合作的能力。这是一种必备能力,因为美国的民主依赖于每个公民,而且从一开始取决于其公民的参与。一个欣欣向荣的民主国家需要活跃的公民,他们能分辨出信息和宣传之间的区别,他们明白,我们的共同生活受到我们制定的公共政策以及经济危机的影响。

公民教育也被视为一种制衡力量,一些人认为这是市场经济在美国生活各个方面的过度支配,以及将全球经济中的竞争置于社会投资之前需要付出的沉重代价。[1] 另一些人则担心学生们不愿参与知情的辩论——实际上,他们不愿"站在"任何一方。[2] 还有一些人希望学生体验不同的社区,并与之合作、融入其中,尤其是当这么多人在按阶级和种族隔离的社区长大的时候。也有一些人希望看到服务式学习运动要求学生不仅要同情遭遇社会不公的受害者,还要培养自身分析社会问题、制定策略的能力,以缓解他们目睹的困境。

---

[1] Barber et al., "Democratic Theory and Civic Measurement"; Boyte et al., *Public Engagement*; R. B. Young, *No Neutral Ground* (San Francisco: Jossey-Bass, 1997).

[2] C. Trosset, "The Grinnell College Study," *Change*, 30, no. 5 (Washington, DC: American Association for Higher Education, 1998).

357 校园里的社会运动

既然我们已经建立起能够支持社会运动的网络,那么,这样的运动如何在校园里开展呢?帕克·帕尔默(Parker Palmer)在高等教育背景下探讨了社会运动的概念。他花大篇幅描述了社会运动"在体制范围和常规程序之外"的发展过程。也就是说,它们是如何在不同的校园中表达的。帕尔默指出,对组织阻力的"运动反应"不是从内部操纵系统,而是创造"组织结构之外的反补贴力量"。帕尔默制定了这一过程的四个阶段。[1]

在帕尔默的第一阶段,个人决定现状不符合他们自己的价值观或理想,他称之为"过着分裂的生活"。在第二阶段,志同道合的人彼此"发现",并开始形成支持网络。比如说,老师们聚在一起讨论教学问题。第三阶段包括在第二阶段向更大的社区提出确认和表达的关切——根据他们共同的信念行事。帕尔默指出,在整个阶段,运动参与者的反馈被人了解,他们感受了社区感,懂得了分享的意义。在最后一个阶段,"一种更系统的替代奖励模式出现了"。一个成功的运动将扩大影响力,使以前只能通过组织获得的奖励(即资金和研究机会)能够由运动本身提供和合法化。最后,帕尔默声称,该组织本身将进行调整以适应这一运动。因此,从事服务性学习的老师不仅有机会在其他同类期刊上发表文章,并且他的学校会开始在晋升和任期决策中更加强调"服务"和"经验教学法"。

---

[1] P. Palmer, "Divided No More: Movement Approach to Educational Reform," *Higher Education Exchange* (Dayton, OH: Kettering, 1996).

五、特殊的挑战

鉴于帕尔默的框架,很明显,许多学生、教师和大学管理人员已经决定不再过"分裂的生活"。许多老师渴望有一种新的目标感和学术团体。人们越来越关注高等教育与社会问题和公民更新相脱节的问题。伯耶尔学术理论[1]强调将重新思考、服务性学习作为一种教育学的发展,以及"学习社区"的大量涌现都强调了这一点。许多人认为,行使公民责任和学习公民技能是高等教育的核心任务。并且,他们确实"发现了彼此,形成了支持网络"。[2] 20世纪80年代中期,正是这些学生和他们的校长组织了"酷"和"校园契约"活动,以对抗对个人主义和"自我"一代以自我为中心的狂欢。这些教员就是服务性学习的先驱。[3] 在20世纪90年代,以社区为基础的学习干部人数增长到足以被认为从"边缘走向主流"。今天,越来越多的教职员工选择教学、研究和专业服务的形式,旨在向学生传授民主的技能,或作为他们和学生展开公民参与的方法。在对其成员进行的上一次年度调查中,校园契约发现有10 800名教师从事服务学习,最先进的校园提供多达25个学科的服务学习,五分之一的学校(19%)提供超过40门的服务学习课程。

就像帕尔默阐述的那样,这些例子表明一种公民教育在社会中开始发声。此外,这个网络作为一个产生替代奖励系统的运动已经取得了巨大的成功。超过三分之二的成员学校有10个或10

---

[1] E. Boyer, *Scholarship Reconsidered: Priorities of the Professoriate* (Princeton, NJ: Carnegie Foundation for the Advancement of Teaching, 1990).
[2] Palmer, "Divided No More."
[3] T. Stanton, D E. Giles Jr., and N. Cruz, *Service-learning: A Movement's Pioneers Reflect on Its Origins, Practice, and Future* (San Francisco: Jossey-Bass, 1999).

个以上的部门支持服务学习。为支持这些部门,78%的成员学校设有社区服务办公室。一些知名大学正在为教师制定新的任期和晋升标准以表彰公民参与,例如密歇根州立大学、肯特州和锡拉丘兹大学。[1] 一些同类的期刊发表与服务学习相关的研究——《密歇根服务学习杂志》和《国家实验教育协会季刊》就是两个例子。

获得托马斯·欧利希服务奖提名的教师人数从1996年的35人增加到1998年的81人,这表明教师的努力得到了认可。由新英格兰高等教育资源中心颁发的欧内斯特·林顿学院社区参与奖提名人从1996年的10人增加到1998年的150人,增幅巨大。邓普顿基金会荣誉榜上不乏强调学生道德和伦理成长教育的项目。大约有2300个项目被提名,1000份申请由基金会提交和审查。校长们也在寻找个人来帮助他们推动实现校园的公民使命。1998年,耶鲁大学和哈佛大学都聘请了具有丰富的社区发展经验的副校长来领导它们的社区外展工作。

对改变的持续影响

然而,变化来得很慢,公民教育运动并没有对为教师和学校而设的强有力的奖励制度产生重大影响。这些制度包括认证程序、美国新闻和世界报道等场所的国家排名,以及最重要的晋升和任期标准。高等教育协会如何能够更有效地合作,促进变革并解决这些奖励制度问题,如何提高公民教育运动在高等教育中的

---

[1] E. Anderson and J. Shaffer, *Service Matters*: *Engaging Higher Education in the Renewal of America's Communities and American Democracy*, ed. M. Rothman (Providence, RI: Campus Compact, 1998).

影响力是一个复杂的问题。这要求多个组织和学校将自己视为共同运动的一部分,并有意识地采取战略来共同推动这一运动。

我们相信,至少有四件事会增加这种势头。第一步是评估支持现行高等教育系统的外在压力并确定哪些方面可能受到影响,以便为公民教育提供更大的支持。第二步是继续在新的努力基础上建立一个全国性的组织网络,这些组织正在共同寻求改变国家标准并建立外部盟友。第三步是更有意识地宣传公民教育的目标和宗旨,并在这一过程中为集体认同和成功措施奠定更坚实的基础。第四步是鼓励和宣传在校园内促进公民教育和公民责任的共同努力。

变革压力

首先,必须解决的是,在高等教育感受到巨大压力、需要对技术和经济变化作出反应、公众要求更负责任的时代,是否有可能进一步推进公民教育和公民责任。有一个老掉牙的笑话解释了这个挑战,那就是"换一个灯泡需要多少个精神科医生",答案是:"只有一个,但灯泡必须真的想换。"所以我们要问:"什么才是高等教育真正想要改变的?"

当今影响高等教育的最严重的外部力量是我们迅速变化的经济、新技术和公共财政收入的减少,同时伴随着公共责任和效率压力的增加。全球经济需要更多的教育和继续教育。在接受高等教育的学生中,有一半已经不属于"传统"年龄段了。技术正在使这些学生的受教育方式越来越"虚拟"。为了满足这些教育需求,营利性大学和企业型大学正在发展壮大,现在已经成为传统高等教育机构的强大市场竞争对手。[1] 一些人认为,[2]远程教育的普及将迫使学校阐明校园教育的独特教育优势,包括服务学习的实践和其他学习和锻炼公民技能的机会。立法者和其他人对公立大学和学院施加压力,要求它们展示其"公众价值",这无疑是促使各机构专注于为社会服务的强大动力。

这种趋势可能会支持对公民教育的日益重视,但该运动需要通过发展高等教育之外的战略盟友这一方式来利用这些可能性。

创建国家公民觉醒网络

外部盟友的一个潜在来源存在于更广泛的公民觉醒运动。在过去五年中,政府已经建立多个委员会来处理公民觉醒问题。令人震惊的是,这些委员会对公民教育中的高等教育所发挥的作用是多么小。有一些公民觉醒领袖,比如宾夕法尼亚大学校长朱迪丝·罗丹,曾任卫生、教育和福利部长,现任职于斯坦福大学的约翰·加德纳,他们当然明白高等教育既有机会培养公民,也能使他们成为自己社区机构的成员。但是,高等教育在这一运动中没有发挥领导作用,也没有被人们视为非常重要的参与者。这一点的证据是,早些时候援引的纳恩/班尼特委员会的报告中没有提到高等教育,尽管这份报告是由马里兰大学的威廉·加尔斯顿所写。在芝加哥大学神学院的让·贝斯克·埃尔什坦(Jean

---

[1] T. Marchese, "Not-so-distant Competitors: How New Providers Are Remaking the Postsecondary Marketplace," *AAHE Bulletin*, 50, no. 9 (Washington, DC, 1998).

[2] J. Wellman, Institute for Higher Education Policy, personal communication, November 1998.

五、特殊的挑战

Bethke Elshtain)为公民社会全国委员会撰写的报告——《对公民社会的呼吁：为什么民主需要道德真理》——中也只是简单地提到了自由教育对国家的好处。[1]

如果公民教育运动要取得成功，就必须改善高等教育中的公民复兴领袖学院外的其他人缺乏联系的状况。与阿斯彭研究所合作的校园契约和精英论坛朝这一方向迈出了第一步——邀请公民觉醒运动的领导人参加1999年夏天举行的阿斯彭学院校长会议。精英论坛还在春季和夏季的一系列倾听会议中与社区领导人建立联系。1999年2月，国家秘书协会在弗吉尼亚召集K-12教育工作者、公民领导人和高等教育领导者。然而，仍然需要一项更加持续和协调的战略来争取外部盟友。

确定外部盟友并与其结成伙伴关系的国家战略可以利用各种国家组织的独特优势。例如，美国教育委员会在与州长和州立法者建立联系方面处于特别有利的地位。弗兰克·纽曼在1999年夏天辞去美国教育委员会主席职务时谈到了高等教育面临的紧迫问题，包括全职公民教育所扮演的角色。校园契约能够在国家和州两级动员其成员校长，并收集关于服务学习对学生的积极影响以及社区伙伴关系活动的影响的具体证据。美国大学协会通过其"美国承诺"项目，在多样性倡议的影响方面积累了丰富的知识。由于其在华盛顿的关系，精英论坛在与各国立法者和商

---

[1] J. B. Elshtain, *A Call to Civil Society: Why Democracy Needs Moral Truths* (New York: Institute for American Voters, 1998). 注：公民社会全国委员会是由24名全国知名学者和领导人组成的团体，他们作为有偿志愿者，致力于研究美国的国家能力、性格和公民身份。该报告由芝加哥大学神学院的埃尔什坦和委员会主席撰写。

界领袖建立联系方面处于特别有利的地位。全国独立大学协会在学生选民登记方面确立了领导地位，这是这一战略的重要组成部分。值得注意的是，最近重新得到授权的高等教育法案要求向所有注册的大学生提供机动选民登记表。

然而，就在写这本书的时候，人们正在努力促使高等教育组织的领导人聚集在一起并讨论这一战略。在温斯德，美国高等教育协会同意带头协调所有华盛顿高等教育团体在高等教育中公民责任方面的努力，精英论坛正在筹资帮助实施这项工作。美国大学协会正在建立一个公民教育的网站，供所有人使用。校园契约将继续寻求对7月4日决议的支持，并敦促学校记录由公民评估推动的实践。

这样一个工作组的长期成功是存在阻碍的，比如说时间和资源。我们所概述的各个网络的每一位领导人都面临着为一系列校园选区服务并为此筹集资金的问题。每一个国家都面临这样的挑战——在其倡议中发挥足够的想象力，以吸引基金会和政府的支持。推动"运动"开展的努力有时会与支撑他们所领导的组织产生冲突。如果组织能够很容易地进行战略合作，它们就会更经常性地这样做。当然，在这种情况下需要有共同努力的动力，包括这样做的资源和一种信念，即共同努力将确定建立在现有组织力量基础上的、不会威胁到组织未来的具体行动。换而言之，成功的合作需要这个国家的共同努力。包括认识到"在实践中，协作过程自上而下循环、建立和重建信任、引入和发展新的合作伙伴、阐明和重新阐明愿景、界定和重新评估目标、承诺并再次承诺以协商一致方式采取行动"。[1]

---

[1] Lloyd, "Collaborating for Change in Chicago," 9.

协作还需要熟练的领导能力,这种领导能力"能够创造条件,整合资源,使其他人能够协作。协作型领导人能够看到联系,支持多种愿景并帮助建立共识;他们允许由别人领导并获得荣誉;他们为伙伴关系提供新的、不同的机会;他们能够包容相当大的不确定性,并愿意承担责任。因此他们改变了周围的结构,也被这种结构改变"。[1]

前面提到的翼展会议是一个很好的模式,可以让人们聚集在一起,从战略上思考运动的下一步。巴里·切科维博士与一个广泛规划委员会以协作的方式安排了这些会议。这些会议旨在找到共同点,避免陷入难缠的辩论中。会议的重点是确定今后的举措,并且要求参与者负责实施今后的计划。这样做,组织领导和校园领导可以考虑他们的活动和在校园层面上进行的活动如何相互补充和加强。

翼展会议目前的重点是研究型大学的公民责任。这点很重要,因为它们在高等教育方面的影响力最大,但是在推行公民教育的议程方面是最落后的。然而,目前只有两个国家得到了资助。应该找到一种方式来继续这样的年度会议。这些会议具有协作性质,以成果为重点,有足够的资金使会议记录得到广泛传播。应寻求外部盟友的更多参与(在第一次会议的时候只有少量外部盟友),基金会领导人的持续参与是很重要的。协作网络的成功关键在于协作领导,以及一些主要国家组织寻求战略合作的承诺。应避免建立另一个争夺资源的组织。相反,应该分担责任并支持像巴里·切科维这样的合作领导人。

---

[1] Lloyd, "Collaborating for Change in Chicago," 9.

除了加强与外部盟友的公民教育运动,国家领导人网络应该挑战自己,以解决另外两个关键问题:评价高等教育的人和这些资助公民教育的人。

这项工作的下一个前沿领域是认证机构、分类系统和排名系统。当其中每一项都包括公民教育和社区伙伴关系的标准时,这一运动将真正进入体制领域。第二个前沿领域是大力投资公民教育。有些人认为,现在的民主状况是新千年的危机,应该像过去的冷战一样得到关注。[1] 我们都知道职责转变后的政府和投资应该在高等教育中发挥何种作用。[2] 然而,正如前面所指出的,只有少数零散的政府项目并不寻求有目的地加强彼此的努力。高等教育国家服务基金公司的经费只占学习和服务预算的一小部分(4300万美元中的1000万美元,自设立以来一直没有增长)。有必要制定一项国家战略,以鼓励国家政府更加协调一致地进行投资。此外,还需要寻求更多的国家资金。一些州目前正在投资社区/大学合作伙伴关系(如俄亥俄州、佛罗里达州),并且更多的州正在通过其服务委员会和国家服务办公室公司投资大学服务活动。加利福尼亚州、马萨诸塞州、明尼苏达州和华盛顿州的校园契约已经得到了州立法基金,12个校园契约网络办公室有维斯塔志愿者(Vista volunteers),他们致力于促进校园服务学习。

---

[1] D. Matthews, "Creating More Public Space in Higher Education." Adapted from "Character for What? Higher Education and Public Life," *Educational Record* (Spring/Fall 1997), Council on Public Policy Education, Washington, DC.

[2] R. S. Lowen, *Creating the Cold War University*: *The Transformation of Stanford* (Berkeley: University of California Press, 1997).

最后,基金会需要接受挑战,增加它们的协作杠杆以提高公民教育的可见度和资金。

传播愿景和实践

公民教育和公民责任的愿景和实践必须在高等教育内外更广泛地传播。正如我们之前所说,发布强有力的声明可以吸引内外盟友的注意。这些声明也可以作为机构审视自己的基础。

在校园里,不同形式的公民参与和公民教育的实验越来越多。塔夫茨大学为新生提供免费《纽约时报》以鼓励他们参与公共事务。布朗大学的戈登·吉(Gordon Gee)教授教授关于高等教育公民责任的课程。克拉克大学和三一学院正在各自社区从事重大的经济发展工作。

虽然有许多个人的努力旨在捕捉和推广这些做法(凯特琳基金会、新英格兰高等教育资源中心、卡内基教学促进基金会、校园契约、坦普尔顿、美国大学协会调查、住房和城市发展部调查),但我们既没有关于这些做法的中心信息来源,也没有一个可与校园契约进行比较的调查,以记录和证明全国各地的做法。校园契约正在考虑扩大其调查范围,以涵盖更多此类做法。当然,在这些不同的工作之间建立网络链接是很重要的,这样就可以很快建立起一个"公民教育和公民责任"信息交换所。明尼苏达大学就拥有这样一个关于服务学习的资源。

传播实践和巩固公民责任愿景的另一种可能途径是设立一个享有盛誉的校园公民责任奖。该奖项将本着帕尔默的精神设立了"一套系统性的替代奖励模式"。它要求为公民责任制定一套标准。校园契约希望上述会议将是这一努力重要的第一步。这可能是一种招募外部盟友担任此类奖项的评委的方式。一些学校表示愿意对自己的"参与度"进行自我评估,以此为改变国家评估体系(如佛罗里达州)奠定基础。这可能是一种强有力的策略,尤其是如果涉及的一些学校规模很大而且非常具有影响力的话。自我评估避免了一些既有胜利者也有输家的竞争陷阱。自我评估也可以成为一些学校的工具,以追求在它们自己的校园中进行对话,这些活动、教师、课程和倡议共同构成了公民教育和公民责任。

出于我们早些时候确定的原因,协调校园活动是最困难的。要了解活动进程是极其困难的,特别是在一个大校园里。许多老师对自上而下的各种举措都下意识地产生了消极反应。不同部门和中心之间的资源差异往往是嫉妒的根源,这使得各单位难以合作。另一方面,志同道合的老师喜欢在校园里找到知己的感觉,如果没有人帮助他们,尤其是在大校园里,他们很难做到这一点。社区合作伙伴还要感激各种机制,使他们能够了解可以为他们提供哪些资源,并使他们有机会表达自己的需求。如果给予机会和激励,校园内的团体可能会找到与彼此及其社区伙伴更具协同效应的工作方式,阐明它们的共同点,并衡量它们对学生及其周围社区的共同影响。

在学校方面,高等教育的公民责任需要得到体现,新的结构、社区伙伴关系、课程教学和学生成功的衡量标准将标志着公民参与"运动"的胜利。与此同时,我们这些有着同样愿望的人必须继续运用自己最好的公民技能来共同工作,迎接漫画人物波戈所说的"千载难逢的机遇"。

后记　高等教育公民议程的定义

塞尔达·卡姆森

大学很少有人有机会发现问题,将其列入国家议程并视其为明确行动。两年内实现该目标,听起来很惊人甚至有些令人存疑。这就是高等教育公民议程所发生的事情。在此后记中,我将把前几章放在发展公民议程的更大背景下。我还将解释我心目中高等教育公民议程面临的问题和挑战。

在高等教育议程上获得"公民生活"

作为一名社会学家、高等教育专家以及前新英格兰高等教育资源中心(NERCHE)的主任(该中心与新英格兰的数百所大学合作),我认为我的专业职责是追踪、分析重要政治话语。这些政治话语可能会影响高等教育。其中一个政策言论涉及美国公民生活责任下降问题,本卷中的许多作者都提到了这一点。在阅读委托书、书籍和文章报告时,我对学院讨论的缺失感到震惊,无论是解决方案的一部分还是问题的一部分。我注意到,许多美国一流大学教师(如哈佛大学的桑德尔和 R. P. 布特纳姆、芝加哥的让·贝斯克·埃尔什坦、R. N. 贝拉和他在伯克利的同事)正在为美国民主和社区的衰落发出警告。然而,不像明尼苏达州的哈里·博伊特,罗格斯的本杰明·巴伯和宾大的艾拉·哈卡维在写作的同时并没有与高等教育建立起联系。

我决定接受挑战,在教育上建立联系,并鼓励民族运动发展,以增强学院对公民生活的贡献。作为高等教育杂志《变革》的三位执行编辑之一,我曾向其编辑特德·马切塞(Ted Marchese)保证,我将编辑高等教育社会作用的相关专题。在1997年秋天的假期,机会出现了。我邀请了波士顿马萨诸塞大学的年轻同事皮特·江(Peter Kiang)作为我的共同编辑加入。江曾是一名社区组织者,在全国各地开展过激进主义活动,经验丰富,对高等教育和美国公民生活颇有见解。

当我们谈论应如何处理特刊时,江和我知道全国各地都有很多活动,而评论员和委员会之间的危机感更多出现于投票行为和传统组织参与,而不是当代社区生活中。从社会学家布兰代斯的卡门·西里安尼(Carmen Sirianni)和威斯康星州的刘易斯·弗里德兰德(Lewis Friedland)进行的研究中,我们了解到,在过去的几十年中,公民参与社区和地方解决问题以及对政治运动的积极性不断增加。这些活动中,许多活动都表现出西里安尼和弗里德兰德所说的"公民创新"的创造力和新鲜感。《变革》特刊中一篇文章的作者与其他提出同样观点的作者认为:视参与活动的人为学习者,他们的课程就是社区,并且其教学法就是积极参与社区活动。

但是,发生这些奇妙事情的社区中的大学又在哪里呢?我们知道,它们就在那里,但是不易显现。从20世纪90年代初开始在NERCHE进行的项目中,我知道许多师生都参与了各式各样的公民活动。大多数教师、管理人员将这些活动视为私人事情而非专业事情,即使他们将其视为专业事情,也认为这与他们的工作无关。在校外从事志愿服务和实习活动的学生,也并不是通过学院或大学中的主流项目进行公民活动的。

有时,我们发现有些大学和学院对参与公民事务许下更深承诺,是缘于总统领导或各种形式的外展部门。在本书的第四章中,南希·托马斯介绍了在全国范围内所做的一些努力。但正如简·韦尔曼在第五章中指出的那样,无论是个人努力还是机构努力,都是孤立的、不协调的、缺少战略和评估的。

我为自己设定的任务是使国家高等教育的领导人和观察员能够注意高等教育在公民生活中的作用。《变革》于1997年1月面世后不久,我受邀参加由代表美国高等教育的美国教育理事会(ACE)和卡内基教学促进基金会共同组织的会议。ACE的新任总裁斯坦利·伊肯伯里希望为ACE政策议程提出想法。当我建议ACE将高等教育作为一个整体来重振公民生活时,他对此也很感兴趣。在这次会议之后,有人紧随其后地计划了后来的ACE高等教育与民主论坛,该论坛赞助并出版了这本书。该论坛由托马斯·欧利希和我本人共同筹办,由简·韦尔曼主持,于1998年6月在佛罗里达州立大学举行了一次会议,该会议的主席、教职员工、项目负责人、来自各个学院和大学的学生以及高等教育协会的数位代表汇聚一堂。几周后,我参加了由凯特琳基金会组织的座谈会,该座谈会一直致力于加强美国公民生活,重在探讨学院在公民生活中的作用。凯特琳基金会主席戴维·马修斯在他的书中概述了凯特琳对当前学院角色的看法。

公民议程中的一些问题

论坛和凯特琳讨论会揭示了我将简述的几个问题。它们包括：(1)从学生行动主义到定义公民活动面临的挑战；(2)社区在确定高等教育议程中的作用；(3)通识教育在支持公民学习和活动中的作用；(4)鼓励公民参与的动机；(5)公民参与的制度要求。

通过学生行动主义定义公民活动的挑战

佛罗里达州立大学会议的演讲者之一杰里米·史密斯(Jeremy Smith)，他是校园组织中心(CCO)的董事会主席，该组织是一个全国性组织，支持积极校园行动主义。如今公民议程与全国各地正在兴起的校园行动主义之间缺乏联系，我作为CCO董事会成员，对此感到担忧。尽管媒体没有报道关注行动主义，但在越南战争时期的强烈抗议却获得了关注，全国各校区的学生一直在抗议对平权行动计划的攻击，抗议缺乏对没有得到充分代表的群体的支持。他们聚焦美国跨国公司的校园服装制衣工厂对儿童和妇女的剥削。他们组织了研究小组并就环境问题进行分析宣传。他们与贫困社区一起采取行动，要求其学校对这些社区肩负责任。

校园内学生行动主义是否已成为公民议程的一部分？很大一部分学生领导者的答案是肯定的。学生领导者相信，"公民"是驯化学生对社会正义冲动的一种方式，是一种将他们驯化成友好志愿者或友好提供服务活动的方式。如果公民议程不涉及社会变革，正如汉普郡学院院长格雷戈里·普林斯在佛罗里达州会议上所说的那样，那么它的意义何在？

界定公民议程中的社区作用

虽然本书并不十分关注社区及其领导人在帮助制定高等教

育公民议程方面的作用,但塔拉哈西会议也为社区和高等教育投入了大量时间。人们普遍认为,大学可以向社区学习很多东西,不仅能学会如何解决重要问题,也能学习把公民生活作为学习来源。这些想法促使高等教育与民主论坛建立了"倾听社区"项目。由南希·托马斯主持的"倾听社区"将社区领袖、政客以及工商业代表与全国各地大专院校的学生聚集在一起。该项目的目的是共同定义公民议程,并确定该地区高校内部用于该议程的资源。

通识教育的作用

在塔拉哈西会议上,斯坦利·艾肯伯里谈到了通识教育和校园在促进学生公民学习和大学公民意识起到的关键作用。这些是传统学院和大学的特征,它们与在线学位课程和营利性机构不同。如果像许多学校一样,高校通过削弱通识课程和大学作用,成为聚会场所来与后者竞争,那么它们很可能会败给固定成本较少且具有营利心态的机构。但是,如果它们认真对待自身的历史公民责任作用,通过鼓励、创新激发传统通识教育,就像卡罗尔·施奈德(第二章)和本书其他作者描述的那样,认真对待自己有史以来的公民角色并参与社区活动,它们就有可能取得成功。当然,考虑到如今大学学科和组织结构的专业化和孤立化,这是一个很高的要求。

公民参与的激励措施

与营利性机构的竞争相比,机构鼓励公民参与强有力的动机是什么?如果这还不够的话,那么还有什么比财政支持的下降和对大学内部运作(如权属制度、教学负担和课程决策)的攻击更强大的呢？有些人认为,高等教育仅因为公共关系已经开始涉及公民议程,这种说法是有一定道理的。但是,如果只注重个人利益,项目就会变得危险。对促进公民意识的公开声明没有得到真正的资源和活动支持,这将进一步削弱公众对高等教育的支持,只会加深对大学校长及学院其他人的不满。

高校可以做些什么来证明自己的承诺？它们必须认真听取社区意见,成为凯特琳基金会所倡导的那种公众言论的宣传场所,正如大卫·马修斯在第七章中描述的那样。社区和高校计划为项目的利益寻求共同基金,并平等分享权力和资源。也许最重要的一点是,它们将鼓励校园所有选民参与并公开讨论自己的机构政策。

公民参与的机构要求

根据公民参与机构要求,我提出最后一个问题。如果高等教育认真地要成为重塑公民生活的参与者,就需要进行一些重大内部变革。这个年代是奖励职业主义者和音乐大师的时代,我们必须要求我们的大学校长和高级行政人员做更多的事情来捍卫高等教育的历史性公民使命。许多人要么不理解这个历史使命,要么拒绝它。面对内外夹击,许多人放弃了自己的宝贵财富,没有捍卫学术自由及终身任职制度。他们太容易屈服于政客和商界人士要求他们承担责任、增加工作量的压力,以及那些想要影响招生政策、学生生活和课程的理论家。

因此,管理人员与教师之间的鸿沟越来越大就不足为奇了。同时,由于工作压力越来越大,而代际、学科、性别和种族差异又使教职员工之间越来越孤立,在大多数大学中,如果不解决大多

后记 高等教育公民议程的定义

数学院和大学与社区的割裂问题，很多事情将不会有所改善。重建学院外部的公民生活的第一步是重建学院内部的公民生活。我们处理权力差异、不同观点和文化的方式应该成为我们希望在社区中产生的公民生活的模式。鼓励差异表达然后找到合作领域应该成为常态，而不是个案。

加强高等教育的公民生活取决于美国学生团体的代表性。正如亚历山大·阿斯汀在第二章中所言，这意味着要争取维护和扩大弱势人群的代表性并帮助他们获得成功。只有这些人充分存在于校园中，我们才能建设存在于较大社会的多样化社区。正如施耐德、博伊特以及本森和哈卡维告诉我们的那样，大学应该做更多的工作，将当代世界融入课程，尤其是通识教育课程。这意味着，如萨克斯（第一章）以及埃克特和汉舍尔（第三章）提醒我们的那样，要了解什么会使学生受到鼓舞，并要承认约翰·杜威提出的克服人文艺术"技能"与"内容"之间的矛盾。与20世纪初相比，专业的准备工作在最后要更为及时。这也意味着相比于我们作为教育者所教授、所学习的事物，我们应该更多地关注我们的教学方式和学生的学习方式。

最后，一个没有经常被提到的观点：大学需要从研究文化的束缚中解放出来，研究文化的束缚削弱了美国大多数大学生命力。正如兹洛夫斯基、博伊特和卡里、苏里文、本森和哈卡维等人在本书中指出的那样，研究文化主要有认识、专业、组织和文化的消极影响。特别是对应用研究和问题解决的抹黑削弱了高等教育与世界的连接。许多对学术写作和演讲的盲目崇拜致使学术话语难以被理解。本书并不会这样，而是用另一种方式参与学术生活。

索 引

A

AAC & U. *See* Association of American Colleges and Universities,参见美国高等院校协会(AAC&U)

AACC (American Association of Community Colleges),美国社区学院协会,215,348

AAHE. *See* American Association for Higher Education,参见美国高等教育协会(AAHE)

AAU (Association of American Universities),美国大学协会,350,363,365n. 21

Academic centers/institutes,学术中心/机构 xxxvii,65,80 - 82,90,336

Academic outreach,学术外展
 centralized administrativeacademic units and,集中的行政-学术单位,65,78 - 80
 civic engagement and,公民参与,65,94
 cooperative extension programs and,合作推广方案,71 - 74
 evaluation of,评估,74,95n. 18
 faculty and,全体教员,73 - 74,84
 professional education and,职业教育,74 - 76

Academic preparation model,学术筹备模式,viii

Academic teaching and learning,学术教与学
 catalytic professions and, 46,催化行业

civic education and,公民教育,329

civic engagement and,公民参与,65,80-82

civic and moral responsibility and,公民与道德责任,xxxiv

civic renewal and,公民觉醒,51,52-53

civil society and,公民社会,164

community life and,社区生活,230-231

curriculum and,课程,70

democracy and,民主,39

detachment from,分离,164

disciplines and,学科,316

education for civic responsibility and,公民责任教育,257

expert model and,专家模型,52

historically black colleges and,传统黑人学院,265,276

learning emphasis and,学习重点,234

learning outcomes and,学习成果,350

participation access and,参与机会,201-205

principles of,原则,202-204

public work and,公共工作,53

recommendations for,建议,xl

relational learning and,关系学习,113

reputation and,声望,129

research universities and,研究型大学,301

resources for,资源,xxxvi

service-learning and,服务式学习,350-351

values and,价值观,128,145

Academy of Management,管理学院,315

Accountability,问责制

building capacity for,能力建设,330-339

civic engagement and,公民参与,371-372

community service and,社区服务,323,326,327-329,336-337,359-360

Accountability (continued), 问责制（续）

    definitions of, 定义, 325 – 327

    obstacles to, 障碍, 327 – 329

    organizational change and, 组织变革, 359

    resources and, 资源, 324, 325, 326 – 327

    role of, 角色, ix, 324

Accounting, 会计, 316, 320

Accounting Education Change Commission, 会计教育改革委员会, 316

Accreditation, 认证, xl, xli, 358, 362

ACCT (Association of Community College Trustees), 社区学院委托人协会, 215

ACPA (American College Personnel Association), 美国大学人事协会, 350

Active learning, 积极学习, xxxii, 67, 257, 260

Adam, B. E., B. E. 亚当, 310, 312, 314

Addams, Jane, 简·亚当斯

    Bailey compared to, 贝利与……相比, 48

    education and, 教育, 55, 184, 193

    Hull House and, 赫尔馆, 53

    public work and, 公共工作, 46, 47

    settlement house visitors and, 社会服务所访客, 159

Administrators, 行政人员

    assessment and, 评估, 330, 331

    civic engagement and, 公民参与, 65, 76 – 78, 87, 368

    civic renewal and, 公民觉醒, 52

    civic responsibility and, 公民责任, xxxiii, 261

    community colleges and, 社区学院, 215

    community life and, 社区生活, 33, 76 – 78 community

    service budgeting and, 社区服务预算, 329

empowerment and,赋权,260

historically black colleges and,传统黑人学院,268

leadership and,领导力,190

moral responsibility and,道德责任,xxxiii role of,vi,xl

service definition and,服务定义,94n. 6 service-learning and,服务式学习,223,348

social movement and,社会运动,357

students' empowerment and,赋予学生权力,14

top-down administrative initiatives and,自上而下的行政举措,65,76-78,223,336

underprepared students and,准备不足的学生,132

values and,价值观,35

Adult Computer Literacy Program,成人计算机扫盲计划,273

Advocacy leaders,倡导领袖,88,93

Affirmative action,平权行动,23,130-131,256,370

African Americans. See also Historically black colleges; Race,非裔美国人,参见传统黑人学院;种族

education and,教育,39

institutional initiatives and,制度举措,85

pluralism and,多元化,116-117

public work and,公共工作,45

underprepared students and,准备不足的学生,139

Agnew, Spiro,斯皮罗·阿格纽,166

Agriculture,农业,9,47-48

Albert, Lou,卢·艾伯特,311

American Association of Community Colleges (AACC),美国社区学院协会,215,348

American Association for Higher Education (AAHE),美国高等教育协会

civic education and,公民教育,352

civic engagement and,公民参

与,xxxix

civic renewal and,公民觉醒,350

community life and,社区生活,298,299

disciplines and,学科,321

national network and,国家网络,361

Project on Faculty Roles and Rewards,关于教师角色与奖励的项目,50－51

service-learning and,服务式学习,125,215,310,311,348－349

American Chemical Society,美国化学学会,314－315,316

American College Personnel Association（ACPA）,美国大学人事协会,350

American Council on Education,美国教育理事会

 civic engagement and,公民参与,vii,xxxix,369

 civic responsibility and,公民责任,125,354

 Civic Responsibility of Higher Education forum,高等教育公民责任论坛,352

 community colleges and,社区学院,215

 Cooperative Institutional Research Program,合作机构研究方案,4

 higher education and,高等教育,107

 Higher Education and Democracy Forum,高等教育与民主论坛,340,350,369,370

 national network and,国家网络,360,361

 underprepared students and,准备不足的学生,144

American Humanics Certificate Program,美国人人文科学证书课程,273

American Political Science Association,美国政治学协会,309,315,321

American Psychological Association,美国心理学协会,315,316

American Revolution,"美国革

命",43,151,152,156-157

American Sociological Association,美国社会学协会,315

Americorps Service Learning Program,美国志愿队服务学习计划,273

Amherst College,阿姆赫斯特学院,253

Anderson, Charles W.,查尔斯·W.安德森,30,32

Annual Institute for Education in the Democracy,民主教育年度研究所,353

Ansley, Fran,弗兰·安斯利,96,336

Anticipatory socialization,预期社会化,35

Antiwar movements,反战运动,252

Aristotle,亚里士多德,xxiii,156,228

Arnold, Roy,罗伊·阿诺德,71-72

Arrupe, Pedro,佩德罗·阿鲁普,283

Aspen Institute,阿斯彭研究所,xxxix,xli,354,360

Assessment,评估

academic teaching and learning and,学术教与学,350

building capacity for,能力建设,330-339

of civic education,公民教育,ix,xxxviii,xl-xli,323-343,361

civic engagement and,公民参与,242

definitions of,定义,324,325-327

disciplines and,学科,316

obstacles to,阻碍,327-329

of programs,方案,xxxvii-xxxviii

role of,角色,324

of student outcomes,学生成果,xxxvii

underprepared students and,准备不足的学生,134

values and,价值观,136-137,324

Associated living, 相关生活
　democracy and, 民主, vi, ix, xli, 35, 99, 229
　politics and, 政治, 150
Association of American Colleges and Universities (AAC&U), 美国大学协会
　assessment and, 评估, 340
　civic education and, 公民教育, 361
　civic engagement and, 公民参与, xxxix
　curriculum and, 课程, 121
　disciplines and, 学科, 312, 314, 315
　diversity and, 多样性, 50, 109, 116, 334, 349, 361
　general education and, 通识教育, 117
　moral responsibility and, 道德责任, 101
　relational learning and, 关系学习, 113
　service-learning and, 服务式学习, 352

underprepared students and, 准备不足的学生, 144
Association of American Geographers, 美国地理学家协会, 314, 318
Association of American Universities (AAU), 美国大学协会, 350, 363, 365n. 21
Association of Catholic Colleges and Universities, 天主教大学协会, 279
Association of Community College Trustees (ACCT), 社区学院委托人协会, 215
Association of New American Colleges, 新美国大学协会, 350
Astin, Alexander W., 亚历山大·W. 阿斯汀
　democratic devolution revolution and, 民主放权革命, 183
　diversity and, 多样性, 372
　engineering and, 工程学, 14
　freshman students and, 大一新生, 107, 212

learning outcomes and,学习成果,338-339

public education and,公共教育,193

service-learning and,服务式学习,354

underprepared students and,准备不足的学生,viii

B

Backscrom, Charles,查尔斯·贝克思克罗姆,49-50

Bacon, Francis,弗朗西斯·培根,174

Bailey, Liberty Hyde,利伯蒂·海德·贝利,48-49

Baker, Raymond,雷蒙德·贝克,77-78

Barber, Benjamin,本杰明·巴伯,98,167,343,368

Bard College,巴德大学,108

Baylor University,贝勒大学,280

Beeman, Richard,理查德·比曼,191-192

Behaviorism,行为主义,314

Bell, Jeffrey,杰弗里·贝尔,42

Bellah, Robert,罗伯特·贝拉,213-214,216,254,256,367

Ben and Jerry's,本与杰瑞的,297

Bender, Thomas,托马斯·本德尔,102,110,157

Benedictines,贝尼迪克丁,280

Benitez, Aleida,亚历达·贝尼特斯,54

Bennett, William,威廉·班尼特,42,348,351,360

Bennett College,班尼特大学,viii,267,268,270,271-273,274

Bennett College Student Volunteer Corps,班尼特大学学生志愿队,273

Benson, Lee,李·本森,viii,372

Bergin, Martha,玛莎·伯金,224

Berlin Wall,柏林墙,175

Big Brothers and Big Sisters"大哥哥大姐姐"组织,275

Biggers, John,约翰·比格斯,

275

Biology,生物学,xxv,320

Birnbaum, Robert,罗伯特·伯恩鲍姆,346

Blake, Elias, Jr.,伊莱亚斯·布莱克,269

Blanco, Juan Antonio,胡安·安东尼奥·布兰科,57

Bocconi University,博科尼大,347

Bok, Derek,德里克·博克,22,23,183,193

Bocstein, Leo,利奥·博克斯坦,108

Boycott process,抵制进程,267

Boyer, Ernest,欧内斯特·伯耶尔

 citizenship and,公民身份,104,

 civic engagement and,公民参与,72,84,89

 democratic devolution revolution and,民主放权革命,183

 discovery and,发现,233

 education and,教育,193,354

 higher education and,高等教育,63-64

 "new American university" concept,"新美国大学"概念,350

 popularity of,知名度,357

Boys and Girls Clubs,男生女生俱乐部,275

Boyte, Harry,哈里·博伊特,vii,318,353,367-368,372

Bradley, Sharon,莎伦·布兰德里,116

Brady, H. E.,H. E. 布雷迪,xxxi

Brandeis University,布兰迪斯大学,280

Brigham Young University,杨百翰大学,280

Bringle, Robert,罗伯特·布伦格尔,68,80,88-89,354

Broward Community College,布劳沃德社区学院,225

Brower, Aaron,亚伦·布劳尔,238

Brown University,布朗大学,

211,212,214,363,365n. 11

Brown v. Board of Education（1954）,布朗 v. 教育委员会,268

Bryan, William Jennings,威廉·詹宁斯·布赖恩,158

Bush, Michelle,米歇尔·布什,224

Bush, Vannevar,万尼瓦尔·布什,175,194

Business,商业

 assessment and,评估,331

 centralized administrative-academic units and,集中的行政-学术单位,79

 civic agenda and,公民议程,370

 community colleges and,社区学院,221

 disciplines and,学科,316

 historically black colleges and,传统黑人学院,266

 institutional initiatives and,制度举措,85

 social responsibility and,社会责任,291

 top-down administrative initiatives and,自上而下的行政举措,76

Business education,商业教育,74,276

Butler, Nicholas Murray,尼古拉斯·穆雷·巴特勒,179

Byron, William,威廉·拜伦,viii – ix

C

Cadwallader, Mervyn L.,默文·L. 卡德瓦拉德,346 – 347

California,加利福尼亚,144,363

California Postsecondary Education Commission,加利福尼亚高等教育委员会,340 – 341

California State University,加利福尼亚州立大学,143

California State University, Los Angeles,加利福尼亚州立大学,洛杉矶分校,117

California State University, Monterey Bay,加利福尼亚州立大学,

蒙特利湾分校,xxxvii
Calloway, Eli,伊莱·卡洛韦,
297
Camp Dudley,达德利营地,
283–284
Campus Community Partnerships for Health,校园社区卫生伙伴企业,349
Campus Compact,校园契约
assessment and,评估,341
civic education and,公民教育,360,363
civic engagement and,公民参与,xxxix,51,125,310–311
civic responsibility and,公民责任,354,363
community colleges and,社区学院,211,212,213,214,215,216,217,220,225
community service and,社区服务,xxxviii
engaged campus and,参与式校园,350,365n.21
four-year colleges and,四年制大学,217

historically black colleges and,传统黑人学院,275
institutions and,机构,312
national network and,国家网络,360
Partnering Initiative and,伙伴关系倡议,355
resources and,资源,363
service-learning and,服务式学习,33,348,349,351,352,358,360–361,365n.11
social movement and,社会运动,357
Campus Outreach Opportunity League (COOL),校园外展机会联盟,311,348,352,357
Capitalism,资本主义,23
Capstone courses,顶点课程
community colleges and,社区学院,214
curriculum and,课程,63,66,67,70,71
learning communities and,学习共同体,238,239
Carnegie Foundation for the

Advancement of Teaching,卡内基教学促进基金会

academic teaching and learning and,学术教与学,350

citizenship and,公民身份,vii,3

civic education and,xlii,公民教育,363

civic engagement and,公民参与,369

civic and moral responsibility and,公民与道德责任,x,xxi

higher education and,高等教育,63–64

Carnegie Negro Library,卡内基黑人图书馆,272

Catholic University of America,美国天主教大学,ix

Catholic Worker movement,天主教工人运动,292

Cato, Dionysius,狄奥尼修斯·卡托,156

CCC（Civilian Conservation Corps）,美国民间资源保护队,44

Center for Campus Organizing（CCO）,校园组织中心,369

Center for Democracy and Citizenship at the Humphrey Institute of Public Affairs,汉弗莱公共事务研究所民主与公民中心,53,54–57

Center for Peaceable Schools,和平学校中心,81,88

Centralized administrative-academic units,集中的行政-学术单位,65,78–80,95n.21,336

Chandler-Gilbert Community College,钱德勒-吉尔伯特社区学院,217–218,222

Character education,品格教育

assessment and,评估,338

character development and,品格发展,xxvii,xxix

citizenship and,公民身份,41

civil education and,公民教育,355

classics and,经典著作,100

religious-based colleges and universities and,宗教式大

学,286-287

Charity,慈善,216

CHE A (Council on Higher Education Accreditation),高等教育认证委员会,337,341

Checkoway, Barry,巴里·查克维,352,362

Chemistry,化学,316

Cheney State University,切尼州立大学,264

Chesler, Mark,马克·切斯勒,84

Chile,智利,279

Christian Brothers,基督教兄弟会,280

Christianity,基督教,101-102

Cicero, Marcus Tullius,马库斯·图利乌斯·西塞罗,156

Cigarette smoking,吸烟,15,16

CIRP (Cooperative Institutional Research Program),合作机构研究计划,4,7

Cisneros, Henry,亨利·西斯内罗斯,78

Cisneros, Sandra,桑德拉·西斯内罗斯,219

Cities,城市

civic renewal and,公民觉醒,355-356

community schools and,社区学校,184

regionalism and,区域主义,231

research universities and,研究型大学,175

resources and,资源,327

urban renewal and,市区重建,74,78,79,261

urban university and,城市大学,179-180,349

Citistate,城邦,231

Citizenship,公民身份

assessment and,评估,136,334

community service and,社区服务,41,42,310,315,353

curriculum and,课程,3,16,66-67,70,125,309

definitions of,定义,39-43,58,154,249,330

democracy and,民主,153

disciplines and,学科,316,318,319,320

economic success and,经济上的成功,22

education and,教育,vii,3,16-17,39-40,47,52,103,121,319

engaged campus and,参与式校园,66,100,108-117

faculty and,教师,129

higher education and,高等教育,xxxiii,3,19,34,100-102,104,106-108,118,122n.14,157,249,357

historically black colleges and,传统黑人学院,272,274

immigrants and,移民,53

lifelong learning and,终身学习,237

politics and,政治,40,41,44,149,152,153,154,160,162,166

practical reason and,实际原因,32

public work and,公共工作,41-42,44,45,49

regionalism and,区域主义,232-233

relational learning and,关系学习,115

religious services and,宗教仪式,15-16

religious-based colleges and universities and,宗教式大学,282,291-292,293

students and,学生,3-17,41,66,149,319

values and,价值观,xli

voter participation and,选民参与,41,319

City University of New York,纽约城市大学,143

Civic education,公民教育

accountability and,问责制,326,360

assessment of,评估,ix,xxxviii,xl-xli,323-343,361

citizenship and,公民身份,

xlii, 40
colleges and universities and, 大学, 150
consumer model of education and, 教育消费模式, 356
definitions of, 定义, 328, 352
disseminating vision of, 传播远景, 363–364
faculty and, 全体教员, 311
general education requirements and, 通识教育要求, 104

Civic education (continued), 公民教育(续)
  higher education and, 高等教育, xxxix, 153, 324, 326, 329, 335, 352, 353, 355, 358–359, 363–364
  impact of, 影响, 358–359
  "just-in-time" education and, "及时"教育, 250
  learning outcomes and, 学习成果, 350
  liberal arts education and, 博雅教育, 370–371
  national network and, 国家网络, 352, 360
  priority of, 优先次序, 328, 330–331
  public work and, 公共工作, 57
  service-learning and, 服务式学习, 365n.11
  strategies for enhancement of, 加强战略, 87–92
  values and, 329, 353 价值观

Civic engagement, 公民参与
  administrators and, 行政人员, 65, 76–78, 87, 368
  Campus Compact and, 校园契约, xxxix, 310–311
  centralized administrative-academic units and, 集中的行政-学术单位, 65, 78–80, 95n.21
  civic identity and, 公民认同, 46
  civic responsibility and, 公民责任, xxxii, xxxiii
  communities' role in, 社区作用, 370
  community service and, 社区服

务,93,99-100,286

comprehensive universities and,综合性大学,234-237,240,241,242-246

curriculum and,课程,vi,65,66-71,103,241,242

decline in,下降,vi,xxi,xxii,xli,38,124,126,232,309

definition of,定义,vi,369-370

democracy and,民主,237

disciplines and,学科,242,309-321

education and,教育,v

empowerment and,赋权,204

faculty and,全体教员,65,82-84,87,89,91,241,242,244,245,271,272,320,368

fears concerning,担心,228

higher education and,高等教育,vi,viii,xxi,xxv,20,47,51,64,65,99,107,125,145,174-194,310

historically black colleges and,传统黑人学院,263-276

incentives for,激励,371

institutional requirements for,制度要求,371-372

interdisciplinary programs and,跨学科项目,94,111

moral responsibility and,道德责任,xxi

national networks and,国家网络,349-350

philosophy and,哲学,255

promotion of,提升,vi,xxxix,99,118

relational learning and,关系学习,113-115

religious-based colleges and universities and,宗教式大学,288

research universities and,研究型大学,89,236,299,300,304,320

resources and,资源,236,242

service-learning and,服务式学习,xxxi

strategies for enhancement of,

加强战略,87-92

students and,学生,65,84-85,206-207,238,242,244,245,271,368

technology and,技术,199,201,206

top-down administrative initiatives and,自上而下的行政举措,65,76-78

underprepared students and,准备不足的学生,130

Civic identity,公民认同

civic engagement and,公民参与,46

civil society and,公民社会,286

commons and,平民,44

general education and,通识教育,117

of higher education,高等教育,31

service-learning and,服务式学习,xxxi,290

shaping of,塑造,xxxiv

sovereignty and,主权,151

Civic innovation,公民创新,368

Civic leadership,公民领导力,vii,viii,58n.1

Civic renewal,公民觉醒

College of St. Catherine and,圣凯瑟琳学院,51-54

communitarianism and,社群主义,42

disciplines and,学科,318,320

higher education and,高等教育,50-51,345-364

leadership and,领导力,352

national network and,国家网络,345,348-351,360-363

organizational change and,组织变革,345-346,358-360

Public Achievement and,公共成就,55,56

social movement theory and,社会运动理论,346-347

Civic responsibility,公民责任

ambivalence about,矛盾情绪,254-256

assessment of,评估,327

cocurricular programs and,辅助课程,5,16

of colleges and universities,大学,v,vi,vii,viii－ix,xxxviii,xl,63－94,229

community colleges and,社区学院,214,215－216,219

community-based learning and,社区式学习,67－68

comprehensive universities and,综合性大学,viii,xxix,227－246

curriculum and,课程设置,5

definitions of,定义,xxv－xxvii,xxix,125,150－151,198－201,257,352

democracy and,民主,230,255

disciplines and,学科,ix,xxxiv,102,318

disseminating vision of,传播视角,363－364

diversity and,多样性,249－250,254

education and,教育,174－194,256－258,295,260

educational missions and,教育使命,98－123

empowerment and,赋权,259－260

higher education and,高等教育,vi,vii,xxii,xxvii－xxxiii,xxxviii－xlii,3,100,125,145,150,153,161,162,165,167,249,353,357,363－364

historically black colleges and,传统黑人学院,viii,xxix,263－276

history of,历史,156

impact of college on,学院的影响,13－15

individual rights and,个人权利,228

journalism and,新闻专业,164－172

liberal arts colleges and,文理学院,viii,249－262,295

liberal arts education and,博雅教育,251－254,255,257

moral responsibility and,道德责任,xxi,292

national network and,国家网络,352

politics and,政治,149‐163

professional education and,职业教育,xxix,165‐166

professions and,职业,25

programs promoting,项目改进,viii

recommendations for,推荐,xl‐xli

religious-based colleges and universities and,宗教式大学,ix,xxix,249,284‐291,292

research universities and,研究型大学,ix,xxxiii,175‐176,295‐304,352‐353,362

social sectors and,社会部门,viii

student,学生,v,vi,vii,xxviii,xxix,4,198‐199,234,252‐253,260,261,267,271,273,289

technology and,技术,viii,197‐207

undergraduate education and,本科生教育,vii,xxi,xxvi

values and,价值观,130,254‐255

Civic values,公民价值观,9‐15

Civic virtue,公民美德,xl,228,229,232,234,284

Civics perspective, of citizenship,公民视角,公民身份,40‐41,58

Civil eduction,公民教育,355

Civil rights movement,民权运动,7,252‐253,265,268,269,274,275

Civil service employees,公共服务员工,46

Civil society,公民社会

academic teaching and learning and,学术教与学,164

citizenship and,公民身份,40,98

civic engagement and,公民参

与,246
civic identity and,公民认同,286
communitarianism and,社群主义,42
definition of,定义,227–228
democracy and,民主,98
education and,教育,111
higher education and,高等教育,43,124–125,230,233
knowledge and,知识,231
religious-based colleges and universities,宗教式大学,285

Civil War,内战,263,264
Civilian Conservation Corps (CCC),美国民间资源保护组织,44
Claremont Graduate School,克雷蒙研究所,334
Clark University,克拉克大学,95n.21,363
Clarke, John,约翰·克拉克,239,240
Classics,经典著作,100–101,122n.3,155,156

Clergy,神职人员,46
Clinical programs,临床项目
assessment and,评估,336
civic engagement and,公民参与,65,74–76,89
civic responsibility and,公民责任,64
professional education and,职业教育,74,75
Clinton, Bill,比尔·克林顿,5,41,255,349
Cocurricular programs,辅助课程
business education and,商业教育,74
civic responsibility and,公民责任,xxx,5,16
curriculum and,课程,70
knowledge and,知识,xxxii
recommendations for,推荐,xl
service-learning and,服务式学习,348
values and,价值观,63
Cognitive/intellectual dismension,认知/智力维度
Citizenship and,公民身份,104

Cognitive/intellectual dimension (*continued*),认知/智力维度(续)

  of civic and moral responsibility,公民道德责任,xxx,xxxiv,xli

  community life and,社区生活,230

  definition of "smartness" and,"敏捷"的定义,134-135

  democracy and,民主,334

  faculty and,全体教员,xxxvi

  of higher education,高等教育,28

  liberal arts education and,博雅教育,251

  public journalism and,公共新闻业,170

  public significance of,公众重要性,30

  service-learning and,服务式学习,333

  values and,价值观,133-137,145

Colby, Anne,安·科尔比,vii,x

Cold war,冷战,22,23,24,175,313-314,317,362

Coleman-Boatwright, P.,(空),229

Collaborative learning,合作学习,67,70,81,112

College majors, and political involvement,学院专业及政治参与,7,9

College rating services,大学评级服务,337-338,362

College of St. Catherine,圣凯瑟琳学院,xxxvi,51-54,56,162

College Unions International,国际学院工会,350

Colleges and universities,大学

  character and,特征,xxvii,

  civic leadership and,公民领导力,vii,58n.1

  civic mission of,公民使命,64-65

  civic responsibility of,公民责任,v, vi, vii, viii-ix, xxxviii,xl,63-94,229 community life and,社区生活,64,320,356

concepts of the public and,公共认知,155-160

democratic spirit in,民主精神,37-59,94

impact of, on civic responsibility,公民责任的影响,13-15

interinstitutional collaboration and,院校合作,138-144

mission of,使命,37,58n.1,160

political involvement and,政治参与,xxii

politics and,政治,149

public journalism and,公共新闻业,169-172

research culture of,研究文化,372

strategies of,策略,xxxiii-xxxviii,xlii

students' civic and moral responsibility and,学生的公众及道德责任,xxix

students' civic values and,学生的公民价值观,9-15

Collins, Patricia Hill,帕特里夏·希尔·柯林斯,113

Columbia University,哥伦比亚大学,27,102,178,180

Common school movement,公立学校运动,44

Commonwealth,联邦

citizenship and,公民身份,40,43-47,58

commons and,平民,44

democracy and,民主,58,353

demoncratic movements and,民主运动,45

public work and,公共工作,47

Communication,交流

assessment and,评估,xxxvii,340

civic education and,公民教育,356

civic and moral responsibility and,公民及道德责任,xxxiv

community colleges and,社区学院,215

comprehensive universities and,综合类大学,231

democracy and,民主,229

disciplines and,学科,316

media and,传媒,167

national networks and,国家网络,350

politics and,政治,44

public work and,公共工作,56

regionalism and,地区主义,232,297

research uiversities and,研究型大学,303

social movement and,社会运动,347

students and,学生,85

Communications studies,传播学,317

Communism,共产主义,23,38

Communitarian philosophy,社群主义哲学

  citizenship and,公民身份,40,41

  commonwealth and,联邦,353

  democracy and,民主,58

science and,科学,178

substantive republic and,实体共和国,259

Communities of practice,实践社区,202-203,205-206

Community College of Denver,丹佛社区学院,225

Community colleges,社区学院

  civic responsibility and,公民责任,viii,xxix,211-225,250,259

  community life and,社区生活,33,320

  higher education as mature industry and,高等教育作为成熟产业,21

  mission of,使命,20

  quality of students and,学生素质,127

  service-learning and,服务式学习,211,213,215,218,219,220-222,224,348

  social responsibility and,社会责任,212

  top-down administrative

initiatives and,自上而下的行政举措,76-77,223

underprepared students and,准备不足的学生,131,133,138,141

Community Development Corporatio,社区发展公司,275

Community health programs,社区卫生项目,187-188

Community life,社区生活

 academic outreach and,学术外展,75,76

 academic teaching and learning and,学术教与学,230-231

 administrators and,行政人员,33,76-78

 centralized administrative-academic units and,集中的行政-学术单元,79

 citizenship and,公民身份,40,41

 civic engagement and,公民参与,236,244

 civic renewal and,公民觉醒,51

 civic responsibility and,公民责任,xxvi,xxx,254

 colleges and universities and,大学,64,320,356

 comprehensive universities and,综合型大学,231,233,240-242

 curriculum and,课程设置,70,230

 digital age and,数字化时代,197-207

 education and,教育,vi

 faculty and,全体教员,33,301,354

 higher education and,高等教育,ix,20,33,37,185-193,370

 historically black colleges and,传统黑人学院,264,270,273

 individualism and,个人主义,144

 knowledge and,知识,299-304

 moral responsibility and,道德

507

责任,xxvi,xxx

regionalism and,地区主义,232–233

research universities and,研究型大学,298–300,301

students and,学生,33,219–220,234

technology and,技术,200,201

Community Outreach Partnership,社区外展伙伴关系,349

Community service, See also Service-learning; Volunteerism,社区服务,参见服务式学习;志愿精神

 accountability and,问责制,323,326,327–329,336–337,359–360

 assessment and,评估,323,327–329,336–337

Campus Compact and,校园契约,xxxviii

 centralized administrative-academic units and,集中的行政-学术单元,79

 character education and,品格教育,287

citizenship and,公民身份,41,42,310,315,353

civic engagement and,公民参与,93,99–100,286

curriculum and,课程,xxxix,190–191

definition of,定义,95n. 6,328,330

disciplines and,学科,312,313,315,316

diversity and,多样性,xxxvi

education for civic responsibility and,公民责任教育,257

faculty and,全体教员,xxxix,129,298,310,320,326

Freshman Survey and,新生调查,4–6,10

higher education and,高等教育,ix,187–188,189,323,327

historically black colleges and,传统黑人学院,265–266,270,271–273,274,275,276

impact of college on,学院影响,14-15 impact of,影响,xxxv, xxxix interdependent role of,相互依赖的角色,329

moral responsibility and,道德责任,xxx,xxxii

politics and,政治,153

primary education and,初等教育,xxxix

priority of,优先权,328,330-331

 religious-based colleges and universities,宗教式大学,284,287,291

 research universities and,研究型大学,299

 secondary education and,中等教育,xxxix,5-6,12,16

 sevice-learning and,服务式学习,348

 students and,学生,vii,10,11-12,63,205-206,211,219,348,351

 top-down administrative initiatives and,自上而下的行政措施,77

 values and,价值观,287,329

Community-based learning. See also Service-learning,社区式学习,见服务式学习

 capstone course and,顶点课程,71

 centralized administrative-academic units and,集中行政学术单元,78

 civic engagement and,公民参与,242

 curriculum and,课程,67-68,70,237

 disciplines and,学科,320

 growth of,成长,357-358

 health professions and,医疗行业,317

 learning communities and,学习共同体,238,239

Comprehensive universities,综合性大学

 academic centers/institutes and,学术中心、学术机构,81

509

civic engagement and,公民参与,234-237,240,241,242-246

Comprehensive universities (continued),综合性大学(续)

  civic responsibility and,公民责任,viii,xxix,227-246,250

  democracy and,民主,229

  higher education as mature industry and,高等教育作为成熟产业,21

  learning communities and,学习共同体,238-240

  partnerships and,伙伴关系,240-242

  regionalism and,地区主义,231-232,233

Congregation of the Holy Cross,圣十字会,280

Connecticut College,康涅狄格学院,260

Conservatism,保守主义

  engineering and,工程学,14

  Freshman Survey and,新生调查,7,8

  social problems and,社会问题,216

  substantive republic and,实体共和国,256

Conss, Lyvier,利威尔·克里斯,215,224

Constructivism,建构主义,316

Continuing education,继续教育

  assessment and,评估,336

  civic engagement and,公民参与,65,71-74,89

  civic responsibility and,公民责任,64

  integration of,综合,71,72,74

  land-grant colleges and,赠地学院,71-74

Cooperative Institutional Research Program (CIRP),高等教育研究机构,4,7

Cooperative learning,合作学习,70,141

Cordova, John,约翰·科尔多瓦,223

Cornell University,康奈尔大学,

19,47,48

Cornwell, G. H., G. H 康威尔, 228,351

Corporation for National Service, 国家服务企业, 125,341, 348,349,351,352,362

Corrigan, Robert, 罗伯特·科里根, x

Coughlin, Father, 柯林神父, 158

Council on Civil Society, 公民社会委员会, 284－285,360, 366n.35

Council on Higher Education Accreditation (CHEA), 高等教育认证委员会, 337,341

Council of Independent Colleges, 独立学院理事会, 310,349, 365n.21

Council on Public Policy Education, 公共政策教育委员会, 350

Cremin, Lawrence, 劳伦斯·克雷明, 156

Critical thinking, 批判性思考
 assessment and, 评估, xxxvii
 capstone projects and, 顶点项目, 67
 citizenship and, 公民身份, 3,104
 civic and moral responsibility and, 公民及道德责任, xxxiv
 democracy and, 民主, 354
 faculty and, 全体教员, 125, 135
 liberal arts education and, 博雅教育, 251
 service-learning and, 服务式学习, xxxv

Criticism, 批判, 135－136

Cultural events, 文化活动
 assessment and, 评估, 336
 civic engagement and, 公民参与, 65,86－87
 historically black colleges and, 传统黑人大学, 272

Cultural foundations, 文化基础, 67

Culture wars, 文化战争, 103, 253

Curricular clusters, 课程集群, 67

Curriculum, 课程

academic revolution and,学术改革,102-104

citizenship and,公民身份,3,16,66-67,70,125,309

civic education and,公民教育,328,338

civic engagement and,公民参与,vi,65,66-71,241,242

civic renewal and,公民觉醒,52

civic responsibility and,公民责任,xxvi,xxx,xxxiv,xl,5,64-65,231

classics and,经典著作,100-101,122n.3

community life and,社区生活,70,230,355

community service and,社区服务,xxxix,190-191

community-based learning and,社区式学习,67-68,70,237

concept of the public and,公众概念,155,156

core curriculum and,核心课程,xxxvi,63,67,338

democracy and,民主,105,118,119,122n.11

diversity and,多样性,xxxvi,38

hands-on pedagogies and,实践教育学,111-113

hidden curriculum,隐性课程,35

higher education's mission and,高等教育的使命,20

learning communities and,学习共同体,238

moral responsibility and,道德责任,xxvi,xxx,xxxiv,xl,64-65

multiculturalism and,多元文化论,349

peer tutoring and,朋辈辅导,141

public work and,公共工作,56

religious-based colleges and universities and,宗教式大学,282,284,290

responsive curricula,响应式课

程,66-71

service-learning and,服务式学习,5,33,63,67-68,112,220,223,265,348

values and,价值观,63,105

Western Civilization course and,西方文明课程,103-104,105,118,121

D

Damon, W.,W. 达蒙,247

Dartmouth College,达特茅斯学院,249

Day, Dorothy,桃乐茜·戴,292

Dayton Public Schools,代顿公立学校,75

Dell, Michael,迈克尔·戴尔,297

Democracy,民主

associated living and,相关生活,vi,ix,xli,35,99,229

citizenship and,公民身份,153

civic education and,公民教育,356

civic engagement and,公民参与,237

civic responsibility and,公民责任,230,255,353

civil society and,公民社会,98,228

cognitive/intellectual dimension and 认知/智力维度,20

within colleges and universities,大学内,37-59,94

crisis of,危机,vi-vii,38,41,119-120,362

curriculum and,课程设置,105,118,119,122n.11

definitions of,定义,39-43,57,58,228-229,353

Dewey on,杜威,v,vi,ix,x,xli,35,175,180,185,229,230

diversity and,多样性,xxxvi,50,109,120,229,334-335,349

education and,教育,ix,xli,38-39,43 47-50,55-56,120-121,181,182,185,193,195n.13,196n.

31,316

engaged campus and,参与式校园,108-117

future of,未来,vi,xlii

guardians of,监护人,158

higher education and,高等教育,x,xxviii,23,24,28,33,35,37-38,47,50-51,57,58,108,125,130,160,165,175,178-180,249,329,351

historically black colleges and,传统黑人大学,263,266,268,270

journalism and,新闻专业,28,166-168

lack of respect for,缺少尊重,xxii

liberal arts education and,博雅教育,251

lifelong learning and,终身学习,237

mediating institutions and,中介机构,46

moral responsibility and,道德责任,xxi,xxv

and moral truths,道德真理,285

pluralism and,多元论,xxii-xiv

procedural republic and,程序共和,175,178

public work and,公共工作,vii,43,44,48,51,54-55

relativism and,相对主义,xxiv

socioeconomic status and,社会经济地位,24,98-99

sovereignty and,主权,149

students and,学生,65-66,161-162

technology and,技术,24,120,206

values and,价值观,120-121

Western Civilization courses and,西方文明课程,103,104

Democratic devolution revolution,民主放权革命,182-185

Democratic Party,民主党,158

Depression (psychological),忧郁（心理学）,14,16

DeRocco, Andrew, G.,安德鲁·G.德如科,253

Descartes, Karen,凯伦·笛卡尔,238

Dewey, John,约翰·杜威
　associated living and,相关生活,99
　democracy and,民主,v,vi,ix,x,xli,35,175,180,185,229,230
　education and,教育,174,177,178-181,182,184,185,193,194,230
　learning community and,学习共同体,ix-x,xli
　pragmatism and,实用主义,30,316
　skills/content split and,技能/内容拆分,372

DeZure, Deborah,黛博拉·德祖,311-312

Diamond, R.M.,R.M.戴蒙德,310,312,314

Diani, Mario,马里奥·迪亚尼,347,351,353,355

Digital age, and civic responsibility,数字时代及公民责任,viii,197-207

Disciplines,学科
　civic engagement and,公民参与,242,309-321
　civic responsibility and,公民责任,ix,xxxiv,102,318
　community service and,社区服务,312,313,315
　curriculum and,课程设置,70
　disciplinary traditions,学科传统,312-314
　engaged campus and,参与式校园,109-110
　faculty and,全体教员,xxviii,310,311-312,314,317-319,320,345-346
　historically black colleges and,传统黑人学院,273
　knowledge and,知识,110,125,313,320
　politics and,政治,154

professionalism and,职业化,157

public work and,公共工作,51,318-319

purpose of,目的,32

redefinition of,重新定义,102

service-learning and,服务式学习,ix,xxxiv,125,224,310,311,348-349,352,358

specialization of,专业化,19-20,24,48,298,312,371

Western Civilization courses and,西方文明课程,103

Discovery, and comprehensive universities,探索及综合性大学,233-234,238

Distance-based education,远程教育,327,359

Diversity,多样性

assessment and,评估,136,323,331,334-335

citizenship and,公民身份,16

civic education and,公民教育,356

civic engagement and,公民参与,94,372

civic renewal and,公民觉醒,349

civic responsibility and,公民责任,249-250,254

community service and,社区服务,14

curriculum and,课程设置,66,70

democracy and,民主,xxxvi,50,109,120,229,334-335,349,354

disciplines and,学科,316

education for civic responsibility and,公民责任教育,257

empowerment and,赋权,14

first-year programs and,第一年项目,69

general education and,通识教育,117-118,123n.27

higher education's mission and,高等教育的使命,20

historically black colleges and,传统黑人学院,269

learning community and,学习

共同体,x

moral and civic responsibility and,道德及公民责任,xxxvi

national network and,国家网络,361

pluralism and,多元论,115-117

politics and,政治,57

public work and,公共工作,44,53-54

regionalism and,地区主义,232

religious-based colleges and universities and,宗教式大学,280

service-learning and,服务式学习,289

of students,学生,xxvii-xxviii,xxxvi,38

DiversityWeb,多元网络,349

Dobelle, Evan,埃文·杜伯利,77,78

Dodge, William, R.,威廉·R.道奇,231-232

Drake, St. Clair,圣克莱尔·德雷克,269

DuBois, W. E. B.,W. E. B.杜波依斯,267,269

Duke University,杜克大学,xxxix

Dyer, Thomas,托马斯·戴尔,89

E

Eagleton Institute of Politics,伊格尔顿政治院,236

Eastern Michigan University,东密歇根大学,311

Eckert, Penelope,佩内洛普·埃克特,viii,372

Economic equality,经济平等,23

Economic success,经济上的成功

freshman students and,大一新生,212

higher education and,高等教育,v,21,106,328

socioeconomic class and,社会经济阶层,22

Economics,经济学

cities and,城市,179,231,355

civic engagement and, 公民参与, 65, 85–86, 124, 235, 246

community service and, 社区服务, 287, 336

comprehensive universities and, 综合型大学, 231, 234, 235, 238

higher education and, 高等教育, 329, 337, 359

historically black colleges and, 传统黑人学院, 264, 269, 275, 276

"just-in-time" education, "及时"教育, 250

knowledge and, 知识, 297

moral and civic responsibility and, 道德及公民责任, xxv

regionalism and, 地区主义, 232, 302

religious-based higher education and, 基于宗教的高等教育, 281

remedial education and, 矫正教育, 130

research universities and, 研究型大学, 302

social problems and, 社会问题, 216

social responsibility and, 社会责任, 291

underprepared students and, 准备不足的学生, 138

Education. *See also* Higher education 教育, 参见高等教育

Primary education; Public education; 初等教育; 公共教育

Secondary education, 中等教育

citizenship and, 公民身份, vii, 3, 16–17, 39–40, 47, 52, 103, 121, 319

civic engagement and, 公民参与, v

civic responsibility and, 公民责任, 174–194, 256–258, 259, 260

civil society and, 公民社会, 111

community life and, 社区生活, vi

democracy and, 民主, ix, xli, 38–39, 43, 47–50, 55–56, 120–21, 181, 182, 185, 193, 195n.13, 196n, 31, 230, 316

educational opportunity and, 教育机会, 20, 23–24

historically black colleges and, 传统黑人大学, 263, 269, 276

moral judgment and, 道德判断, xxxi

pluralism and, 多元化, 115–117

public work and, 公共工作, 54–55

reform of, 改革, 235

role of, 角色, 46

school as societal microcosm and, 作为社会缩影的学校, vi

values and, 价值观, 249

Education Commission of the States, 美国教育委员会, 211, 360, 365n.11

Education majors, 教育专业

academic outreach and, 学术外展, 74

citizenship and, 公民身份, 103–104

political involvement and, 政治参与, 9

Ehrlich, Thomas, 托马斯·欧利希, 352, 354, 358, 369

Eisenhower, Dwight, 德怀特·艾森豪威尔, 252

Elementary education. *See* Primary education 基础教育, 参见初等教育

Eliot, Charles, 查尔斯·艾略特, 37, 38

Elliott, Neil, 尼尔·埃利奥特, 52

Elshtain, Jean Bethke, 让·贝斯克·埃尔什坦, 360, 367

Elsner, Paul, 保罗·埃尔斯纳, viii, 76, 78

Emotional intelligence, 情商, 125, 136, 238

Empowerment,赋权

 civic engagement and,公民参与,204

 civic responsibility and,公民责任,259-260

 engaged campus and,参与式校园,110

 general education and,通识教育,117

 historically black colleges and,传统黑人学院,274

 impact of college on,学院的影响,14,15,43

 lack of,缺乏,38,42-43,152,385 research universities and,研究型大学,299

 social transformation and,社会转型,216

 sovereignty and,主权,151

 students' sense of,学生的意识,10,11

Engaged campus,参与式校园

 Campus Compact and,校园契约,350

 citizenship and,公民身份,66,100,108-117

 democracy and,民主,120

 mission and,使命,235

 models of,典范,vi,viii,x,242,244 pluralism and,多元化,119

Engineering,工程学

 academic outreach and,学术外展,74

 citizenship and,公民身份,316

 development of,发展,31

 moral and civic responsibility and,道德责任及公民责任,xxv

 public work and,公共工作,320

 resources for,资源,24

 social activism and,社会实践,14

English,英语

 political involvement and,政治参与,9

 rhetorical tradition and,修辞传统,317

Enlightenment,启蒙运动,251

Enlightenment universalism,普世启蒙,103

Entrepreneurial leaders,企业领袖,88,93,234

Essex Junction Schools,埃塞克斯章克申学校,239-240

Ethics,伦理

  capstone experiences and,巅峰体验,70

  civic and moral responsibility and,公民责任和道德责任,xxvi

  concept of the public and,公共认知,155

  curriculum and,课程,63,66

  moral-ethical ideology and,道德-伦理意识形态,286

    religious-based higher education and,基于宗教的高等教育,281,291,292

  social responsibility and,社会责任,291

Evergreen State College,华盛顿大学,111

Excellence,卓越

  resources and,资源,128-129

  selective admissions and,选择性招生,140

  underprepared students and,准备不足的学生,129-130,131,133,137,139,144

Experiential learning,体验式学习,5,33,67,112,113,114,316

Extension work,推广工作,47,48,264

Extracurricular activities,课外活动,vi,xxvi,xxxii,xxxix,xl

Eyler,J.,艾勒·J.,xxxv,354

F

Facilities access,设备使用权

  assessment and,评估,336

  civic engagement and,公民参与,65,86-87,94

  historically black colleges and,传统黑人学院及,272

Faculty,全体教员

  academic centers/institutes and,学术中心/研究所,81,82

academic outreach and, 学术外展, 73–74, 84

applied research and, 应用研究, 75, 80, 84, 89, 298

assessment and, 评估, xxxviii, 325, 331, 335, 336, 338

civic engagement and, 公民参与, 65, 82–84, 87, 89, 91, 241, 242, 244, 245, 271, 272, 320, 368

civic renewal and, 公民觉醒, 52

civic responsibility and, 公民责任, xxxiv, 64, 125, 260, 261, 273

community life and, 社区生活, 33, 301, 354, 355

community service and, 社区服务, xxxix, 129, 298, 310, 320, 326

comprehensive universities and, 综合性大学, 233

disciplines and, 学科, xxviii, 310, 311–12, 314, 317–319, 320, 345–346

diversity of, 多样性, xxxvi, 349, 372

empowerment and, 赋权, 260

first-year programs and, 第一年项目, 69–70

hands-on pedagogies and, 实践教学法, 112

higher education's mission and, 高等教育的使命, 24

historically black colleges and, 传统黑人大学, 268

institutional initiatives and, 制度举措, 86

leadership and, 领导力, xxxv–xxxvi, 310

learning communities and, 学习共同体, 111, 239, 240

liberal arts education and, 博雅教育, 253

mission and, 使命, 24, 161

moral responsibility and, 道德责任, xxxiv

morale of, 道德, 49–50

public education and, 公共教育, 190

public journalism and,公共新闻学,170

quality of students and,学生素质,127

research universities and,研究型大学,303,304

reward structure of,奖励制度,71-73,74,75,84,89,91,126,234,242,245,298,310,314,318,357,358,371

role of,角色,vi,xxviii,xl,245,314,318

service defined and,服务定义,94n.6

service-learning and,服务式学习,xxxv,xxxvi-xxxvii,68,73,80,311,348,357-358

social movement and,社会运动,357

student-faculty engagement,师生参与,323,345-346

students' community service and,学生社区服务,14-15

top-down administrative initiatives and,自上而下的行政举措,77

underprepared students and,准备不足的学生,131,134,143,144

values and,价值观,35,126-128,135-136

volunteerism and,志愿服务,28

Faculty Center for Instructional Excellence,卓越教学教师中心,311

Farr, James,詹姆斯·法尔,56

Federal government,联邦政府

civic responsibility and,公民责任,125

community service programs and,社区服务项目,5

democracy and,民主,120

higher education's mission and,高等教育的使命,24

land-grant colleges and,赠地学院,71

service-learning and,服务式学习,349

523

Federation of State Humanities Councils,国家人文委员联合会,50

Financial aid programs,财政援助项目,125

First-year programs,第一年项目,63,66,69-70,71,338

Flanagan, C., C.弗拉纳根, xxxi

Florida,佛罗里达州,362

Florida State University,佛罗里达州立大学 vii, xxxix, 352, 363, 369

For-profit universities,营利性大学

 instrumental individualism and,工具性个人主义,22

 job training and,职业培训,v

 as market competitors,作为市场竞争主体,359,370-371

 resources and,资源,327

Ford Foundation,福特基金会,265,349

4-H clubs,四健会,355

Four-year colleges,四年制大学,xxix,137,217

Franciscans,方济会,280

Franklin, Benjamin,本杰明·富兰克林,43,189,190

Free speech movement,自由言论运动,7,63,257-258

Freedman's Bureau,难民局,264

Freshman students,大一新生

 citizenship and,公民身份,15

 civic values and,公民价值观,9-15

 community service and,社区服务,212

 Freshman Survey and,新生调查,4-9,10

 political involvement and,政治参与,xxii

 volunteerism and,志愿服务,12

Friedland, Lewis,刘易斯·弗里德兰,368

G

Gabelnick, Faith,费思·盖伯尼克,238

Galbraith, J. K., J. K. 加尔布雷斯, 22
Gallay, L. S., L. S. 加莱, xxxi
Galston, William, 威廉·高尔斯顿, 360, 238
Gamson, Zelda, F., 泽尔达·F. 加姆森, ix, x, 89, 93, 352
GAPP (Greensboro Association of Poor People), 格林斯博罗穷人协会, 273
Gardner, John, 约翰·加德纳, 182-183, 185, 193, 232, 240, 356, 360
Gates, Bill, 比尔·盖茨, 297
GateWay Community College, 盖特威社区学院, 213, 220-222, 224
Gaventa, John, 约翰·加文塔, 96, 336
Gee, Gordon, 吉·戈登, 363
Gelmon, S., S. 盖尔蒙, 240, 244
General education, 通识教育
　citizenship and, 公民身份, 3
　civic education and, 公民教育, 104
　core curricula and, 核心课程, 67, 71
　democracy and, 民主, 121, 126
　disciplines and, 学科, 316
　diversity and, 多样性, 117-118, 120, 123n.27
　learning communities and, 学习共同体, 238
　values and, 价值观, 119
　Western Civilization courses and, 西方文明课程, 103, 118
Generation X, 被遗忘的一代, 348, 365n.11
Georgetown University, 乔治城大学, 211, 281, 284, 365n.11
G. I. Bill, 比尔·G. I., 23, 125, 252
Giles, D., D. 贾尔斯, xxxv, 354
Gilman, Daniel Coit, 丹尼尔·柯伊特·吉尔曼, 179
Girl Scout troops, 女童子军, 273
Globalization, 全球化, 22
Goldsmith, Oliver, 奥利弗戈·

德史密斯, 175
Goleman, Daniel, 丹尼尔·高尔曼, 125
Government. *See also* Federal government; State government, 政府, 参见联邦政府; 州政府
  academic centers/institutes and, 学术中心/研究所, 82
  centralized administrative-academic units and, 集中的行政-学术单位, 79
  citizenship and, 公民身份, 40–41, 154
  civic education and, 公民教育, 362
  civic engagement and, 公民参与, 237
  disciplines and, 学科, 316
  higher education's mission and, 高等教育的使命, 20, 23
  ineffectiveness of, 无效性, 124
  legitimacy of, 合法性, 152
  liberal arts colleges and, 文理学院, 260
  procedural republic and, 程序共和, 254–255
  public life and, 公共生活, 151
  public trust in, 公共信任, 24, 63, 126, 354
  regionalism and, 区域主义, 232
  resources and, 资源, 24, 26, 183, 313
  substantive republic and, 实体共和国, 255
  top-down administrative initiatives and, 自上而下的行政举措, 76, 77
Great Depression, 大萧条, 158, 252
Greensboro Association of Poor People (GAPP), 格林斯博罗穷人协会, 273
Groves, Joe, 乔·格罗夫斯, 55
Guarasci, Richard, 理查德·瓜拉西, 68, 228, 351
Gulf War, 海湾战争, 81, 88
Gurin, Patricia, 帕特丽夏·古林, 118, 334

H

Habitat for Humanity,仁人家园,264,271

Hackney, Sheldon,谢尔顿·哈克尼,186,188

Hamel, G.,G.哈梅尔,243

Hampshire College,汉普郡学院

 civic responsibility and,公民责任,viii,260

 liberal arts education and,博雅教育,253

 principles of discourse and,课程准则,257–258,262n.7

 service-learning and,服务式学习,126,261

 social change and,社会变迁,370

Harkavy, Ira,艾拉·哈卡维,viii,80,188,353,368,372

Harper, William Rainey,威廉·雷尼·哈珀

 democracy and,民主,175,185,195n.13

 education and,教育,177,182,193,194

 urban university and,城市大学,178–181,192

Harris, Patricia Roberts,帕特丽夏·罗伯茨·哈里斯,266

Hartley, Matthew,马修·哈特利,ix

Harvard University,哈佛大学

 community life and,社区生活,358

 concept of the public and,公众认知,155

 and democracy,民主,37

 institutional identity and,制度认同,19

 "Red Book",《红皮书》,103

 underprepared students and,准备不足的学生,132

Harvey, James,杰姆斯·哈维,106–107

Harwood Group,哈伍德集团,319

Head Start,启智项目,219

Health care,卫生保健,31

Health, Education and Welfare, US Department of,美国卫生

教育和福利部,360

Health professions,医疗行业,9,317

Health sciences,健康科学,349

Healy, Timothy,蒂莫西·希利,211

Heft, James,詹姆斯·赫夫特,286

Heifetz, Michael,迈克尔·海费茨,244-245

Henschel, Peter,彼得·亨舍尔,viii,198,372

HERI (Higher Education Research Institute),高等教育研究所,4,127,341

Higher education. *See also* Colleges and universities;高等教育,参见大学

Mission,使命

access to,方式,23-24

challenges of,挑战,v

character and,性格,xxvii

citizenship and,公民身份,xxxiii,3,19,34,100-102,104,106-108,118,122n.

14,157,249,357

civic agenda for,公民议程,367-372

civic education and,公民教育,xxxix,153,324,326,329,335,352,353,358-59,363-364

civic engagement and,公民参与,vi,viii,xxi,xxv,20,47,51,64,65,99,107,125,145,310

civic mission and,公民使命,65-66,70,71-74

civic renewal and,公民觉醒,50-51,345-364

civic responsibility and,公民责任,vi, vii, xxii, xxvii-xxxiii,xxxviii-xlii,3,100,125, 145, 150, 193, 161, 162, 165, 167, 174-194, 249,353,357,363-364

civil society and,公民社会,43,124-125,230,233

communitarianism and,社群主义,42

community life and,社区生活,ix,20,33,37,185－193,370

community service and,社区服务,ix,187－188,189,323,327

democracy and,民主社会,x,xxviii,23,24,28,33,35,37－38,47,50－51,57,58,108,125,130,160,165,175,178－180,249,329,351

diversity of,多样性,249－250

economics and,经济学,v,328,329,337,359

future of,未来,vi

institutional identity and,制度认同,19－35

instrumental individualism and,工具性个人主义,21－25

leadership and,领导力,xxviii,38,100,124,155

market forces and,市场作用,23,24－25,26,27,35,57

moral responsibility and,道德责任,xxii,xxiv,xxvii－xxxiii,xxxviii－xlii

organizational change in,组织变革,345－346,358－360

political involvement and,政治参与,viii,ix,xxi,xxx

politics and,政治,153,154,160－161

post-World War II era,"二战"后,22－23,102,105,252

pragmatism and,实用主义,30

procedural republic and,程序共和,105－106

professions and,行业,100,124,172

public education and,公共教育,124,176－177,180－181,185,190,195n.16,195－196,11.22,196n.31

public work and,公共工作,54

resources and,资源,176,327

social responsibility in,社会责任,19－35

values and,价值观,xxiv－

xxv,xxix,29－30,32,35,
50,144,145,212,281
Higher Education Research Institute
（HERI）,高等教育研究中
心,4,127,341
Hill,Patrick,帕特里克·希尔,
111
HIPHOP（Homeless and Indigent
Population Health Outreach
Project）,无家可归和贫困人
口健康推广项目,85,88
Historically black colleges,传统
黑人学院
 case studies of,个案研究,
270－276
 civic engagement and,公民参
与,263－276
 civic responsibility and,公民
责任,viii,xxix,263－276
 community service and,社区服
务,265－266,270,271－
273,274,275,276
 leadership and,领导力,269
History,历史
 black history,黑人历史,270

political involvement and,政治
参与,9
public work and,公共工
作,320
service-learning and,服务式学
习,289
Hobbes,Thomas,托马斯·霍布
斯,xxiii
Holistic medicine,整体医学,
170－271
Holland,B. A. ,B. A. 荷兰德,
240,244
Hollander,Elizabeth,伊丽莎
白·奥朗德,ix,354
Homeless and Indigent Population
Health Outreach Project
（HIPHOP）,无家可归和贫困
人口健康推广项目,85,88
Honors,荣誉计划,221
House of Refuge East,东避难之
家,219
Housing and Urban Development,
U. S. Department Of,美国住
房和城市发展部,349,351,
363,365n. 21

Houston Negro Chamber of Commerce,休斯顿黑人总商会,276

Howard,Jeffery,杰弗里·霍华德,348

Howard University Medical School,霍华德大学医学院,265

Howe,Irving,欧文·豪,103

Hughes,Langston,兰斯顿·休斯,45

Hull House,霍尔馆,53,184

Humanitarianism,人道主义,216

Humanities,人文学科

 criticism and,批评,135

 moral philosophy and,伦理学,xxiii – xxiv,xxv

 political involvement and,政治参与,9

 public work and,公共工作,50

 resources and,资源,314

 service-learning and,服务式学习,xxxiv

 specialization and,专业化,313

Hume,David,大卫·休谟,xxiii

Humphreys,Debra,黛布拉·汉弗莱,117

I

Ideal self,理想自我,xxxiii

Ideology,意识形态,102

Ignatius of Loyola,洛约拉·伊格纳提斯,293

Ikenberry,Stanley O.,斯坦利·O.伊肯伯里,x,369,370

Imerwahr,James,詹姆斯·伊梅尔瓦尔,106-107

Immigrants,移民,53

Index of National Civic Health (INCH),国民健康指数,335-336,341-342

Indiana Campus Compact,印第安纳州校园契约,354

Indiana University-Purdue University at Indianapolis,印第安纳大学-普渡大学印第安纳波利斯分校

 assessment and,评估,342

 Center for Public Services and Leadership,公共服务与领

导力中心, 68, 80, 88 - 89
faculty and, 全体教员, 83
Individual wealth, 个人财富, 44
Individualism, 个人主义, 389
    civic responsibility and, 公民责任, 150, 254
    community life and, 社区生活, 144
    negative implications of, 负面影响, xxii, 132, 139, 143, 357
    religious-based colleges and universities, 宗教式大学, 290 - 291
    students and, 学生, 152, 199
Indonesia, 印度尼西亚, 279
Industry, 工业, 20, 23
Institute for American Values, 美国价值观研究机构, 284 - 285
Institute for Research on Learning (IRL), 学习研究协会, 201 - 204
Institutional identity, 制度认同
    higher education and, 高等教育, 19 - 35
    instrumental individualism and, 工具性个人主义, 24, 26
    knowledge and, 知识, 33
    practical reason and, 实际原因, 31 - 33
    pragmatism and, 实用主义, 30 - 31,
Institutions, 机构
    citizenship and, 公民身份, 43, 52, 154
    democratic devolution revolution and, 民主放权革命, 183
    institutional mechanism, 体制机制, 303, 304
    mediating institutions, 中介机构, 39, 44, 46, 53, 55, 99, 228
    multi-institutional assessment and, 多机构评估, 332
    nonprofit institutions, 非营利机构, 327
    public life and, 公共生活,

151

　　public work and,公共工作,51

　　sciences' authority and,科学权威,49

　　service-learning and,服务式学习,125

　　social change and,社会变迁,257

Instrumental individualism,工具性个人主义

　　democracy and,民主,35

　　knowledge and,知识,26,29

　　program of,项目,v,21-25

　　rationality and,理性,29

Integrative learning,综合性学习法,112

Integrity,完整性,50

Interdisciplinary courses/programs,跨学科课程/计划

　　academic centers/institutes and,学术中心/研究所,81-82

　　civic engagement and,公民参与,94,111,245

　　civic and moral responsibility and,公民及道德责任,xxxiv

　　civic renewal and,公民觉醒,52

　　curriculum and,课程,xxxvi,66,70

Interdisciplinary courses/programs (*continued*)跨学科课程/计划(续)

　　first-year programs and,第一年项目,69

　　integrative learning and,综合性学习,112

　　interdisciplinary majors/minors,跨学科专业/辅修,67

　　values and,价值观,63

Internet,网络,199,201,206

Internships,实习,67,239,275

Invisible College,隐形学院,311

Ireland,爱尔兰,279

Italy,意大利,279

J

Jack Yates High,杰克·耶茨高中,274-275

Jackson, Jesse,耶西·杰克逊,273

James,William,威廉·杰姆斯,30

Jane Addams School for Democracy,简·亚当斯民主学校,53-54,56

Jefferson,Thomas,托马斯·杰弗逊,37,38,40,43

Jesuits(Society of Jesus),耶稣会会士(耶稣会),279,280,281-284,287,293

Johns Hopkins University,约翰·霍普金斯大学,175

Johnson,Nelson,罗伊尼尔森·约翰逊,273

Johnston,Francis,弗朗西斯·约翰斯顿,187-188,190

Jones,Mack,麦克·琼斯,265-266

Journalism,新闻
civic responsibility and,公民责任,164-172
democracy and,民主,28,166-168
media and,媒体,166-168,172
public journalism,公共新闻学,viii,28,46,168-172,317
purpose of,目的,27-28

"Just-in-time" education,"及时"教育,250

Justice,U. S. Department of,美国司法部,75

K

Kant,Immanuel,伊曼纽尔·康德,xxiii,106

Kari,Nancy,南茜·卡丽,vii,318,353,372

Keener,Patricia,帕特丽夏·基纳,83-84

Kellogg Commission on the Future of State and Land-Grant Universities,凯洛格州立和赠地大学未来委员会,231,233,350

Donald,Kennedy,肯尼迪·唐纳德,175,193,211,309

Kent State University,肯特州立大学,358

Kerr,Clark,克拉克·克尔,346

Kettering Foundation, 凯特琳基金会
　civic engagement and, 公民参与, 350, 363, 369, 371
　civic renewal and, 公民觉醒, 50
　democracy and, 民主, 57
　facilities access and, 设施使用权, 86
　politics and, 政治, 7
　sovereignty and, 主权, 152
Kiang, Peter, 江念祖, 368
Kimball, Bruce, 布鲁斯·金鲍尔, 315-316, 317
King, Henry, 亨利·金, 101
King, Martin Luther, Jr., 马丁·路德·金, 45, 267, 274, 289, 347
Knefelkamp, Lee, 李·康费尔坎普, 113
Knowledge, 知识
　academic knowledge, 学术知识, 49
　civic engagement and, 公民参与, 235, 236, 320
　civil society and, 公民社会, 231
　concepts of, 概念, 154-155
　creation of, 产物, 233-234
　detachment and, 分离, 164
　disciplines and, 学科, 110, 125, 313, 320
　dissemination of, 传播, 51
　education for civic responsibility and, 公民责任教育, 256
　higher education and, 高等教育, 124, 354
　historically black colleges and, 传统黑人学院, 265, 276
　institutional identity and, 制度认同, 33
　instrumental individualism and, 工具性个人主义, 26, 29
　learning communities and, 学习共同体, 240
　liberal arts education and, 博雅教育, 250-251, 253
　positivism and, 实证主义,

34,49

pragmatism and,实用主义,29-30

relationships and,关系,31,202,203

religious-based colleges and universities and,宗教式大学,283,284

research universities and,研究型大学,102,295,296-297,299-304

technology and,技术,200,206

Kohlberg, Lawrence,劳伦斯·科尔伯格,xxx-xxxi

Kolb, David,戴维·库伯,113

L

Lacey, Hugh,休米·拉塞,317

Laissez-faire attitudes,自由放任的态度,26,216

Land Grant Acts of 1862 and 1890,1862 和 1890 年的《莫里尔赠地法案》,125,264

Land-grant colleges,赠地学院

Christianity and,基督教,102

civic mission and,公民使命,47-48,71-74,261,350

civic responsibility and,公民责任,250

community life and,社区生活,231

democracy and,民主,38

historically black colleges and,传统黑人学院,264,270,273

Landless poor,流离失所的穷人,45

Langenberg, Donald N.,唐纳德·N. 兰根伯格,193

Lave, Jean,让·莱夫,201-202

Leadership,领导力

administrators and,管理人员,190

assessment and,评估,xl,330,331,338,340

capstone experiences and,巅峰体验,70

careerism and,职业,v,22

citizenship and,公民身份,104

civic engagement and,公民参

与,87-88,242

civic leadership,公民领导力,vii,viii,58n.1

civic and moral responsibility and,公民道德责任,xxvii,xxxiii,xxxv,xl

civic renewal and,公民觉醒,352

community service and,社区服务,287

community-based learning and,社区式学习,237

democracy and,民主,99,125,354

entrepreneurial leaders,企业领袖,88,93,234

faculty and,教师,xxxv-xxxvi,310

higher education and,高等教育,xxviii,38,100,124,155

historically black colleges and,传统黑人学院,269,271,272,273,275

institutional identity and,制度认同,20

instrumental individualism and,工具性个人主义,21-23

national network and,国家网络,361,362

Progressives and,进步人士,158

public work,公共工作,48

religious-based colleges and universities and,宗教式大学,282

research universities and,研究型大学,302,303,304

service-learning and,服务式学习,221,287,333

student government and,学生政府,212

Learn/Service Programs,学习/服务项目,273

Learning communities,学习共同体

academic centers/institutes and,学术中心/机构,81

assessment and,评估,334

capstone courses and,顶点课

程,70

creation of,产物,238-240

curriculum and,课程,67,68-69,70

Dewey and,杜威,ix-x,xli

engaged campus and,参与式校园,110-111

public journalism and,公共新闻,170

research universities and,研究型大学,304

social movement and,社会运动,357

students and,学生,xxviii

Learning principles,学习准则,202-204

Learning society,学习型社会,231,237

Ledesma, Diego,迭戈·莱德斯马,282

Legal education,法律教育,74,165,274,276

Lesley College,莱斯利大学,81,88

Lewontin, I. W.,I. W. 莱旺廷,321

Liberal arts colleges,文理学院

civic responsibility and,公民责任,viii,249-262,295

community life and,社区生活,320

higher education as mature industry and,作为成熟产业的高等教育,21

liberal arts education and,博雅教育,250-254,258

mission of,使命,20,258

residential nature of,居住属性,258-259,261

top-down administrative initiatives and,自上而下的行政举措,77

Liberal arts education,博雅教育

accreditation and,委派,xl

civic education and,公民教育,370-371

civic responsibility and,公民责任,251-254,255,257

community life and,社区生活,247n.17

curriculum and, 课程设置, 71
democracy and, 民主, 251
goal of, 目标, 262
liberal arts colleges and, 文理学院, 250–254, 258
moral development and, 道德发展, 102
moral philosophy and, 伦理学, xxiii
politics and, 政治, 153
pragmatism and, 实用主义, 316
procedural republic and, 程序共和, 255
professionalism and, 职业化, 157

Liberalism, 自由主义
commonwealth and, 联邦, 353
Freshman Survey and, 新生调查, 7, 8
procedural republic and, 程序共和, 256

Lifelong learning, 终身学习, 236–237, 296

Lincoln, Abraham, 亚伯拉罕·林肯, 44, 47

Lippmann, Walter, 沃尔特·李普曼, 157, 158

Listening to Communities, 倾听社区, 370

Literature, 文学, xxiii

Locke, John, 约翰·洛克, xxiii, 43

Logic, 逻辑, 155

Low, Seth, 塞斯·洛, 179

Loyola College, 洛约拉学院, 281, 282–283, 287

Lynton, Ernest, 欧内斯特·林顿, 358

M

McAleavey, Sue, 苏·麦克阿维, 215, 216, 217, 224

McCarthy, Mica, 麦卡·麦卡锡, 116

MacGregor, Jean, 吉恩·麦格雷戈, 111

McLellan, Jeffrey, A., 杰弗里·A. 麦克莱伦, 286

Malcolm X, 马尔科姆·X, 347

Malloy, E. A., E. A. 玛尔, 354

Malloy, Father, 神父马尔, 217

Management, 管理, 315, 317

Managerialism, 管理主义, 20, 157

Manning, K., K. 曼宁, 229

Marchese, Ted, 特德·马切塞, 368

Maricopa Center for Campus Compact, 马里科珀校园契约中心, 214-215

Maricopa Community College District (MCCD), 马里科珀社区学院

 civic responsibility and, 公民责任, viii, 211-225

  top-down administrative initiatives and, 自上而下的行政举措, 76-77, 223

 volunteerism and, 志愿精神, 212

Market forces, 市场力量

 accountability and, 责任制, 324

civic education and, 公民教育, 356

democracy and, 民主, 42

faculty and, 全体教员, 50

higher education and, 高等教育, 23, 24-25, 26, 27, 35, 57, 359

instrumental individualism and, 工具性个人主义, 26

journalism and, 新闻学, 27

professions and, 行业, 25

social problems and, 社会问题, 216

Marlboro College, 万宝路学院, 260

MARS (Medical Access and Referral System), 医疗准入和转诊系统, 75

Marsden, George, 乔治·马斯登, 178

Mason, Marybeth, 玛丽贝斯·梅森

Massachusetts, 马萨诸塞州, 3653

Materialism, 唯物主义

citizenship and,公民身份,132

civic engagement and,公民参与,124

engineering and,工程学,14

professions and,行业,26

values and,价值观,144

Mathews, David,大卫·马修斯,viii,86–87,227–228,231,239,369,371

Maurin, Peter,皮特·莫林,292

Media,媒体

administrators and,行政人员,76,78

civic engagement and,公民参与,124

impact of,影响,viii

journalism and,新闻学,166–168,172

mediating institutions and,中介机构,99

professional education and,职业教育,165

role of,角色,126

student activism and,学生激进主义,369–370

Medical Access and Referral System (MARS),医疗准入和转诊系统,75

Medical education,医学教育,74

Medicine,医学,170–171,172

Meharry Medical College,玛雅医学院,265

Memphis garbage workers' strike,孟菲斯环卫工人大罢工,45

Mentoring relationships,师徒关系

civic responsibility and,公民责任,xxxiii

first-year programs and,第一年项目,69,70

historically black colleges and,传统黑人学院,268,275

leadership and,领导力,xxxv

peer tutoring and,朋辈辅导,141

Mesa Community College,梅萨社区学院,215,222,224

Metaphysics,形而上学,155

Michigan State University (MSU),密歇根州立大学,5,73–74,

541

84,88,238,358

Military academies,军校,xxix,250

Minnesota,明尼苏达州,363

Minnich, Elizabeth,伊丽莎白·明尼奇,109-110

Mission,使命

 assessment and,评估,330

 citizenship and,公民身份,xxvii,xxxiii,3,19,34,126,271,292

 civic engagement and,公民参与,244,245,246,264

 civic mission,公民使命,xxix,xxxviii-xxxix,37,50,64-66,70,71-74,231,234,246,261,346,350,358,371

 curriculum and,课程设置,20

 democracy and,民主,23,177

 diversity and,多样化,20,250

 educational mission,教育使命,34,98-123,129,134,136,137,246

 expert culture and,专家文化,49

 faculty and,全体教员,24,161

 in loco parentis responsibilities and,代替家长责任,125

 industry and,工业,20,23

 institutional identity and,制度认同,19-20,21,24-27,32

 knowledge and,知识,234,250

 mission statements,任务宣言,xxix,xl,126,129

 partnership and,伙伴关系,240

 professionalism and,职业化,158

 public education and,公共教育,176

 research universities and,研究型大学,295

 revitalization of,复兴,33-35

 service-learning and,服务式学习,288-289,290

 statewide issues and,全州范围内的问题,235,239

 student development and,学生

发展,134
uniqueness of,独一无二,160,162
Moderates,温和观点者,7,8
Montgomery bus boycott,蒙哥马利巴士抵制运动,45
Moon, Donald,唐纳德·穆恩,xxv
Moral education,道德教育,xxxix,xl–xli,100–101
Moral formation,道德养成,285–286
Moral identity,道德认同,xxxi,xxxiv
Moral intelligence,道德智慧,238
Moral judgment,道德判断,xxviii,xxx–xxxii,42
Moral reasoning,道德推理,66,339
Moral relativism,道德相对主义,xxiv
Moral responsibility,道德责任
　civic responsibility and,公民责任,xxi,292
　curriculum and,课程设置,xxvi,xxx,xxxiv,xl,64–65
　definition of,定义,xxv–xxvii,xxix
　democracy and,民主,xxi,xxv
　development of,发展,xxxii–xxxiii
　higher education and,高等教育,xxii,xxiv,xxvii–xxxiii,xxxviii–xlii
　instrumental individualism and,工具性个人主义,26
　moral education and,道德教育,100–101
　moral judgment and,道德判断,xxx–xxxi
　recommendations for,建议,xl–xli
　service-learning and,服务式学习,xxx,xxxii–xxxiii,xxxiv,xxxv,290
　students and,学生,vii,xxviii,xxix,xxxix
　undergraduate education and,大学本科教育,vii,xxi,xxvi

543

Moral skepticism, 道德怀疑论, xxiv
Moral traits, 道德品质, 230
Moral truths, 道德真理, 285
Moral-ethical ideology, 道德-伦理意识形态, 286
Moralism, 道德主义, xxii, 102
Morality, 道德, xxxi, 42, 255, 285
Morehouse College, 莫尔豪斯学院, 268
Morgan, Edmund, 爱德蒙·摩根, 155
Morrill Act of 1862,《莫里尔法案》, 47, 71, 125
Morrill Act of 1890,《1890年莫里尔法案》, 264, 273
Mount Holyoke College, 曼荷莲学院, 253
Mount St. Agnes College, 圣艾格尼山学院, 287
Mukiculturalism, 多元文化主义
  community colleges and, 社区学院, 219
  core curricula and, 核心课程, 67
  curriculum and, 课程, 349
  democracy and, 民主, 229
  disciplines and, 学科, 316
  general education and, 通识教育, 117, 118
  inclusiveness and, 包容, 40
  moral and civic responsibility and, 道德及公民责任, xxxvi
  relativism and, 相对主义, 253
  values and, 价值观, 253
Mumford, Lewis, 刘易斯·芒福德, 49
Murphy, Brian, 布莱恩·墨菲, x

N

National Academy for Division Chairs, 国家分区主席学院, 215
National Association for the Advancement of Colored People (NAACP), 美国全国有色人种协进会, 266
National Association of Independent Colleges and Universities (NAICU), 全国独立大学协会, 350, 361

National Association of Secretaries of State (NASS),国家秘书协会,198

National Association of State Universities and Land-Grant Colleges (NASULGC),全美州立大学及赠地大学协会,350,354,365n. 21

National Center for Campus Compact for Community Colleges,国家社区学院校园契约中心,213,214,215

National Center for Higher Education Management Systems (NCHEMS),国家高等教育管理体系中心,342

National Center for Postsecondary Improvement,国家二级改进中心,325

National Center for the Urban Community,国家城市社区中心,81

National Collegiate Honors Council,全国优等学院委员会,161

National Commission on Civic Health,全国公民健康委员会,335

National Commission on Civic Renewal,全国公民觉醒委员会,42,351

National Communication Association,美国传播协会,315

National and Community Service Act of 1990,1990年国家与社区服务法案,5

National and Community Service Coalition,国家和社区服务联盟,351

National Institute for Leadership Development,国家领导力发展研究所,215

National Issues Forums,国家议题论坛,153

National networks,国家网络
　civic renewal and,公民觉醒,345,348-351,360-363
　civic responsibility and,公民责任,ix
　establishment of,建立,351-353,360-363

545

recommendations for,建议,xli

National Project of the American,美国国家计划

  Academy for Liberal Education,人文教育学院,xl

National Service Trust Act of 1993,1993年国家服务信托法,5

National Society for Experiential Education（NSEE）,美国国家实验教育协会,348,349,352,360,365n.21

National Urban League（NUL）,全国城市联盟,266

National Youth Leadership Council,全国青年领袖委员会,351

Natural sciences,自然科学,xxv,29

NCHEMS（National Center for Higher Education Management Systems）,国家高等教育管理体系中心,342

Negotiation,协商,xxxvii

Neighborhood House,邻里住宅,53

New Deal,新政,252

New England Resource Center for Higher

  Education（NERCHE）,新英格兰高等教育资源中心

  civic agenda and,公民议程,367

  civic engagement and,公民参与,349,358,363,368

  community service and,社区服务,82,336

  leadership and,领导力,87-88,92

New York,纽约,144

New York State College of Agriculture,纽约州立农业学院,48

Newman, Frank,法兰克·纽曼,vii,3,211,213,360

Newspapers,报纸,27-28,168-169

NGOs,非政府组织,228

Nixon, Richard,理查德·尼克松,166

Nongovernmental organizations,非

政府组织,228

Nonprofit organizations,非营利性组织,67,76,77,316

Nonprofit sector,非营利部门,25,327

North Carolina Agricultural and Technical State University (NCATSU),北卡罗来纳农业技术州立大学,253,267,270,271,273-274

Northern Ireland,北爱尔兰,55

NSEE (National Society for Experiential Education),美国全国经验教育学会,348,349,352,360,365n.21

NUL (National Urban League),全国城市联盟,266

Nunn, Sam,山姆·纳恩,42,351,360

O

Oberlin College,欧柏林学院,101

Ohio,俄亥俄州,362

Ohio Agricultural and Mechanical College,俄亥俄农业和机械学院,47

Ohio Weslyan,俄亥俄卫斯理大学,268

Oregon State University (OSU),俄勒冈州立大学,71-72,84,234

Organizational learning,组织学习,186

Outcomes-based accreditation,成果导向认证,xl

P

Pacific Lutheran University,太平洋路德大学,280

Palmer, Parker,帕克·巴默尔,357,358,363

Participatory action research,参与式行动研究,34

Partnering Initiative,伙伴协定,352,355

Partnerships,伙伴关系

community life and,社区生活,34

regionalism and,地域主义,

547

240-242
Peirce, C. S., C. S. 皮尔斯, 29, 30
Peirce, Neil, 尼尔·皮尔斯, 231
Pelikan, Jaroslav, 雅罗斯拉夫·佩利坎, xxiv
People United to Save Humanity (PUSH), 拯救人类人民同盟运动, 273
Performance measures, 绩效评估, 325-326, 331-332
Personal integrity, 人格尊严, xxx, xxxiii
Pew Charitable Trust, 皮尤慈善信托基金会, 350, 352
Philadelphia Academy, 费城学院, 43
Philadelphia Working Men's Committee, 费城工作委员会, 39-40
Philanthropy, 慈善事业
 civic engagement and, 公民参与, 125
 higher education's mission and, 高等教育的使命, 20
 social responsibility and, 社会责任, 291
 volunteerism and, 志愿精神, 216
Philosophy, 哲学
 civic responsibility and, 公民责任, 254, 255, 256, 259
 curriculum and, 课程, 63
 democracy and, 民主, 119
 public work and, 公共工作, 320
 religious-based colleges and universities and, 宗教式大学, 282
 social responsibility and, 社会责任, 214
Physical sciences, 物理学, 101
Pickeral, Terry, 特瑞·皮克尔, 15, 216
Pitzer College, 培泽学院, 260
Plato, 柏拉图, xxiii
Player, Willa Beatrice, 薇拉·碧翠丝·普雷尔, 268
Pluralism, 多元主义

citizenship and, 公民身份, 120

education and, 教育, 115 – 117

engaged campus and, 参与式校园, 119

historically black colleges and, 传统黑人学院, 269

social responsibility and, 社会责任, 117 – 118

Plutarch, 普鲁塔克, 156

Political involvement, 政治参与

civic responsibility and, 公民责任, xxx, xxxiii, 16

democracy and, 民主, xxv, 38, 106 – 108

Freshman Survey and, 新生调查, 6 – 9, 15

higher education and, 高等教育, viii, ix, xxi, xxx

problem of, 问题, vii, xxi, xxii, 107, 309

students and, 学生, vii, 107, 197

technology and, 科技, 199 – 200

undergraduate education and, 大学本科教育, xxviii

voter participation and, 选民参与, 6, 107, 368

Political science, 政治学

civic engagement and, 公民参与, 309, 315

democracy and, 民主, 119

political involvement and, 政治参与, 9

as specialization, 专业化, 313

theory of, 理论, 56

Politics, 政治

accountability and, 责任制, 324

assessment and, 评估, 134

citizenship and, 公民身份, 40, 41, 44, 149, 152, 153, 154, 160, 162, 166

civic engagement and, 公民参与, 65, 85 – 86, 92, 93, 124

civic responsibility and, 公民责任, 149 – 163, 292

civil society and, 公民社会, 227

communitarians and, 共产主义

者,42

community service and,社区服务,287,336

concepts of the public and,公共观点,153–160

definition of,定义,150–151,159

diversity and,多元化,57

higher education and,高等教育,153,154,160–161

historically black colleges and,传统黑人学院,264,269

journalism and,新闻学,167,168,169

media and,媒体,167

money and,金钱,126

morality and,道德,255,285

negative perceptions of,负面看法,7,15

neutrality and,中立,256

procedural/substantive republic and,程序/实体共和国,106,255,256

public work and,公共工作,57

relevancy of,关联,7

religious-based higher education and,基于宗教的高等教育,281

research universities and,研究型大学,301

service-learning and,服务式学习,290

social movement and,社会运动,347

social responsibility and,社会责任,154,290

students and,学生,152,153,156

underprepared students and,准备不足的学生,143

Populist Party,平民党,158

Portfolio projects,组合项目,67

Portland State University assessment and,波特兰州立大学,xxxvii

Boyer and,伯耶尔,234

capstone experiences and,顶点体验,70

Center for Academic Excellence and,学术卓越中心,xxxvii,343

as engaged campus model,作为参与性校园的典范,viii,242,244

faculty reward system and,教师奖励制度,84

learning communities and,学习共同体,238-239

service-learning and,服务式学习,126

Positivist empiricism,实证经验主义,29-30,34,49

Practical reason,实际原因,31-33,34

Pragmatism,实用主义,29-30,32,316,317

Prahalad, C. K.,C. K. 普哈拉,243

Presidential Leadership Colloquium,校长领导下的讨论会,354

Presidential Summit on Volunteerism,志愿者总统峰会,41

President's Commission on Higher Education,高等教育总统委员会,37

Preston, Samuel,塞缪尔·普雷斯顿,191

Primary education,初等教育

civic education and,公民教育,xxxix,329,352,355

conferences and,会议,xxxix

decline of,下降,viii

higher education and,高等教育,180,281

public work and,公共工作,54,55

service-learning and,服务式学习,xxxix,5,191,352

Prince, Gregory,格雷戈里王子,viii,370

Principles of discourse,会话准则,257-258,262n.7

Problem-based learning,基于问题的学习

academic centers/institutes and,学术中心/研究所,81

academic outreach and,学术外展,73,76

capstone courses and,顶点课程,71

centers for,中心,xxxvii

551

centralized administrative-academic units and,集中的行政-学术单元,80

civic engagement and,公民参与,89,92-93

civic and moral responsibility and,公民及道德责任,xxx

curriculum and,课程,66,67,70

disciplines and,学科,314

first-year programs and,第一年项目,69

professional education and,职业教育,76

public education and,公共教育,191

Procedural republic,程序共和,105-06,254,255,256

Professional education,职业教育

 academic outreach and,学术外展,74-76

 civic engagement and,公民参与,65,74-76

 civic responsibility and,公民责任,xxix,165-166

 curriculum and,课程,66,71

 historically black colleges and,传统黑人学院,274

 politics and,政治,153

 public journalism and,公共新闻学,170

 service-learning and,服务式学习,xxxiv

Professions,行业

 academic centers/institutes and,学术中心/研究所,82

 catalytic professions,催化行业,46-47,48

 decline in,下降,25-28,55

 democracy and,民主,38,39

 higher education and,高等教育,100,124,172

 historically black colleges and,传统黑人学院,264

 learning communities and,学习共同体,239

 liberal arts colleges and,文理学院,251

 politics and,政治,154

 pragmatism and,实用主义,30

professional politics, 职业政治, 44

professionalism, 职业化, 157-160

public work and, 公共工作, 45, 54, 56

separation from public life, 脱离公共生活, 49

service to, definition of, 服务于, 定义, 95n.6

social responsibility and, 社会责任, 25-26

socioeconomic status and, 社会经济地位, 26, 31

Programs, 程序

assessment of, 评估, xxxvii-xxxviii

civic responsibility and, 公民责任, viii, xxxiv, xl

diversity and, 多元化, xxxvi

first-year programs, 新生年项目, 63, 66, 69-70, 71

hands-on pedagogies and, 实践教学法, 113

historically black colleges and, 传统黑人学院, 270

institutional individualism and, 制度性个人主义, 21-25

recommendations for, 建议, xl

responsive curricula and, 响应式课程, 66

Progressives, 进步人士, 158, 252, 313

Project Safety Net, 安全网计划, 273

Project-based learning, 项目式学习, 112

Propaganda, 宣传运动, 24

Protestantism, 新教, 20, 155, 157

PSU. See Portland State University 波特兰州立大学

Public Achievement program, 公共成就计划, 55-57

Public Agenda, 公共议程, 298

Public education, 公共教育

comprehensive universities and, 综合性大学, 235, 239-240

democracy and, 民主, 175, 178, 182-185

higher education and, 高等教

553

育,124,176–177,180–181,185,190,195n.16,195–196n.22,196n.31

research universities and,研究型大学,176–77,194

underprepared students and,准备不足的学生,141

University of Pennsylvania and,宾夕法尼亚大学,viii,181,182–193

Public health,公共健康,31,46

Public journalism,公共新闻学

catalytic professions and,催化行业,46

higher education and,高等教育,168–172

media reform and,媒体改革,28

practice of,实践,viii

pragmatism and,实用主义,317

Public Policy Institutes,公共政策研究所,161

Public relations,公共关系,24,371

Public work,公共工作

citizenship and,公民身份,41–42,44,45,49

democracy and,民主,vii,43,44,48,51

democratic movements and,民主运动,45

disciplines and,学科,318–319,320

diversity and,多元化,44,53–54 education and,教育,47

higher education and,高等教育,162

humanities and,人文学科,50

land-grant colleges and,赠地学院,47,59n.13

mediating institutions and,中介机构,53

students and,学生,52,53

tradition of,传统,43–47

PUSH(People United to Save Humanity),人类联合拯救人性)

Putnam, Robert,罗伯特·普特南,107,237,319,367

Q

Quality assessments,质量评估,330,339

Queens College,皇后学院,116

R

Race,种族

 civic engagement and,公民参与,124,267

 democracy and,民主,98-99

 diversity and,多样性,335

 historically black colleges and,历史上黑人学院,266,267,274,276

 Populism and,民粹主义,158

 regionalism and,区域主义,232

 as social problem,作为社会问题,356

 underprepared students and,准备不足的学生,130-131,138

Ramaley, Judith,朱迪思·拉莫丽,viii,240,350

Rationalist utilitarian model,理性功利主义模型,326

Reagan, Ronald,罗纳德·里根,42

Reflective practice,反思实践,30,34,320,354

Regenerating strategy,再生策略,243

Regionalism,地区主义

 citizenship and,公民身份,232-233

 communication and,沟通,232,297

 comprehensive universities and,综合性大学,231

 partnerships and,伙伴关系,240-242

 research universities and,研究型大学,297,298,301,30

Reich, Robert,罗伯特·莱希,22

Relational learning,关系学习,68,113-115,117,118

Relationships,关系

 knowledge and,知识,31,202,

555

203
  learning as social and,学习作为社会的,202-203
  social responsibility and,社会责任,19
Religious services,宗教服务
  citizenship and,公民身份,15-16
  volunteerism and,志愿服务,14,216
Religious-based colleges and universities,宗教式大学
  civic responsibility and,公民责任,ix,xxix,249,284-291,292
  community life and,社区生活,320
  definition of,定义,279-280
  higher education as mature industry and,高等教育作为成熟产业,21
  historically black colleges and,历史上黑人学院,264,270
  "new American university" concept and,"新美国大学"概念,350
  role of,角色,280-284
  social responsibility and,社会责任,291-293
  values and,价值观,331
Remedial education,矫正教育
  role of,角色,viii,138-139,143-144
  underprepared students and,准备不足的学生,130,131-132
Republican Party,共和党,158
Reputation,信誉,128-129,132,133,144,145
Research universities,研究型大学
  civic engagement and,公民参与,89,236,299,300,304
  civic responsibility and,公民责任,ix,xxxiii,175-176,295-304,352-353,362
  classics and,经典著作,101-102
  community life and,社区生活,33,298-300,320

conferences and,会议,xxxix

democracy and,民主,175

disciplines and,学科,312 - 313

faculty and,全体教员,127

higher education as mature industry,高等教育作为成熟产业

knowledge and,知识,102, 295,296 - 297,299 - 304

partnerships and,伙伴关系,241

public education and,公共教育,176 - 177,197

research mission of,研究任务,129

resources and,资源,314

selectiveness of,选择性,316

zero-sum game and,零和游戏,128

Resources,资源

 for academic teaching and learning, xxxvi,关于学术教与学,128

 academic teaching and learning and,学术教与学,350

 accountability and,责任感,324,325,326 - 327

 civic education and,公民教育,362 - 363

 civic engagement and,公民参与,236,242,244,246,371

 community life and,社区生活,230

 disciplines and,学科,313 - 314

 for engineering,工程学,24

 government and,政府,24,26, 183,313

 higher education and,高等教育,176,327,359

Resources (*continued*) 资源(续)

 national network and,国家网络,361,362

 public education and,公共教育,187

 students and,学生,129

 underprepared students and,准备不足的学生,132,133,

557

139,141,142,143,144

values and,价值观,145

Reuben, Julie,朱莉·鲁本,353

Rhetorical tradition,修辞传统,317,320

Rice, Gene,金·瑞思,317-318

Rifkin, Jeremy,杰里米·里夫金,354-355

Rimmerman, C. A.,C. A. 日耳曼,319,320

Rodin, Judith,朱迪思·罗丹,189-190,192-193,360

Rorcy, Richard,理查德·瑞思,165,167

Rosen, Jay,杰伊·罗森,viii,

Rosen, Ralph,拉尔夫·罗森,190

Rosensteil, Tom,汤姆·罗森斯塔尔,27

Royce, Josiah,约西亚·罗伊斯,30

S

St. Bernard's school,圣伯纳德学校,55-56

St. Edward's University,圣爱德华大学,67

St. Lawrence University,圣劳伦斯大学,69,90-91

San Diego Dialogue,圣地亚哥对话,301-304

San Francisco State University,旧金山州立大学,x

Sandel, Michael,迈克尔·桑德尔,105,254-255,256,367

Sandmann, Lorilee,劳瑞里·桑德曼,74

Sax, Linda,琳达·萨克斯,vii,372

Schachter, Hindy Lauer,欣迪·劳尔·沙赫特,309

Schneider, Carol,卡罗尔·施耐德,viii,353,371,372

Scholzman, K. L.,K. L. 司格曼,xxxi

Schon, Donald,唐纳德·史克恩,30

Schudson, Michael,迈克尔·施德森,227,299,300

Sciences, 科学
　　authority of, 权威的, 49
　　communism and, 共产主义, 38
　　communitarian philosophy and, 共产主义哲学, 178
　　development of, 发展, 31
　　extension work and, 推广工作, 47
　　higher education and, 高等教育, 124
　　land-grant colleges and, 赠地学院, 47
　　liberal arts education and, 博雅教育, 251
　　resources for, 资源, 24, 314
　　scientific objectivity and, 科学客观性, 159, 313
　　and secularization, 世俗化, 102
　　service-learning and, 服务式学习, xxxiv
Scott, Gloria, 格洛丽亚·斯科特, viii
Scottsdale Community College, 斯科茨代尔社区学院, 213

Secondary education, 中等教育
　　civic education and, 公民教育, xxxix, 329, 352, 355
　　community service and, 社区服务, xxxix, 5-6, 12, 13, 16
　　conferences and, 会议, xxxix
　　decline of, 减少, viii
　　higher education and, 高等教育, 180, 281
　　political involvement and, 政治参与, 7
　　public work and, 公共工作, 53, 54, 55-56
　　service-learning and, 服务式学习, xxxix, 5, 191, 352
　　underprepared students and, 准备不足的学生, 138
Seifer, Sarena, 塞丽娜·席法尔, 349
Selective admissions, 选择性入学, 133, 136, 139-140, 143
Service delivery programs, 服务提供计划, 55
Service-learning. *See also* Community-based learning, 服

559

务式学习。参见社区式学习

academic teaching and learning and, 学术教与学, 350-351

assessment of, 评估, xxxvii, 323, 333-334, 338

Campus Compact and, 校园契约, xxxix

campus-based education and, 校园式教育, 359

centralized administrative-academic units and, 集中的行政-学术单位, 80

citizenship and, 公民身份, 41, 365n.11

civic education and, 公民教育, 354

civic engagement and, 公民参与, 242, 246

civic identity and, 公民认同, xxxi, 290

civic responsibility and, 公民责任, ix, xxx, xxxiv, 261

civil education and, 公民教育, 355

community colleges and, 社区学院, 211, 213, 215, 218, 219, 220-222, 224-225

community life and, 社区生活, 38

curriculum and, 课程, 5, 33, 63, 67-68, 112, 220, 223, 265

disciplines and, 学科, ix, xxxiv, 125, 224, 310, 311, 348-349, 352, 358

diversity and, 多样性, xxxvi

examples at GateWay Community College, 在网关社区学院的例子, 220-222

faculty and, 全体教员, xxxv, xxxvi-xxxvii, 68, 73, 80, 311, 357-358

historically black colleges and, 传统黑人学院, 265, 270, 274, 275

institutions and, 机构, 125

leadership and, 领导力, 221, 287, 333

learning communities and, 学习共同体, 238, 239

learning outcomes and,学习成果,350

marginalization of,边缘化,126

moral responsibility and,道德责任,xxx,xxxii–xxxiii,xxxiv,xxxv,290

motivations for,动机,216–217

national network and,国家网络,348,351,352

primary and secondary education and,初等及中等教育,xxxix,5,191

religious-based colleges and universities and,宗教式大学,280,287–291

research universities and,研究型大学,296

social movement and,社会运动,347

underprepared students and,准备不足的学生,141

Services,服务

civic mission and,公民责任,65

definition of,定义,94–95n.6

Settlement workers,工人安置,46,184

Shalala, Donna,唐娜·沙拉拉,49

Shared values/beliefs,共同的价值观/信仰,126,229,232,353

Shaw University,萧尔大学,267

Shulman, Lee,李·舒尔曼,183,193

Sievers, Bruce,布鲁斯·西弗斯,228

Sinclair Community College,辛克莱社区学院,75

Sirianni, Carmen,卡门·西里安尼,368

Sisters of Mercy,仁慈姐妹,280,287

Slaves,奴隶,45

Smith, Barbara Leigh,芭芭拉·利·史密斯,111

Smith, Daryl,达里尔·史密斯,334

Smith, Jeremy,杰里米·史密

561

斯,369
Smith, Page,佩奇·史密斯, 314,317
Smith College,史密斯学院,253
SNCC (Student Nonviolent Coordinating Committee), SNCC(学生非暴力协调委员会),266,267
Social activism,社会行动主义
   commitment to,投入,10-11
   community service and,社区服务,14
   historically black colleges and,传统黑人学院,266,271,272
   impact of college on,大学的影响,13-14,15
   students and,学生,369-370
Social change,社会变迁,257,258,261.347,370
Social equality,社会平等,23,256,264,285
Social Gospel,社会福音,178
Social justice,社会公正
   historically black colleges and,传统黑人大学,265,267,271,272,273,275
   religious-based colleges and universities and,宗教式大学,283,288,292
   service-learning and,服务式学习,216,356
   students and,学生,369-370
Social movements,社会运动,345,346-347,355-358
Social responsibility,社会责任
   civic responsibility and,公民责任,xxx,xxxiii
   community colleges and,社区学院,211,212,213,215-216,220,223
   education and,教育,121
   engaged campus and,参与式校园,110
   faculty and,全体教员,129
   in higher education,高等教育,19-35
   leadership and,领导力,22
   pluralism and,多元主义,116,117-118

politics and,政治,154,290

professions and,职业,25－26

religious-based colleges and universities and,宗教式大学,291－293

students and,学生,212

Social sciences,社会科学

citizenship and,公民权 47

criticism and,批评主义,135

moral instruction and,道德体制,101

moral responsibility and,道德责任,xxv

scientific objectivity of,科学目标,314,317

service-learning and,服务式学习,xxxiv

Social sectors,社会部门,viii,xxx

Social transformation,社会转型,216－217

Social work,社会工作,46

Society of Jesus (Jesuits),耶稣会(耶稣会士),279,280,281－284,287,293

Socioeconomic status,社会经济状况

democracy and,民主,24,98－99

education and,教育,v,40

empowerment and,赋权,14

general education and,通识教育,117

higher education's mission and,高等教育的使命,20

historically black colleges and,传统黑人大学,266,267,268

leadership and,领导力,22－23

philosophy and,哲学,256

political involvement and,政治参与,7,8,9

professions and,职业,26,31

Sociology,社会学,313,315

Socrates,苏格拉底,xxiv

South Carolina,南卡罗来纳州,325－326

South Mountain Community College,南山社区学院,223

Southern Methodist University,南

卫理公会大学,280

Sovereignty,主权

 of citizens,公民,151,153,154,157,159

 popular sovereignty,人民主权,43,149–150

 professionalism and,职业化,158

Soviet Union,苏联,23,313

Spiritual commitment,精神投入,216

Stanford University,斯坦福大学,xxvii,102,104,211,310,360,365n.11

Stanton, Tim,蒂姆·斯坦顿,310

State government,州政府

 accountability and,问责制,324,325–327,330

 civic education and,公民教育,362

 civic responsibility and,公民责任,125

 civil society and,公民社会,98

 community service programs and,社区服务计划,5

 higher education and,高等教育,21,327

 national network and,国家网络,360

 underprepared students and,准备不足的学生,142,144

Steiner, Susan,苏珊·施泰纳,117

Stiles, Ezra,以斯拉·斯泰尔斯,155,160,161

Stowe, Harriet Beecher,哈里特·比彻·斯托,xxiv

Stroud, Susan,苏珊·斯特劳德,212

Student government,学生政府,xxxv,6–7,212–213,260

Student Nonviolent Coordinating Committee (SNCC),学生非暴力协调委员会(SNCC)266,267

Students. See also Freshman students 学生。参见大一新生

 academic teaching and learning and,学术教与学,234

assessment of civic education and,公民教育评估,331,332,334,335,336,337,338

assessment of student outcomes,xxxvii – xxxviii,学生成绩评估,338–339

character and,特征,xxvii,xxix

citizenship and,公民身份,3–17,41,66,149,319

civic education and,公民教育,356

civic engagement and,公民参与,65,84–85,206–207,238,242,244,245,271,368

civic responsibility and,公民责任,v,vi,vii,xxviii,xxix,4,198–199,234,252–253,260,261,267,271,273,289

civic values of,公民价值观,9–15

community life and,社会生活,33,219–220,234

community service and,社区服务,vii,5,10,11–12,63,205–206,211,219,348,351

democracy and,民主,65–66,161–162

disciplines and,学科,315,316,320

diversity of,多样性的,xxvii–xxviii,xxxvi,38,349

higher education's mission and,高等教育的使命,24

learning communities and,学习共同体,239,240

moral responsibility and,道德责任,vii,xxviii,xxix,xxxix

peer tutoring and,朋辈辅导,141

political involvement and,政治参与,vii,107,197

policies and,政策,152,153,156

public work and,公共工作,52,53

quality of students,学生质量,

127,128-129,139-140
service to, definition of,服务,定义,95n.6
social activism and,社会行动主义,369-370
social movement and,社会运动,357
social responsibility and,社会责任,212
sovereignty and,主权,152-153
student-faculty engagement,师生参与,323,345-346
underprepared/least-prepared students and,准备不足/没有准备的学生,viii,124-145
value of higher education and,高等教育价值观,v,21
values and,价值观,xxxix
volunteerism and,志愿精神,11-13,33,84-85,89,198,217-218
voter participation and,选民参与,197

Substantive republic,实体共和国,106,255,256,259,261
Sullivan, William,威廉·苏利文,v,vii,157,160,246,372
Survival,生存
  resources and,资源,128
  underprepared students and,准备不足的学生,129-130
Swearer, Howard,霍华德·史威乐,211
Sweat, Heman,赫曼·斯威特,274
Symbolic leaders,象征性领袖,88
Syracuse University,锡拉丘兹大学,358

T

Tacitus,塔西佗,156
Technical universities,技校,250
Technology,科技
  civic engagement and,公民参与,199,201,206
  civic responsibility and,公民责任,viii,197-207

communism and, 共产主义, 38

democracy and, 民主, 24, 120, 206

development of, 发展, 31

engaged campus and, 参与式校园, 110

faculty seminars and, 教师研讨会, xxxiv

higher education and, 高等教育, 22-23, 124, 359

historically black colleges and, 传统黑人大学, 276

knowledge and, 知识, 297

politics and, 政治, 44

resources and, 资源, 313

and secularization, 世俗化, 102

sovereignty and, 主权, 157

volunteerism and, 志愿精神, 199

Telecommunications, 电信, 296

Television, 电视, 14, 16, 27, 75

Templeton Foundation Guide to College and Character, 邓普顿大学及性格指导基金会, 338, 343, 358, 363

Tennessee, 田纳西州, 325, 326

Texas, 得克萨斯州, 144

Texas Southern University, 得克萨斯南方大学, 264, 270, 274-276

Texas State College for Negroes, 得克萨斯州黑人学院, 274

Texas University, 得克萨斯大学, 274

Theology, 神学, 155, 282

Third Ward Row House Project, 第三街区房屋项目, 276

Thomas, Nancy, 南希·托马斯, viii, 336, 368, 370

Thoreau, Henry David, 亨利·大卫·梭罗, xxiv, 249, 261-262

Tillman, Ben "Pitchfork", 本·"音叉"·蒂尔曼, 158

Department of Education funds, 教育部资金, 350

Tocqueville, Alexis de, 亚历克西斯·德·托克维尔, 43-44, 144, 263

Tolstoy, Leo, 利奥·托尔斯泰, xxiv

Tonkin, Humphrey, 汉弗莱·托金, 88

Totalitarian regimes, 极权主义政权, 24

Town-gown relationships, 城镇与大学的关系, 78

Tracking. 跟踪, 131, 133, 139–140, 141

Trinity College, 三一学院, 77–78, 88, 261, 363

Tucker, Louis Leonard, 路易斯·伦纳德·德塔克, 155, 156

Tufts University, 塔夫茨大学, 363

Tulane University, 杜兰大学, 81, 95n.21

Turner, Frederick Jackson, 弗雷德里克·杰克逊·特纳, 194

Turpeau, David Dewitt, 大卫·德威特·特皮, 271

U

Undergraduate education, 本科教育

civic responsibility and, 公民责任, vii, xxi, xxvi, 189

knowledge and, 知识, 102

moral responsibility and, 道德责任, vii, xxi, xxvi

political involvement and, 政治参与, xxviii,

Union organizers, 工会组织者, 46

University of California, 加州大学, 19, 141, 143, 296

University of California, Berkeley, 加州大学伯克利分校, 143

University of California, Los Angeles, 加州大学洛杉矶分校, 4, 127, 143, 212, 238, 341

University of California, San Diego, 加州大学圣地亚哥分校, ix, 299, 299–300

University of Chicago, 芝加哥大学, xxiii, 19, 102–103, 104, 177, 178, 180–181

University of Chicago Divinity School, 芝加哥大学神学院,

284-285

University of Dayton,代顿大学,286

University of Georgia at Athens (UGA),佐治亚大学雅典分校(UGA),72-73,89

University of Hartford,哈特福德大学,88

University of Maryland,马里兰大学,360

University of Maryland Medical System,马里兰大学医疗系统,85

University of Massachusetts at Amherst,马萨诸塞大学阿姆赫斯特分校,253

University of Massachusetts at Boston,马萨诸塞大学波士顿分校,82

University of Medicine and Dentistry of,药剂与牙医大学

 New Jersey/Robert Wood Johnson,新泽西州/罗伯特·伍德·约翰逊 Medical School,医学院,85

University of Michigan,密歇根大学,84,118,325,334,352

University of Minnesota,明尼苏达大学,49-50,352,363

University of Notre Dame,美国圣母大学,xxxvii,217

University of Pennsylvania,宾夕法尼亚大学

 Center for Community Partnerships,社区伙伴关系中心,79-80,188-193

 civic renewal and,公民觉醒,360

 institutional initiatives and,制度举措,85

 public education and,公共教育,viii,181,182-193

University of Phoenix,凤凰城大学,22,150,250

University of Texas,得克萨斯大学,274

University of Texas at El Paso,得克萨斯大学埃尔帕索分校,193

University of Vermont,佛蒙特大

569

学,viii,239–240,350

University of Vermont and State,佛蒙特大学及州立大学 Agricultural College,农业大学,231

University of Virginia,弗吉尼亚大学,37

University of Washington,华盛顿大学,349

University of Wisconsin,威斯康星大学,19,49

Urban renewal,城市改造,74,78,79,261. See also Cities,参见其他城市

U. S. Air Force Academy,美国空军学院,xxxvi,xxxvii

V

Value-neutral analytic skills,中立价值观分析技能,viii,xxiii,298

Values assessment and,价值观评估 136–137,324,325,331,340

Christian values,基督教价值观,101–102

citizenship and,公民身份,xli,41

civic responsibility and,公民责任,130,254–255

civic values,公民价值观,9–15

community service and,社区服务,287,329

comprehensive universities and,综合性大学,234,244

curriculum and,课程,63,105

democracy and,民主,120–121

disciplines and,学科,316

diversity and,多样性,335

education and,教育,249

faculty and,教职工,35,126–128,135–136

freshman students and,大一新生,212

general education and,通识教育,119

higher education and,高等教育,xxiv–xxv,xxix,29–30,

32,35,50,144,145,212,281
individualism and,个人主义,254
of instrumental individualism,工具个人主义,29
liberal arts education and,博雅教育,251,258
moral action and,道德行为,xxxi－xxxii
moral philosophy and,道德哲学,xxiii
multiculturalism and,多元文化主义,253
neutrality and,中立性,256,261
pluralism and,多元化主义,116
procedural republic and,程序共和,105,254,259
public work and,公共工作,55
religious-based colleges and universities and,宗教式大学,280,282－283,290
research universities and,研究型大学,298－299
role of,角色,126－169
service-learning and,服务式学习,219
shared values/beliefs,共同价值观及信仰,126,229,232,353－355
social movement and,社会运动,347,357
social sciences and,社会科学,317
students and,学生,xxxix
technology and,科技,197
underprepared students and,准备不足的学生,131,133－137
volunteerism and,志愿者精神,212

Values education,价值观教育,63
Veblen, Thorstein,索尔斯坦·维布伦,178
Verba, S.,S. 韦尔巴,xxxi
Vietnam War,越南战争,xxxvi,7,120,370

571

Virtual university, 虚拟大学, viii, 51, 359

Visia volunteers, 美国魔镜志愿者, 363

Vocational institutions, 职业院校, 326, 327

Volunteerism. *See also* Community service, 志愿者精神。参见社区服务

 centralized administrative-academic units and, 集中的行政-学术单位, 79

 citizenship and, 公民身份, 41, 42

 civic engagement and, 公民参与, 94, 107

 colleges and universities and, 大学, 64

 commons and, 平民, 44

 communitarians and, 社群主义者, 41

 community colleges and, 社区学院, 213, 214, 215–216, 217, 218, 220, 222, 223

 community-based learning and, 社区式学习, 68

 Freshman Survey and, 新生调查, 4–6

 impact of college on, 大学影响, 14–15, 16

 mediating institutions and, 中介机构, 99

 motivations for, 动机, 216–217

 political involvement and, 政资参与, 7

 students' involvement in, 学生参与, 11–13, 33, 84–85, 89, 198, 217–218

 values and, 价值观, 212

Voter participation, 选民参与

 assessment and, 评估, 339

 citizenship and, 公民权, 41, 319

 corruption in, 腐败, 158

 democracy and, 民主, 354

 historically black colleges and, 传统黑人学院, 269, 272

 moral responsibility and, 道德责任, 290

national networks and,国家网络,350,361

political involvement and,政治参与,6,107,368

politics and,政治,153,159

students and,学生,197

W

Wagner College,瓦格纳学院,68

Wald, Lillian,莉莲·瓦尔德,184

Walshok, Mary,玛丽·瓦尔史克,ix,87,236

Walston, William,威廉·沃尔斯顿,42

Walt Whitman Center for Culture and Politics of Democracy,沃尔特惠特曼政治民主文化中心,343

Washington, Booker T.,布克·T.华盛顿,269

Washington Center for Excellence in Undergraduate Education,华盛顿本科精英教育中心,111

Washington (state),华盛顿（州）,111,363

Weathermen,气象员,267

Wellman, Jane,简·韦尔曼,vi,ix,x,369

Wenger, Etienne,艾蒂安·温格,201-202

West, Cornel,康奈尔·韦斯特,98

West Philadelphia Improvement Corps (WEPIC),西费城改良组织(WEPIC),182,187

West Virginia University,西弗吉尼亚大学,75

Western Civilization courses,西方文明课程,103-104,105,118,121

Western Governor's University,西部政府大学,250

Whilshire, Bruce,布鲁斯·威尔希尔,312-313

White, Andrew,安德鲁·怀特,47

Willard, Frances,弗朗西斯·威拉德,45

Williams Campus,威廉姆斯校

区,218-219

Wingspread Conference Center,翼展会议中心,xxxix,xli,352,361-362

Wingspread Declaration on the Civic Responsibility of Research Universities,翼展宣言——研究型大学的公民责任,51,353

Wisdom communities,智囊团,281

Wolfe, Tom,汤姆·沃尔夫,211

Women,女性

community colleges and,社区学院,215

historically black colleges and,传统黑人学院,272-273

public life and,公共生活,45

Wood, Gordon,戈登·伍登,43

Workforce development,劳动力发展,235,237

Workplace democracy,职场民主,45

World War I,第一次世界大战,157,313

World War II,第二次世界大战,xxvii,22-23,102,105,252,314

World Wide Web,万维网,166,199,200,201

Wright State University,莱特州立大学,75,90

X

Xavier University,泽维尔大学,81

Y

Yale School of Medicine Child Development and Community Policing,耶鲁大学医学院儿童发展与社区警务Program,项目,75

Yale University,耶鲁大学,19,86,155-156,162,252,358

Yankelovich, Dan,丹·扬科洛维奇,298,299,304

Yates, Miranda,米兰达·耶茨,xxxi,286,288,290

Yeshiva University,叶史瓦大

学,280

Young Men's Christian Association （YMCA）,年轻人基督教协会（YMCA）,283

Youniss, James,詹姆斯·尤尼斯,xxxi,286,288,290

Youth Service America,美国青年服务,351

Z

Zainaldin, Jamil,贾米尔·扎伊尔丁,50

Zlotkowshi, Ed,埃德·兹洛特科夫斯基,ix,349,352,372

Zuckerman, Michale,迈克尔·扎克曼,190